2

Groß- und Außenhandels-management

Lernfelder 5–9

Autoren

Hans-Peter von den Bergen · Michael Piek
Michael Rottmeier · Josef Schnettler

unter Mitarbeit der Verlagsredaktion

Cornelsen

Dieses Buch wurde erstellt unter Verwendung von Materialien von:
Sonja Hallstein, Antje Kost, Klaus Otte, Roswitha Pütz, Claudia Simons-Kövér, Insa Wenke, Ralf Wimmers

Verlagsredaktion: Sabine Schneider, Dörte Lütvogt
Außenredaktion: Katja Müllenmeister, Hamburg
Bildredaktion: Gertha Maly, Christina Scheuerer, Rohrbach
Covergestaltung: ROSENDAHL Berlin
Innenlayout: sofarobotnik GbR, Augsburg und München
Technische Umsetzung: PER MEDIEN & MARKETING GmbH, Braunschweig

www.cornelsen.de

1. Auflage, 1. Druck 2021

Alle Drucke dieser Auflage können im Unterricht nebeneinander verwendet werden.

Druck und Bindung: Mohn Media Mohndruck, Gütersloh

ISBN: 978-3-06-451778-3 (Schülerbuch)
ISBN: 978-3-06-451781-3 (E-Book)

PEFC
PEFC/04-31-1033

PEFC zertifiziert
Dieses Produkt stammt aus nachhaltig bewirtschafteten Wäldern und kontrollierten Quellen.

www.pefc.de

Vorwort

Unser aktuelles berufliches Fachwissen reicht nicht für alle Zeiten. Neue Materialien, neue Logistikprozesse und neue internationale Wettbewerber verlangen nicht nur eine veränderte Auftragsbearbeitung und Rechnungsverfolgung, sondern auch eine deutlich stärkere Kundenorientierung. Der internationale Wettbewerb, technologischer Wandel und die allgegenwärtige Digitalisierung fordern speziell im Großhandel, der in vielen Branchen international agiert, Mitarbeiter, die diesen Anforderungen in allen Bereichen gewachsen sind. Die Bereitschaft zum lebenslangen Lernen und eine entsprechende berufliche Handlungskompetenz werden einen Arbeitsplatz nicht nur im Groß- und Außenhandel langfristig sichern.

Der neue Lehrplan für den Ausbildungsberuf Kaufmann/Kauffrau für Groß- und Außenhandelsmanagement trägt dem sich wandelnden Berufsbild Rechnung, indem er Ihnen, den Auszubildenden, ein höheres Maß an selbstgesteuertem Lernen abverlangt.

In diesem Lehrwerk bildet immer eine berufsbezogene, fachliche Problemstellung in einer **Lernsituation im Arbeitsbuch** den Ausgangspunkt. Zur Lösung des Problems stellt die vorliegende **Fachkunde** entsprechendes Fachwissen zur Verfügung. Ihr Aufbau folgt sowohl den Lernfeldern der Neuordnung als auch den Lernsituationen im Arbeitsbuch. So werden alle Kompetenzen und Fakten gesichert, die für Sie, die Auszubildenden, zum Bestehen der IHK-Prüfung notwendig sind. Das Lehrwerk ist daher sehr gut zur Prüfungsvorbereitung geeignet. Durch die Bearbeitung der Lernsituationen im Arbeitsbuch können Sie außerdem eine zunehmende Selbstständigkeit im Planen, Entscheiden, Durchführen und Überprüfen erwerben.

Damit Sie als Auszubildende überprüfen können, ob Sie die Fachinhalte richtig anwenden können, gibt es in der Fachkunde **Alles-klar-Fragen** zur Wiederholung und Vertiefung am Ende jedes Kapitels.

Nutzen Sie zum selbstgesteuerten Lernen auch unsere **neuen Lernvideos,** die wichtige betriebswirtschaftliche und rechtliche Sachverhalte leicht verständlich erklären. Laden Sie dazu die kostenlose **App „PagePlayer Cornelsen“** herunter. Wählen Sie dann – wie in der App beschrieben – Ihr Buch aus: „Groß- und Außenhandelsmanagement 2“. Sie können nun die Videos auf Ihrem Smartphone oder Tablet speichern und direkt aus dem Buch abrufen. Scannen Sie dazu einfach die jeweilige Buchseite mit dem Video-Icon. Sie können die Videos aber natürlich auch jederzeit ohne Buch abrufen und anschauen.

Wir wünschen Ihnen viel Erfolg mit unserer Lehrwerksreihe!

Autoren und Redaktion

LF 5 Kaufverträge erfüllen

Lernsituationen im Arbeitsbuch 2

LF 6 Ein Marketingkonzept entwickeln

LF 8 Werteströme auswerten

Lernsituationen im Arbeitsbuch 2

Lernsituationen im Arbeitsbuch 2

LF 9 Geschäftsprozesse mit digitalen Werkzeugen unterstützen

Lernsituationen im Arbeitsbuch 2

LERNFELD 5

Kaufverträge erfüllen

1 Kaufvertragsstörungen

Ein Kaufvertrag besteht aus zwei Teilen, dem **Verpflichtungs-** und dem **Erfüllungsgeschäft**. Das Verpflichtungsgeschäft wird durch die Übereinstimmung der Willenserklärungen von mindestens zwei Parteien begründet. Der Verkäufer muss den Kaufgegenstand entweder an den Käufer selbst oder beim Versendungskauf an einen Frachtführer frei von Mängeln übergeben, das Eigentum übertragen sowie die Zahlung annehmen. Der Käufer muss den Kaufgegenstand abnehmen und den Kaufpreis zahlen. Die Erfüllung der im Verpflichtungsgeschäft eingegangenen Pflichten erfolgt im Erfüllungsgeschäft (z. B. die konkrete Lieferung und anschließende Bezahlung des Kaufgegenstandes). Sehr häufig fallen Verpflichtungs- und Erfüllungsgeschäft zeitlich zusammen wie bei einem Platzkauf oder einer Zahlung Zug um Zug.

Platzkauf
Der Erfüllungsort für Käufer und Verkäufer ist identisch.

Zug um Zug
Käufer und Verkäufer erfüllen ihre Pflichten gleichzeitig.

Verpflichtungen aus dem Kaufvertrag für den Verkäufer	• rechtzeitige Annahme des vereinbarten Kaufpreises • Verschaffung des Eigentums an der Ware und vertragsgemäße Lieferung
Verpflichtungen aus dem Kaufvertrag für den Käufer	• Annahme und Prüfung der gelieferten Ware innerhalb der geltenden Fristen • rechtzeitige Bezahlung des vereinbarten Kaufpreises
Erfüllungsgeschäft (Verfügungsgeschäft)	• tatsächliche Erfüllung der vertraglich eingegangenen Verpflichtungen

Kaufvertragsstörungen ergeben sich im Rahmen der vertragsmäßigen Erfüllung des Kaufvertrags, wenn eine der Vertragsparteien – Verkäufer oder Käufer – seinen Verpflichtungen nicht nachkommt.

Dabei ist es auch von Bedeutung, welche Stellung die Vertragspartner zueinander haben, da sich daraus z. T. unterschiedliche gesetzliche Vorgaben bei der Erfüllung des Kaufvertrags ergeben. Beim **Privatkauf** handelt es sich bei Käufer und Verkäufer um Privatpersonen. Hier finden die allgemeinen Vorschriften des BGB zum Kaufvertrag Anwendung. Beim Handelskauf wird unterschieden nach dem **einseitigen Handelskauf**, hier ist nur ein Vertragspartner ein Kaufmann und der andere eine Privatperson, und dem **zweiseitigen Handelskauf**, bei dem sich zwei Kaufleute gegenüberstehen. In beiden Fällen sind bei der vertragsmäßigen Erfüllung des Kaufvertrags zusätzlich Vorschriften des HGB zu beachten.

Im Groß- und Außenhandel handelt es sich ausschließlich um zweiseitige Handelskäufe. Neben den allgemeinen Vorschriften des BGB zum Kaufvertrag sind daher auch Regelungen des HGB zu berücksichtigen, aus denen sich abweichende Verpflichtungen u. a. zum **Erfüllungsort** und **Streckengeschäft** (Gefahrenübergang bei Versendungskauf und Fernkauf) und zur **Prüf- und Rügepflicht** (§ 377 ff. HGB) ergeben.

Erfüllungsort und Streckengeschäft
▶ LF 2, Kap. 5.1.2 und 5.4

Prüf- und Rügepflicht
▶ LF 5, Kap. 1.1.4

Bei der Verletzung folgender Pflichten des Verkäufers und Käufers kann es zu Kaufvertragsstörungen kommen:

Pflichten des Verkäufers	Pflichten des Käufers
Die Ware muss mängelfrei übergeben werden. **Störung:** Ware ist nicht mängelfrei. → Sachmangel (Schlechtleistung)	Der Käufer muss die Ware annehmen. **Störung:** Ware wird nicht angenommen. → Annahmeverzug
Die Ware muss pünktlich übergeben werden. **Störung:** Ware wird nicht pünktlich geliefert. → Lieferungsverzug (Nicht-Rechtzeitig-Lieferung)	Der Käufer muss den Kaufpreis rechtzeitig und vollständig bezahlen. **Störung:** Es wird nicht (rechtzeitig) gezahlt. → Zahlungsverzug (Nicht-Rechtzeitig-Zahlung)

1.1 Sachmängel (Schlechtleistung)

AB ▶ LS 56

Lernvideo Mangelhafte Lieferung

Sachmangel:
§ 434 BGB

Beispiel

Cornelia Gruber ist seit einiger Zeit im Lager eingesetzt und nimmt regelmäßig Ware von Lieferanten oder Spediteuren an. Heute werden mehrere Pakete angeliefert, die auf einer Palette verschnürt sind. Wie gewohnt kontrolliert Cornelia anhand des Lieferscheins die Anzahl der Pakete und unterschreibt. Danach schiebt sie die Palette ins Lager, vergleicht den Lieferschein mit der Bestellung und erfasst die neue Ware als Zugang. Beim Einräumen fällt ihr ein Paket auf, in dem laut Packungsbeschreibung zehn Pakete Kopierpapier sein sollen, aber nur acht enthalten sind. Auch auf dem Lieferschein stehen zehn Pakete Da sie so etwas zum ersten Mal erlebt, geht sie zum Lagerleiter und fragt ihn um Rat.

1.1.1 Arten von Mängeln

Der Händler ist verpflichtet, die verkaufte Sache mängelfrei zu liefern. Wann es sich im rechtlichen Sinne um einen Mangel handelt, ist im Bürgerlichen Gesetzbuch geregelt. Danach ist eine Sache **frei von Mängeln,** wenn sie bei der Übergabe die vereinbarte, vorausgesetzte oder übliche Beschaffenheit hat:

- **Vereinbarte Beschaffenheit:** Eine ausdrückliche Vereinbarung zwischen Käufer und Verkäufer. Beispiel: Der Verkäufer versichert dem Kunden, dass das Fahrzeug die grüne Umweltplakette erhält.
- **Vorausgesetzte Beschaffenheit:** Die Eignung für die gewöhnliche Verwendung der Sache. Beispiel: Ein Autofahrer kann davon ausgehen, dass er mit einem neu gekauften Fahrzeug mehrere Tausend Kilometer ohne größere Reparaturen fahren kann.
- **Übliche Beschaffenheit:** Beschaffenheit, die der Käufer nach Art der Sache erwarten kann. Beispiel: Eine neu erworbene Motorradjacke darf nicht nach dem ersten Regenguss ausfärben.

Sachmängel werden wie folgt unterschieden:

Mangelart	Erläuterung	Beispiel
Qualitätsmangel (Fehler in der Güte und Beschaffenheit)	Qualitätsmängel können durch fehlerhafte Herstellung oder den unsachgemäßen Umgang mit der Sache durch den Hersteller, Spediteur oder Händler entstehen.	Papier ist vergilbt.
Fehler bei der Montage (Montagemangel)	Eine unsachgemäß durchgeführte Montage durch den Händler oder durch dessen Beauftragten stellt einen Sachmangel dar.	Durch das nachträglich eingebaute Glasschiebedach tropft es bei starkem Regen.
fehlerhafte Montageanleitung	Wenn bei der Montage durch den Käufer Schäden am Kaufgegenstand entstehen, weil die Montageanleitung mangelhaft ist oder sogar fehlt, liegt ein Sachmangel vor.	Obwohl der Mitarbeiter des Großhandelsunternehmens beim Selbstaufbau einer Glasvitrine in der Reihenfolge der Montageanleitung vorgeht, bricht die Rückwand der Vitrine.
Falschlieferung	Der Händler liefert eine andere als die vom Käufer bestellte Sache.	Der Papiergroßhändler liefert die gewünschte Marke statt in 185/65 in der Ausführung 195/65.
Fehlmenge (Quantitätsmangel)	Der Händler hat zu wenig oder in einer falschen Abmessung geliefert.	Statt der 100 bestellten Kartons mit Bierdeckeln wurden nur 80 Kartons geliefert. Die in 3,00 m Breite bestellten Dekorationsstoffe wurden in 2,50 m Breite geliefert.
Abweichung von Werbeaussagen	Der Käufer muss sich auf Werbeaussagen, die Warenkennzeichnung und andere öffentliche Aussagen verlassen können. Verfügen die Waren nicht über die versprochenen Eigenschaften, sind sie mangelhaft.	Das als 3-Liter-Auto beworbene Fahrzeug verbraucht selbst bei sparsamer Fahrweise nicht unter 5 Liter.

Offener Mangel: Ein Fahrrad mit plattem Reifen eignet sich nicht für die gewöhnliche Verwendung, damit zu fahren.

Erkennbarkeit von Mängeln: Sachmängel können zu verschiedenen Zeitpunkten erkannt werden. Unterschieden werden:

Mangelart	Erläuterung	Beispiel
offener Mangel	Offene Mängel sind bei der Prüfung der Ware sofort sichtbar.	Die Kartons sind feucht geworden. Dadurch hat sich das Papier gewellt.
versteckter Mangel	Versteckte Mängel sind nicht sofort erkennbar, sie werden erst bei Verwendung der Sache entdeckt.	Ein Teil der gelieferten Servietten sind falsch bedruckt. An der Umverpackung war kein Fehldruck zu erkennen.
arglistig verschwiegener Mangel	Ist dem Händler ein Mangel an der Sache bekannt und verheimlicht er diesen gegenüber dem Käufer, spricht man von einem arglistig verschwiegenen Mangel.	Ein aus Reklamationsrückläufen stammender Fernseher, der erfolglos repariert wurde, wird als neues Gerät zum vollen Preis verkauft.

Versteckter Mangel: Erst nach einiger Zeit stellt sich heraus, dass die gelieferten Schrauben nicht wie angegeben aus rostfreiem Stahl bestehen.

Umfang von Mängeln: Welche Rechte der Käufer aus einer mangelhaften Lieferung in Anspruch nehmen kann, richtet sich auch nach dem Umfang des Mangels.

Mangelart	Erläuterung	Beispiel
erheblicher Mangel	Der Mangel ist erheblich, wenn dadurch die Verwendung der Sache in großem Umfang eingeschränkt oder sogar unmöglich ist.	Einfache, nicht kopierfähige Folien wurden als kopiertauglich verkauft. Statt hellblauen wurden rosa Umschläge geliefert.
geringfügiger Mangel	Der vorliegende Mangel hat auf die Verwendung der Sache keinen oder keinen großen Einfluss.	Die Verpackung des Scheibenwischers ist eingerissen. Auf der Innenseite des Wischerarms ist ein Kratzer. Im eingebauten Zustand ist er nicht sichtbar.

1.1.2 Rechte des Käufers bei Sachmängeln

Weist die Ware bei der Übergabe an den Käufer einen Mangel auf und kennt der Käufer bei Vertragsabschluss den Mangel nicht, können verschiedene Rechte geltend gemacht werden:

- Nacherfüllung des Kaufvertrages und Schadenersatz neben der Leistung
- Rücktritt vom Kaufvertrag oder Minderung des Kaufpreises
- Schadenersatz statt der Leistung oder Ersatz vergeblicher Aufwendungen

Gewährleistungsrechte
§ 437 BGB

Vorrangiges Recht: Nacherfüllung

Wenn der Käufer einen Mangel an der Ware feststellt, hat er zunächst **nur einen Nacherfüllungsanspruch.** Dadurch soll erreicht werden, dass der ursprüngliche Kaufvertrag eine Art „Bestandsschutz" erhält. Der Verkäufer soll beim Auftreten eines Mangels zunächst die Gelegenheit erhalten, diesen zu beseitigen. Dabei kann der Käufer zwischen einer Ersatzlieferung oder einer Nachbesserung wählen:

- **Ersatzlieferung:** Recht auf Lieferung einer mangelfreien Sache (Neulieferung)
- **Nachbesserung:** Recht auf Beseitigung des Mangels (z. B. Reparatur)

Nacherfüllung
§ 439 BGB

Liegt ein **Verschulden** des Verkäufers vor, so kann der Käufer zusätzlich auch noch **Schadenersatz** geltend machen. Dieser könnte z. B. im entgangenen Gewinn liegen, da der Käufer die mangelhafte Ware nicht weiterverkaufen konnte. Fallen bei der Nacherfüllung zusätzliche Aufwendungen wie Transport-, Material- oder Arbeitskosten an, so muss der Verkäufer diese ebenfalls ersetzen.

Verschulden
Ein Verschulden des Verkäufers liegt dann vor, wenn er vorsätzlich oder fahrlässig gehandelt hat. Fahrlässig bedeutet, dass der Verkäufer nicht mit der erforderlichen Sorgfalt gehandelt hat. Vorsatz bedeutet, dass er mit Absicht gehandelt hat.

Der Verkäufer kann in seinen allgemeinen Geschäftsbedingungen (AGB) das **Wahlrecht des Käufers** zwischen Ersatzlieferung und Nachbesserung nur einschränken, wenn es sich um einen zweiseitigen Handelskauf handelt. Beim Verbrauchsgüterkauf darf das Wahlrecht nicht zum Nachteil des Verbrauchers ausgeschlossen werden. Der Verkäufer kann die vom Käufer gewünschte Art der Nacherfüllung allerdings ablehnen, wenn die Kosten unverhältnismäßig hoch sind oder wenn eine Nacherfüllung unmöglich ist.

AGB
► LF 2, Kap. 5.2

Handelskauf, Verbrauchsgüterkauf
► LF 2, Kap. 5.3.1

Beispiel

Unverhältnismäßigkeit: Wenn die Reparatur einer Lichtmaschine teurer ist als die Beschaffung einer neuen Lichtmaschine, kann der Großhändler ohne Nachteil für den Kunden auf die andere Art der Nacherfüllung, nämlich die Neulieferung, zurückgreifen.
Unmöglichkeit: Vergilbtes Papier kann nicht „entgilbt" werden.

Fixkauf

▶ LF 2, Kap. 5.3.4

Zweckkauf

Kauf, der nur für einen bestimmten Anlass getätigt wird. Die Zweckbindung muss dem Verkäufer bekannt sein.

Nachrangige Rechte

Für die Nacherfüllung muss der Käufer dem Verkäufer eine **angemessene Frist** einräumen. Der Käufer kann weitere Rechte geltend machen, wenn nach Ablauf dieser Nachfrist die Neulieferung oder die zweimalige Nachbesserung nicht erfolgreich war. Auf eine Nachfristsetzung **kann verzichtet** werden, wenn

- ein Fix- oder Zweckkauf vorliegt.
- der Verkäufer die Nacherfüllung verweigert,
- die Nacherfüllung für den Käufer und / oder Verkäufer unzumutbar ist, z. B. wenn durch die Nacherfüllung unverhältnismäßig hohe Kosten für den Verkäufer entstehen würden, oder wenn
- ein arglistig verschwiegener Mangel vorliegt.

Der Käufer kann folgende nachrangigen Rechte geltend machen:

Rücktritt
§ 323 BGB

Rücktritt vom Vertrag: Der Käufer ist zur Rückgabe der (mangelhaften) Ware und der Verkäufer zur Erstattung eines eventuell gezahlten Kaufpreises verpflichtet. Der Käufer wird vom Rücktrittsrecht Gebrauch machen, wenn er an einer Erfüllung des Vertrages oder an einer Fortsetzung der Geschäftsbeziehung nicht mehr interessiert ist. Der Käufer kann das Rücktrittsrecht allerdings nur in Anspruch nehmen, wenn der Mangel **erheblich** ist.

Beispiel: Rücktritt

Die Zusammenarbeit mit dem Lieferanten gestaltete sich bereits bei den Nacherfüllungsversuchen sehr schwierig. Der Käufer hat deshalb kein Vertrauen mehr und möchte die Vertragsbeziehung zu dem Lieferanten abbrechen, denn der Mangel an der Ware ist immer noch nicht behoben.

Minderung
§ 441 BGB

Minderung des Kaufpreises: Ist die Ware nur geringfügig mangelhaft, darf der Käufer lediglich eine Herabsetzung des Kaufpreises fordern. Der geforderte Preisnachlass muss angemessen sein, d. h., der Wert der mangelfreien Ware wird mit dem tatsächlichen Wert durch Schätzung verglichen. Die Differenz muss der Verkäufer erstatten.

Beispiel: Minderung des Kaufpreises

Ein Kunde ist zwar bereit, den gelieferten Modeschmuck aus der Vorjahreskollektion zu kaufen, erwartet dafür aber einen Preisnachlass von 70 %.

Schadenersatz
§ 281 BGB

Schadenersatz statt Leistung: Wenn der Mangel erheblich ist und den Verkäufer ein Verschulden trifft, kann der Käufer Schadenersatz statt der geschuldeten Leistung verlangen. Der Schadenersatzanspruch des Käufers ergibt sich aus der Mangelhaftigkeit der Ware selbst und aus den Mangelfolgeschäden. Der Gesetzgeber schränkt die Höhe der Schadenersatzansprüche des Käufers nicht ein. So kann die Höhe des eingetretenen Schadens den Wert der Ware bei Weitem übersteigen.

Falls der Käufer Schadenersatz statt Leistung verlangt, ist sein Anspruch auf die Leistung ausgeschlossen, d. h., er kann nicht mehr seine vorrangigen Rechte (Nachbesserung oder Lieferung mangelfreier Ware) verlangen. Der Käufer kann aber gleichzeitig mit Schadenersatzansprüchen sein Rücktrittsrecht geltend machen.

Beispiel: Schadenersatz statt Leistung

Im Verwaltungstrakt der BPK GmbH wurde für die Mitarbeiter ein Kühlschrank mit Gefrierfach aufgestellt. Durch einen nicht zu behebenden Defekt verdirbt ein großer Teil der darin gelagerten Lebensmittel. Der Schadenersatzanspruch erstreckt sich auf die Kosten für die verdorbenen Lebensmittel, der Käufer kann vom Kaufvertrag zurücktreten.

Ersatz vergeblicher Aufwendungen
§ 284 BGB

Ersatz vergeblicher Aufwendungen: Der Käufer kann auch einen Ersatz der Aufwendungen fordern, die dadurch entstanden sind, dass der Käufer auf die Warenlieferung vertraut hat. Vergebliche Aufwendungen sind Ausgaben, die dem Käufer bereits entstanden sind, **bevor** es zum Lieferungsverzug gekommen ist. Ein Schaden hingegen entsteht erst durch den Lieferungsverzug selbst. Auch den Ersatz vergeblicher Aufwendungen kann der Käufer **nur bei Verschulden** des Verkäufers und bei erheblichen Mängeln geltend machen.

Beispiel: Ersatz vergeblicher Aufwendungen

Ein Großhandelsunternehmen bestellt für den anstehenden Herbst von einem überregional bekannten Künstler gestaltete Regenschirme als Aktionsware, die besonders Kunden, deren Bestellung einen bestimmten Wert überschreitet, als Präsent erhalten sollen. Für die bevorstehende Regenschirm-Aktion lässt der Großhändler Briefbeilagen drucken. Die bestellten Regenschirme lassen sich aufgrund von Mängeln jedoch nicht für die geplante Aktion verwenden.
Die Druckkosten für die Briefbeilagen sind bereits vor der mangelhaften Lieferung entstanden und werden als vergebliche Aufwendungen bezeichnet.

1.1.3 Ermittlung der Schadenhöhe

Der Lieferant ist verpflichtet, dem Käufer den durch eine mangelhafte Lieferung entstandenen Schaden zu ersetzen. Dies lässt sich leicht fordern, aber leider nicht genauso leicht verwirklichen, denn jeder Schaden muss auch belegt werden. Dies kann sich in Abhängigkeit von der Schadensart schwierig gestalten. Generell werden zwei Arten von Schäden unterschieden:

Konkrete Schäden können durch Rechnungen, Quittungen oder andere Belege genau nachgewiesen werden, z. B. Mehrkosten beim Deckungskauf, Telefonkosten, Mahnkosten oder Kosten der Rechtsberatung.

Abstrakte Schäden können nicht genau beziffert, sondern immer nur geschätzt werden, z. B. entgangener Gewinn oder Imageschäden. Die Schätzung der Höhe von abstrakten Schäden ist deshalb häufig die Aufgabe von Gerichten. So lässt sich bei dem Regenschirm-Beispiel unter Umständen noch klären, wie viele potenzielle Käufer wegen der nicht überreichten Regenschirme von ihrem Kaufvorhaben abgesehen haben. Allerdings wird man nicht feststellen können, ob dadurch Kunden so verärgert sind, dass sie den Händler ab sofort meiden und bei einem anderen Lieferanten bestellen.

Manche Unternehmen reagieren auf die Problematik der abstrakten Schadensberechnung mit der vertraglichen Festlegung einer **Konventionalstrafe**. Dabei muss der Lieferant eine vorher festgelegte Summe als Strafe bezahlen, auch wenn der Schaden tatsächlich geringer ist.

1.1.4 Verjährung der Mängelansprüche (Gewährleistungsfrist)

Beim zweiseitigen Handelskauf muss der Käufer die Ware bei Eingang prüfen. Beim Verbrauchsgüterkauf entfällt diese Prüfpflicht. Dadurch ergeben sich für die beiden Kaufvertragsarten unterschiedliche Fristen, in denen der Käufer seine Rechte geltend machen kann:

Prüf- und Rügefrist:
§ 377 HGB

- **Zweiseitiger Handelskauf:** Weil der Kaufmann bei der Prüfung der Ware offene Mängel sofort erkennen kann, ist er auch verpflichtet, diese dem Verkäufer unverzüglich mitzuteilen. Versteckte Mängel muss der Kaufmann unverzüglich nach ihrer Entdeckung rügen, jedoch spätestens innerhalb der **Gewährleistungsfrist von zwei Jahren**. Beim zweiseitigen Handelskauf kann der Kaufmann die Gewährleistungsfristen vertraglich begrenzen.

Gewährleistungsfrist:
§ 438 BGB

AGB
▶ LF 2, Kap. 5.2

- **Verbrauchsgüterkauf:** Der Verbraucher hat sowohl bei offenen als auch bei versteckten Mängeln eine **Gewährleistungsfrist von zwei Jahren,** wenn es sich um neu hergestellte Waren handelt. Bei gebrauchten Waren kann sich die Frist auf ein Jahr vermindern, wenn dies vertraglich festgelegt wurde. Die Verjährung beginnt mit der Ablieferung der Ware.

Beweislastumkehr:
§ 476 BGB

Beanstandet ein Verbraucher innerhalb von sechs Monaten seit Übergabe der Ware einen Sachmangel, so wird vermutet, dass die Ware diesen Mangel bereits bei der Warenübergabe aufwies. Im Streitfall muss der Verkäufer beweisen, dass die Ware bei der Übergabe fehlerfrei war. Hier findet eine **Umkehr der Beweislast** statt, da normalerweise der Gläubiger (Käufer) den Schadensbeweis antreten muss. Nach Ablauf der sechs Monate liegt die Beweislast wieder beim Verbraucher (Käufer).

regelmäßige Verjährungsfristen:
§§ 195, 199 BGB
▶ LF 5, Kap. 1.6.1

Wenn der Verkäufer den Mangel **arglistig verschwiegen** hat, tritt die regelmäßige **Verjährungsfrist von drei Jahren** ein. Diese Regelung gilt sowohl für den zweiseitigen Handelskauf als auch für den Verbrauchsgüterkauf. Die regelmäßige Verjährungsfrist beginnt mit dem Schluss des Jahres, in dem der Käufer von dem Mangel an der Ware Kenntnis erlangt hat. Für **Gebäude und Einbauten** gilt eine besondere Gewährleistungsfrist von 5 Jahren.

1.1.5 Garantie

Üblich sind z. B. Garantieleistungen von Herstellern, die sich auf die Haltbarkeitsdauer eines Produktes beziehen oder eine Geld-zurück-Garantie bei Nichtgefallen.

Mit der Garantie übernimmt der Hersteller **freiwillig** die Verantwortung dafür, dass innerhalb eines bestimmten Zeitraumes kein Mangel an einer Sache auftritt. Die Übernahme einer Garantie durch den Hersteller ist in der Regel für den Kunden günstiger als die gesetzliche Gewährleistung, da sie auch Mängel umfasst, die erst nach der Übergabe entstehen, und oft länger als die gesetzliche Gewährleistung bewilligt wird. Diese Garantierechte sind eine freiwillige Leistung des Herstellers, die er deshalb nach seinen eigenen Vorstellungen inhaltlich ausgestalten und ggf. auch beschränken kann. Die Garantieerklärung muss **ausdrücklich** erfolgen, nach ihr richten sich die Voraussetzungen und Rechtsfolgen für die Garantieleistungen.

Das gesetzliche Gewährleistungsrecht bleibt neben einer Garantie bestehen, sodass der Kunde innerhalb der gesetzlichen Gewährleistungsfrist wählen kann, ob er die Garantie (gegen den Hersteller) oder die Gewährleistung (gegen den Verkäufer) in Anspruch nehmen will.

1.1.6 Retourenmanagement

AB ▶ LS 61

Umgang mit Reklamationen

Die Reklamation eines Kunden bedeutet in der Regel, dass er von den Leistungen des Großhändlers enttäuscht ist. Jede Reklamation ist aber auch als Chance für den Großhändler zu interpretieren: Zum einen lässt sich durch ein erfolgreiches Retourenmanagement aus einem enttäuschten Kunden ein überzeugter Kunde machen. Zum anderen gibt es vermutlich Verbesserungspotenziale innerhalb des Unternehmens, die genutzt werden sollte.

Die häufigste Ursache für Beanstandungen ist die Ware, weil sie Fehler aufweist oder den Kundenerwartungen nicht entspricht. Aber nicht jeder enttäuschte Kunde beschwert sich. Im schlimmsten Fall zieht der Kunde die Konsequenzen, ohne darüber zu reden. Er geht dem Unternehmen dann nicht nur als Kunde verloren, sondern gibt wahrscheinlich seine Unzufriedenheit noch an andere potenzielle Kunden weiter.

Kunden, die unzufrieden sind, sich aber nicht darüber äußern, sind viel häufiger zu finden als solche, die sich beschweren. Gleichzeitig neigen viele Menschen eher dazu, negative Erfahrungen weiterzuerzählen als positive. Die Folgen negativer Mundpropaganda sollten deshalb niemals unterschätzt werden.

Kundenunzufriedenheit und die Folgen für den Großhändler

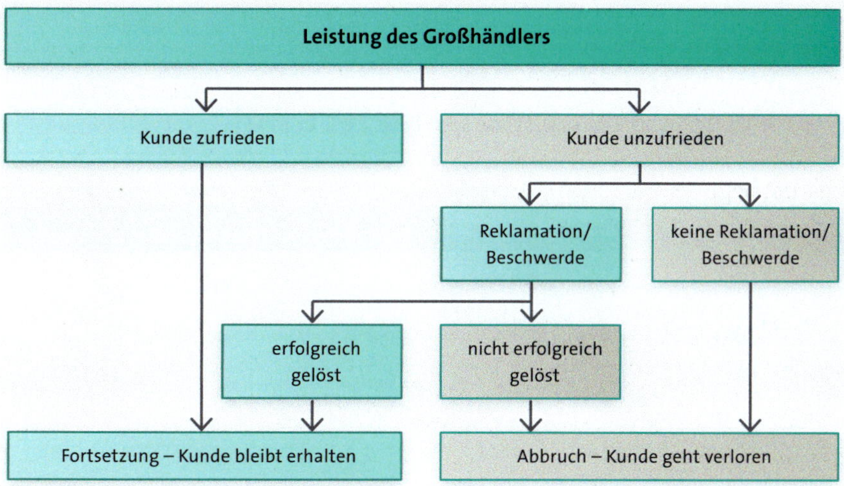

Unberechtigte Reklamationen

Unter vielen Kunden ist die Vorstellung verbreitet, man könne ohne jeden Grund innerhalb eines gewissen Zeitraums (z. B. innerhalb von drei Tagen) von einem Vertrag zurücktreten. Dies ist jedoch ein Irrtum. Geschlossene Verträge – sei es schriftlich oder mündlich – sind grundsätzlich einzuhalten. Es besteht daher kein Rechtsanspruch auf Umtausch einer mangelfrei gelieferten Ware gegen eine andere. Der Großhändler ist im Recht, wenn er sich weigert, eine fehlerfreie Ware zurückzunehmen. Nimmt er die Ware trotzdem zurück, so tut er das freiwillig aus **Kulanz**. Dabei bleibt es ihm überlassen, ob er die Ware direkt umtauscht, einen Gutschein ausstellt oder dem Kunden sogar den Kaufpreis zurückerstattet.

Kulanz
Großzügigkeit, Entgegenkommen

Die Vorgehensweise beim **Kulanzumtausch** wird situationsbezogen entschieden und in jedem Unternehmen unterschiedlich gehandhabt. Der Großhändler befindet sich dabei in einem Zielkonflikt zwischen einer kundenfreundlichen Regelung im Sinne der Kundenbindung und wirtschaftlichen und ökologischen Interessen. Zurückgenommene Waren, die regulär nicht wieder verkäuflich sind, können dem Großhändler hohe Kosten verursachen. Gerade im Sinne der Nachhaltigkeit und der Ressourcenschonung sollte daher im Einzelfall geprüft werden, ob die Ware noch wiederverkäuflich ist. Daher sollte die Kundenbindung, die Imagepflege des Unternehmens und der verantwortungsvolle Umgang mit Ressourcen gegen die entstehenden Kosten durch die fachgerechte Entsorgung bzw. Verwertung der Ware abgewogen werden. Zu prüfen ist in diesem Sinne auch, ob ein Weiterverkauf der Ware über im Internet weit verbreitete Onlineplattformen für Retourenverwertungen möglich ist. Bei offensichtlich übertriebenen Kundenansprüchen oder Verdacht auf Betrug kann der Kundenwunsch nach Umtausch oder Geldrückgabe höflich zurückgewiesen werden.

Ein professioneller Umgang mit Reklamationen im Rahmen des Retourenmanagements beschränkt sich nicht auf die Bewältigung der jeweiligen Situation. Beanstandungen der Kunden sollten systematisch dokumentiert und analysiert werden. Zur Erfassung der Schwachstellen werden in manchen Unternehmen **Beschwerdelisten** geführt. Die Mitarbeiter werden aufgefordert, alle Beanstandungen zu notieren. Auf der Grundlage dieser Informationen können geeignete Gegenmaßnahmen zur Behebung von Missständen ergriffen werden.

AB ▶ LS 57

Lernvideo Lieferungsverzug

1.2 Lieferungsverzug (Nicht-Rechtzeitig-Lieferung)

Beispiel

Freitagmittag, 13.30 Uhr. Es ist Fußball-Weltmeisterschaft, Deutschland spielt gegen Serbien. Da ganz Deutschland im Fußball-Fieber ist, hat Herr Dr. Schönhauser erlaubt, zwei Großbild-Fernseher aufzustellen und gemeinsam Fußball zu schauen – natürlich so, dass die Kunden dabei nicht zu kurz kommen. Herr Dr. Schönhauser hat morgens für „seine Mannschaft“ in einer nahe gelegenen Pizzeria zehn Familienpizzen bestellt. Obwohl die Lieferung für 13.30 Uhr zugesagt war, fängt auch die zweite Halbzeit ohne die angekündigte Pizza an.

Wenn die bestellte Ware nicht rechtzeitig eintrifft, kann dies schwerwiegende Konsequenzen haben, z. B. wenn ein Stammkunde daraufhin abspringt. Im Geschäftsleben regelt das BGB daher die Rechte des Käufers gegenüber säumigen Lieferanten.

1.2.1 Voraussetzungen für den Lieferungsverzug

Damit ein Käufer seine Rechte geltend machen kann, muss vorab geprüft werden, ob die Voraussetzungen für das Vorliegen eines Lieferungsverzuges tatsächlich gegeben sind. Paradoxerweise kann sich ein Lieferant noch gar nicht im Lieferungsverzug befinden, obwohl er bereits vor 14 Tagen zugesagt hatte: „Lieferung kommt sofort“, und die Ware immer noch nicht da ist. Folgende Voraussetzungen müssen erfüllt sein, damit der Lieferant rechtlich gesehen im Lieferungsverzug ist:

1. Es muss ein gültiger Kaufvertrag bestehen.
Ein Kaufvertrag kommt durch zwei übereinstimmende Willenserklärungen (Antrag und Annahme) zustande.

Zustandekommen von Kaufverträgen
▶ LF 2, Kap. 4

2. Der Lieferant hat trotz Fälligkeit der Lieferung bisher nicht geliefert.
Ist im Kaufvertrag keine Angabe zum Lieferzeitpunkt gemacht worden, ist die Lieferung **sofort nach Abschluss des Vertrages** fällig. Ansonsten ist die Lieferung zum angegebenen Lieferzeitpunkt fällig.

3. Der Käufer hat die Lieferung angemahnt.
Mit einer Mahnung fordert der Käufer den Lieferanten zur Lieferung auf. Es muss nach Eintritt der Fälligkeit gemahnt werden. Die Mahnung unterliegt keinen Formvorschriften, jede dringende Aufforderung zur Lieferung gilt als Mahnung. Aus Beweisgründen empfiehlt es sich aber, eine schriftliche Mahnung an den Lieferanten zu senden. Erst mit Zugang der Mahnung gerät der Lieferant in Verzug, wenn der **Liefertermin unbestimmt** ist.

Beispiel: Kalendermäßig nicht bestimmbarer Liefertermin

- Lieferung sofort
- Lieferung ab Mai
- Lieferung so schnell wie möglich

Bei diesen Formulierungen kann der Liefertermin nicht mithilfe eines Kalenders bestimmt oder eingegrenzt werden, bis wann die Lieferung spätestens erfolgen soll. Der Käufer muss dem Lieferanten per Mahnung mitteilen, dass er die Lieferung zu einem bestimmten Zeitpunkt erwartet.

Ist der Liefertermin im Kaufvertrag **kalendermäßig bestimmt** bzw. bestimmbar, indem z. B. die Lieferung ab einem bestimmten Ereignis nach dem Kalender berechnet werden kann, so ist eine **Mahnung entbehrlich.**

Beispiel: Kalendermäßig bestimmter oder bestimmbarer Liefertermin

- Lieferung am 15.05.XX.
- Lieferung im Mai.
- Lieferung erfolgt zwei Wochen nach Bestelldatum.

Bei diesen Formulierungen weiß der Lieferant vorher, wann der Käufer die Lieferung erwartet, folglich ist eine Mahnung nicht mehr notwendig, um den Lieferanten in Verzug zu setzen.

Eine Mahnung ist auch im Fall der **Selbstinverzugsetzung** entbehrlich, wenn also der Lieferant bereits mitgeteilt hat, dass er zum vereinbarten Termin nicht liefern wird. Auch aus besonderen Gründen kann auf eine Mahnung verzichtet werden. Diese besonderen Gründe ergeben sich meist aus den Rahmenbedingungen eines Kaufvertrages und lassen sich am besten an Beispielen verdeutlichen.

Beispiel: Zweckkauf

Ein Großhandelsunternehmen bestellt anlässlich des zehnjährigen Firmenjubiläums ein kaltes Büfett. Dieses Büfett wird nicht zum Jubiläumstag geliefert.

Zweckkauf
Die Ware wird nur für einen bestimmten Zweck gekauft. Die Zweckbindung muss dem Verkäufer bekannt sein.

Hier kann auf eine Mahnung verzichtet werden, denn nach dem Jubiläumstag hat der Händler kein Interesse mehr an dem Büfett **(Interessenwegfall)**. Der Lieferungsverzug tritt nach dem Jubiläumsfest ohne Mahnung ein. Dies gilt in der Regel für jeden **Zweckkauf**.

Beispiel: Eilbedürftigkeit

Ein Großhandelsunternehmen hat einen Wasserrohrbruch, der die gesamte Lagerware bedroht, und bestellt daraufhin zur sofortigen Lieferung eine Wasserpumpe bei einem Installateur. Die Wasserpumpe kommt aber erst zwei Tage später.

Auch hier muss der Händler keine Mahnung schreiben; der Installateur befindet sich bei Nichterscheinen sofort im Lieferungsverzug, da hier der wichtige Grund **Eilbedürftigkeit** vorliegt.

Verschulden

Ein Verschulden des Verkäufers liegt dann vor, wenn er vorsätzlich oder fahrlässig gehandelt hat. Fahrlässig bedeutet, dass der Verkäufer nicht mit der erforderlichen Sorgfalt gehandelt hat. Vorsatz bedeutet, dass er mit Absicht nicht rechtzeitig geliefert hat.

4. Der Lieferant hat den Lieferungsverzug zu verschulden.
Die Voraussetzung Verschulden spielt nur dann eine Rolle, wenn der Händler Schadenersatz geltend machen möchte. Für alle anderen Rechte ist das Verschulden des Lieferanten unerheblich. Verschulden bedeutet, dass der Lieferant die verspätete Lieferung zu verantworten hat, da er fahrlässig oder sogar vorsätzlich gehandelt hat.

Sollte eine Lieferung aufgrund **höherer Gewalt** (z. B. Streik, Unwetter) nicht rechtzeitig ankommen, liegt kein Verschulden vor, da der Lieferant dies nicht zu verantworten hat.

Beispiel: Fahrlässigkeit

Der für die Lieferung verantwortliche Sachbearbeiter macht Urlaub und es gibt keine Vertretung.

1.2.2 Rechte des Käufers bei Lieferungsverzug

Sind die Voraussetzungen für einen Lieferungsverzug erfüllt, sollte sich der Käufer grundsätzlich überlegen, ob er weiterhin an der Lieferung interessiert ist oder nicht.

1. Der Käufer ist weiterhin an der Lieferung interessiert.
Auch wenn bestellte Ware nicht zum vereinbarten Termin geliefert wird, kann es durchaus gute Gründe geben, dass der Käufer weiterhin an der Lieferung interessiert ist. So könnte der Verkäufer z. B. der einzige Anbieter der Ware sein oder die günstigsten Preise kalkuliert haben. Auch eine langjährige gute Geschäftsbeziehung zum Lieferanten kann ein Grund sein, die Lieferung weiterhin zu wünschen. Dann kann der Käufer **sofort** folgende Rechte geltend machen:

Lieferung weiterhin verlangen: Der Käufer hat das Recht, weiterhin auf Lieferung der Ware und somit auf Erfüllung des Kaufvertrages zu bestehen. Dieses Recht hat er unabhängig davon, ob der Lieferant den Lieferungsverzug zu verantworten hat oder nicht (verschuldensunabhängiges Recht).

Schadenersatz für verspätete Lieferung verlangen: Neben der Lieferung kann der Käufer auch noch Schadenersatz verlangen. Zwingende Voraussetzung dafür ist aber das **Verschulden des Lieferanten**. Den Schadenersatz für die verspätete Lieferung kann der Käufer nicht pauschal geltend machen. Er muss vielmehr beweisen, dass ihm aufgrund der verspäteten Lieferung tatsächlich ein Schaden entstanden ist.

2. Der Käufer ist nicht mehr an der Lieferung interessiert.
Dies kann z.B. der Fall sein, wenn ein anderer Lieferant die gleiche Ware mittlerweile preiswerter anbietet oder die Ware von einem anderen Lieferanten schneller geliefert werden kann. Ein schneller Schlussstrich unter den gestörten Kaufvertrag wäre dann aus Sicht des Käufers wünschenswert. Dies ist auch grundsätzlich in Form eines Rücktritts möglich, jedoch ist der Kaufvertrag noch gültig und der säumige Lieferant muss zunächst eine zweite Chance zur Lieferung erhalten.

Setzen einer angemessenen Nachfrist: Bevor der Käufer von seinem Rücktrittsrecht Gebrauch machen kann, muss er dem Lieferanten eine angemessene Nachfrist zur Lieferung gewähren. Der Gesetzgeber hat recht deutlich bestimmt, was darunter zu verstehen ist: Eine Nachfrist ist dann angemessen, wenn sie dem Lieferanten die Zeit zur Lieferung ermöglicht, ohne dass er die Ware noch selbst herstellt oder woanders beschafft. Der Gesetzgeber geht hier also davon aus, dass der Lieferant die erwartete Ware im Lager hat und nur noch ausliefern muss. Kann der Lieferant dieses enge Zeitraster erfüllen, muss der Käufer die Ware noch annehmen. Wird die Ware innerhalb der gesetzten Nachfrist nicht geliefert, kann der Käufer vom Kaufvertrag zurücktreten.

Die Nachfrist kann selbstverständlich **zusammen mit der Mahnung** bei Fälligkeit der Lieferung gesetzt werden. So hält sich der Käufer von Anfang an alle möglichen Rechte offen, ohne Zeit durch eine später gesetzte Nachfrist zu verlieren.

Unter bestimmten Umständen kann der Käufer aber auch **ohne Nachfristsetzung** seine ihm zustehenden Rechte geltend machen. Die Nachfrist ist entbehrlich,
- wenn ein Fixkauf vorliegt,
- wenn der Lieferant sich weigert zu liefern,
- wenn besondere Gründe vorliegen, z.B. Interessenwegfall.

Folgende Rechte kann der Käufer in Anspruch nehmen:
- **Rücktritt vom Kaufvertrag:** Nach dem erfolglosen Verstreichen einer angemessenen Nachfrist bzw. sofort bei Entbehrlichkeit der Nachfrist kann der Käufer vom Kaufvertrag zurücktreten. Dieses Recht kann er auch geltend machen, wenn der Lieferant den Lieferungsverzug nicht zu verantworten hat (verschuldensunabhängig).
- **Schadenersatz statt der Leistung:** Neben dem Rücktrittsrecht kann der Käufer zusätzlich Schadenersatz statt der Leistung verlangen. Voraussetzung hierfür ist neben dem erfolglosen Setzen einer angemessenen Nachfrist das Verschulden des Lieferanten. Auch hier muss der Käufer seinen entstandenen Schaden belegen, z.B. bei einem **Deckungskauf**.
- **Ersatz vergeblicher Aufwendungen:** Der Käufer kann bei Rücktritt vom Kaufvertrag anstelle des Schadenersatzes auch den Ersatz vergeblicher Aufwendungen geltend machen.

Deckungskauf
Der Käufer bestellt bei einem anderen, teureren, dafür aber lieferbereiten Lieferanten die Ware. Die Mehrkosten stellt er dem ursprünglichen Lieferanten in Rechnung.

AB ► LS 58

Lernvideo Zahlungsverzug

1.3 Zahlungsverzug (Nicht-Rechtzeitig-Zahlung)

Beispiel

Thomas Wolfen ist jeweils an einem Wochentag dafür zuständig, Briefe und Pakete zur Post zu bringen. Wie üblich fragt er dafür zuerst im Lager nach, ob es irgendwelche Briefe oder Rücksendungen gibt, und geht dann in das Sekretariat, um die Post zu holen. Anders als sonst üblich bittet ihn Frau Wild kurz zu sich herein: „Diesen Brief hier müssen Sie unbedingt als Einschreiben mit Rückschein aufgeben. Und bringen Sie auf jeden Fall den Beleg wieder mit." Frau Wild bemerkt wohl sein verdutztes Gesicht und erklärt ihm den Grund für diese besondere Maßnahme. „Der Kunde hat trotz einer Mahnung und einer großzügig bemessenen Nachfrist immer noch nicht gezahlt. Dem müssen wir jetzt etwas mehr Nachdruck verleihen."

Jeder Händler freut sich über ein gelungenes Verkaufsgespräch, das zu einem Abschluss führt. Aber Vorsicht! Ob der Verkauf tatsächlich einen positiven Beitrag zum Geschäftsergebnis leistet, stellt sich erst heraus, wenn das Geld für die Ware beim Großhändler auch tatsächlich in der Kasse oder auf dem Bankkonto ist. Oft räumt der Großhändler seinen Kunden ein Zahlungsziel (z. B. 30 Tage) ein. Insbesondere hier lauert die Gefahr, dass das Geld für die Ware ausbleibt. Schlimmstenfalls sind die Ware und das Geld weg. Daher ist es wichtig, dass Kunden ihre offenen Rechnungen auch tatsächlich rechtzeitig bezahlen. Mithilfe des **Forderungsmanagements** kann der Händler die fälligen Ausgangsrechnungen überwachen.

1.3.1 Ursachen und Folgen eines Zahlungsverzuges

Immer mehr Endverbraucher oder Unternehmen zahlen verspätet oder auch gar nicht. Die Gründe dafür reichen von Vergesslichkeit bis zum Vorsatz. Im Umgang mit säumigen Kunden sollte der Großhändler deshalb immer den Kundenstatus und die bisherigen Erfahrungen mit dem jeweiligen Kunden berücksichtigen und seine Schritte sorgsam abwägen.

Schnell kann ein zuverlässiger Stammkunde, der einmal versehentlich eine Rechnung verspätet zahlt, mit einer scharf formulierten Mahnung verärgert werden. Andere Kunden legen es wiederum bewusst darauf an, Rechnungen erst nach der Ankündigung rechtlicher Schritte zu bezahlen.

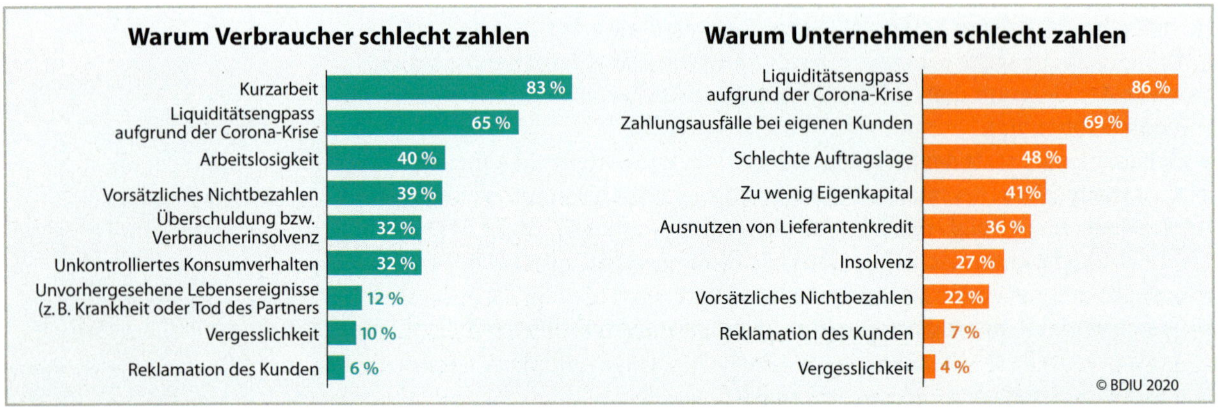

Die Konsequenzen, die ein Unternehmen durch verspätete oder ausbleibende Zahlungen zu tragen hat, können bis zur Insolvenz führen. Folgende Wirkungskette kann durch eine schlechte Zahlungsmoral von Kunden ausgelöst werden:

Wirkungskette

Das Unternehmen verliert an Liquidität und gerät dadurch ggf. selbst in Zahlungsschwierigkeiten. Dadurch verschlechtert sich die Geschäftsbeziehung zu den eigenen Lieferanten und der Verlust von Rabatten und Boni droht.

→ Das Guthaben auf dem Bankkonto sinkt, das Unternehmen verliert Guthabenzinsen.

→ Um die eigene Zahlungsschwierigkeit zu vermeiden, muss das Unternehmen bei Banken einen Kredit aufnehmen.

→ Durch den zusätzlichen Kredit verschlechtert sich die Eigenkapitalquote des Unternehmens und die Kreditwürdigkeit sinkt.

→ Nicht selten steht am Ende einer solchen Wirkungskette die Insolvenz des Unternehmens.

Wie kann diese Wirkungskette vermieden werden? Eine strenge Verwaltung der fälligen Rechnungen **(Forderungsmanagement)** ist hierfür Voraussetzung. Das Großhandelsunternehmen muss ständig einen Überblick über seine fälligen Ausgangsrechnungen haben. Dazu ist es sinnvoll, eine **Offene-Posten-Liste** der Debitoren zu führen. Um ein einheitliches Forderungsmanagement zu gewährleisten, sollte der Großhändler einen Handlungsplan erstellen, wie mit säumigen Kunden zu verfahren ist. Dies könnte in Form eines Ablaufplans je nach Kundenstatus erfolgen.

Offene-Posten-Liste
▶ LF 4, Kap. 10.2

Debitoren
Kunden des Unternehmens, an die das Unternehmen Forderungen stellt

Kreditoren
Lieferanten, bei denen das Unternehmen Verbindlichkeiten laufen hat

1.3.2 Voraussetzungen für den Zahlungsverzug

Nachfolgende Voraussetzungen müssen erfüllt sein, damit sich ein Käufer rechtlich gesehen im Zahlungsverzug (Nicht-Rechzeitig-Zahlung) befindet.

1. Es muss ein gültiger Kaufvertrag bestehen.
Ein Kaufvertrag kommt durch zwei übereinstimmende Willenserklärungen (Antrag und Annahme) zustande.

Zustandekommen von Kaufverträgen
▶ LF 2, Kap. 4

2. Der Käufer hat trotz Fälligkeit den Rechnungsbetrag bisher noch nicht gezahlt.
In der Regel wird im Kaufvertrag ein Zahlungstermin genannt, der die Fälligkeit der Rechnung bestimmt. Sollte kein Zahlungstermin genannt sein, ist die Zahlung sofort bei Lieferung fällig.

3. Der Verkäufer hat die Zahlung angemahnt und den Käufer in Verzug gesetzt.
Mit einer Mahnung fordert der Verkäufer den Käufer zur Zahlung des fälligen Betrages auf. Die Mahnung ist dabei an keine bestimmte Form gebunden. Aus Beweisgründen empfiehlt es sich aber, eine schriftliche Mahnung an den Käufer zu senden. Ist im Kaufvertrag kein Zahlungstermin genannt, **muss** der Verkäufer an den Käufer eine Mahnung senden, in der er den Käufer zur Zahlung auffordert. Erst mit Zugang der Mahnung wird der Käufer in Verzug gesetzt.

In folgenden Fällen gerät der Käufer auch **ohne Mahnung** in Verzug:
- wenn der Zahlungstermin kalendermäßig bestimmt bzw. bestimmbar ist;
- wenn der Käufer die Zahlung verweigert;
- wenn 30 Tage seit dem Rechnungsdatum vergangen sind. Der Zahlungsverzug tritt dann automatisch am 31. Tag ein. Diese Regelung spielt nur dann eine Rolle, wenn der Zahlungstermin **nicht kalendermäßig bestimmt** wurde. Sollte der Käufer behaupten, die Rechnung nie erhalten zu haben, so beginnt die 30-Tages-Frist ab dem Lieferdatum zu laufen. Für einen Verbrauchsgüterkauf gilt diese Regelung nur, wenn der Verkäufer in seiner Rechnung ausdrücklich darauf hinweist.

Beispiel

Ein Kopiergeschäft kauft am 13.05. bei der BPK GmbH eine Palette Kopierpapier, das angeliefert werden soll. Der Zahlungstermin lautet: „zahlbar sofort netto Kasse". Bei der Auslieferung vergisst der Fahrer jedoch, das Geld zu kassieren. Die BPK GmbH schickt keine Mahnung. Damit gerät das Kopiergeschäft automatisch am 13.06. in Zahlungsverzug.

4. Der Käufer hat den Zahlungsverzug zu verschulden.
Bei Geldschulden wird angenommen, dass der säumige Käufer in nahezu allen Fällen den Zahlungsverzug zu verschulden hat. Das führt dazu, dass der Verkäufer in aller Regel Schadenersatzforderungen geltend machen kann.

Beispiel

Ein langjähriger Kunde der BPK GmbH hat Liquiditätsprobleme. Dadurch kann er die fällige Rechnung für sein trotzdem bestelltes Papier nicht begleichen, der Kreditrahmen der Geschäftskonten ist schon komplett ausgereizt. Die BPK GmbH könnte jetzt u. a. Schadenersatz von diesem Kunden verlangen.

1.3.3 Rechte des Verkäufers

Ist ein Käufer in Zahlungsverzug geraten, so kann der Verkäufer unter verschiedenen Möglichkeiten wählen.

1. Der Verkäufer geht davon aus, dass der Käufer noch zahlt.
Hat der Verkäufer berechtigte Hoffnungen, dass der Käufer seiner Zahlungsverpflichtung noch nachkommt, oder handelt es sich bei der Ware um eine Spezialanfertigung, die der Verkäufer nur schwer anderweitig verkaufen kann, so hat der Verkäufer zunächst ein Interesse daran, den Kaufvertrag aufrechtzuerhalten. Dann kann er **ohne Nachfristsetzung** sofort folgende Rechte geltend machen:

Zahlung weiterhin verlangen: Der Verkäufer kann trotz der Überschreitung des Zahlungstermins weiterhin die Zahlung verlangen.

Schadenersatz wegen Pflichtverletzung: Zahlt der Käufer nicht rechtzeitig, kann der Verkäufer einen Verzugsschaden geltend machen. Voraussetzung hierfür ist das Verschulden des Käufers, welches aber bei Geldschulden grundsätzlich als gegeben angesehen wird.

Verzugszinsen: Neben Schäden, die durch die verspätete Zahlung entstanden sind (z. B. Mahn-, Telefon- oder Anwaltskosten), kann der Verkäufer auch Verzugszinsen verlangen. Bei einem **Verbrauchsgüterkauf** werden grundsätzlich 5 % Zinsen p. a. über dem **Basiszinssatz** berechnet. Die Zinsen sind ab dem Verzugsdatum zu berechnen; falls für den Zahlungsverzug eine Mahnung notwendig ist, ab Zugang der Mahnung. In der Praxis werden zwei Tage nach der Absendung der Mahnung als Zugangsdatum angenommen.

Verzugszinsen
§ 288 BGB

p. a. (per annum)
pro Jahr

Der Basiszinssatz
wird jeweils zum 1. Januar und 1. Juli eines jeden Jahres von der Europäischen Zentralbank (EZB) bekanntgegeben.
www.basiszinssatz.de

Bei einem **zweiseitigen Handelskauf** beträgt der Zinssatz 9 % p. a. über dem Basiszinssatz.

Beispiel

Der Basiszinssatz beträgt seit dem 1. Juli 2016 –0,88 %. Für den Verbrauchsgüterkauf ergibt sich ein Verzugszinssatz von 4,12 %, für den zweiseitigen Handelskauf sind es 8,12 %.

Der Verkäufer hat außerdem Anspruch auf die Zahlung einer **Pauschale in Höhe von 40 Euro.** Diese Regel gilt für alle Rechtsgeschäfte, an denen kein Verbraucher beteiligt ist, also auch für Kleingewerbetreibende.

Kleingewerbetreibende
► LF 1, Kap. 6.1

Höherer Verzugsschaden: Entsteht dem Verkäufer ein höherer Verzugsschaden, etwa durch die Notwendigkeit einer Kreditaufnahme infolge des ausstehenden Zahlungseinganges, so kann er diese Aufwendungen ebenfalls geltend machen. Für diese Mehraufwendungen besteht allerdings eine Nachweispflicht.

2. Der Verkäufer geht davon aus, dass der Käufer nicht zahlt.
Erwartet der Verkäufer nicht mehr, dass der Käufer seiner Zahlungsverpflichtung nachkommt, ist er an einer Beendigung der Vertragsbeziehung interessiert. In diesem Fall wird er Schadenersatz statt Leistung verlangen und / oder vom Kaufvertrag zurücktreten. Für die Inanspruchnahme dieser Rechte ist es aber notwendig, dass der Verkäufer dem Käufer **eine angemessene Nachfrist** zur Zahlung setzt. Diese Nachfrist ist nur dann entbehrlich, wenn der Käufer die Zahlung verweigert oder der Zahlungstermin im Vertrag terminlich genau bestimmt ist und außerdem im Vertrag deutlich steht, dass bei nicht rechtzeitiger Zahlung der Verkäufer kein Interesse mehr am Fortbestehen des Vertrages hat.

Schadenersatz statt der Leistung: Auf dieses Recht wird der Verkäufer zurückgreifen, wenn er die nicht bezahlte Ware an einen anderen Kunden verkaufen kann. Wenn der Verkäufer dafür allerdings nur einen niedrigeren Preis erzielen kann, wird er die Differenz zwischen diesem Verkaufserlös und dem im Kaufvertrag zuvor vereinbarten höheren Preis sowie etwaige Verzugszinsen als Schaden geltend machen.

Rücktritt vom Kaufvertrag: Von dieser Möglichkeit wird der Verkäufer z. B. dann Gebrauch machen, wenn er in Erfahrung gebracht hat, dass der Käufer nicht zahlen kann. Durch den Rücktritt vom Kaufvertrag wird der Verkäufer wenigstens versuchen, seine Ware zurückzuerhalten.

AB ▶ LS 58

Lernvideo
Das gerichtliche Mahnverfahren

1.4 Kaufmännisches und gerichtliches Mahnverfahren

Erfüllt ein Käufer seine Zahlungsverpflichtung nicht, kann der Verkäufer mithilfe des kaufmännischen und des gerichtlichen Mahnverfahrens versuchen, seinen Anspruch geltend zu machen.

1.4.1 Kaufmännisches (außergerichtliches) Mahnverfahren

Das kaufmännische Mahnverfahren, das auch als außergerichtliches Mahnverfahren bezeichnet wird, soll den säumigen Kunden zur Zahlung veranlassen, ohne sich dabei gerichtlicher Hilfe zu bedienen. Für das kaufmännische Mahnverfahren gibt es keine gesetzlichen Vorschriften, sodass die Vorgehensweisen von Unternehmen zu Unternehmen unterschiedlich ausfallen können.

Wenn ein Kunde erstmalig nicht pünktlich zahlt, so wird der Verkäufer nicht gleich von all seinen gesetzlichen Rechten Gebrauch machen. Er wird Wert darauf legen, auch weiterhin die Geschäftsbeziehung aufrechtzuerhalten, und zunächst versuchen, auf gütliche Weise zum Ziel zu kommen. In der Praxis beginnt das kaufmännische Mahnverfahren in der Regel mit einer freundlich formulierten Zahlungserinnerung. Sollte diese nicht zum erhofften Erfolg führen, werden die folgenden Mahnungen schrittweise dringender formuliert. Aus Gründen der Beweisbarkeit erfolgen Mahnungen in der Regel schriftlich. Folgender Ablauf ist denkbar:

Ablauf kaufmännisches Mahnverfahren

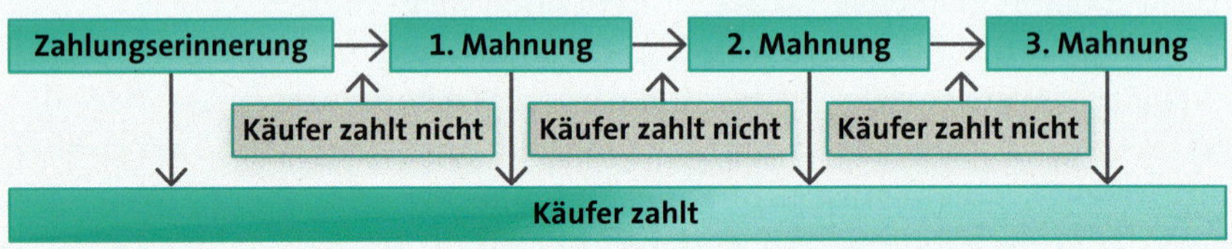

Zahlungserinnerung: Höflich formuliertes Erinnerungsschreiben mit Rechnungskopie.
1. Mahnung: Wird nicht unfreundlich, aber entschieden formuliert. Unter Hinweis auf die Fälligkeit der Schuld enthält sie die Aufforderung zur Zahlung unter Angabe einer Frist.
2. Mahnung: Enthält eine schärfer formulierte Aufforderung zur Zahlung und ggf. in Rechnung gestellte Mahnkosten und Verzugszinsen.
3. und letzte Mahnung: Enthält meist die Androhung rechtlicher Schritte, wenn bis zu einem letzten Termin keine Zahlung erfolgt ist.

Wie ein Unternehmen das Mahnverfahren gestaltet, ist ihm freigestellt. Möglich ist auch, dass es bereits im ersten Schreiben seinen säumigen Kunden rechtliche Schritte androht. Die Auswahl der möglichen Maßnahmen hängt u. a. von Folgendem ab:

- dem Kundenstatus
- der Höhe der Rechnung
- der Bonität des säumigen Kunden
- der vermuteten Liquidität des säumigen Kunden

1.4.2 Gerichtliches Mahnverfahren

Das gerichtliche Mahnverfahren ist ein standardisiertes Verfahren, mit dem ein Gläubiger mit Unterstützung des Gerichts schnell und kostengünstig an sein Geld kommen kann. Dafür muss beim Mahngericht ein **Mahnbescheid** beantragt werden.

Das Antragsformular ist auch in Papierform im Schreibwarenladen erhältlich. Für verschiedene Gruppen (z. B. Anwälte und Inkassounternehmen in NRW) ist jedoch die elektronische Variante verpflichtend.
www.online-mahnantrag.de

Der Antrag auf einen Mahnbescheid wird in der Regel online gestellt. Der ausgefüllte Antrag wird an das zuständige Mahngericht geschickt, das dann einen Mahnbescheid an den säumigen Kunden sendet. Die Rechtmäßigkeit des Anspruches wird durch das Gericht nicht geprüft. Ein Mahnbescheid ist nichts anderes als eine Mahnung des Gerichts, d. h. die Aufforderung des Gerichts zur Zahlung der genannten Schuld. Ein Antrag ist dann sinnvoll, wenn zu erwarten ist, dass der säumige Kunde seiner Zahlungsverpflichtung nicht nachkommen wird. Der Gläubiger kann so schneller zu seinem Geld kommen als durch einen langwierigen Prozess.

Antrag auf Erlass eines Mahnbescheids
Bergisches Papierkontor GmbH
gegen Druck und Copy GmbH
– maschinell lesbarer Antrag für das automatisierte Verfahren – 001 BARC0001 207360 4BF2312

	Verfahrenswährung:	EUR
Antragsteller		
1. Antragsteller		
	Rechtsform:	GmbH
	Name:	Bergisches Papierkontor GmbH
	Straße:	Elberfelder Str. 85
	PLZ/Ort/Nation:	42285 Wuppertal
1. Gesetzlicher Vertreter		
	Funktion:	Geschäftsführer
	Name:	Dr. Peter Schönhauser
	Straße:	Elberfelder Str. 85
	PLZ/Ort/Nation:	42285 Wuppertal
Antragsgegner		
1. Antragsgegner		
	Rechtsform:	GmbH
	Name:	Druck und Copy GmbH
	Straße:	Am Freistuhl 16
	PLZ/Ort/Nation:	33100 Paderborn
Prozessgericht		
	Anschrift:	Amtsgericht Köln 50922 Köln
1. Gesetzlicher Vertreter		
	Funktion:	Geschäftsführer
	Name:	Holger Hansen
	Straße:	Am Freistuhl 16
	PLZ/Ort/Nation:	33100 Paderborn
Ansprüche		
	Summe der Hauptforderungen:	580,00 EUR
1. Katalogisierbarer Anspruch		
	Anspruch:	Kaufvertrag (Katalog-Nr. 11)
	Mitteilungsform:	Mahnung
	Rechnungsnummer:	1695
	ab/vom:	20.03.20X2
	Betrag:	580,00 EUR
Ausgerechnete Zinsen		
	vom:	20.04.20X2
	bis:	20.04.20X3
	Betrag:	47,10 EUR
	höchster Zinssatz:	8,120 %

Antrag auf Erlass eines Mahnbescheids (Auszug)

Ablauf des gerichtlichen Mahnverfahrens

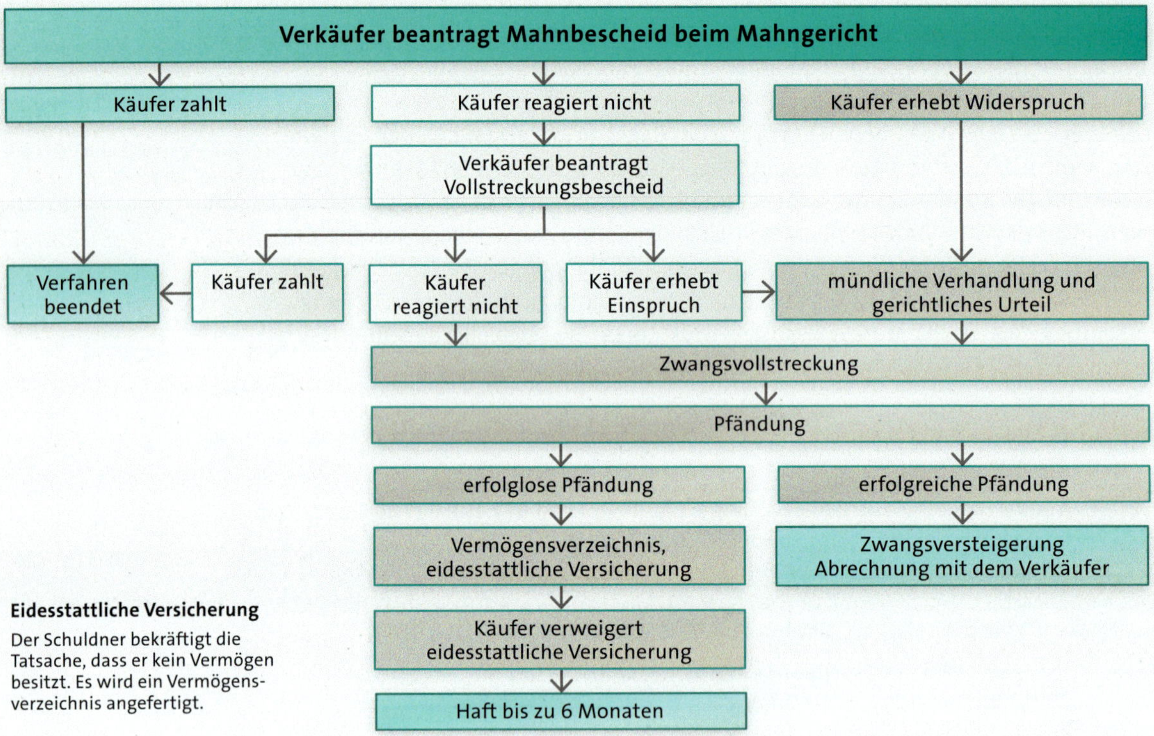

Eidesstattliche Versicherung
Der Schuldner bekräftigt die Tatsache, dass er kein Vermögen besitzt. Es wird ein Vermögensverzeichnis angefertigt.

1. Antrag auf Erlass eines Mahnbescheides beim zuständigen Mahngericht.
2. Das Gericht erlässt den Mahnbescheid und stellt ihn dem Schuldner (Käufer) zu. Der Schuldner hat nun drei Möglichkeiten, auf den Mahnbescheid zu reagieren:
   a) Der Schuldner zahlt an den Gläubiger und das Verfahren ist beendet.
   b) Der Schuldner erhebt innerhalb von zwei Wochen Widerspruch bei Gericht. Der Gläubiger wird durch das Amtsgericht über den Widerspruch benachrichtigt und aufgefordert, seinen Anspruch zu begründen. Das Gericht setzt dann einen Termin für eine mündliche Verhandlung fest.
   c) Der Schuldner unternimmt nichts. Nach zwei Wochen kann der Gläubiger innerhalb von sechs Monaten einen Antrag auf Erlass eines Vollstreckungsbescheids stellen.

Vollstreckungsbescheid
letzte Zahlungsaufforderung des Gerichts

3. Das Mahngericht erlässt den **Vollstreckungsbescheid** auf Antrag des Gläubigers. Der Vollstreckungsbescheid ist ein sogenannter „vollstreckbarer Titel“, der es dem Gläubiger erlaubt, gegen den Schuldner die Zwangsvollstreckung durchzuführen. Nach der Zustellung des Vollstreckungsbescheides hat der Schuldner folgende Handlungsalternativen:
   a) Der Schuldner zahlt und das Verfahren ist beendet.
   b) Innerhalb von zwei Wochen kann der Schuldner Einspruch erheben. Dann kommt es zu einer Verhandlung vor Gericht.
   c) Der Schuldner unternimmt wiederum nichts. Damit wird der Vollstreckungsbescheid rechtskräftig.
4. Nach Ablauf der zweiwöchigen Einspruchsfrist kann die **Zwangsvollstreckung** durch einen Gerichtsvollzieher durchgeführt werden.

Voraussetzung für eine Zwangsvollstreckung ist ein **Vollstreckungsbescheid** oder ein gerichtliches Urteil. Die Zwangsvollstreckung meint die Pfändung durch einen Gerichtsvollzieher und die Verwertung von Pfandsachen zugunsten des Gläubigers. Bei der **Pfändung** nimmt der Gerichtsvollzieher Geld, Schmuck und Wertpapiere in Besitz. Andere verwertbare Gegenstände werden nicht sofort mitgenommen, aber durch das Aufkleben eines Pfandsiegels („Kuckuck") als gepfändet gekennzeichnet. Unpfändbar sind lebensnotwendige Gegenstände und Gegenstände, die zur Ausübung des Berufs unabdingbar sind. Haben diese nichtpfändbaren Gegenstände aber einen außerordentlich hohen Wert, so können sie im Rahmen einer **Austauschpfändung** durch geringerwertige ersetzt werden. Neben diesen beweglichen Gegenständen können auch Rechte, wie z.B. Forderungen und Gehaltsansprüche, und natürlich auch unbewegliche Gegenstände, wie z.B. Häuser und Grundstücke, gepfändet werden. Zum Abschluss des Verfahrens erhält der Schuldner eine Abrechnung und eventuell einen Überschuss ausgezahlt.

1.4.3 Sicherung der Zahlungseingänge

Klageverfahren: Sollte es im Rahmen des gerichtlichen Mahnverfahrens zu einem Widerspruch/Einspruch des Gläubigers kommen, so wird die Rechtmäßigkeit der Forderung in einer gerichtlichen Verhandlung geprüft. Selbstverständlich kann der Gläubiger auch sofort den Weg der Klage vor Gericht beschreiten. Dies ist aber selten der Fall, weil es ein sehr zeitaufwendiger und unter Umständen kostenintensiver Weg ist, da hier meist ein Anwalt beauftragt werden muss.

Gerichtsstand
▶ LF 2, Kap. 5.1.5

Beauftragung eines Inkassoinstituts: Inkassoinstitute sind darauf spezialisiert, gewerbsmäßig den Einzug fremder Geldforderungen zu übernehmen. Aufgrund ihrer umfangreichen Erfahrungen und ihres hohen Organisationsgrades nutzen sie alle Möglichkeiten des kaufmännischen und gerichtlichen Mahnverfahrens, der Klage und der Zwangsvollstreckung. Durch das **Outsourcing** dieses Aufgabengebietes spart der Großhändler Zeit und Verwaltungskosten, muss dafür aber eine Gebühr an das Inkassoinstitut zahlen. Bei der Auswahl eines Inkassoinstitutes sollte der Großhändler sichergehen, dass er mit einem seriösen Unternehmen zusammenarbeitet, das im Rahmen der gültigen Gesetze handelt und nicht am Rande der Legalität.

Outsourcing
Verlagerung nach außen; interne Aufgaben werden gegen Entgelt von externen Unternehmen übernommen.

Angesichts des Arbeitsaufwandes und der hohen Kosten, die säumige Kunden verursachen, stellt sich die Frage nach weiteren Maßnahmen, die **im Voraus** ergriffen werden können, um fällige Zahlungseingänge abzusichern oder ihren rechtzeitigen Eingang wahrscheinlicher werden zu lassen. Auch hier kann der Großhändler aus einem ganzen Maßnahmenpool schöpfen:

- vor Aufnahme von Geschäftsbeziehungen Auskünfte über die Bonität der Kunden einholen (z.B. durch eine Auskunftei)
- besondere Zahlungsbedingungen festlegen, z.B. Vorauszahlung oder Anzahlung
- besondere Zahlungsarten festlegen, z.B. Barzahlung oder Kartenzahlung mit Zahlungsgarantie
- Lieferung unter Eigentumsvorbehalt
- Abzug von Skonto bei frühzeitiger Zahlung
- ein aktives Forderungsmanagement und eine festgelegte Vorgehensweise gegen säumige Kunden

Bonität
▶ LF 2, Kap. 4.4.1
Zahlungsbedingungen
▶ LF 5, Kap. 5.1.3
Zahlungsarten
▶ LF 5, Kap. 2
Eigentumsvorbehalt, Skontoabzug
▶ LF 5, Kap. 5.1.3

AB ► LS 59

Lernvideo Annahmeverzug

1.5 Annahmeverzug

Beispiel

Ein Tischler hat nach Kundenwünschen eine Einbauküche nach Maß angefertigt und die gewünschten Elektrogeräte beschafft. Als er die Küche aufbauen will, teilt ihm sein Auftraggeber jedoch mit, dass er ins Ausland versetzt wird und keine Verwendung mehr für die neue Küche hat. Den Mietvertrag für seine Wohnung hat er bereits gekündigt.

Sind die entsprechenden Voraussetzungen erfüllt, handelt es sich um einen Annahmeverzug (auch Gläubigerverzug genannt): Ein Kunde nimmt die vereinbarungsgemäß angebotene Ware nicht an.

1.5.1 Voraussetzungen für den Annahmeverzug

Nachfolgende Voraussetzungen müssen erfüllt sein, damit sich ein Käufer rechtlich gesehen im Annahmeverzug befindet:

1. **Es muss ein gültiger Kaufvertrag bestehen.**
2. **Die Lieferung muss fällig sein.** Die Fälligkeit der Lieferung ergibt sich aus den Lieferbedingungen des Kaufvertrags. Wurde vertraglich kein Liefertermin vereinbart, kann der Verkäufer sofort liefern.
3. **Dem Gläubiger wird die Ware tatsächlich angeboten.** Dabei kann es sich um die Anlieferung der Ware handeln, aber auch um die Aufforderung, die bestellte Ware vereinbarungsgemäß abzuholen.
4. **Der Gläubiger nimmt die Ware nicht an oder holt sie nicht wie vereinbart ab.** Ein Verschulden muss dabei nicht vorliegen.

tatsächliches Angebot
§ 294 BGB

1.5.2 Rechte des Verkäufers

Sind die Voraussetzungen des Annahmeverzugs erfüllt, hat der Verkäufer **sofort ohne Nachfristsetzung** folgende Möglichkeiten:

- **Ware einlagern und auf Abnahme klagen:** Der Verkäufer kann auf der Abnahme der Ware bestehen. Bis zur erneuten Anlieferung bzw. bis zur Abholung der Ware kann er diese auf Kosten des Käufers in einem Lagerhaus einlagern.
- **Ersatz von Mehraufwendungen fordern:** Kosten, die dem Verkäufer durch die Bearbeitung des Annahmeverzugs, das Lagern oder den erneuten Transportweg anfallen, kann er dem Käufer gegenüber geltend machen.

Hinterlegungsort
§ 374 BGB

Ersatz von Mehraufwendungen
§ 304 BGB

Nach Ablauf einer angemessenen Nachfrist kann der Verkäufer Folgendes tun:

- **Rücktritt vom Vertrag:** Die Inanspruchnahme dieses Rechts bietet sich häufig bei Gattungsware an.
- **Selbsthilfeverkauf:** Der Verkäufer kann Ware auf Kosten des Käufers öffentlich versteigern lassen. Dabei muss der Verkäufer den Käufer über den Termin und den Ort informieren und eine Abrechnung über den erzielten Erlös vorlegen. Liegt der Erlös unter dem vereinbarten Kaufpreis, so muss der Käufer die Differenz tragen. Liegt er darüber, steht dem Käufer die Differenz zu. Verderbliche Waren können im Rahmen eines **Notverkaufs** sofort öffentlich versteigert werden, Waren mit einem feststellbaren Marktpreis per **freihändigem Verkauf.**

Gefahrenübergang
Mit dem Annahmeverzug geht die Gefahr der Beschädigung oder des Untergangs der Ware auf den Käufer über. Der Verkäufer haftet nur noch bei grober Fahrlässigkeit und Vorsatz.

1.6 Verjährung

Die Forderungen aus einem Kaufvertrag (z. B. Zahlung des Kaufpreises) können verjähren: Nach einem bestimmten Zeitraum werden die Ansprüche nicht mehr vom Gesetz geschützt. Beruft sich der Schuldner auf die Verjährung, so braucht er nicht mehr zu zahlen.

Verjährung
§§ 194 ff. BGB

1.6.1 Verjährungsfristen

Für die Verjährung von Forderungen gibt es unterschiedliche Fristen. So verjähren Ansprüche aus rechtskräftigen Urteilen oder Vollstreckungsbescheiden erst nach 30 Jahren. Das gerichtliche Mahnverfahren hat daher für den Gläubiger auch den Zweck, die Verjährung seiner Ansprüche zu verhindern. Bestimmte Verbrechen wie z. B. Mord verjähren nie.

gerichtliches Mahnverfahren
▶ LF 5, Kap. 1.4.2

Wichtige Verjährungsfristen gemäß BGB

2 Jahre	bei Sachmangelhaftung	Verjährung beginnt mit der Übergabe der Sache
3 Jahre	regelmäßige Verjährungsfrist für alle Ansprüche (§ 195 BGB)	Verjährungsfrist beginnt mit dem Ende des Jahres (31.12.), in dem der Anspruch entstanden ist
5 Jahre	bei Mängeln am Bau	Verjährung beginnt mit der Entstehung des Anspruchs
10 Jahre	bei Ansprüchen auf Übertragung des Eigentums an einem Grundstück (§ 196 BGB)	Verjährung beginnt mit der Entstehung des Anspruchs
30 Jahre	• bei Herausgabeansprüchen aus Eigentum und anderen dinglichen Rechten • bei familien- und erbrechtlichen Ansprüchen • bei rechtskräftig festgestellten Ansprüchen • bei Ansprüchen aus vollstreckbaren Vergleichen oder vollstreckbaren Urkunden (z. B. Vollstreckungsbescheid) • bei Ansprüchen, die durch die im Insolvenzverfahren erfolgte Feststellung vollstreckbar geworden sind • bei Ansprüchen auf Erstattung der Kosten der Zwangsvollstreckung (§ 197 BGB)	Verjährung beginnt mit der Entstehung des Anspruchs

Ansprüche wegen Sachmängeln (Schlechtleistung) verjähren nach zwei Jahren. Die Frist beginnt mit der Entstehung des Anspruches, d.h. mit der Übergabe der Ware. Die **regelmäßige Verjährungsfrist für Geldansprüche** beträgt drei Jahre. Sie beginnt am Ende des Jahres, in dem der Anspruch entstanden ist.

Verjährung von Mängelansprüchen
▶ LF 5, Kap. 1.1.4

Beispiel: Verjährung von Sachmängeln

Das Beschaffungsamt Essen kauft bei der BPK GmbH am 15. Juli 20X1 kopiertaugliche Folien. Als die Folien am 3. August 20X3 erstmalig eingesetzt werden sollen, stellt sich heraus, dass die Folien nicht kopiertauglich sind. Das Beschaffungsamt kann jedoch keine Ansprüche geltend machen, da diese mit Ablauf des 15. Juli 20X3 verjährt sind.

Beispiel: Verjährung von Geldansprüchen

Die BPK GmbH verkauft der Heinrich Kleist Druckerei 1000 Bogen hochwertiges Kunstdruckpapier. Die Rechnung geht der Druckerei am 21. Oktober 20X1 zu und ist am 20. November 20X1 fällig. Der Anspruch auf die Zahlung des Kaufpreises erlischt mit Ablauf des 31.12.20X4.

1.6.2 Neubeginn der Verjährung

Wird die Verjährung unterbrochen, beginnt der Lauf der Verjährung ohne Anrechnung der schon abgelaufenen Frist wieder von vorn. Dies ist der Fall, wenn
- der Schuldner den Anspruch ausdrücklich (z.B. schriftlich), durch eine Teilzahlung oder durch die Zahlung von Verzugszinsen anerkennt,
- der Gläubiger seine Ansprüche gerichtlich geltend gemacht hat, z.B. durch ein rechtswirksames Gerichtsurteil.

Beispiel

Die fällige Rechnung über das Kunstdruckpapier wird am 20. Dezember 20X1 und am 20. Januar 20X2 angemahnt. Daraufhin leistet die Druckerei am 15. März 20X2 eine Anzahlung von 300 Euro.

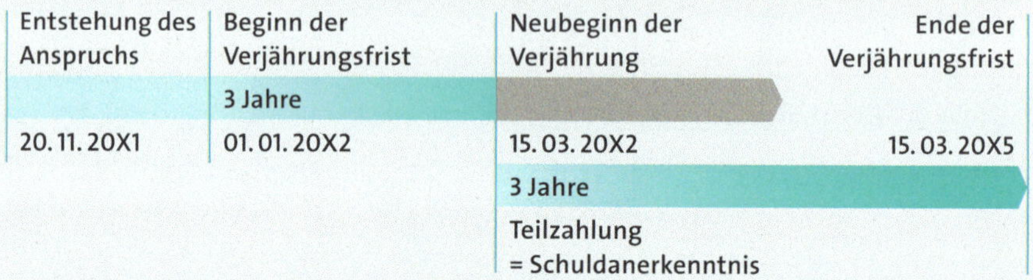

1.6.3 Hemmung der Verjährung

Hemmungsgründe
§§ 203 bis 208 BGB

Stundung
zeitlich begrenzter Zahlungsaufschub

Der Ablauf der Verjährungsfrist wird unter bestimmten Umständen gehemmt. Der Zeitraum der Hemmung wird nicht mit in die Verjährungsfrist eingerechnet. Die Verjährung wird z.B. gehemmt, wenn
- Schuldner und Gläubiger über den Anspruch verhandeln,
- Klage erhoben wird,
- der Schuldner um **Stundung** bittet und der Gläubiger sie bewilligt,
- der Gläubiger durch höhere Gewalt an der Rechtsverfolgung seiner Ansprüche gehindert ist,
- ein Mahnbescheid im gerichtlichen Mahnverfahren zugestellt wird.

Beispiel

Die BPK GmbH bewilligt der Heinrich Kleist Druckerei, die sich vorübergehend in Zahlungsschwierigkeiten befindet, am 1. April 20X2 einen Zahlungsaufschub bis zum 31. Juli 20X2.

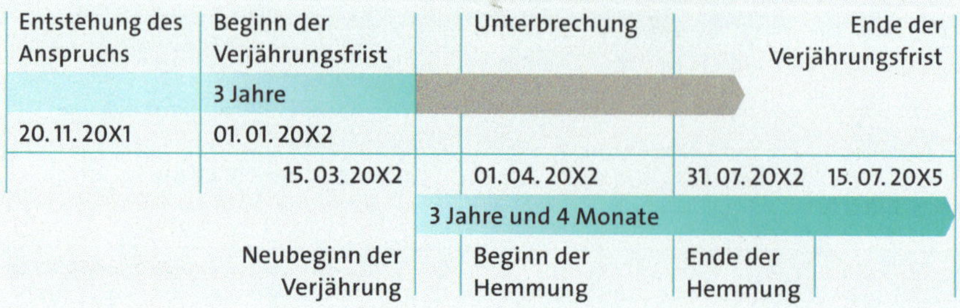

Alles klar?

1 In welchem Fall handelt es sich um einen Qualitätsmangel?
- a) Bestellung: 20 Stück, Lieferung: 18 Stück
- b) Das Leder der gelieferten Lederhandtaschen ist brüchig.
- c) Anstatt der bestellten Pilsgläser wurden Weizenbiergläser geliefert.
- d) Durch den unsachgemäßen Aufbau eines Warenträgers weist der Träger Risse auf.
- e) Die in 1,50 m Breite bestellten Tischdecken wurden in 0,80 m Breite geliefert.

2 In den letzten Verkaufstagen kam es bei der Weltwerkzeug AG immer wieder zu Reklamationen. An mehreren Bohrmaschinen funktionierte der Knopf für die Wahl der Drehrichtung nicht mehr. Was muss die Weltwerkzeug AG nun tun?
- a) Die Weltwerkzeug AG schickt die gesamte Lieferung der Bohrmaschinen wieder an die Wuppertaler Werkzeug GmbH zurück.
- b) Die Weltwerkzeug AG bietet den Kunden die defekten Bohrmaschinen mit einem Preisnachlass von 30 % an.
- c) Die Weltwerkzeug AG schickt an die Wuppertaler Werkzeug GmbH eine Mängelrüge und nimmt zunächst alle weiteren Bohrmaschinen aus dem Verkauf.
- d) Die Weltwerkzeug AG entsorgt alle weiteren Bohrmaschinen bei der Müllentsorgung für Elektromüll.
- e) Die Weltwerkzeug AG verklagt die Wuppertaler Werkzeug GmbH vor Gericht auf Schadenersatz.

3 Bei der Lieferung von mangelhafter Ware hat der Käufer bestimmte Gewährleistungsrechte. Welches Recht hat der Käufer ohne Nachfristsetzung?
- a) Preisminderung
- b) Schadenersatz statt Leistung
- c) Ersatz vergeblicher Aufwendungen
- d) Nacherfüllung
- e) Rücktritt vom Kaufvertrag

4 Die B+T Handel AG hat bei der Terochron GmbH Standuhren bestellt. Nach 8 Monaten stellt sie an den Standuhren einen versteckten Mangel fest. Hat die B+T Handel AG die gesetzliche Rügefrist eingehalten?
- a) Nein, die B+T Handel AG muss innerhalb von 1 Monat rügen.
- b) Nein, die B+T Handel AG muss innerhalb von 6 Monaten rügen.
- c) Nein, die B+T Handel AG muss innerhalb von 2 Wochen rügen.
- d) Ja, die B+T Handel AG muss innerhalb von 2 Jahren rügen.
- e) Ja, die B+T Handel AG muss innerhalb von 3 Jahren rügen.

5 In welchem Fall liegt ein offener Mangel vor?
- a) Marlene kauft sich beim Elektrohändler Bach einen neuen PC. Zu Hause angekommen, schließt sie den PC an und nichts tut sich.
- b) Auf der Verpackung steht, dass das Reinigungsmittel „Super-Wunder“ hundertprozentig jeden Fleck entfernt! Die Fußballtrikots sind nach der Wäsche immer noch schmutzig.
- c) Meltem Kilic kauft sich in einem Möbelhaus ein neues Wandregal für den Selbstaufbau. Aufgrund der fehlerhaften Montageanleitung baut sie das Regal falsch zusammen.
- d) Fred kauft sich vom Autohändler Maus einen angeblich unfallfreien Gebrauchtwagen. Kurz nach der Übergabe stellt sich heraus, dass das Auto überhaupt nicht unfallfrei war.
- e) Herr Mert kauft sich im Elektromarkt den neuen Staubsauger „Laser 5000“ Als er den Karton öffnet, findet er darin den „Attika XXL“.

6 Welche zwei der folgenden Mängel sind erheblich?
- a) Der Tragegurt einer neu gekauften Kamera ist verschmutzt.
- b) An einem Joghurtbecher fehlt der Plastikdeckel. Der Stanniolverschluss ist unbeschädigt.
- c) An einem Sakko ist ein Knopf lose angenäht.
- d) Bei einem Selbstbauschrank hat das Seitenteil einen 5 cm langen Kratzer.
- e) An einem Toaster fehlt die Zuleitungsschnur.
- f) Das Brot in der Verpackung ist verschimmelt.

7 Die DrinkTea GmbH hat eine Ladung Teeautomaten bei einem Großhändler bestellt. Wie lange hat die DrinkTea GmbH Zeit, um die Ware genau auf Mängel zu prüfen?
a) Sie muss unverzüglich prüfen.
b) 5 Tage
c) 1 Woche
d) 14 Tage
e) 1 Monat

8 Die Kundin Frau P. kauft sich einen neuen Schreibtisch. Nach der Anlieferung stellt sie fest, dass der Schreibtisch tiefe Risse hat. Sie reklamiert den Tisch und die Tischplatte wird durch eine neue ersetzt. Leider ist nun zu sehen, dass das Furnier nicht mehr zu dem Rest des Tisches passt. Die Tischplatte wird erneut ausgetauscht. Und wieder sind Farbunterschiede zum Rest des Tisches zu erkennen. Welches Recht muss Frau P. nun nicht mehr in Anspruch nehmen?
a) Rücktritt vom Kaufvertrag
b) Schadenersatz statt Leistung
c) Nachbesserung
d) Ersatz vergeblicher Aufwendungen
e) Minderung des Kaufpreises

9 Dass ein Recht nachrangig ist, bedeutet, ...
a) dass der Käufer keinen Anspruch auf dieses Recht hat.
b) dass der Lieferer der Inanspruchnahme dieses Rechts zustimmen muss.
c) dass dieses Recht nur mit Hilfe eines Rechtsanwaltes beansprucht werden kann.
d) dass erst eine gerichtliche Klärung erfolgen muss.
e) dass die Inanspruchnahme eines der vorrangigen Rechte gescheitert ist.

10 Bei welchem der folgenden Fälle handelt es sich um einen arglistig verschwiegenen Mangel?
a) Ein als farbecht gekennzeichneter Pullover färbt beim Waschen aus.
b) Ein gebrauchter Lkw wird als unfallfrei verkauft, obwohl der Verkäufer weiß, dass der Lkw in einen Unfall verwickelt war.
c) Die Deckel von Schmandbechern sind beschädigt und können nicht in das Regal verräumt werden.
d) Das Körnerbrot ist verschimmelt, obwohl das MHD auf der Verpackung noch nicht abgelaufen ist.
e) Ein in Buche bestelltes Holzregal wird in Eiche geliefert.

11 Bei der Fashion & Mode GmbH beschwert sich ein Kunde, weil die Knöpfe seines neu gekauften Mantels nicht fest angenäht sind. Welche zwei Aussagen sind richtig?
a) Der Kunde kann nur Nachbesserung verlangen.
b) Der Kunde kann nach seiner Wahl Nachbesserung oder Neulieferung verlangen.
c) Die Fashion & Mode GmbH muss sofort den Kaufpreis zurückzahlen.
d) Die Fashion & Mode GmbH muss auf jeden Fall Schadenersatz bezahlen.
e) Die Fashion & Mode GmbH kann die Neulieferung verweigern, wenn die Kosten dafür zu hoch sind.

12 Eine Preisminderung ist dann angemessen, wenn ...
a) der Kunde die Ware anderweitig zu diesem Preis kaufen könnte.
b) der Kunde zu diesem Preis einen Fachbetrieb mit der Nachbesserung beauftragen könnte.
c) die Differenz zwischen dem ursprünglichen Wert und dem durch den Mangel verursachten niedrigerem Wert ausgeglichen wird.
d) ein unabhängiger Sachverständiger diesen Wert ermittelt hat.
e) der Kunde mit der Summe einverstanden ist.

13 Die Beweislastumkehr bedeutet, dass ...
a) der Verkäufer innerhalb eines Jahres nachweisen muss, dass die Ware bei Übergabe mangelfrei war.
b) der Verkäufer innerhalb von 6 Monaten nachweisen muss, dass die Ware bei Übergabe mangelfrei war.
c) der Käufer innerhalb einer Woche nachweisen muss, dass die Ware bei Übergabe mangelhaft war.
d) der Käufer innerhalb von 6 Monaten nachweisen muss, dass die Ware bei Übergabe mangelfrei war.
e) der Käufer nach Ablauf von 6 Monaten nachweisen muss, dass die Ware bei Übergabe mangelhaft war.

14 Beschreiben Sie drei Nachteile, die einem Großhändler entstehen können, wenn sein Lieferant nicht pünktlich liefert.

15 Zählen Sie die Voraussetzungen auf, die erfüllt sein müssen, damit ein Lieferant in Verzug gerät.

16 Wann muss nach dem BGB geliefert werden?
- **a)** sofort
- **b)** innerhalb von 3 Tagen
- **c)** innerhalb von 1 Woche
- **d)** innerhalb von 2 Wochen
- **e)** höchstens nach 30 Tagen

17 Begründen Sie, ob ein Lieferant von seinem Geschäftspartner bei ausgebliebener Lieferung gemahnt werden muss, damit Lieferungsverzug eintritt.

18 Eine Mahnung ist für den Eintritt des Verzuges nicht nötig, wenn im Kaufvertrag folgendes vereinbart war:
- **a)** Lieferung sofort
- **b)** Lieferung im Mai
- **c)** Lieferung schnellstens
- **d)** Lieferung ab Mai
- **e)** Lieferung am 11. Mai (fix)

19 Ein säumiger Lieferant sollte immer schriftlich gemahnt werden, denn ...
- **a)** nur dann beginnt der Lieferungsverzug.
- **b)** so kann der Nachweis geführt werden, dass der Verzug eingetreten ist.
- **c)** so kann der Nachweis geführt werden, dass die Lieferung nicht angekommen ist.
- **d)** dann ist die Wirkung beim Lieferanten am größten.

20 Erläutern Sie, wie ein Lieferant sich selbst in Verzug setzen kann.

21 Welche Rechte kann der Großhändler in Anspruch nehmen, wenn der Lieferant in Verzug geraten ist?

22 Welche Gründe könnten dazu führen, dass der Kunde auf Lieferung durch den säumigen Lieferanten bestehen will?
- **a)** Die Ware ist bei diesem Lieferanten besonders günstig.
- **b)** Kunde und Lieferant sind im gleichen Ort.
- **c)** Diese Ware gibt es nur bei diesem Lieferanten.
- **d)** Zwischen beiden besteht eine längere Geschäftsbeziehung und der Verzug kommt zum ersten Mal vor.

23 Geben Sie zwei Ursachen dafür an, dass der säumige Lieferant den Lieferverzug nicht selbst verschuldet hat.

24 Der Großhändler ist an einer Lieferung durch den säumigen Lieferanten weiterhin interessiert, wenn ...
- **a)** die Saison für diesen Artikel schon zu Ende geht.
- **b)** die Ware inzwischen teurer geworden ist.
- **c)** ein anderer Lieferant die Ware schneller liefern kann.
- **d)** ein anderer Lieferant preiswerter liefern kann.

25 Der im Verzug befindliche Lieferant muss eine Nachfrist gesetzt bekommen, damit ...
- **a)** überhaupt der Lieferungsverzug eintritt.
- **b)** der säumige Lieferant noch die Möglichkeit bekommt zu liefern, bevor der Käufer vom Vertrag zurücktreten kann.
- **c)** der Lieferant auch bei einem Fixkauf in Verzug gerät.
- **d)** der Kunde Schadenersatz verlangen kann.

26 Was bedeutet es, wenn der Gesetzgeber festlegt, dass eine Nachfrist angemessen zu sein hat?

27 Warum ist es sinnvoll, schon zusammen mit einer eventuell notwendigen Mahnung eine Nachfrist anzugeben?

28 In welchen beiden der folgenden Fälle muss **keine** Nachfrist gesetzt werden?
- a) Lieferung sofort
- b) Lieferung ab Juni
- c) Lieferzeit nach BGB
- d) Fixkauf
- e) Terminkauf

29 Wann kann der Großhändler Schadenersatz statt der Leistung verlangen?
- a) Der Lieferant hat dem Großhändler mitgeteilt, dass er nicht liefern kann.
- b) Ein Streik der Mitarbeiter des Lieferanten verhindert die rechtzeitige Lieferung.
- c) Ein Brand vernichtet das Warenlager des Lieferanten.
- d) Der Lieferant muss selbst auf eine Lieferung des Vorlieferanten warten.

30 Hat der Lieferant die Verzögerung verschuldet, kann der Großhändler einen Deckungskauf vornehmen. Das bedeutet:
- a) Der Großhändler kauft mit einem neuen Kaufvertrag beim Lieferanten eine sofort lieferbare andere Ware.
- b) Der Lieferant bekommt die Möglichkeit, die ursprünglich bestellte Ware noch zu liefern.
- c) Nachdem der Lieferant sich selbst die Ware beschafft hat, gibt er sie an den Großhändler weiter.
- d) Der Großhändler kauft die gleiche Ware bei einem anderen lieferfähigen Lieferanten teurer ein und stellt den Mehrpreis dem säumigen Lieferanten in Rechnung.
- e) Der Lieferant verteilt die Lieferung auf drei unterschiedliche Termine, um so die Bedürfnisse des Großhändlers zu decken.

31 Der Großhändler kann auch den Ersatz vergeblicher Aufwendungen verlangen. Das bedeutet:
- a) Er fordert von dem säumigen Lieferanten seinen Umsatzausfall.
- b) Er will von dem Lieferanten den Gewinnausfall ersetzt haben.
- c) Er stellt dem Lieferanten die durch den Lieferverzug entstandenen Telefonkosten in Rechnung.
- d) Er verlangt vom Lieferanten einen Betrag für den Imageschaden bei den Kunden.
- e) Er hatte nach der Bestellung der Ware Flyer für eine Werbeaktion drucken lassen und verlangt die dadurch entstandenen Kosten vom Lieferanten zurück.

32 Der Lieferant ist verpflichtet, den entstandenen Schaden zu ersetzen. Welche der genannten Schäden sind abstrakt, welche sind konkret?
- a) Telefonkosten
- b) entgangener Gewinn
- c) Rechtsanwaltskosten
- d) Imageschaden
- e) Mehrkosten beim Deckungskauf

33 Bei einer vereinbarten Konventionalstrafe im Falle eines Lieferungsverzugs ...
- a) muss der Lieferant einen bestimmten vorher festgelegten Betrag zahlen, auch wenn der Schaden geringer sein sollte oder gar kein Schaden entstanden ist.
- b) kann der Kunde bei Eintritt des Lieferungsverzuges vom Lieferanten 8 % des Kaufpreises als Strafzahlung verlangen.
- c) muss der Kunde genau nachweisen, welcher Schaden ihm entstanden ist.
- d) hat der Lieferant sofort die Lieferung in doppelter Menge vorzunehmen.
- e) überprüft grundsätzlich ein Rechtsanwalt die Höhe der Strafe.

34 Welche Voraussetzung muss immer erfüllt sein, damit ein Kunde des Großhandelsunternehmens in Zahlungsverzug gerät?
- a) Der Kunde muss gemahnt werden.
- b) Es besteht ein gültiger Kaufvertrag.
- c) Der Kunde hat nach 10 Tagen noch nicht gezahlt.
- d) Die Ware ist beim Kunden zu spät angekommen.
- e) Der Kunde hat die Ware berechtigt reklamiert.

35 Wann ist eine Mahnung beim Zahlungsverzug **nicht** notwendig?
- **a)** Der Kunde verweigert die Zahlung.
- **b)** Der Zahlungstermin ist im Kaufvertrag nicht kalendermäßig bestimmt.
- **c)** Seit dem Rechnungsdatum sind 10 Tage vergangen.
- **d)** Der Kunde ist in Insolvenz.
- **e)** Die Allgemeinen Geschäftsbedingungen sind nicht Teil des Kaufvertrages geworden.

36 Welche Voraussetzung muss zusätzlich erfüllt sein, damit ein Großhändler beim Zahlungsverzug Schadenersatz verlangen kann?
- **a)** Die Zahlung muss fällig sein.
- **b)** Die dritte Mahnung muss erfolglos geblieben sein.
- **c)** Ein Mahnbescheid muss beim Amtsgericht beantragt werden.
- **d)** Es muss ein Verschulden des Schuldners vorliegen.
- **e)** Der Schuldner hat sein Zahlungsversprechen nicht eingehalten.

37 Wie hoch ist der Verzugszinssatz beim Verbrauchsgüterkauf, der über den Basiszinssatz gezahlt werden muss?
- **a)** 3 %
- **b)** 4 %
- **c)** 5 %
- **d)** 6 %
- **e)** 7 %

38 Wie hoch ist der Verzugszinssatz beim zweiseitigen Handelskauf, der über den Basiszinssatz gezahlt werden muss?
- **a)** 5 %
- **b)** 6 %
- **c)** 7 %
- **d)** 8 %
- **e)** 9 %

39 Was sind Debitoren?
- **a)** Kunden des Großhändlers, an die der Großhändler Forderungen stellt.
- **b)** Lieferanten, bei denen der Großhändler Verbindlichkeiten hat.
- **c)** Hersteller, bei denen der Großhändler regelmäßig seine Waren bestellt.
- **d)** Großhändler, die regelmäßig Ware an den Großhändler liefern.
- **e)** Unternehmen, die die Forderungen des Großhändlers eintreiben.

40 Welches Recht kann das Großhandelsunternehmen beim Zahlungsverzug gegenüber dem Käufer grundsätzlich geltend machen?
- **a)** Ersatzlieferung
- **b)** Preisminderung
- **c)** Zahlung verlangen
- **d)** Nachbesserung
- **e)** Schadenersatz statt Leistung

41 Unter einer Konventionalstrafe versteht man im Zusammenhang mit dem Zahlungsverzug ...
- **a)** die Verzugszinsen.
- **b)** die Kreditgebühren.
- **c)** einen Preisaufschlag.
- **d)** eine Vertragsstrafe.
- **e)** entgangene Rabatte.

42 Das kaufmännische Mahnverfahren beginnt in der Regel mit...
- **a)** einer Zahlungserinnerung.
- **b)** einer Mahnung.
- **c)** einem Mahnbescheid.
- **d)** einem Vollstreckungsbescheid.
- **e)** einem Gerichtsurteil.

43 Der Mahnbescheid ...
- **a)** ist beim zuständigen Amtsgericht zu beantragen.
- **b)** ist formlos möglich.
- **c)** ist Bestandteil des kaufmännischen Mahnverfahrens.
- **d)** kann nur durch eine juristische Person ausgestellt werden.
- **e)** muss immer dann beantragt werden, wenn der Kunde nicht zahlt.

44 Welche Aussage zum gerichtlichen Mahnverfahren ist richtig?
- a) Die Kosten für das gerichtliche Mahnverfahren trägt am Ende immer der Gläubiger.
- b) Das gerichtliche Mahnverfahren muss zwingend nach einem erfolglosen kaufmännischen Mahnverfahren eingeleitet werden.
- c) Das Amtsgericht prüft nicht, ob der Anspruch des Großhändlers auf Zahlung berechtigt ist.
- d) Der Vollstreckungsbescheid muss immer vor dem Mahnbescheid beantragt werden.
- e) Das gerichtliche Mahnverfahren endet immer mit einem Gerichtsurteil.

45 Wie kann der Schuldner reagieren, wenn er einen Mahnbescheid erhält?
- a) Er beantragt einen Vollstreckungsbescheid.
- b) Er zahlt.
- c) Er erhebt Einspruch.
- d) Er beantragt eine Zwangsvollstreckung.
- e) Er verlangt eine eidesstattliche Versicherung.

46 Mit welcher Aussage ist der Vollstreckungsbescheid richtig beschrieben?
- a) Der Vollstreckungsbescheid beinhaltet alle Maßnahmen, um gerichtlich festgestellte Ansprüche durchzusetzen.
- b) Der Vollstreckungsbescheid wird vom Amtsgericht immer zu Beginn des gerichtlichen Mahnverfahrens erlassen.
- c) Der Vollstreckungsbescheid ist die letzte Zahlungsaufforderung des Gerichts.
- d) Mit dem Vollstreckungsbescheid endet das gerichtliche Mahnverfahren.
- e) Auf einen Vollstreckungsbescheid kann der Schuldner mit einem Widerspruch reagieren.

47 Welcher der hier aufgeführten Gründe berechtigt den Schuldner **nicht** zu einem Widerspruch bei einem gerichtlichen Mahnverfahren?
- a) Die Forderung ist bereits bezahlt.
- b) Es besteht eine Gegenforderung.
- c) Es gibt gar keinen Kaufvertrag.
- d) Der Schuldner wartet selbst noch auf eine Zahlung.
- e) Die Ware ist noch nicht bei ihm angekommen.

48 Um Zahlungseingänge zu sichern, kann der Großhändler besondere Zahlungsbedingungen und Zahlungswege festlegen. Welche der hier aufgeführten Möglichkeiten zählt **nicht** dazu?
- a) Der Großhändler verlangt von seinen Kunden Vorauszahlungen und Anzahlungen.
- b) Der Großhändler verkauft seine Ware nur gegen Barzahlung oder Kartenzahlung mit Zahlungsgarantie.
- c) Wenn der Großhändler Ware auf Ziel verkauft, erfolgt die Übergabe der Ware nur unter einem Eigentumsvorbehalt.
- d) Der Großhändler räumt seiner Kundschaft bei frühzeitiger Zahlung Skonto ein.
- e) Zur Sicherung der Zahlungseingänge gewährt der Großhändler seinen Stammkunden einen Treuerabatt.

49 Die Forderungen aus einem Kaufvertrag auf Zahlung des Kaufpreises können verjähren. Wie lange beträgt die regelmäßige Verjährungsfrist für diese Ansprüche?
- a) 2 Jahre
- b) 3 Jahre
- c) 5 Jahre
- d) 10 Jahre
- e) 30 Jahre

2 Zahlungsverkehr

AB ▶ LS 60

Unternehmen sollten ihren Kunden jederzeit zufriedenstellende Zahlungsmöglichkeiten anbieten. Dabei sollten sie stets aktuelle Entwicklungen im Zahlungsverkehr im Auge behalten. Auch für die Bezahlung ihrer eigenen Rechnungen sollten Unternehmen immer die Zahlungsform wählen, die für sie die größten Vorteile hat.

2.1 Barzahlung

Noch immer ist das Bargeld ein wesentlicher Bestandteil der verschiedenen Zahlungsmöglichkeiten im deutschen Handel. Laut **EHI Retail Institute** aus dem Jahr 2018 werden 48,3 % des Einzelhandelsumsatzes über das Bargeld abgewickelt. Dies verdeutlicht, dass das Bargeld einen sehr hohen Stellenwert einnimmt.

Das EHI Retail Institute e. V. (EHI) ist ein Forschungs- und Bildungsinstitut für den Handel.

Für die Ausgabe der Euro-Banknoten ist die Deutsche Bundesbank (Zentralbank der Bundesrepublik Deutschland mit Hauptsitz in Frankfurt am Main) mit Genehmigung der Europäischen Zentralbank (EZB) zuständig. Die auf Euro ausgegebene Banknote gilt als das einzige unbeschränkt gesetzliche Zahlungsmittel. Die Euro- und Centmünzen (die Bundesregierung besitzt für die Münzen das alleinige Recht zur Prägung und Ausgabe) sind ebenfalls ein gesetzliches Zahlungsmittel, allerdings nur im begrenzten Umfang. Ein Unternehmen ist nicht verpflichtet, mehr als 50 Münzen pro Zahlungsvorgang vom Kunden anzunehmen.

Bei der Deutschen Bundesbank finden Sie weitere Informationen zur Überprüfung von Banknoten und Münzen: www.bundesbank.de → Aufgaben → Bargeld → Falschgeld

Eine Barzahlung bedeutet für ein Unternehmen eine unmittelbare Einnahme, die Notwendigkeit des Mahnens und das Risiko einer fehlenden Kontodeckung entfallen. Bei Bargeld kann es aber auch zum Verlust kommen, z. B. durch falsche Herausgabe oder Diebstahl. Außerdem besteht das Risiko, auf **Falschgeld** hereinzufallen. Deswegen müssen die Sicherheitsmerkmale von Münzen und Scheinen bekannt sein.

Sicherheitsmerkmale der Euro-Banknoten

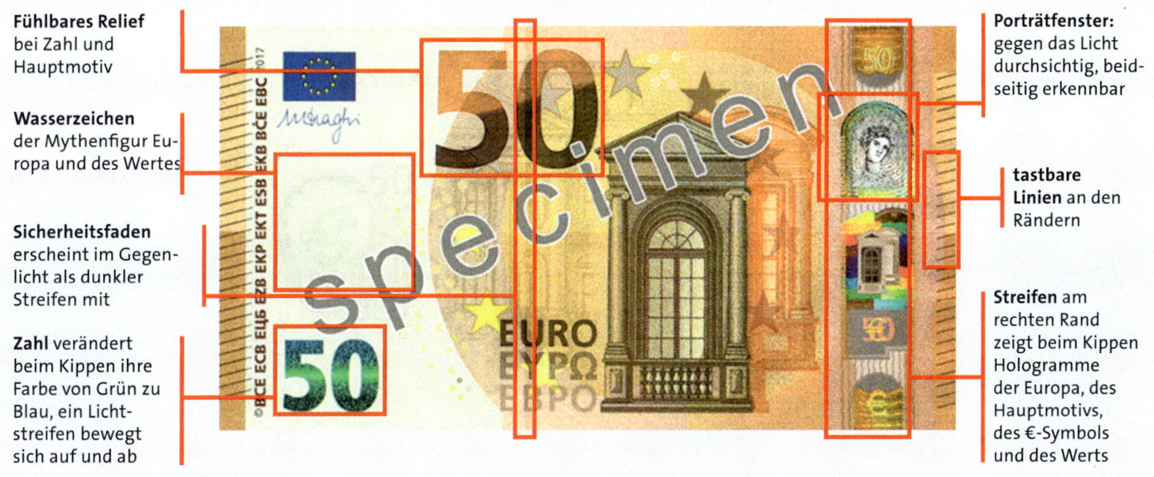

Bedeutung der Barzahlung	
Vorteile für das Unternehmen	**Nachteile für das Unternehmen**
Es erhält sofort Geld.	Verlust des Geldes durch Diebstahl oder falsche Herausgabe
Es trägt nicht das Risiko, dass es kein Geld erhält, falls das Kundenkonto nicht gedeckt ist.	Es könnte Falschgeld angenommen werden.
Wenn der Kunde nicht zahlt, fallen keine Kosten für Mahnungen an.	

2.2 Bargeldlose Zahlung

Kunden sind zunehmend ohne Bargeld unterwegs und vertrauen darauf, im gesamten Handel mit ihrer Bankkarte bezahlen zu können.

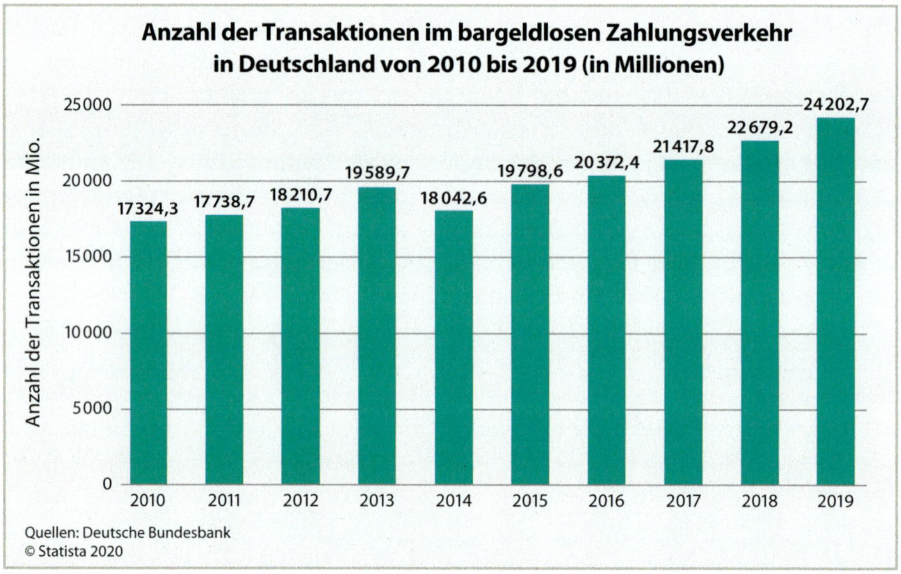

2.2.1 Kartengestützte Zahlungssysteme

Eröffnet ein Kunde ein Girokonto bei einer Bank, wird ihm automatisch eine zugehörige **Debitkarte** ausgegeben. Der offizielle Name dieser Debitkarten der Deutschen Kreditwirtschaft lautet girocard. Überall dort, wo das girocard-Logo zu sehen ist, können Kunden mit dieser Karte am Automaten Geld abheben bzw. an der Kasse mittels Eingabe einer PIN bezahlen. Beim kontaktlosen Bezahlen entfällt bei Beträgen bis 50 Euro i. d. R. die Eingabe der PIN. Im Unterschied zu Kreditkarten führt der Kauf mit einer Debitkarte zur sofortigen Belastung des Girokontos.

Kontaktloses Bezahlen
► LF 5, Kap. 2.3.1

electronic cash (Kartenzahlung am „Point of Sale")

Bei dieser Zahlungsform erfolgt die Zahlung mit einer Debitkarte direkt am Ort des Verkaufes, also im Großhandelsbetrieb. Nach Eingabe der PIN wird über das zuständige Rechenzentrum der kontoführenden Bank (online) geprüft, ob Karte und PIN übereinstimmen, die Karte nicht gesperrt ist und eine ausreichende Kontodeckung vorliegt. Ist alles korrekt, wird die Zahlung innerhalb weniger Sekunden freigegeben und ausgeführt.

Beispiel

Ein Kunde kauft bei einem Großhändler Ware für 398,00 € und bezahlt mit seiner Debitkarte. Er wird gebeten, dazu seine **PIN** in ein Kartenterminal einzugeben.

PIN
Persönliche Identifikationsnummer

Für diese Zahlungsweise benötigt der Zahlungsempfänger ein spezielles **Kartenlesegerät**. Üblicherweise werden diese Geräte über die Geldinstitute im Direktvertrieb angemietet. Zu dem monatlichen Mietpreis, der je nach Anbieter unterschiedlich hoch sein kann, und den Kosten für die Online-Verbindung kommen noch Gebühren in Prozent des getätigten Umsatzes hinzu. Für den Händler fallen Gebühren von 0,3 % des Umsatzes an, der Mindestbetrag liegt in der Regel bei 8 Cent (Stand 2019). Diese Kosten werden zulasten des Zahlungsempfängers abgerechnet.

Zahlungsablauf electronic cash

1. Der Verkäufer gibt den Zahlungsbetrag in die Kasse ein.
2. Der Kunde steckt dann seine Debitkarte in das Kartenlesergerät. Die Karte und das Kartenlesegerät sind miteinander verbunden, sodass der Geldbetrag im Lesegerät erscheint.
3. Der Kunde muss den Betrag durch „ok" bestätigen.
4. Der Kunde gibt seine PIN ein und bestätigt durch „ok".
5. Folgende Eingaben werden dann online beim zuständigen Rechenzentrum der kontoführenden Bank überprüft:
   - Stimmen Karte und PIN überein?
   - Ist die Karte gesperrt?
   - Ist genug Geld auf dem Konto?
6. Die Bestätigung der Zahlung wird durch den Hinweis „Zahlung erfolgt" angezeigt.
7. Der Kunde erhält einen Beleg als Zahlungsnachweis und seine Karte zurück.

Vor einigen Jahren ist das Verfahren **electronic cash mit Chip** hinzugekommen. Der Zahlungsvorgang ähnelt dem electronic cash, allerdings wird hier nicht der Magnetstreifen, sondern der Chip der Debitkarte genutzt (auch für die GeldKarte-Funktion zuständig). Dieser Chip wird mit einem von der Bank vorgegebenen, zeitlich beschränkten Guthabenlimit geladen. Der Händler ist nun berechtigt, den Zahlungsbetrag von dem „Chip" abzuziehen. Falls das Guthaben auf dem Chip aufgebraucht sein sollte, erfolgt die Bezahlung als electronic-cash-Zahlung. Diese Version hat gegenüber electronic cash (mit Magnetstreifen) den Vorteil geringerer Verbindungskosten, da eine Leitung nur bei Bedarf aufgebaut wird.

SEPA-Lastschrift

Beispiel

Der Blumenhändler Andreas Huesmann zahlt seine eingekaufte Ware in Höhe von 89,90 € beim Großhändler mit seiner Debitkarte. Nach Einlesen der Debitkarte legt der Kassierer dem Kunden einen Zahlungsbeleg vor und Andreas Huesmann bestätigt mit seiner Unterschrift auf dem Zahlungsbeleg seinen Einkauf.

Das elektronische Lastschriftverfahren (Zahlen mit girocard und Unterschrift) unterliegt seit dem 01.02.2016 der SEPA-Verordnung, d. h., bei Euro-Transaktionen wird nicht mehr zwischen nationalen und grenzüberschreitenden Zahlungen unterschieden. Grundsätzlich gelten in allen SEPA-Ländern dieselben Bedingungen, Rechte und Pflichten.

Für die SEPA-Lastschrift benötigt der Kunde, wie beim electronic cash, eine Debitkarte. Allerdings muss der Kunde seine PIN nicht angeben. Anhand der Daten auf der Debitkarte des Kunden wird eine **SEPA-Lastschrift (Einzugsermächtigung)** eingeleitet. Der Kunde erhält an der Kasse einen Lastschriftbeleg, den er unterschreiben muss. Mit seiner Unterschrift erteilt er dem Unternehmen die Berechtigung, den Betrag von seinem Konto einzuziehen. Dazu reicht das Unternehmen die Lastschrift bei seiner Bank ein, die den Betrag dann vom Konto des Kunden abbucht.

Die SEPA-Lastschrift wird von den Unternehmen immer weniger unterstützt, da hierbei eine Online-Prüfung der Kontodeckung bzw. der Sperrung des Kontos sowie eine Überprüfung der persönlichen Identifikationsnummer (PIN) nicht stattfindet. Das Unternehmen trägt das Risiko, dass der fällige Betrag nicht eingelöst wird.

Zahlungsablauf bei SEPA-Lastschrift

1. Der Rechnungsbetrag wird in die Kasse eingegeben.
2. Der Kunde steckt dann seine Debitkarte in das Kartenlesegerät. Die Karte und das Kartenlesegerät sind miteinander verbunden, sodass der Geldbetrag im Lesegerät erscheint.
3. Es werden zwei Zahlungsbelege (Lastschriften) ausgedruckt. Ein Zahlungsbeleg wird vom Kunden unterschrieben.
4. Der Mitarbeiter des Unternehmens vergleicht die Unterschrift des Kunden auf dem Beleg mit der Unterschrift auf der Karte und überprüft möglichst die Identität des Kunden mithilfe eines Ausweises. Er behält dann den unterschriebenen Beleg ein.
5. Der Kunde erhält einen Zahlungsbeleg, die Karte und gegebenenfalls seinen Ausweis zurück.
6. Das Unternehmen reicht den Beleg bei seiner Bank ein und erhält die Gutschrift.

Bike Großhandel
Günzelstr. 42
10733 Berlin

Terminal-ID: 75006309
20.08.XX 13:57 Uhr - 01
ec-Nr 021832 BNr 4485

Kartenzahlung
electronic cash
mit Magnetstreifen

Zahlung EUR 529,95

Kto 10022200/0012345678
Karte 4 gültig bis 12/XX
AID-Parameter 0001510761
AID 688039B1
Zahlung erfolgt

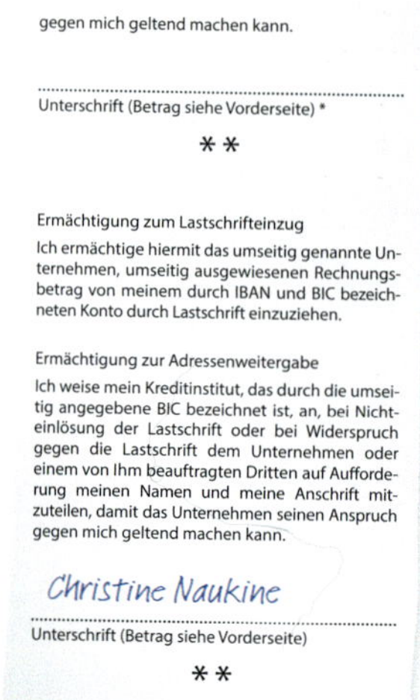

gegen mich geltend machen kann.

Unterschrift (Betrag siehe Vorderseite) *

**

Ermächtigung zum Lastschrifteinzug
Ich ermächtige hiermit das umseitig genannte Unternehmen, umseitig ausgewiesenen Rechnungsbetrag von meinem durch IBAN und BIC bezeichneten Konto durch Lastschrift einzuziehen.

Ermächtigung zur Adressenweitergabe
Ich weise mein Kreditinstitut, das durch die umseitig angegebene BIC bezeichnet ist, an, bei Nichteinlösung der Lastschrift oder bei Widerspruch gegen die Lastschrift dem Unternehmen oder einem von Ihm beauftragten Dritten auf Aufforderung meinen Namen und meine Anschrift mitzuteilen, damit das Unternehmen seinen Anspruch gegen mich geltend machen kann.

Christine Naukine
Unterschrift (Betrag siehe Vorderseite)

**

2.2.2 SEPA-Überweisung

Die Überweisung ist in Deutschland eines der häufigsten bargeldlosen Zahlungsmittel. Eine Überweisung ist die Anweisung eines Kontoinhabers, z.B. ein Unternehmen, an sein Kreditinstitut, einen bestimmten Betrag von seinem Konto auf das Konto des Zahlungsempfängers, z.B. des Lieferanten, zu übertragen.

Die Überweisung erfolgt normalerweise elektronisch. Die meisten Unternehmen verfügen über eine Finanzsoftware, mit deren Hilfe täglich die anstehenden Überweisungen eingegeben und als Datensatz gesammelt an die „Hausbank" übermittelt werden.

Euro-Überweisungen werden seit dem 01.08.2014 über das europaweit bestehende bargeldlose **SEPA-Verfahren** abgewickelt. Neben den EU-Staaten gehören auch Island, Norwegen, Liechtenstein und die Schweiz zum SEPA-Zahlungsraum. Durch das SEPA-Verfahren wird garantiert, dass nicht nur Inlands-, sondern auch Auslandsüberweisungen innerhalb der EU nach einheitlichem Standard vorgenommen werden können. Dazu muss ein Auftraggeber folgende Daten auf einer SEPA-Überweisung angeben:

① **IBAN** des Kontoinhabers
② Name des Empfängers (Begünstigten)
③ IBAN des Empfängers (Begünstigten)
④ **BIC** des Empfängers (nur bei Auslandsüberweisungen)
⑤ Überweisungsbetrag in Euro und Cent
⑥ Verwendungszweck

IBAN

(engl.) „International Bank Account Number", internationale Kontonummer

BIC

(engl.) „Bank Identifier Code", international gültige Bankleitzahl

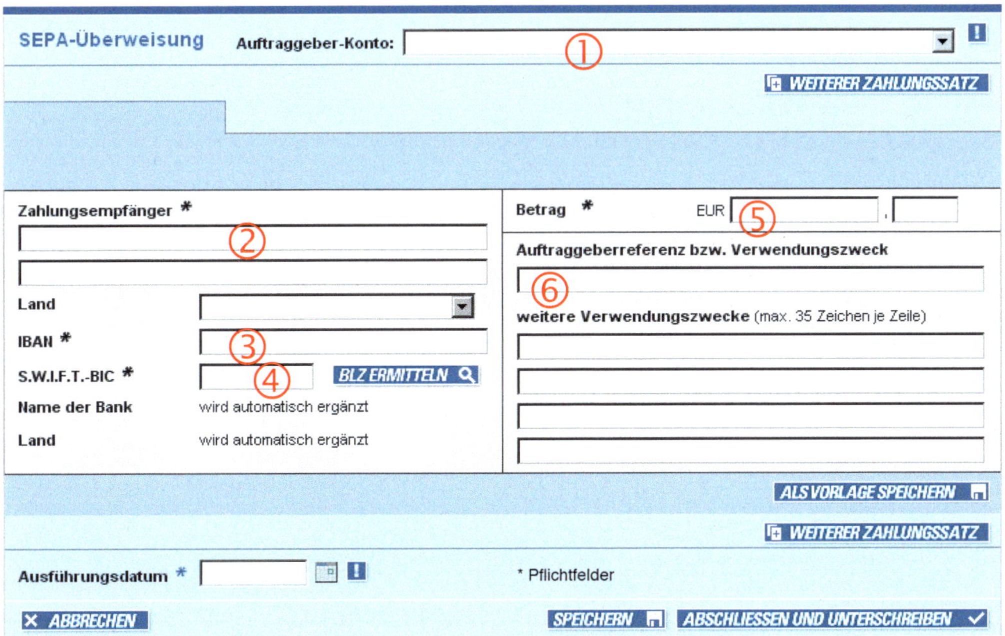

Online-Überweisungsformular

SEPA-Clearer
Zahlungssystem der Deutschen Bundesbank. Hier werden nationale und grenzüberschreitende Interbankenzahlungen im SEPA-Format abgewickelt.

Der Überweisungsauftrag wird vom Auftraggeber unterschrieben und bei der autorisierten Bank eingereicht. Die Bank überprüft den Überweisungsauftrag und leitet den Auftrag an den **SEPA-Clearer** weiter.

Beispiel

Die BPK GmbH möchte ihre offene Rechnung über 3.000,00 € beim Großhändler Sella SA in Italien per Banküberweisung bezahlen. Der Überweisungsvorgang ist folgender:

1. **Schritt:** Die BPK GmbH erteilt ihrer Bank den SEPA-Überweisungsauftrag.
2. **Schritt:** Es folgt ein Austausch der Überweisung von der Bank des Zahlenden (BPK GmbH) an die Bank des Zahlungsempfängers (Sella SA).
3. **Schritt:** Dieser Austausch enthält folgende Informationen:
   - Angaben des Zahlenden und seiner Bank
   - Angaben des Zahlungsempfängers und seiner Bank
   - Überweisungsbetrag
   - Verwendungszweck (z. B. Rechnungsnummer)
4. **Schritt:** Mit der Überweisungsnachricht wird das Geld dem Zahlungsempfänger (Sella SA) gutgeschrieben, der Nachweis erfolgt über einen Kontoauszug.

Die Banken sind verpflichtet, Überweisungen innerhalb **gesetzlicher Fristen** zu tätigen. Die Frist für eine SEPA-Online-Überweisung national und international beträgt einen Bankarbeitstag, für eine Belegüberweisung zwei Tage. Für Zahlungsempfänger außerhalb des europäischen Raums oder Überweisungen in Fremdwährung gilt eine Frist von vier Tagen, bis der Zahlungsbetrag dem Empfängerkonto gutgeschrieben sein muss.

Der **Widerruf** einer SEPA-Überweisung ist nicht möglich. Ist ein fehlerhafter Überweisungsauftrag bei der Bank eingegangen, ist der Zahlende auf die Unterstützung der Bank angewiesen.

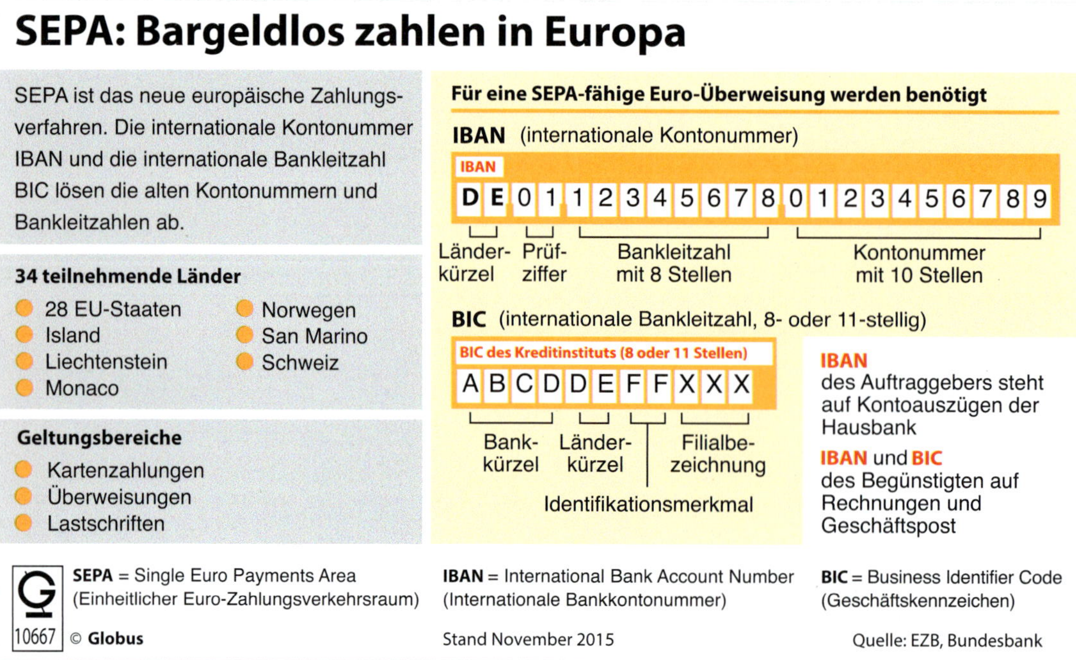

2.2.3 Standardüberweisungen

SEPA-Firmenlastschrift (SEPA B2B Direct Debit)
Mit dem in Deutschland sehr beliebten Lastschriftverfahren lassen sich fällige Rechnungen schnell und effizient begleichen. Die meisten per Lastschrift getätigten Zahlungen sind **regelmäßig wiederkehrende, aber in unterschiedlicher Höhe** anfallende Zahlungen, z. B. für die Mobilfunkrechnung. Es kommt aber auch vor, dass nur einmalig ein Betrag eingezogen werden soll, z. B. zur Bezahlung eines Hotels während einer Geschäftsreise.

Die SEPA-Firmenlastschrift dient dem Einzug fälliger Forderungen zwischen dem Zahlungspflichtigen und seinem Gläubiger. Dabei erteilt der Zahlungspflichtige dem Zahlungsempfänger ein entsprechendes **SEPA-Lastschriftmandat.** Das **Mandat** umfasst die Zustimmung des Zahlers zum Einzug eines bestimmten Euro-Betrages durch den Zahlungsempfänger und den Auftrag an das eigene Kreditinstitut (Bank) zur Einlösung der Zahlung.

Mandat
Auftrag, Ermächtigung
Bei allen Kaufverträgen ist der Verkäufer = Gläubiger des Käufers hinsichtlich des Kaufpreises.

SEPA-Lastschriften haben in der Regel ein festes **Fälligkeitsdatum**, sodass der Zahlende weiß, wann die Kontobelastung erfolgt, und sicherstellen kann, dass sein Geschäftskonto zum Zeitpunkt des Einzugs gedeckt ist.

Ein wichtiges Merkmal der SEPA-Firmenlastschrift ist der **Verzicht auf ein Widerspruchsrecht**. Die Bank des Zahlenden ist verpflichtet, das erteilte Mandat vor der Abbuchung des Betrages auf Übereinstimmung mit der anfallenden Zahlung zu überprüfen. Sofern ein entsprechendes Mandat vorliegt, kann sich der Zahlungsempfänger demnach sicher sein, die Zahlung auch zu erhalten, da eine Rückgabe der Lastschrift ausgeschlossen ist.

Ablauf der SEPA-Firmenlastschrift

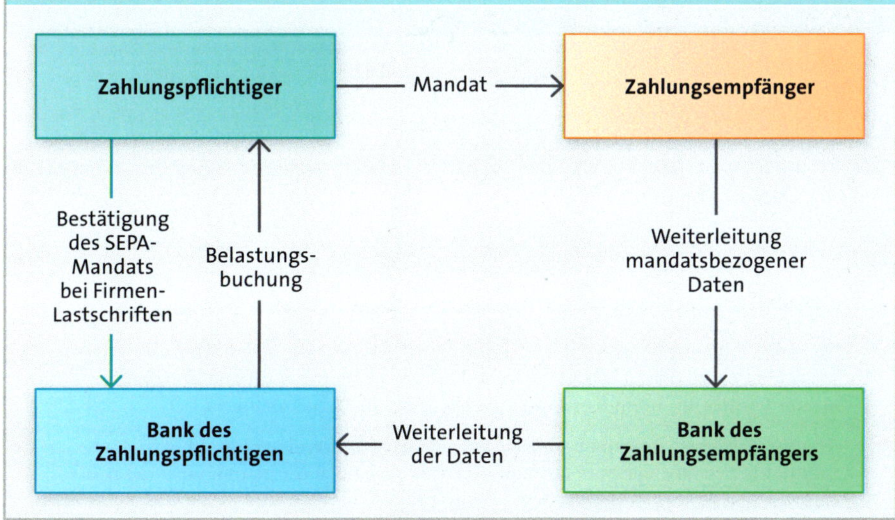

SEPA-Basislastschrift (SEPA Direct Debit)

Wie auch beim SEPA-Firmenlastschriftverfahren hat der Zahlungsempfänger dafür zu sorgen, dass der Zahlungspflichtige mit einem SEPA-Lastschriftverfahren einverstanden ist. Einer SEPA-Basislastschrift kann innerhalb von acht Wochen nach der Belastung des Kontos widersprochen werden. Sollte es sich allerdings um eine nicht autorisierte Zahlung handeln, liegt also kein gültiges SEPA-Mandat vor, kann der Zahlungspflichtige innerhalb von 13 Monaten nach Belastung seines Kontos den Lastschriftbetrag zurückverlangen.

SEPA-Lastschriftmandat

Zahlungsempfänger:

Muster GmbH
Musterstr. 123
13579 Irgendwo
Gläubiger-Identifikationsnummer DE99ZZZ05678901234
Mandatsreferenz 987654AB2

Zahlungspflichtiger:

Vorname und Name (Kontoinhaber)

____

Straße und Hausnummer

____

Postleitzahl und Ort

____

Kreditinstitut (Name und BIC)

____

IBAN

____

Ort, Datum, Unterschrift

____

Wiederkehrende Zahlungen

Ich ermächtige die Muster GmbH, Zahlungen von meinem Konto mittels Lastschrift einzuziehen. Zugleich weise ich mein Kreditinstitut an, die von der Muster GmbH auf mein Konto gezogenen Lastschriften einzulösen.

Hinweis: Ich kann innerhalb von acht Wochen, beginnend mit dem Belastungsdatum, die Erstattung des belasteten Betrages verlangen. Es gelten dabei die mit meinem Kreditinstitut vereinbarten Bedingungen.

Folgende Daten muss der **Zahlungspflichtige** im Mandat angeben:

- Name und Anschrift des Kontoinhabers
- Bankverbindung
- Unterschrift mit Ort und Datum

Folgende Daten muss der **Zahlungsempfänger** im Mandat angeben:

- Name, Adresse und **Gläubiger-Identifikationsnummer**
- Mandatsreferenz
- Kennzeichnung, ob das Mandat für wiederkehrende Zahlungen oder eine einmalige Zahlung erteilt wird

Für Deutschland hat die Deutsche Bundesbank die Verwaltung der **Gläubiger-Identifikationsnummern** übernommen. Die Nummer wird über ein elektronisches Verfahren bei der Deutschen Bundesbank beantragt.

SEPA-Sammelüberweisung

In vielen Unternehmen muss täglich eine große Zahl verschiedener Überweisungen getätigt werden, z. B. Gehälter, VL-Zahlungen, Lieferantenrechnungen. Um nicht jede Überweisung einzeln zu tätigen, können die Unternehmen sogenannte Sammelüberweisungen durchführen. Hierbei werden mehrere terminierte SEPA-Überweisungsaufträge an verschiedene Empfänger zu einem **terminierten Sammelauftrag** zusammengefasst und abgesendet. Das Konto des Zahlungspflichtigen wird dann mit der Summe der gesammelten Einzelaufträge belastet.

SEPA-Blitzüberweisung

Mit einer SEPA-Blitzüberweisung möchten die Banken den Eindruck vermitteln, dass die Überweisung bevorzugt schnell bearbeitet wird. Es gelten allerdings ohnehin **gesetzliche Fristen** für den allgemeinen Zahlungsverkehr. Die Frist einer SEPA-Online-Überweisung national und international beträgt einen Geschäftstag, die einer Belegüberweisung zwei Geschäftstage. Für Zahlungsempfänger außerhalb des europäischen Raums oder eine Überweisung in Fremdwährung gilt eine Frist von vier Geschäftstagen, bis der Zahlungsbetrag dem Empfängerkonto gutgeschrieben sein muss.

Blitzüberweisungen werden je nach Kreditinstitut auch als Swift-Überweisung, telegrafische Überweisung, Eilüberweisung oder Expressüberweisung bezeichnet.

Bei der Blitzüberweisung stellen die Kreditinstitute sicher, dass der Betrag in der Regel bereits wenige Stunden später dem Empfängerkonto gutgeschrieben wird. Dafür werden zusätzliche Gebühren (zwischen 5,00 und 25,00 € pro Überweisung) erhoben.

Dauerauftrag

Eine besondere Form der Überweisung ist der Dauerauftrag. Damit weist der Zahlende sein Kreditinstitut an, Zahlungen, die **regelmäßig und in gleicher Höhe** anfallen, für ihn automatisch zu tätigen. Ein Dauerauftrag eignet sich z. B. zur Zahlung von Miete, Kreditraten oder Versicherungsprämien. Daueraufträge können vom Auftraggeber jederzeit durch Widerruf beim beauftragten Kreditinstitut gelöscht werden.

2.2.4 Online-Bezahlverfahren

In den letzten Jahren haben sich neben den klassischen Bezahlsystemen verschiedene Online-Bezahlverfahren etabliert. Dabei gibt es zum einen zusätzliche Funktionen zum altbekannten Girokonto, z. B. giropay/giropay und giropay/paydirekt, die seit Mai 2021 gemeinsam mit dem mobilen Bezahlverfahren Kwitt zu der Marke giropay zusammengefasst wurden, und zum anderen die Bezahlsysteme von speziellen Finanzdienstleistern, z. B. PayPal und „Sofortüberweisung" der Firma Klarna.

giropay

giro pay

Kunden von paydirekt-Händlern haben in Zukunft die Wahl zwischen der Online-Überweisung (bisheriges giropay-Verfahren) und der Überweisung per Benutzername und Passwort (bisheriges paydirekt-Verfahren, siehe nachfolgende Seite).

giropay/giropay

Dieses Online-Bezahlverfahren wurde 2006 von Teilen der deutschen Kreditwirtschaft gegründet und basiert auf dem Prinzip der Online-Überweisung mit PIN und **TAN**. Um giropay/giropay zu nutzen, benötigt jeder Kunde ein für das Online-Banking freigeschaltetes Girokonto. Zusätzlich muss das Kreditinstitut des Kunden an giropay/giropay teilnehmen. Zurzeit sind dies rund 1 400 Banken und Sparkassen.

Ablauf des Bezahlvorgangs

Die Bezahlung erfolgt über das persönliche Girokonto. Der Kunde wählt beim Einkauf in einem Onlineshop die Zahlungsform giropay/giropay aus und gibt die Bankleitzahl oder BIC seines Kreditinstituts an. Klickt der Kunde dann auf den Button „Bezahlen", wird er automatisch zum Online-Banking seiner Hausbank weitergeleitet. Hier loggt er sich dann mit seinen Daten (Kontonummer, Benutzername, PIN) ein. Nach erfolgreichem Einloggen zeigt sich ihm eine mit allen Daten ausgefüllte Online-Überweisung, die er bei Zahlungsbeträgen über 30,00 € mittels TAN-Eingabe autorisiert. Im Anschluss findet die Zahlung statt.

Bei Kleinbeträgen bis zu 30,00 € kann die TAN-Eingabe entfallen.

TAN

Transaktionsnummer zur Freigabe von Aufträgen an die kontoführende Bank. Die Freigabe kann seit September 2019 nur noch durch weitere Sicherheitsschranken, wie die Eingabe eines Bestätigungscodes (z. B. in einer App der Bank), erfolgen.

Beispiel

Frau Heubel von der Mode & Fashion GmbH kauft im Onlineshop des Großhändlers GreatDress Company Ltd. T-Shirts aus Bio-Baumwolle im Warenwert von 1.299,00 €. Sie wählt die Zahlungsmöglichkeit giropay/giropay. Frau Heubel wird vom Onlineshop direkt zum Online-Banking der Hausbank der Mode & Fashion GmbH weitergeleitet. Sie loggt sich dort wie gewohnt ein und bezahlt mithilfe des schon für sie ausgefüllten Online-Überweisungsträgers.

Mit der giropay Geld-Senden-Funktion (ehemals Kwitt) können Nutzer auch über die eigene Bank-App kleine Beträge an Freunde und Bekannte per Smartphone senden und anfordern. Voraussetzung hierfür ist ein Girokonto bei einer teilnehmenden Bank und die Freischaltung von giropay Geld-Senden in der zugehörigen Bank-App.

Der **Kunde hat den Vorteil,** dass diese Bezahlung für ihn grundsätzlich kostenlos ist. Des Weiteren muss der Kunde keine persönlichen und sicherheitsrelevanten Daten (PIN, TAN) an Dritte weitergeben. Der **Händler hat den Vorteil,** dass er sofort nach erfolgreicher Überweisung eine unwiderrufliche **Zahlungsgarantie** von der Bank des Kunden erhält. Der Zahlungseingang ist außerdem schneller als bei Lastschriften, Kreditkartenzahlungen oder dem SEPA-Lastschriftverfahren. Durch die Zahlungsgarantie kann der Händler zur Zufriedenheit des Kunden den sofortigen Versand der Ware ohne Risiko anweisen.

giropay/paydirekt

Ende 2015 ging paydirekt als gemeinsames Online-Bezahlverfahren der deutschen Banken und Sparkassen an den Markt. Rund 1400 Banken und Sparkassen bieten paydirekt seither als Funktion des Girokontos an. Um sich bei giropay/paydirekt freizuschalten, benötigt der Nutzer ein onlinefähiges Girokonto bei einer der teilnehmenden Banken oder Sparkassen und eine gültige E-Mail-Adresse. Die Freischaltung erfolgt im Online-Banking der Bank des Kunden mit einem Benutzernamen und Passwort. Anschließend kann der Kunde mit giropay/paydirekt in Onlineshops direkt von seinem Girokonto bezahlen.

giropay
paydirekt

Ablauf des Bezahlvorgangs

Der Kunde wählt in einem Onlineshop bei der Bezahlung giropay/paydirekt aus und wird so automatisch zum Login weitergeleitet. Hier loggt er sich mit seinem Benutzernamen und Passwort ein. Nach erfolgreichem Einloggen klickt er noch auf den Button „Bezahlung" und die Zahlung erfolgt. Das Girokonto wird daraufhin mit der zu zahlenden Summe belastet.

Mit giropay/giropay und giropay/paydirekt kann man nur in Euro zahlen.

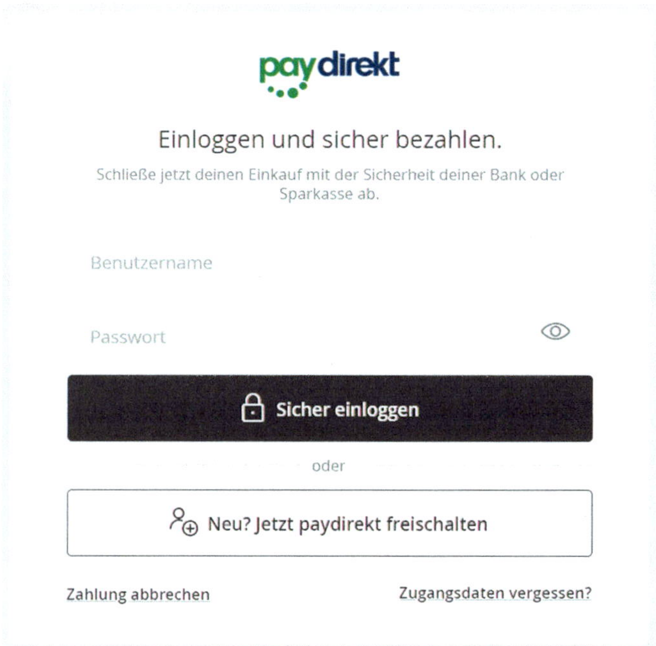

Eingabemaske giropay/paydirekt

Neben der Authentifizierung per Passwort ist auch die biometrische Authentifizierung möglich.

Die Kontodaten des Kunden werden nicht an den Händler weitergegeben und die getätigten Zahlungen werden auf dem Kontoauszug oder im Online-Banking des Kunden angezeigt. Sollte der Händler die Ware nicht ordnungsgemäß ausliefern, kann der Kunde innerhalb von 30 Tagen ab Kontobelastung den Leistungsverzug reklamieren. Der Händler muss dann gegenüber giropay/paydirekt nachweisen, dass er geliefert hat. Kann der Händler diesen Nachweis nicht erbringen, erhält der Kunde sein Geld zurück (**Käuferschutz**). Für das Unternehmen enthält auch dieses Bezahlverfahren eine **Zahlungsgarantie**. Die Zahlung findet nur statt, wenn das Konto des Kunden gedeckt ist. In diesem Fall ist der sofortige Versand der Ware möglich. Zusätzlich reduziert dies die Kosten für Mahn- und Risikomanagement und erhöht somit die Liquidität des Händlers.

PayPal
Mit diesem Online-Bezahlverfahren können Kunden weltweit kostenlos bezahlen, Geld senden und Geld empfangen. Es hatte Ende 2019 ca. 300 Millionen aktive Kunden. Die Zahlungsmethode bietet sich als Alternative zur Zahlung mit Kreditkarte oder per Bankeinzug an.

Ablauf des Bezahlvorgangs
Zunächst erfolgt eine Registrierung bei PayPal: Hier muss der Name und eine gültige E-Mail-Adresse sowie eine Bankverbindung oder Kreditkarte hinterlegt werden. Das neue virtuelle Konto wird freigeschaltet, indem PayPal nach einigen Tagen einen kleinen Cent-Betrag als Gutschrift überweist und einen Zahlencode zuschickt. Mit der Eingabe dieses Codes ist das PayPal-Konto aktiviert.

Das PayPal-Konto wird mit dem Bankkonto oder der Kreditkarte verknüpft. Alternativ ist auch das Einzahlen eines Guthabens per Banküberweisung möglich. Das Konto kann nun zum Bezahlen genutzt werden, sofern der Online-Händler dieses Bezahlverfahren anbietet.

Beispiel

Die Bergische Papierkontor GmbH kauft online Kopierpapier im Wert von 780,90 € und bezahlt mithilfe der Zahlungsmöglichkeit PayPal.

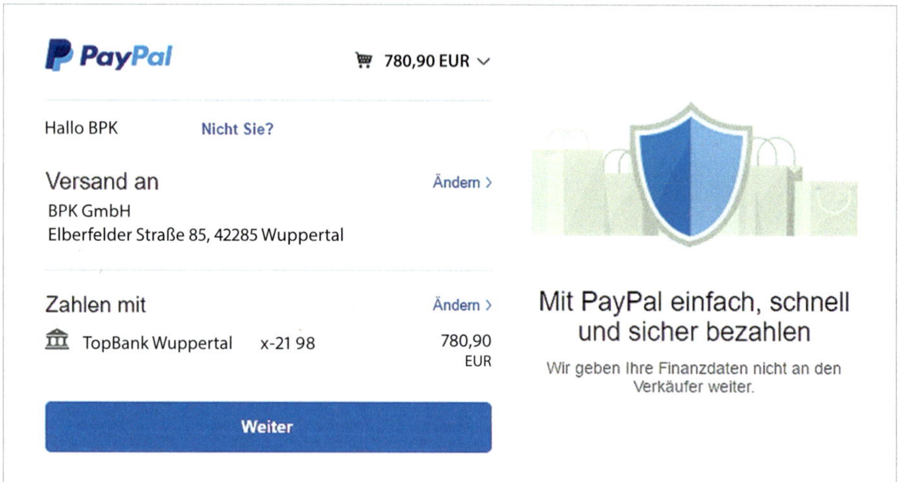

Eingabemaske PayPal

Online-Kunden haben den Vorteil, dass keinerlei sensible Bankdaten angegeben werden müssen und sie nicht an den Händler weitergegeben werden. Sollte der Händler die Ware nicht ausgeliefert haben, kann der Kunde innerhalb von 180 Tagen ab Kontobelastung den Leistungsverzug reklamieren. In diesem Fall überprüft PayPal zunächst den Sachverhalt. Der Händler muss dann gegenüber PayPal nachweisen, dass er geliefert hat. Kann der Händler diesen Nachweis nicht erbringen, erhält der Kunde sein Geld zurück (Käuferschutz).

Sofortüberweisung

Dieses Online-Bezahlverfahren des schwedischen Zahlungsdienstleisters Klarna basiert auf der Online-Banking-Infrastruktur. Der Verkäufer erhält zunächst eine Echtzeit-Transaktionsbestätigung, jedoch noch nicht die Zahlung selbst. Damit kann der Verkäufer – in der Regel noch schneller als bei der **Vorkasse** per Banküberweisung – die bestellte Ware ohne Risiko versenden bzw. sofort zum Download anbieten.

Vorkasse
Der Versand der Ware erfolgt erst nach Eingang der Zahlung.

Ablauf des Bezahlvorgangs

Der Kunde wählt auf der Webseite des Verkäufers die Zahlungsmöglichkeit Sofortüberweisung aus und wird daraufhin auf die Webseite des Dienstleisters weitergeleitet. Auf den folgenden Seiten wählt der Kunde seine Bank aus, gibt seine Bank-Zugangsdaten ein und bestätigt die Überweisung mit einer TAN.

Beispiel

Die Inneneinrichterin Fadime Basbaydar kauft online in einem Großhandel einen Kaminofen im Wert von 799,00 € und wählt das Bezahlverfahren Sofortüberweisung. Sie wird auf ein bereits vorab ausgefülltes Überweisungsformular weitergeleitet. Sie überprüft die Angaben und wählt ihre Bank aus. Danach gibt sie die üblichen Zugangsdaten für ihr Online-Banking (z. B. PIN) ein. Die Daten werden vom Dienstleister an die Bank weitergeleitet, die Frau Basbaydar eine TAN zuschickt. Nach Eingabe dieser TAN erhält Frau Basbaydar eine Transaktionsbestätigung. Die Firma Klarna prüft Frau Basbaydars Kontostand und veranlasst in ihrem Namen die Online-Überweisung.

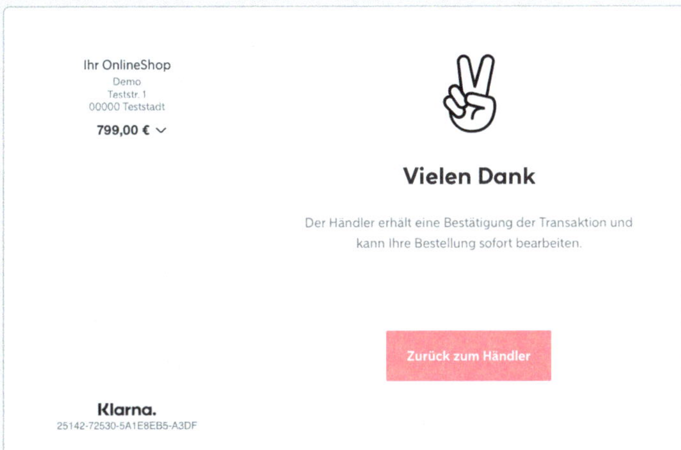

Kunden, die dieses Verfahren nutzen, benötigen kein zusätzliches Konto und müssen sich auch nicht beim Anbieter registrieren. Diese Zahlungsmöglichkeit ist sehr bequem, weil die Überweisungsdaten bereits vorausgefüllt sind. Sensible persönliche Daten (z. B. PIN, TAN) werden hierbei über eine verschlüsselte Verbindung an die Firma Klarna übertragen. Mithilfe dieser Daten überprüft der Dienstleister vor der Ausführung der Zahlung automatisch den aktuellen Kontostand, die Höhe des Dispositionskredits und die letzten Umsätze vom Konto des Kunden, um die Zahlungsfähigkeit sicherzustellen. Ist die Prüfung erfolgt und alles in Ordnung, erhält der Verkäufer eine entsprechende Bestätigung, dass die Zahlung unterwegs auf sein Konto ist. Er kann die bestellte Ware dann sofort versenden.

2.3 Neue Bezahlsysteme

Das Bezahlen mit Karte ist im deutschen Handel inzwischen weit verbreitet. Der Grund für ihre in den letzten Jahren zunehmende Beliebtheit ist sicherlich das EU-Abkommen über die Abgabe bei Bezahlung mit Kredit- und Debitkarten, das die Transaktionsgebühren für den Händler beim bargeldlosen Zahlungsverkehr gedrosselt hat.

NFC
Near Field Communication; ein auf der RFID-Technik basierender internationaler Übertragungsstandard zum kontaktlosen Austausch von Daten

Und die Entwicklung hin zum immer einfacheren Bezahlvorgang geht weiter: In vielen deutschen Unternehmen können Kunden inzwischen auch kontaktlos bezahlen. Möglich ist dies mit **NFC**-fähigen Karten. Auch die Bezahlung mit Smartphones unter Verwendung von entsprechenden Apps wird immer beliebter.

Terminals, an denen kontaktlos bezahlt werden kann, tragen das **„Kontaktlos-Symbol"**.

2.3.1 Kontaktloses Bezahlen mit NFC-fähigen Karten

girocard

Die digitale Girocard ermöglicht auch das Bezahlen per Smartphone.

In allen Geschäften Deutschlands, in denen das Kontaktlos-Symbol abgebildet ist, kann der Kunde mit seiner Kredit- oder Debitkarte kontaktlos bezahlen, wenn die auch das Kontaktlos-Symbol trägt.

Dazu hält der Kunde die Karte nah an das Kassenterminal und die auf der Karte integrierten Daten werden per Funk an die Kasse übertragen. Bei NFC-Zahlungen bis 50,00 € ist i. d. R. eine PIN-Eingabe nicht nötig. Bei Beträgen über 50,00 € wird die PIN aus Sicherheitsgründen immer abgefragt.

Mit rund 75 Mio. kontaktlosfähigen Karten (von 100 Mio. Karten insgesamt) ist die girocard die am weitesten verbreitete kontaktlose Karte in Deutschland.

2.3.2 Kontaktloses Bezahlen mit dem Smartphone

Für die Unternehmen ist klar: Wer das Handy ohnehin schon den ganzen Tag in der Hand hält, z. B. beim Warten an der Kasse, freut sich bestimmt, auch damit zahlen zu können. Deshalb bieten schon zahlreiche Unternehmen das Bezahlen mit dem Smartphone an. Aus dem Smartphone wird dann eine Kreditkarte. Zwei unterschiedliche Systeme werden momentan für die Kunden angeboten.

- Nutzung des Smartphones als Kreditkarte über eine Wallet-App und
- Nutzung des Smartphones als Kreditkarte über Bezahl-Apps von Händlern.

Nutzung des Smartphones über Wallet-App
Verschiedene Mobilfunkanbieter stellen den Nutzern von Smartphones Wallet-Apps zur Verfügung, mit denen sie kontaktlos bezahlen können.

Beispiel

- Apple Pay
- Google Pay
- Samsung Pay

Nutzung des Smartphones als Kreditkarte über Händler-Bezahl-Apps
Zusätzlich zu den Wallet-Apps bieten die Händler auch eigene Apps zum Bezahlen an. Der Kunde lädt sich zunächst die Bezahl-App des Händlers auf sein Smartphone. Danach legt sich der Kunde einen Benutzer-Account an: Name, E-Mail-Adresse, Passwort. Viele Anbieter setzen auf den **QR-Code**, der ähnlich funktioniert wie ein Barcode. Wenn der Kunde dann an der Kasse mit seinem Smartphone und der runtergeladenen Händler-App bezahlen will, scannt er mit dem Smartphone den QR-Code ein. Das Geld wird dann von einem vom Kunden vorher hinterlegten Guthaben abgebucht.

Egal, ob der Kunde mit der Wallet-App oder der Händler-App bezahlt, ihm werden immer reizvolle Rabatte per Coupon angeboten. Zudem erhält der Kunde regelmäßig Werbeangebote der Händler.

Es gibt aber auch **Risiken**, die sich durch das kontaktlose Bezahlen, ob per Karte oder App, ergeben: Der Überblick über den Kontostand könnte verloren gehen und bei Verlust oder Diebstahl der Karte oder des Smartphones drohen finanzielle Verluste.

Die **Haftung beim mobilen Bezahlen** unterliegt einer klaren Regelung. Der Kunde muss nur für solche Transaktionen geradestehen, die er auch selbst veranlasst hat. Sollte das Smartphone des Kunden verloren gegangen sein und mit dem Handy wurden Zahlungen getätigt, kann der Kunde vom Zahlungsdienstleister die Abbuchung zurückverlangen. Allerdings muss der Kunde möglichst schnell seinen Zahlungsdienstleister (SIM-Karten- und Kreditkartensperrung) über den Verlust seiner auf NFC-basierenden Bezahlsysteme (Karte oder Smartphone) informieren. Sollten bis zur Verlustmeldung bereits Transaktionen von Dritten durchgeführt worden sein, haftet der Kontoinhaber hierfür bis zu einem Betrag von 150,00 €. Unbegrenzt haftet der Kunde sogar, wenn er grob fahrlässig oder vorsätzlich seine Sorgfaltspflicht missachtet hat.

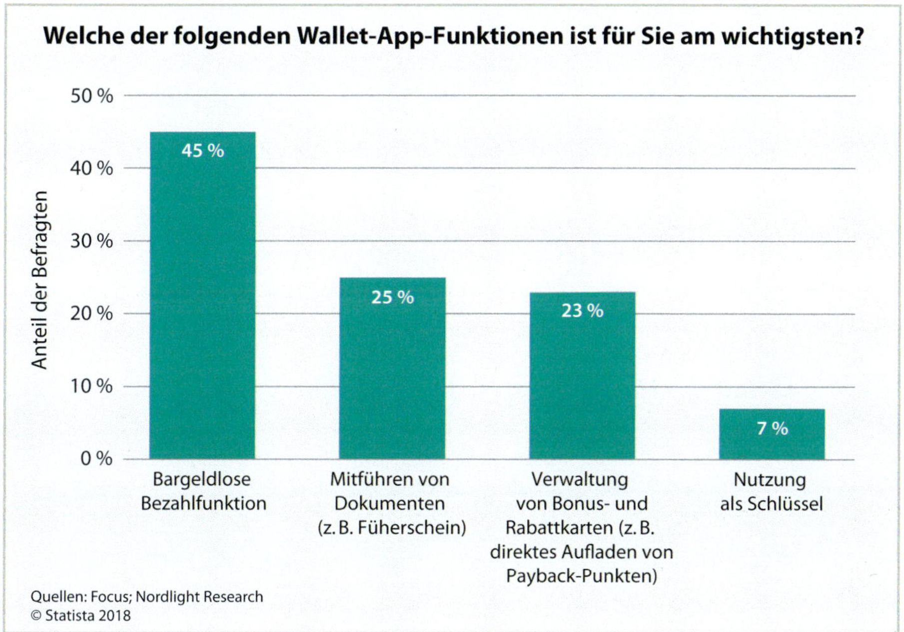

Alles klar?

1 Unterscheiden Sie Barzahlung und bargeldlose Zahlung und geben Sie für jede Zahlungsart ein Beispiel an.

2 Die Barzahlung birgt Risiken, da auf diese Art gefälschte Banknoten in den Umlauf gebracht werden können. Überprüfen Sie: Was gehört nicht zu den Sicherheitsmerkmalen einer Banknote?
- a) Folienstreifen
- b) Sicherheitsetikett
- c) Durchsichtsregister
- d) Farbwechsel
- e) Wasserzeichen

3 Erläutern Sie die Bezahlformen POS und SEPA-Lastschrift.

4 Welche Daten muss der Zahlungspflichtige bei einem SEPA-Basislastschriftmandat angeben?
- a) Name, Adresse und Gläubiger-Identifikationsnummer
- b) Mandatsreferenz
- c) Kennzeichnung, ob das Mandat für wiederkehrende Zahlungen oder eine einmalige Zahlung erteilt wird
- d) Einkommensnachweis
- e) Bankverbindung

5 Welchen der folgenden Punkte muss ein Auftraggeber einer SEPA-Überweisung nicht angeben?
- a) Name des Kontoinhabers
- b) Name des Empfängers (Begünstigten)
- c) IBAN des Empfängers (Begünstigten)
- d) Überweisungsbetrag in Euro und Cent
- e) Verwendungszweck

6 Bringen Sie den Zahlungsablauf bei einer SEPA-Lastschrift in die richtige Reihenfolge.
- a) Es werden zwei Zahlungsbelege (Lastschriften) ausgedruckt. Ein Zahlungsbeleg wird vom Kunden unterschrieben.
- b) Der Kunde steckt dann seine Debitkarte in das Kartenlesegerät. Die Karte und das Kartenlesegerät sind miteinander verbunden, sodass der Geldbetrag im Lesegerät erscheint.
- c) Der Kunde erhält einen Zahlungsbeleg, die Karte und gegebenenfalls seinen Ausweis zurück.
- d) Der Rechnungsbetrag wird in die Kasse eingegeben.
- e) Der Mitarbeiter des Unternehmens vergleicht die Unterschrift des Kunden auf dem Beleg mit der Unterschrift auf der Karte und überprüft möglichst die Identität des Kunden mithilfe eines Ausweises. Er behält dann den unterschriebenen Beleg ein.
- f) Das Unternehmen reicht den Beleg bei seiner Bank ein und erhält die Gutschrift.

7 Welche zwei Vorteile hat der Kunde bei Nutzung von giropay/giropay?

8 Erläutern Sie die Sofortüberweisung.

9 Welche drei Voraussetzungen müssen erfüllt sein, damit ein Kunde giropay/paydirekt nutzen kann?

10 Erläutern Sie die Besonderheiten eines Dauerauftrags.

11 Beschreiben Sie die verschiedenen Möglichkeiten des kontaktlosen Bezahlens. Benennen Sie dabei auch Chancen und Risiken.

LERNFELD 6

Ein Marketingkonzept entwickeln

AB ▶ LS 60

1 Einführung in das Marketing

Die Definitionen für **Marketing** sind vielfältig. Vereinfacht gesagt versteht man unter Marketing „eine unternehmerische Denkhaltung, bei der alle unternehmerischen Aktivitäten und Planungen auf den Absatzmarkt gerichtet und konzentriert sind“. Das hängt damit zusammen, dass in entwickelten Industriestaaten, wie z. B. Deutschland, der Engpass bei den Absatzmöglichkeiten und nicht bei den Produktionsmöglichkeiten der Unternehmen liegt: Die Schwierigkeit liegt also im Verkauf der hergestellten Produkte.

Daher ist der Warenabsatz das zentrale Element innerhalb der Unternehmen. Man spricht in diesem Zusammenhang auch von einem Käufermarkt, weil die Käufer bei einer solchen Situation grundsätzlich in einer besseren Position sind als die Verkäufer. Das Gegenstück des Käufermarktes ist der Verkäufermarkt. Beim Verkäufermarkt ist die potenzielle Produktionsmenge kleiner als die potenzielle Absatzmenge. Diese Situation spielt aber in entwickelten Industriestaaten nahezu keine Rolle.

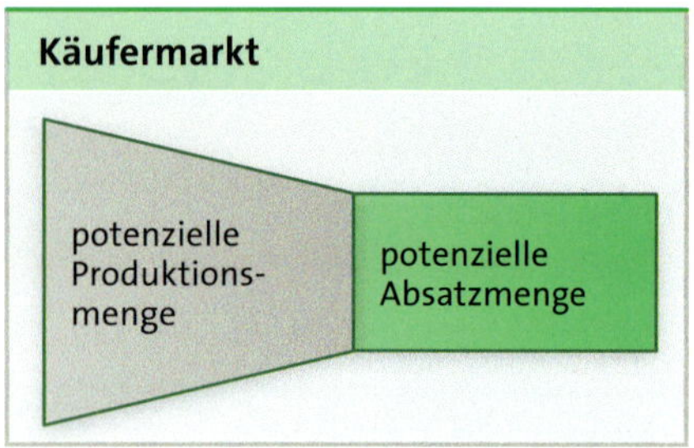

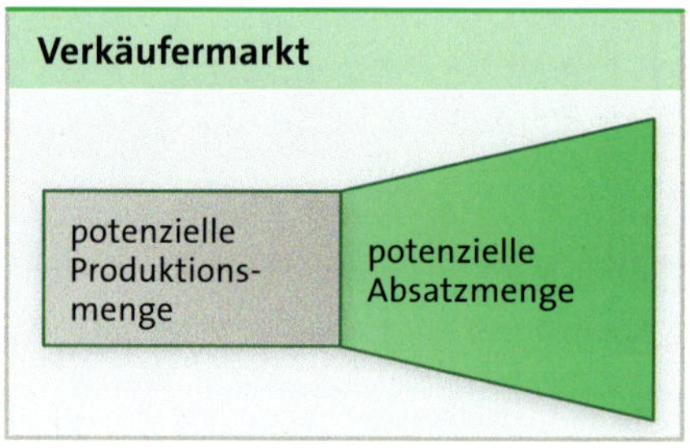

1.1 Marketingarten

Man kann Marketing unter verschiedenen Gesichtspunkten differenzieren. Eine Möglichkeit besteht darin, nach den Unternehmen, die Marketing betreiben, zu unterscheiden. Da es sich bei Groß- und Außenhandelsunternehmen um Handelsunternehmen handelt, liegt der Schwerpunkt dieses Lernfeldes auf dem Handelsmarketing. Anders als Einzelhandelsunternehmen verkaufen Groß- und Außenhandelsunternehmen ihre Waren in der Regel nicht an Endverbraucher, sondern an Unternehmen, sodass wir uns hier mit Marketingprozessen, die auf Unternehmen als Zielobjekte ausgerichtet sind, beschäftigen. Man spricht in diesem Zusammenhang von Business-to-Business-Marketing, was oft durch B2B-Marketing abgekürzt wird. Einzelhandelsunternehmen betreiben dagegen Business-to-Consumer-Marketing, abgekürzt B2C-Marketing, da sie ihre Waren hauptsächlich an Endverbraucher verkaufen. Das bedeutet aber nicht, dass Groß- und Außenhandelsunternehmen die Endverbraucher bei ihren Marketingaktivitäten völlig unberücksichtigt lassen können. Ein Fachgroßhändler, der Konsumgüter an Einzelhandelsunternehmen vertreibt, muss bei seinen Marketingmaßnahmen natürlich die Vorlieben, Wünsche und Eigenschaften der Endverbraucher berücksichtigen. Die nebenstehende Grafik zeigt die beschriebenen Zusammenhänge in einer Übersicht.

1.2 Marketinginstrumente

Zur Durchführung von Marketingmaßnahmen stehen im klassischen Marketing vier Instrumentengruppen zur Verfügung.

Marketinginstrumente

Die vier Ps des Marketing

Produktpolitik (= Product)	Preispolitik (= Price)	Distributionspolitik (= Place)	Kommunikationspolitik (= Promotion)
• Produktentwicklung • Produktdesign • Verpackung • Marke • Service • Sortiment • Sortimentsentwicklung	• Preishöhe • Preisentwicklung • Preisaktionen • Preisstruktur • Preisdifferenzierung	• Vertriebsstufen • Vertriebswege • Verkaufsstellen • Logistiksysteme	• Absatzwerbung • Verkaufsförderung • Öffentlichkeitsarbeit • Sponsoring • andere

Speziell im Handelsmarketing unterscheidet man neben den vier Ps zusätzlich auch noch die folgenden Instrumente:

- Standortpolitik: Aspekte, die bei der Standortwahl der Verkaufsstellen eine Rolle spielen
- Personalpolitik: Aspekte, die bei Auswahl, Schulung, Führung, Motivation des Verkaufspersonals eine Rolle spielen
- Präsentationspolitik: hierzu gehören Warenpräsentation, Platzierung der Warengruppen und Waren innerhalb der Verkaufsräume, Kundenführungssysteme durch die Verkaufsräume, Gestaltung der Verkaufsräume etc.

Diese Instrumente sind eher für das Einzelhandelsmarketing relevant. Für Großhandelsunternehmen spielen sie lediglich im Cash-and-Carry-Großhandel eine Rolle.

Marketingmix

Stellt man sich nun aus den Marketinginstrumenten ein Maßnahmenpaket zusammen, das man im Rahmen seiner Marketingaktivitäten durchführen möchte, spricht man von einem **Marketingmix**.

Modellunternehmen für Beispiele

Um allgemeine Erläuterungen durch Beispiele zu verdeutlichen, wird in diesem Lernfeld auf das Modellunternehmen „Fahrradwelt GmbH" zurückgegriffen.

Beispiel

Die **Fahrradwelt GmbH**, Rapunzelweg 15, 40235 Düsseldorf, ist eine Fahrradgroßhandlung, die sich auf den Handel mit hochwertigen und originellen Fahrrädern spezialisiert hat. Die Fahrradwelt GmbH kauft die Fahrräder im In- und Ausland, ihr Hauptabsatzgebiet ist aber Deutschland.

AB ▶ LS 62

Lernvideo Marketingkonzept

2 Aufbau eines Marketingkonzeptes

Elemente eines Marketingkonzepts

1. Situationsanalyse
Wie ist die aktuelle Situation des Unternehmens innerhalb des Markt- und Wettbewerbsumfelds?

↓

2. Ableitung von Marketingzielen
Was soll erreicht werden, um die Situation des Unternehmens zu verbessern?

↓

3. Formulierung einer Marketingstrategie
Durch welche strategische Ausrichtung sollen die angestrebten Ziele erreicht werden?

↓

4. Ausgestaltung des Marketingmixes
Welche Marketingmaßnahmen sollen durchgeführt werden?

↓

5. Kontrolle
Wie soll kontrolliert werden, ob die Ziele erreicht wurden?

Die Marketingmaßnahmen müssen natürlich in einen Gesamtplan bzw. ein Gesamtkonzept eingebunden sein, damit sie situationsangemessen und zielgerichtet sind. Einen solchen Plan bezeichnet man als **Marketingkonzept**. Die Erstellung eines Marketingkonzepts vollzieht sich üblicherweise in den fünf nebenstehenden Phasen, die nacheinander durchlaufen werden.

2.1 Situationsanalyse

Die Ableitung von Marketingzielen, die Entwicklung einer Marketingstrategie und die Planung von Maßnahmen zur Umsetzung der Strategie können nur auf der Grundlage einer gründlichen Analyse der Marketingsituation erfolgen. Bei einer Situationsanalyse geht man in der Regel von sehr allgemeinen Faktoren aus und konzentriert die Untersuchung schrittweise immer stärker auf das jeweilige Unternehmen. Die Analyse startet mit der Analyse der Umweltfaktoren und endet mit der Analyse des Unternehmens im Vergleich zu den Hauptwettbewerbern.

Übersicht zur Situationsanalyse

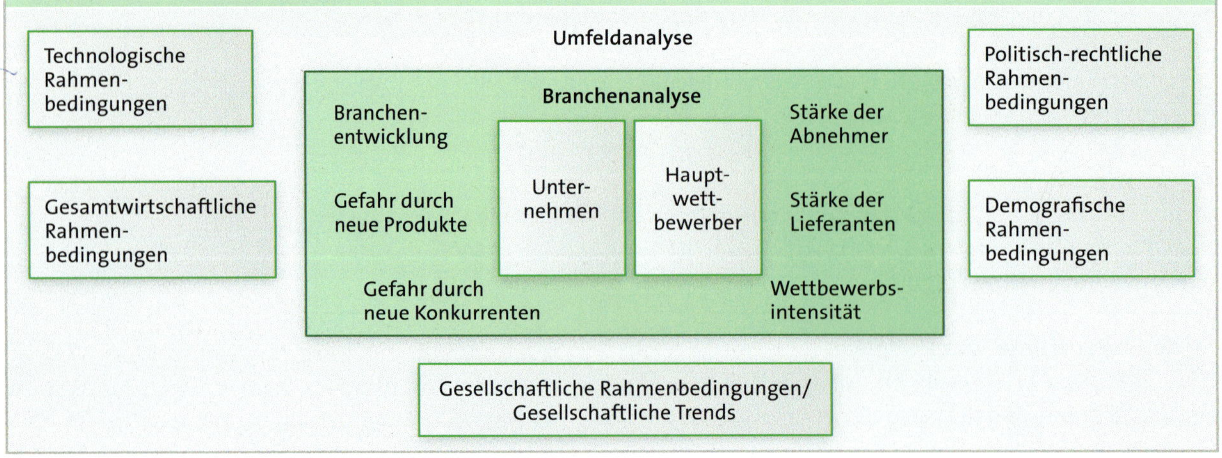

2.1.1 Umfeldanalyse

Technologisches Umfeld
Es ist zu prüfen, ob und gegebenenfalls welche Auswirkungen die Entwicklung neuer Technologien auf das Unternehmen hat.

Politisch-Rechtliches Umfeld
Hier muss untersucht werden, welche Auswirkungen die politische Situation (national und international) und Gesetzesänderungen auf das Unternehmen und mögliche Marketingentscheidungen haben.

Gesamtwirtschaftliche Rahmenbedingungen
Die gesamtwirtschaftliche Situation und deren Teilkomponenten, wie z. B. das Wirtschaftswachstum, die Arbeitslosenquote, die Einkommensentwicklung, das Preisniveau oder der Auftragseingang beeinflussen natürlich auch die Marktchancen und die Absatz- und Umsatzentwicklung eines Unternehmens und müssen daher bei der Planung von Marketingmaßnahmen berücksichtigt werden.

Demografische Rahmenbedingungen
Bedingt durch Zuwanderung ist die Gesamtbevölkerung in der Bundesrepublik Deutschland seit Beginn des zweiten Jahrtausends relativ konstant und wird sich bis etwa 2030 auch wenig verändern. Danach sinkt sie bis 2050 kontinuierlich. Der Anteil der älteren Menschen (65 Jahre und älter) steigt kontinuierlich und wird 2050 einen Anteil von fast 30 % an der Gesamtbevölkerung haben, 2020 war der Anteil nahezu 20 %.

Gesellschaftliche Trends
Unter gesellschaftlichen Trends versteht man Entwicklungen oder Veränderungen von Einstellungen und Verhaltensweisen innerhalb der Gesamtbevölkerung oder innerhalb von größeren gesellschaftlichen Gruppen. Für die Marktsituation eines Unternehmens ist es natürlich wichtig, solche Trends rechtzeitig zu erkennen und darauf angemessen zu reagieren.

2.1.2 Branchenanalyse

Bei der Branchenanalyse spielen neben der Branchenentwicklung auch branchentypische Faktoren für Unternehmen einer Branche eine Rolle:

Kennziffer	Definition	Fahrradmarkt
Marktpotenzial mengenmäßig	Die Höchstmenge der Einheiten eines Gutes, die auf dem Gesamtmarkt abgesetzt werden könnte, wenn alle mit der erforderlichen Kaufkraft ausgestatteten potenziellen Konsumenten das Gut kaufen würden.	Das Marktpotenzial (MP) ist immer nur ein Schätzwert. Aspekte, die zur Abschätzung des MPs für Fahrräder eine Rolle spielen können, sind z. B. • Anzahl der potenziellen Fahrradfahrer • Fahrradbestand in Deutschland • Mindestanzahl der Personen, die vielleicht in den nächsten 12 Monaten ein Fahrrad kaufen wollen • technologische Entwicklung bei Fahrrädern, Bedarf für Ersatz- oder Zusatzkäufe
Marktpotenzial wertmäßig	Maximaler Umsatz, der auf dem Gesamtmarkt mit einem Gut erzielt werden könnte, wenn alle mit der erforderlichen Kaufkraft ausgestatteten potenziellen Konsumenten das Gut kaufen würden.	2018 haben die Fahrradkäufer im Durchschnitt 756 € pro Fahrrad aufgewendet. Man erhält einen Schätzwert für das wertmäßige MP für 2018, wenn man das mengenmäßige MP mit diesem Wert multipliziert. Quelle: Zweirad-Industrie-Verband (ZIV), 2019
Marktvolumen mengenmäßig	Die tatsächlich abgesetzte Menge in einem abgegrenzten Markt während eines bestimmten Zeitraumes (häufig ein Jahr).	Marktvolumen (MV) 2018: 4,18 Mio. Stück Quelle: ZIV, 2019

Kennziffer	Definition	Fahrradmarkt
Marktvolumen wertmäßig	Der tatsächlich erzielte Umsatz in einem abgegrenzten Markt während eines bestimmten Zeitraumes.	Marktvolumen (MV) 2018: 3,160 Mrd. € Quelle: ZIV, 2019
Sättigungsgrad mengen- und wertmäßig	Der Sättigungsgrad gibt an, wie viel Prozent des Marktpotenzials das Marktvolumen bereits erreicht hat.	Indizien für einen weitgehend gesättigten Markt sind ein stagnierendes oder rückläufiges MV über einen längeren Zeitraum, ein wachsendes MV spricht dagegen für einen ungesättigten Markt.

Untersuchung der Branchenentwicklung
Marktpotenzial, Marktvolumen und Sättigungsgrad sind eher statische Größen. Sie beschreiben den Zustand eines Marktes während eines eng umgrenzten Zeitraumes, der sich in der Regel auf ein Jahr bezieht. Häufig interessanter sind aber Entwicklungen dieser Größen über mehrere Jahre.

Absatzvolumen, Umsatzvolumen und Marktanteil
Eine Größe, die sowohl die Situation des eigenen Unternehmens, aber auch die der Mitkonkurrenten widerspiegelt, ist der Marktanteil. Der Marktanteil berücksichtigt neben dem Marktvolumen auch das Absatz- bzw. Umsatzvolumen eines Unternehmens.

Marktanteil mengenmäßig
$$\frac{\text{Absatzvolumen}}{\text{MV mengenmäßig}} \cdot 100$$

Marktanteil wertmäßig
$$\frac{\text{Umsatzvolumen}}{\text{MV wertmäßig}} \cdot 100$$

Kennziffer	Definition	Fahrradwelt GmbH
Absatzvolumen	Die tatsächlich abgesetzte Menge eines Unternehmens in einem abgegrenzten Markt während eines bestimmten Zeitraumes (häufig ein Jahr).	Die Fahrradwelt GmbH hat 2018 insgesamt 10 450 Fahrräder abgesetzt.
Umsatzvolumen	Der tatsächlich erzielte Umsatz eines Unternehmens in einem abgegrenzten Markt während eines bestimmten Zeitraumes.	Die Fahrradwelt GmbH hat durch den Verkauf der Fahrräder 2018 einen Umsatz von 12,64 Mio. € erzielt.
Marktanteil **mengenmäßig**	Der prozentuale Anteil des Absatzvolumens eines Unternehmens an dem mengenmäßigen MV.	2018 betrug das mengenmäßige MV bei Fahrrädern: 4,18 Mio. Stück $\text{Marktanteil} = \frac{10\,450}{4\,180\,000} \cdot 100 = 0{,}25\,\%$
Marktanteil **wertmäßig**	Der prozentuale Anteil des Umsatzvolumens eines Unternehmens an den Umsätzen aller Unternehmen des betreffenden Marktes wärend des gleichen Zeitraumes.	2018 betrug der Wert aller Verkäufe an den Fahrradhandel in Deutschland 2,528 Mrd. €. Das Umsatzvolumen der Fahrradwelt GmbH betrug 12,64 Mio. €. Beides sind fiktive Werte. $\text{Marktanteil} = \frac{12{,}64 \text{ Mio €}}{2.528 \text{ Mio €}} \cdot 100 = 0{,}5\,\%$

Stärke von Abnehmern und Lieferanten
Die Position von Unternehmen gegenüber Abnehmern und Lieferanten ist zu prüfen. Haben die Abnehmer eine starke Position gegenüber den Unternehmen, können sie ihnen weitgehende Vorgaben bezüglich Preise und Konditionen machen. Gleiches gilt bei Abhängigkeit von Lieferanten, weil es z. B. Lieferengpässe gibt oder die Lieferanten über Spezialwissen verfügen bzw. es nur wenige Lieferanten gibt.

Wettbewerbsintensität
Das Wettbewerbsverhalten der Unternehmen kann in den verschiedenen Branchen sehr unterschiedlich sein. Es kann von einer stillschweigenden Akzeptanz der gegebenen Marktverhältnisse bis zu einem aggressiven Preis-, Werbe- und Produktwettbewerb reichen. Die Wettbewerbsintensität kann z.B. von der Anzahl der Wettbewerber und von der Marktentwicklung beeinflusst werden. Bei einer geringen Anzahl von Unternehmen besteht die Tendenz, den Wettbewerb durch ein angepasstes Verhalten weitgehend auszuschalten. Auf einem stagnierenden oder schrumpfenden Markt können die jeweiligen Unternehmen ihren Absatz oder Umsatz nur durch eine Erhöhung des Marktanteils steigern.

Gefahr durch neue Konkurrenten und neue Produkte
Ein bestehendes Wettbewerbsgefüge in einem Markt kann durch neu in diesen Markt eintretende Wettbewerber empfindlich gestört werden, da diese zwangsläufig bestrebt sein müssen, einen bestimmten Marktanteil zu erreichen. Für die bisherigen Anbieter bedeutet das Marktanteilsverluste, die auf **wachsenden Märkten** zu einer Einschränkung der Wachstumsmöglichkeiten, auf stagnierenden Märkten sogar zu Absatzrückgängen führen. Die Gefahr, dass neue Anbieter in einen Markt eintreten, hängt unter anderem davon ab, inwieweit Markteintrittsbarrieren, z.B. ein spezifisches Know-how oder ein hoher Kapitalbedarf, existieren.

Man spricht von einem **wachsenden Markt**, wenn das Marktvolumen im Zeitablauf wächst.

Die Marktchancen der bisherigen Produkte der Branche können durch **Substitutionsgüter** (Güter, die sich gegenseitig ersetzen können wie z.B. Butter und Magarine als Brotaufstrich) bedroht werden. Dabei kann es sich bei den Substitutionsgütern auch um Güter anderer Branchen handeln.

2.1.3 Analyse der Situation des Unternehmens und des Hauptwettbewerbers

Eine übliche Methode zur Untersuchung der Situation eines Unternehmens im Vergleich zu dessen Hauptkonkurrenten ist eine Stärken-Schwächen-Analyse. Häufig wird diese Analyse durch eine Chancen-Risiken-Analyse ergänzt.

Analyse der Kundenstruktur
Neben der Konkurrenzanalyse spielt auch die Struktur der eigenen Kunden eine Rolle, die sich aus der Kundendatei ermitteln lässt u. a.:
- Unternehmensgröße
- Bestellverhalten (Häufigkeit, Volumina, Waren)
- Zahlungsverhalten
- Marktstellung
- Branche
- Standort

Die Kundedaten können genutzt werden, um möglichst homogene Kundengruppen (Cluster) zu bilden, denen dann passgenaue Angebote gemacht werden. Auch die Kundenansprache lässt sich dadurch optimieren.
▶ LF 9, Kap. 4.2

Stärken-Schwächen-Analyse
Bei dieser Analyse interessiert vor allem, welche Vor- und Nachteile das betreffende Unternehmen im Vergleich zu dem Hauptkonkurrenten hat. Folgende Kriterien können hierbei berücksichtigt werden:
- Sortiment
- Beschaffungssituation
- Akquisitionsfähigkeit
- finanzielles Potenzial
- Kostensituation
- Mitarbeiterqualifikation
- Servicepotenzial
- Logistik
- Marktanteil
- Distributionssituation (Vertriebssystem, Anzahl und Bedeutung der Verkaufsstellen)

Die Stärken-Schwächen-Analyse erfolgt häufig mit Hilfe eines Polaritätenprofils. Dabei wird für die als relevant erachteten Kriterien die Position des eigenen Unternehmens und die des Hauptkonkurrenten auf einer entsprechenden **Ratingskala** (Bewertungsskala) dargestellt (z.B. von 1 = sehr schlecht bis 6 = sehr gut).

Benchmarking
Hierbei handelt es sich um eine weitere Methode, bei dem sich das Unternehmen mit einem oder mehreren erfolgreichen Mitbewerbern vergleichen kann. Ziel ist es, eigene Leistungsdefizite zu erkennen und diese dann möglichst zu beseitigen. Das erfolgt durch die Identifikation von Leistungsunterschieden und deren Ursachen, aus denen Verbesserungsmöglichkeiten für das eigene Unternehmen abgeleitet werden. Kurz gesagt, man lernt von erfolgreichen Unternehmen, wie man das eigene Unternehmen optimieren kann.

Beispiel

Mögliches Stärken-Schwächen-Profil der Fahrradwelt GmbH

Beurteilungskriterium	Beurteilung				
	sehr schlecht	schlecht	mittel	gut	sehr gut
Beschaffungssituation			○	●	
Sortiment			●	○	
Distribution		●		○	
Vertriebssituation			○	●	
Servicepotenzial		●	○		
Akquisitionsfähigkeit			●	○	
Logistik			●	○	
Qualifikation der Mitarbeiter			○	●	
Finanzielle Ressourcen		●		○	
Marktanteil	●		○		

● Fahrradwelt GmbH ○ Hauptkonkurrent

Dem Polaritätenprofil kann entnommen werden, dass die Fahrradwelt GmbH lediglich bei der Beschaffungssituation, der Vertriebssituation und bei der Qualifikation der Mitarbeiter Vorteile gegenüber dem Hauptkonkurrenten hat. Bei allen anderen Beurteilungskriterien ist sie in der gleichen oder in einer schwächeren Position.

Chancen-Risken-Analyse

Die Chancen-Risiken-Analyse berücksichtigt die Ergebnisse der Umfeld- und Branchenanalyse. Daraus werden potenzielle Chancen und Risiken für das Unternehmen abgeleitet. Chancen sind Faktoren, die sich positiv auf das Unternehmen auswirken können. Entsprechend können Risiken sich negativ auswirken. Da es sich bei Chancen und Risiken um externe Faktoren handelt, kann das Unternehmen diese nicht unmittelbar beeinflussen. Trotzdem müssen sie bei der Konzeption von Marketingstrategien und der Planung von Marketingmaßnahmen berücksichtigt werden.

Aufbau einer SWOT-Matrix

SWOT-Analyse	Chancen	Risiken
Stärken	Chance aus der Chancen-Risiken-Analyse eintragen passende Stärke aus der Stärken-Schwächen-Analyse eintragen	Risiko aus der Chancen-Risiken-Analyse eintragen passende Stärke aus der Stärken-Schwächen-Analyse eintragen
Schwächen	Chance aus der Chancen-Risiken-Analyse eintragen passende Schwäche aus der Stärken-Schwächen-Analyse eintragen	Chance aus der Chancen-Risiken-Analyse eintragen passende Schwäche aus der Stärken-Schwächen-Analyse eintragen

SWOT-Analyse

Häufig werden die Stärken-Schwächen-Analyse (interne Faktoren) und die Chancen-Risiken-Analyse (externe Faktoren) miteinander verknüpft.
Man spricht dann von einer SWOT-Analyse (**S**trengths-**W**eaknesses, **O**pportunities-**T**hreats). Die Darstellung erfolgt dann z.B. in einer Matrix.

2.2 Marketingziele

Marketingziele sind Zielvorgaben, die sich auf den Einsatz des gesamten Marketingmixes beziehen. Bei Marketingzielen handelt es sich im Wesentlichen um

- Absatz-/Umsatzziele (Ausbau, Sicherung, Stabilisierung),
- Marktanteilsziele (Ausbau, Sicherung, Stabilisierung) und
- Kostenziele.

Beispiele für Marketingziele	
Expansionsziele	• Sortimentserweiterungen erfolgreich durchführen • Absatzverstärkung des gegebenen Sortimentes • Ausbau und Erweiterung von Marktanteilen • Ansprache neuer Kundengruppen
Erhaltungsziele	• Sicherung von Umsatz und Marktanteilen • Konstanthalten der bisherigen Nachfrage • Erreichung von Kundentreue
Kostenreduktions-, Nachfragelenkungs- und Absatzrationalisierungsziele	• Glättung von Umsatzschwankungen • Optimierung der Auftragsanbahnung und -abwicklung • effizienterer Marketingeinsatz

Marketingziele lassen sich nicht isoliert betrachten. Sie leiten sich aus übergeordneten Zielen ab und sind selbst wieder bedeutsam für Ziele auf untergeordneten Ebenen. Das gesamte Zielsystem eines Groß- und Außenhandelsunternehmens lässt sich in Form einer sogenannten Zielhierarchie oder Zielpyramide darstellen. Dabei stehen an oberster Stelle die Unternehmensziele, die das Unternehmen als Ganzes anstrebt, z.B. Gewinn- bzw. Rentabilitätsziele, aber auch Aspekte wie Nachhaltigkeit, Umweltschutz oder Compliance. Entsprechend den hauptsächlichen Funktionsbereichen eines Groß- und Außenhandelsunternehmens, nämlich Beschaffung, Lagerhaltung/Logistik, Absatz (Marketing) und Finanzierung, können nun spezifische Bereichsziele formuliert werden, die dann u.a. in entsprechende Teilziele des Marketings bis hin zu kommunikationspolitischen Zielen heruntergebrochen werden.

Unternehmensziele
▶ LF 1, Kap. 4.2

Compliance
Hierunter versteht man Regeltreue, d. h. die Einhaltung von Gesetzen und von unternehmensinternen Regeln.

Zielhierarchie eines Groß- und Außenhandelsunternehmens

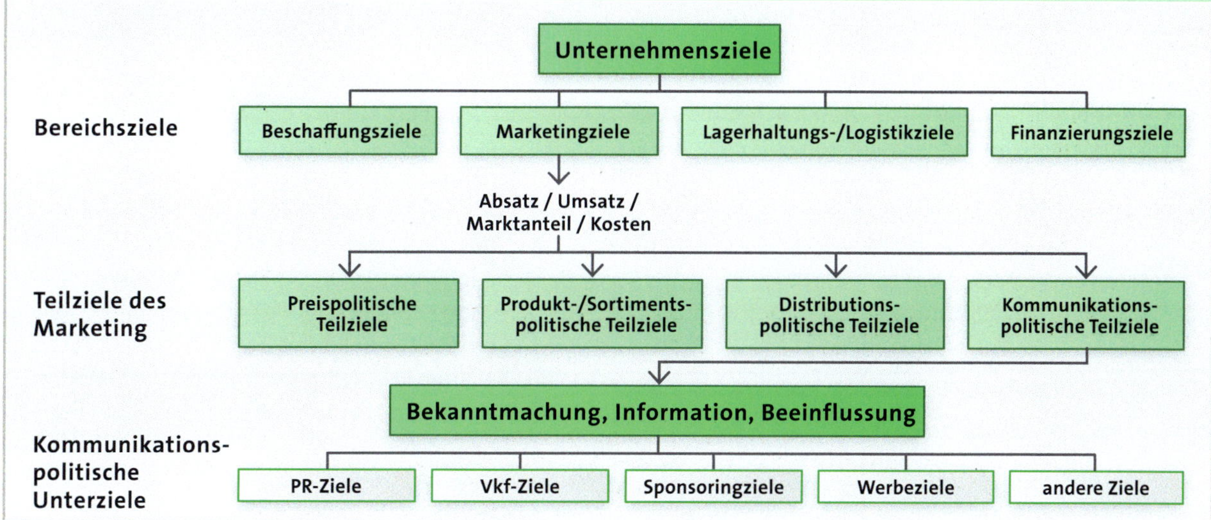

Alles klar?

1 Welche Aussage ist richtig?
- **a)** Das Marktpotenzial wird exakt gemessen.
- **b)** Das Marktvolumen ist größer als das Marktpotenzial.
- **c)** Das wertmäßige Marktvolumen bezieht sich auf den Umsatz.
- **d)** Das mengenmäßige Marktvolumen hängt von der Preisentwicklung ab.
- **e)** Bei einem Sättigungsgrad von 80 % beträgt das mengenmäßige Marktvolumen 80 % des wertmäßigen Marktvolumens.

2 Marketing bedeutet, dass man
- **a)** viel Werbung macht.
- **b)** seinen Kunden günstige Preise bietet.
- **c)** möglichst viele Produkte anbietet.
- **d)** versucht, seine Produkte zu möglichst hohen Preisen anzubieten.
- **e)** alle Unternehmensaktivitäten auf den Absatzmarkt ausrichtet.

3 Ordnen Sie die untenstehenden Beispiele jeweils den richtigen Marketinginstrumenten zu.
- **a)** Die Fahrradwelt GmbH kalkuliert den Verkaufspreis für das Mountainbike FW-MB 200 so, dass pro verkauftes Fahrrad ein Gewinn von 250,00 € erzielt wird.
- **b)** Die Fahrradwelt GmbH übernimmt für den Facheinzelhändler Rundlauf e. K. den Reparaturservice.
- **c)** Die Fahrradwelt GmbH vertreibt ihre Fahrräder auch über einen eigenen Onlineshop.
- **d)** Die Fahrradwelt GmbH beteiligt sich finanziell an der Ausrichtung eines lokalen Radrennens in Düsseldorf. Darauf wird auf den Ankündigungsplakaten und in Presseankündigungen hingewiesen.
- **e)** Die Fahrradwelt GmbH bereinigt ihr Sortiment um Kinderräder.
- **f)** Die Fahrradwelt GmbH verkauft ihre Fahrräder neuerdings auch an Baumärkte.

4 Großhandelsmarketing gehört zum
- **a)** B2B- und zum B2C-Marketing.
- **b)** Handels- und zum B2C-Marketing.
- **c)** Handels- aber nicht zum B2B-Marketing.
- **d)** Handels- und zum B2B-Marketing.
- **e)** B2B-, aber nicht zum Handelsmarketing.

5 Auf dem Markt für das Gut X beträgt das:
- mengenmäßige Marktpotenzial: 10 Mio. Stück
- mengenmäßige Marktvolumen: 5 Mio. Stück
- wertmäßige Marktvolumen: 100 Mio. €

Das Absatzvolumen des Unternehmens Y beträgt
- mengenmäßig: 0,75 Mio. Stück
- wertmäßig: 20 Mio. €

- **a)** Ermitteln Sie für das Gut X:
  - den Sättigungsgrad und
  - den durchschnittlichen Marktpreis.
- **b)** Geben Sie an, ob es sich bei dem Markt für das Gut X um einen gesättigten oder ungesättigten Markt handelt.
- **c)** Ermitteln Sie für das Unternehmen Y den mengenmäßigen und den wertmäßigen Marktanteil.
- **d)** Was schließen Sie aus der Tatsache, dass der wertmäßige Marktanteil von Y größer ist als der mengenmäßige?

6 Welche Aussage ist falsch?
- **a)** Eine Stärken-Schwächen-Analyse bewertet die Situation eines Unternehmens im Vergleich zu dessen Hauptkonkurrenten anhand interner Faktoren.
- **b)** Schwächen, die im Rahmen einer Stärken-Schwächen-Analyse festgestellt wurden, kann das betreffende Unternehmen nicht beeinflussen.
- **c)** Bei einer Chancen-Risiken-Analyse werden äußere Faktoren ermittelt, die sich positiv oder negativ auf ein Unternehmen auswirken können. Auf diese hat das Unternehmen keinen unmittelbaren Einfluss.
- **d)** Bei einer SWOT-Analyse wird eine Stärken-Schwächen-Analyse mit einer Chancen-Risiken-Analyse verknüpft.

3 Marktforschung

AB ▶ LS 63

Für die Erstellung der Situationsanalyse benötigt ein Unternehmen sehr viele Daten und Informationen. Insbesondere für die Branchen- und Wettbewerbsanalyse sind Marktdaten erforderlich, die im Rahmen von Marktforschungsaktivitäten beschafft oder erhoben werden müssen. **Unter Marktforschung versteht man allgemein eine systematische Untersuchungstätigkeit mit dem Ziel der Informationsgewinnung oder -verbesserung über Markttatbestände als Grundlage für absatz- oder beschaffungspolitische Entscheidungen.**

Hinsichtlich der Häufigkeit der Erhebung von Marktdaten unterscheidet man zwei Möglichkeiten der Erhebung:

- Bei der **Marktanalyse** werden Daten erhoben, die einen bestimmten Markt charakterisieren. Sie charakterisiert die Situation und den Zustand eines Marktes zu einem bestimmten Zeitpunkt. Dabei werden auch Daten aus der Vergangenheit berücksichtigt, um die Marktentwicklung bis zum Erhebungszeitpunkt nachvollziehen und ggf. auch Prognosen über die zukünftige Marktentwicklung ableiten zu können. Eine Marktanalyse kann einmalig, anlassbezogen oder auch mehrmalig in unregelmäßigen Zeitabständen durchgeführt werden.
- Bei einer **Marktbeobachtung** werden relevante Marktdaten über einen längeren Zeitraum in regelmäßigen Abständen erhoben. Damit erhält man einen guten Überblick über die Marktentwicklung und kann ggf. schnell auf ungünstige Marktentwicklungen reagieren.

Bei der Beschaffung von Marktinformationen gibt es zwei grundsätzliche Vorgehensweisen, die **Sekundärforschung** (Desk Research) und die **Primärforschung** (Field Research).

3.1 Sekundärforschung

Bei der Sekundärforschung greift man auf bereits vorhandene Daten wie Statistiken, Veröffentlichungen, Internetblogs, Untersuchungen von Marktforschungsunternehmen, Datenbanken und Informationsdienste zurück.

Statistiken und Veröffentlichungen:

- amtliche Statistiken (Destatis)
- von Verbänden
- von wirtschaftswissenschaftl. Instituten
- von Unternehmen (Geschäftsberichte, Preislisten, Kataloge)
- von Werbedurchführenden (Verlage, TV-Sender, Betreiber von Websites)

Die Daten werden weitgehend im Internet veröffentlicht und lassen sich durch eine gezielte Internetrecherche relativ schnell ermitteln. Der Bezug aktueller und detaillierter Marktdaten ist aber häufig kostenpflichtig und teuer.

Sekundärdaten, die das eigene Unternehmen betreffen, lassen sich leicht aus innerbetrieblichen Quellen beschaffen. Hierzu gehören:

- Absatz- und Umsatzstatistiken, evtl. untergliedert nach Produkten, Regionen, Kunden, Distributionswegen etc.,
- Außendienstberichte,
- Kostenrechnung (Kostenarten, Kostenstellen, Kostenträger),
- Reklamationsstatistik,
- Auftragseingangsstatistik.

3.2 Primärforschung

Bei der **Primärforschung** wird zwischen einer **Vollerhebung** und einer **Teilerhebung** unterschieden. Bei der Vollerhebung werden alle Objekte, auf die sich die Erhebung bezieht (Grundgesamtheit) in die Erhebung einbezogen. Bei einer Teilerhebung wird nur ein Teil der Grundgesamtheit (Stichprobe) berücksichtigt. Es muss also eine Auswahl getroffen werden. Dabei ist darauf zu achten, dass die Ergebnisse, die man bei der Stichprobe erhalten hat, ohne großen Fehler auf die Grundgesamtheit übertragen werden können. In so einem Fall ist die Stichprobe repräsentativ für die Grundgesamtheit. Es gibt verschiedene Auswahlverfahren, die das gewährleisten.

Bei der **Primärforschung** werden Daten für einen bestimmten Informationsbedarf speziell erhoben. Normalerweise wird man versuchen, seinen Informationsbedarf zunächst mit Daten aus der Sekundärforschung zu decken. Diese können wesentlich kostengünstiger beschafft werden als primär erhobene Daten. Sekundärdaten haben jedoch den Nachteil, dass sie häufig nicht ausreichend aktuell sind und evtl. den konkreten Informationsbedarf nicht vollständig abdecken.

Im Rahmen der Primärforschung unterscheidet man die Erhebungsmethoden **Befragung, Beobachtung** und **Experiment**. Daneben gibt es auch noch Erhebungen, die nicht eindeutig einer der drei genannten Erhebungsmethoden zugeordnet werden können. In der Regel wird dabei eine Kombination aus zwei oder allen drei Verfahren angewendet. Zu den wichtigsten dieser Erhebungen gehören **Panels**.

3.2.1 Befragung

Unter einer Befragung versteht man eine Erhebung, bei der die in die Untersuchung einbezogenen Personen selbst Auskunft über die Befragungsthemen geben, häufig um Ursachen für menschliches Verhalten zu ermitteln. Befragungen werden im Rahmen primärer Marktforschung am häufigsten eingesetzt.

Befragungsarten
Befragungen lassen sich nach verschiedenen Kriterien unterscheiden. Die folgende Abb. gibt einen Überblick über die wichtigsten Befragungsarten

Befragung

Unterscheidung nach

- **der Kommunikationsform**
  - schriftlich
  - mündlich (face to face)
  - telefonisch
- **der Zahl der Befragten**
  - Einzelinterview
  - Gruppendiskussion Gesprächsgruppe, 10 bis 15 Teilnehmer, Führung durch Gesprächsleiter
- **der Befragungsfrequenz**
  - einmalig
  - mehrmalig
  - periodisch
- **dem Charakter der Befragungsgegenstände**
  - quantitativobjektive Sachverhalte, z. B. Alter, Geschlecht
  - qualitativsubjektive Sachverhalte, z. B. Einstellungen, Meinungen

Skalierungsverfahren
Bei Befragungen wird häufig versucht, die Messung qualitativer Erhebungstatbestände durch den Einsatz von Bewertungsskalen zu quantifizieren. Für Messungen mit Hilfe von Skalen werden in der Regel sogenannte **Ratingskalen** eingesetzt. Dabei müssen die Probanden ihre Bewertung durch eine bestimmte Position auf der Skala ausdrücken. Die Skalen lassen sich nach vielfältigen Kriterien unterscheiden. Einen Überblick dazu und Beispiele gibt die folgende Übersicht.

Beispiele für ausgewählte Skalenarten

Numerische Skalen Die Skalenstufen werden mit Zahlen bezeichnet, wobei die Endpunkte in der Regel verbal benannt sind.	1 trifft gar nicht zu	2	3	4	5 trifft voll und ganz zu
Verbale Skalen Die Skalenpunkte werden verbal benannt.	trifft gar nicht zu	trifft eher nicht zu	trifft weder zu noch nicht zu	trifft eher zu	trifft voll und ganz zu
Gemischt numerisch/ verbale Skalen Die Skalenpunkte werden durch Zahlen bezeichnet und zusätzlich verbal benannt.	1 trifft gar nicht zu	2 trifft eher nicht zu	3 trifft weder zu noch nicht zu	4 trifft eher zu	5 trifft voll und ganz zu
Grafische Skalen Die Skalenabstände werden grafisch verdeutlicht.	trifft gar nicht zu				trifft voll und ganz zu
Monopolare Skalen Die Skalen enthalten zwei gegensätzliche Pole zu einer Aussage. Beispiel: „Ich finde das Design des Fahrrads xy aufregend."	stimme gar nicht zu				stimme voll und ganz zu
Bipolare Skalen Die Pole der Skalen werden durch zwei gegensätzliche Aussagen gebildet.Beispiel: „Das Design des Fahrrads xy ist ..."	langweilig				aufregend

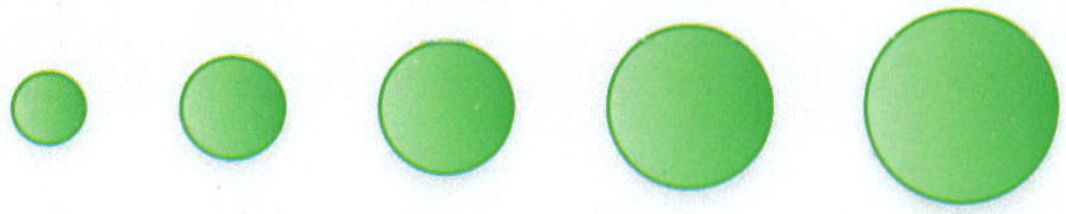

Monopolare Skalen: gegensätzliche Pole der gleichen Aussage

Bipolare Skalen: zwei gegensätzliche Aussagen

Anzahl der Merkmale

Je größer die Anzahl der Abstufungen ist, umso genauer können die Bewertungen und Einschätzungen von den Probanden differenziert werden. Hierbei muss aber auch die Differenzierungsfähigkeit der Probanden berücksichtigt werden, die durch eine zu große Anzahl an Abstufungen schnell überfordert werden kann. In der Literatur werden daher weitgehend Skalen mit 4 bis 6 Abstufungen empfohlen. Bei einer ungeraden Anzahl von Abstufungen gibt es eine Mitte und die Probanden haben damit die Möglichkeit, eine neutrale Position einzunehmen. Bei einer geraden Anzahl von Abstufungen werden die Probanden dagegen gezwungen, sich zumindest tendenziell für einen der beiden Pole zu entscheiden.

Allgemeine Hinweise zur Fragebogengestaltung

- Formulierung der Fragen:
  - Die Fragen müssen einfach formuliert und leicht verständlich sein.
  - Die Fragen müssen eindeutig und präzise sein.
  - Die Fragen dürfen nicht suggestiv wirken.
  - Die Formulierung muss dem Bildungsniveau der Befragten entsprechen.
- Optische Gestaltung des Fragebogens:
  - Der Fragebogen muss optisch ansprechend gestaltet sein.
  - Der Fragebogen muss übersichtlich und gut gegliedert sein.
  - Wo immer möglich, sollten grafische anstelle von textlichen Elementen verwendet werden.
- Fragebogenstruktur:
  - Die **Filterführung** so einfach wie möglich halten.
  - Antwortprinzipien und Skalen sollten durchgängig über alle Fragen beibehalten werden.
  - Der Fragebogen sollte so kurz wie möglich sein.

Filterführung

Durch sogenannte Filter wird man in Abhängigkeit der Antwort zu einer bestimmten Stelle im Fragebogen geleitet.

3.2.2 Beobachtung

Unter einer Beobachtung versteht man die Analyse des Verhaltens und der Reaktionen von Personen unter Marketingaspekten.

	Persönliche Beobachtung Beobachtung und Interpretation durch den Beobachtungsleiter u. a. von	**Apparative Beobachtung** Beobachtung unter Einsatz technischer Hilfsmittel u. a. im Rahmen von
Feldbeobachtung Beobachtung unter realen Bedingungen	▪ **Kundenreaktionen** (z. B. auf bestimmte Marketingmaßnahmen wie Sonderangebote im Handel) ▪ **nonverbalem Verhalten** von Kunden und Verkäufern in Verkaufsgesprächen (Ziel: Verbesserung von Verkaufsgesprächen)	▪ **Kundenlaufstudien** (Beobachtung des Laufverhaltens von Kunden in einer Verkaufsstelle durch Videokameras) ▪ **Kundenkontaktstudien** (Anzahl der Besucher eines Handelsgeschäftes wird gemessen, z. B. durch Lichtschranken)
Laborbeobachtung Beobachtung unter künstlich geschaffenen Bedingungen	▪ **Produkttests/Verpackungstests** (Beobachtung, wie Personen mit einem Produkt oder einer Verpackung umgehen bzw. wie die jeweilige Handhabung ist)	▪ **Blickaufzeichnungen** (z. B. mit Spezialbrille, die die Blickbewegungen beim Betrachten von Werbemitteln während des Einkaufs mit einer Kamera aufzeichnet)

3.2.3 Experimente

Ein Experiment dient zur Prüfung, ob ein Zusammenhang zwischen mindestens zwei Faktoren vorliegt. Im einfachsten Fall soll dabei der Einfluss eines Faktors x (Testfaktor) auf einen anderen Faktor y (Wirkfaktor) ermittelt werden. Wichtig ist, dass Experimente unter kontrollierten Bedingungen stattfinden.

Beispiel

Bei einem Preisexperiment verändert man den Preis eines Produktes und ermittelt zu verschiedenen Preisen die abgesetzte Menge während eines festgelegten Zeitraumes.

Experimentdesigns

Typisch ist das Design **EBA**, das heißt, die Messung erfolgt bei der Experimentgruppe vor und nach dem Einsatz des Testfaktors. **CB-EA** und **EA-CA** können eingesetzt werden, wenn die Vorher-Messung bei der Experimentgruppe Einfluss auf das Ergebnis der Nachher-Messung hat. Wenn z. B. der Einfluss von Werbung auf die Markenbekanntheit ermittelt werden soll, kann das Ergebnis beeinflusst werden, wenn ich vor dem Werbeeinsatz die Mitglieder der Experimentgruppe frage, ob sie die Marke XY kennen. Mit **EBA-CBA** soll versucht werden, mögliche Umwelteinflüsse zu berücksichtigen.

Man unterscheidet Experimente unter anderem danach, ob der Test nur bei der Experiment- oder zusätzlich auch noch bei einer Kontrollgruppe durchgeführt wird. Außerdem kann die Messung sowohl vor und nach dem Einsatz des Testfaktors oder nur nach dem Testfaktoreinsatz durchgeführt werden.

Typ	Messung	Ergebnis Experimental-Group	Ergebnis Control-Group	Testfaktorwirkung
EBA	B	x_0	–	$x_1 - x_0$
	A	x_1	–	
CB-EA	B		y_0	$x_1 - y_0$
	A	x_1		
EBA-CBA	B	x_0	y_0	$(x_1 - x_0)$
	A	x_1	y_1	$-(y_1 - y_0)$
EA-CA	B			$x_1 - y_0$
	A	x_1	y_1	

E = Experimental-Group B = Before-Messung (Messung vor Einsatz des Testfaktors)
A = After-Messung (Messung nach Einsatz des Testfaktors) C = Control-Group

3.2.4 Panels

Panels gehören heute zu den wichtigsten Instrumenten der Marktforschung. Unter einem Panel versteht man allgemein eine Untersuchung, bei der die Erhebung
- über einen langen Zeitraum,
- zu dem stets gleichen Sachverhalt,
- in periodischen Abständen oder kontinuierlich,
- bei der stets gleichen Stichprobe,
- auf die stets gleiche Art und Weise

erfolgt. Aufgrund dieser Eigenschaften sind Panels ideale Instrumente um Marktveränderungen zu messen.

Panelelemente

Jedes Panel lässt sich durch folgende Elemente charakterisieren.

Grundgesamtheit | **Stichprobe** | **Erhebung** | **Hochrechnung**

Grundgesamtheit: Alle Objekte, auf die sich die Untersuchung bezieht.

Stichprobe: Teil der Grundgesamtheit, der tatsächlich untersucht wird.

Erhebung:
- Was wird erhoben? (z. B. gekaufte Waren, Kaufmengen, Kauforte)
- Wie wird erhoben? (z. B. Berichte der Panelteilnehmer, automatische Erfassung)

Hochrechnung:

Übertragung der Ergebnisse in der Stichprobe auf die Grundgesamtheit.

Panelarten

Man unterscheidet Panels häufig nach den Aspekten:
- Wer wird untersucht (Grundgesamtheit des Panels)?
- Was wird untersucht (Panelgegenstand, Erhebung)?

Panelarten

- **Unternehmenspanel**: Die Grundgesamtheit besteht aus Unternehmen allgemein, z. B. Mannheimer Unternehmenspanel (MUP).
- **Handelspanel**: Die Grundgesamtheit besteht aus Handelsunternehmen.
  - Einzelhandelspanel
  - Großhandelspanel
- **Verbraucherpanel**: Die Grundgesamtheit besteht aus Endverbrauchern.
  - Haushaltspanel (Endverbraucherhaushalte)
  - Individualpanel (Einzelpersonen)
- **Spezialpanel**: z. B. TV-Panel

Alles klar?

1 Sekundärforschung
- a) berücksichtigt Daten, die nur eine eingeschränkte Relevanz haben.
- b) berücksichtigt Daten, die im Rahmen einer zweiten Erhebungswelle ermittelt wurden.
- c) berücksichtigt zweitrangige Daten.
- d) ist die zweitwichtigste Erhebungsform der Marktforschung.
- e) benutzt bereits vorhandene Daten.

2 Primärforschung
- a) sollte bei Marktforschungsaktivitäten immer an erster Stelle stehen.
- b) ist die wichtigste Erhebungsform der Marktforschung.
- c) dient dazu, Daten für einen spezifischen Informationsbedarf speziell zu erheben.
- d) berücksichtigt immer eine Befragung als Erhebungsform.
- e) ist die älteste Art der Marktforschung.

3 Bei einer Marktanalyse
- a) werden historische Marktdaten untersucht, um daraus Erkenntnisse für die aktuelle Marktsituation zu erhalten.
- b) wird ein Markt zu einem bestimmten Zeitpunkt charakterisiert und beschrieben.
- c) werden nur aktuellste Daten berücksichtigt. Daten, die schon zwei, drei oder mehr Jahre alt sind, spielen dabei keine Rolle.
- d) wird mit statistischen Prognosemodellen versucht, die zukünftige Marktentwicklung zu beschreiben.
- e) werden Daten aus der Vergangenheit einfach fortgeschrieben.

4 Eine Befragung
- a) erfolgt immer mit einem Fragebogen.
- b) ist eine spezielle Form der Sekundärforschung.
- c) ist eine Form der Primärforschung, bei der die Probanden selbst Auskunft über die Befragungsthemen geben.
- d) bezieht sich immer nur auf objektive Sachverhalte.
- e) spielt in der Marktforschung nur eine untergeordnete Rolle.

5 Welche Aussage ist richtig?
- a) Experimente können nur im Labor stattfinden.
- b) Durch Kundenlaufstudien soll ermittelt werden, wie viele Kunden eine Verkaufsstelle besuchen.
- c) Bei Laborexperimenten lassen sich die Umfeldbedingungen nicht kontrollieren.
- d) Bei einem Experiment soll geprüft werden, ob und ggf. welcher Zusammenhang zwischen Größen besteht, die unter Marketinggesichtspunkten bedeutsam sind.
- e) Der Einfluss von Umfeldfaktoren spielt für das Ergebnis von Experimenten keine Rolle.

6 Welche Aussage ist richtig?
- a) Bei einem Handelspanel besteht die Grundgesamtheit aus den Kunden von Handelsunternehmen.
- b) Bei einem Verbraucherpanel berücksichtigt man nur Käufer von Verbrauchsgütern.
- c) Bei einer Paneluntersuchung erfolgt die Erhebung bei allen Mitgliedern der Grundgesamtheit.
- d) Bei einem Haushaltspanel besteht die Grundgesamtheit nur aus Ein- und Zweipersonenhaushalten.
- e) Bei einem Panel sollte die Stichprobe über einen langen Zeitraum möglichst unverändert bleiben.

7 Welche Aussagen sind richtig?
- a) Panels sind für Marktbeobachtungen gut geeignet, da die gleichen Erhebungstatbestände über einen langen Zeitraum regelmäßig erhoben werden.
- b) Bei einem Einzelhandelspanel besteht die Grundgesamtheit aus allen Einzelhandelsunternehmen in Deutschland.
- c) Bei einem Panel sollte die Stichprobe regelmäßig gewechselt werden.
- d) Bei einem Panel sollte die Erhebungsmetode möglichst nicht verändert werden.
- e) Panels spielen in der Marktforschung keine große Rolle.

4 Strategische Analyseinstrumente

AB ▶ LS 64

Bei der Entwicklung von Marketingstrategien werden häufig verschiedene Analyseinstrumente als Hilfsmittel verwendet, darunter die beiden bekanntesten: Produktlebenszyklusanalyse und Portfolioanalyse.

4.1 Produktlebenszyklusanalyse

Die strategische Ausrichtung des Marketingmixes hängt u. a. davon ab, welchen Reifegrad die angebotenen Produkte besitzen. Dieser Aspekt wird durch das Modell des Produktlebenszyklus berücksichtigt. Bei dem Konzept des Produktlebenszyklus wird davon ausgegangen, dass Produkte im Marktgeschehen nur über eine begrenzte Lebensdauer verfügen und während ihrer Entwicklung bestimmte idealtypische Phasen durchlaufen. Die Anzahl der Phasen, die unterschieden werden, ist in der Marketingliteratur nicht einheitlich. Sie reichen von vier bis zu sieben Phasen. Nachfolgend soll ein Fünf-Phasen-Modell beschrieben werden.

Einführungsphase
In der Einführungsphase werden nur geringe Umsätze erzielt, obwohl hohe Anfangsinvestitionen zu tragen sind. Gewinne und häufig auch Deckungsbeiträge sind negativ. Die Einführungsphase endet, wenn die **Gewinnschwelle** erreicht wird.

Die **Gewinnschwelle** wird dann erreicht, wenn die Umsätze gerade die Kosten decken. Bei der Gewinnschwelle wird also weder ein Gewinn noch ein Verlust erzielt.

Wachstumsphase
Mit dem Überschreiten der Gewinnschwelle kommt das Produkt in die Wachstumsphase. Die Umsätze und i. d. R. auch die Gewinne steigen stark, d. h. progressiv an, und es muss verstärkt mit dem Auftreten von Konkurrenten gerechnet werden. Die Wachstumsphase endet, wenn die Umsatzzuwächse wieder zurückgehen.

Reifephase
Die Umsätze nehmen zwar noch weiter zu, das Umsatzwachstum wird aber immer geringer. Wegen der hohen Umsätze und der vergleichsweise geringen Kosten werden in dieser Phase hohe Gewinne erzielt.

Stagnations-/Sättigungsphase
Der Umsatz verharrt zunächst noch auf hohem Niveau, fällt aber schließlich. Das gilt auch für die Entwicklung des Gewinns.

Rückgangsphase
Umsätze und Gewinne sind in dieser Phase deutlich rückläufig. Im weiteren Verlauf kann es sogar zu Verlusten kommen.

Produktlebenszyklus

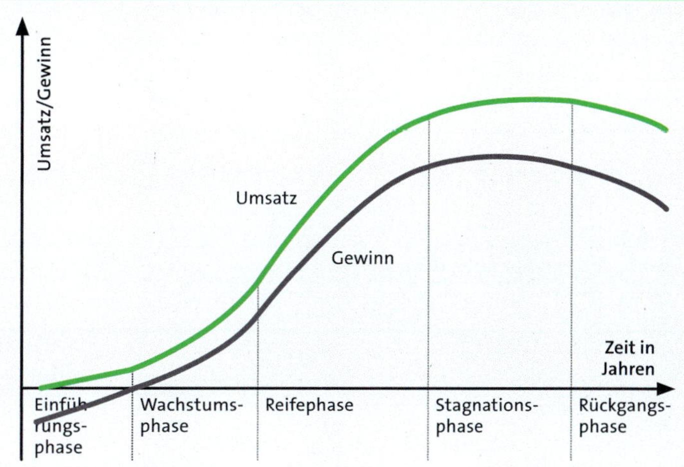

4.2 Portfolioanalyse

Bei einem Groß- und Außenhandelsunternehmen versteht man unter einem Portfolio die Zusammensetzung des Sortiments. Dabei sind Aspekte wie Rendite, Wachstum und Risiko zu beachten. Die berücksichtigten Produktbereiche werden als **Strategische Geschäftseinheiten** bezeichnet. Im Rahmen einer Portfolioanalyse werden die Strategischen Geschäftseinheiten in ein sogenanntes Portfoliodiagramm eingetragen. Hierbei werden grundsätzlich zwei Aspekte berücksichtigt: **die Marktattraktivität** und **die relative Wettbewerbsposition** im Vergleich zum Hauptkonkurrenten.

Bei der einfachen Variante einer Portfolioanalyse, die von der Unternehmensberatung „Boston-Consulting-Group“ entwickelt wurde, wird die Marktattraktivität durch das **Marktwachstum** (MW) in Prozent und die relative Wettbewerbsposition durch den **relativen Marktanteil** (RMA) ausgedrückt. Dabei ergibt sich der relative Marktanteil als Quotient aus dem eigenen Marktanteil und dem Marktanteil des jeweiligen Hauptkonkurrenten. Bei dem zugehörigen Portfoliodiagramm werden vier Felder berücksichtigt. Es wird daher auch häufig als Vierfeldportfolio bezeichnet.

Unter dem **Marktwachstum** versteht man die erwartete prozentuale Veränderung des Marktvolumens. In der Regel bezieht man sich hier auf das wertmäßige MV. Bei der Erwartung berücksichtigt man hauptsächlich die Entwicklung in der Vergangenheit.

$$RMA = \frac{\text{eigener MA}}{\text{MA Hauptkonkurrent}}$$

Bedeutung des Marktwachstums für die Marktattraktivität

Ein hohes Marktwachstum verheißt bei einem konstanten Marktanteil ein entsprechend wachsendes Absatz- bzw. Umsatzvolumen. Es ist also deutlich attraktiver, auf einem wachsenden Markt einen bestimmten Marktanteil zu realisieren als auf einem stagnierenden oder schrumpfenden Markt.

Bedeutung des relativen Marktanteils

Ein hoher Marktanteil (MA) bedeutet, dass ein entsprechend hoher Anteil des Marktvolumens auf das betreffende Unternehmen entfällt. Das Unternehmen profitiert damit von einem Marktwachstum deutlich stärker als ein Unternehmen mit einem geringeren Marktanteil. Ein hoher Marktanteil im Vergleich zu den Mitkonkurrenten bedeutet ferner für ein Handelsunternehmen ein entsprechend hohes Einkaufsvolumen. Damit verbunden sind durch den **Skaleneffekt** geringere Beschaffungskosten pro Stück. Aufgrund dieses Effektes sinken die Stückkosten bei einer Vergrößerung des Umsatz- und des damit verbundenen Absatzvolumens. Dadurch steigt der Gewinn überproportional. Ein Unternehmen mit einem hohen Marktanteil hat daher in der Regel geringere Stückkosten und einen höheren Gewinn als ein Unternehmen mit einem niedrigeren Marktanteil.

Der **Skaleneffekt** besagt, dass die Beschaffungskosten pro Stück mit zunehmender Beschaffungsmenge sinken. Ein Grund dafür ist die Ausnutzung von Mengenrabatten, aber auch die Logistikkosten pro Stück sinken mit zunehmender Beschaffungsmenge.

Portfoliodiagramm

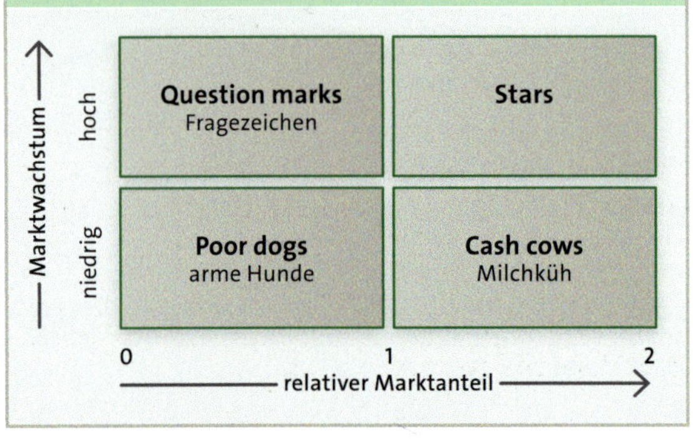

Ein relativer Marktanteil, der größer als 1 ist, bedeutet, dass das betreffende Unternehmen einen größeren Marktanteil als der Hauptkonkurrent besitzt. Durch das mit dem höheren Marktanteil einhergehende höhere Absatzvolumen und den damit verbundenen Kosten- und Gewinneffekten ist auch eine bessere Wettbewerbssituation verbunden. Die bessere Wettbewerbsposition ergibt sich daraus, dass das Unternehmen mehr Mittel für die Kundenakquise und Kundenbindung zur Verfügung hat als der Hauptkonkurrent. Neben einer Verstärkung der Kommunikationsmaßnahmen kann es seinen Kunden günstigere Preise, bessere Konditionen und bessere Serviceleistungen bieten.

Die horizontale Achse in dem Portfoliodiagramm muss bei 1 geteilt werden. Ist der RMA größer als 1, ist der eigene MA größer als der des Hauptkonkurrenten. Ein Wert unter 1 bedeutet, dass der eigene MA kleiner als der des Hauptkonkurrenten ist. Bei welcher Wachstumsrate die vertikale Achse getrennt werden soll, muss das Unternehmen, das eine Portfolioanalyse erstellt, selbst entscheiden. In der Marketingliteratur wird häufig empfohlen, die Achse bei 0 % zu teilen, also zwischen Wachstum und Rückgang zu differenzieren. Das ist aber nicht verbindlich.

Normstrategien
Den einzelnen Feldern des Portfoliodiagramms lassen sich bestimmte Normstrategien zuordnen:

- **Investitions-/Wachstumsstrategie:** Hoher Mittelaufwand (Akquisition, Kommunikation), um den Geschäftsbereich weiter zu stärken und auszubauen.
- **Abschöpfungsstrategie:** Der Mittelaufwand sollte sich darauf beschränken, die Marktstellung möglichst zu halten. Kostensenkungspotenziale sind zu nutzen. Ein möglichst hoher Mittelrückfluss ist anzustreben. Mittel- bis langfristig wird u. U. eine Aufgabe des Geschäftsbereiches angestrebt oder in Kauf genommen.
- **Desinvestitionsstrategie:** Verringerung des Mittelaufwandes, die Strategie zielt auf eine Elimination des Geschäftsbereiches aus dem Sortiment ab.

Fragezeichen (Question marks)
Bei strategischen Geschäftseinheiten, die sich in diesem Feld befinden, liegt ein hohes Marktwachstum vor, die Geschäftseinheiten befinden sich allerdings in einer ungünstigen Wettbewerbsposition. Die Unternehmensleitung sollte sich also entscheiden, ob sie in diese Geschäftseinheiten weiter investieren will, um die Wettbewerbsposition zu verbessern **(Investitionsstrategie)**, oder ob sie diese Geschäftsbereiche aufgeben sollte **(Desinvestitionsstrategie)**.

Stars
Hier liegt ein hohes Marktwachstum vor und die strategischen Geschäftseinheiten befinden sich in einer günstigen Wettbewerbsposition. Wegen des hohen Marktwachstums sollten die Positionen der Geschäftseinheiten mindestens gehalten oder sogar noch weiter ausgebaut werden. Es empfiehlt sich also eine **Investitions-/Wachstumsstrategie**.

Milchkühe (Cash cows)
Das Marktwachstum ist hier zwar gering, die Produkte in diesem Feld erwirtschaften aber in der Regel ein hohes absolutes Umsatzvolumen. Außerdem befinden sie sich in einer günstigen Wettbewerbsposition. Es sollte daher eine **Abschöpfungsstrategie** verfolgt werden.

Arme Hunde (Poor dogs)
Wegen des geringen Marktwachstums und der ungünstigen Wettbewerbsposition sollte für Produkte in diesem Feld eine **Desinvestitionsstrategie** erwogen werden.

Zusammensetzung des Produktportfolios
Das Portfolio sollte sowohl Produkte enthalten, die heute Gewinn abwerfen (Milchkühe, Stars), als auch Produkte, in die man heute investiert, damit sie in Zukunft Gewinn abwerfen (Fragezeichen).

Alles klar?

1 In der Reifephase des Produktlebenszyklus
- **a)** gehen die Umsätze wieder zurück.
- **b)** wird der Umsatzzuwachs größer.
- **c)** werden hohe Umsätze und Gewinne erzielt.
- **d)** steigt der Gewinn immer stärker als die Umsätze.
- **e)** muss mit hohen Kosten gerechnet werden.

2 In der Stagnationsphase des Produktlebenszyklus
- **a)** sind Umsatz und Gewinn niedrig.
- **b)** stagnieren Umsatz und Gewinn weitgehend.
- **c)** bleibt der Umsatz konstant, der Gewinn geht aber stark zurück.
- **d)** geht der Umsatz zurück, der Gewinn steigt weiter stark an.
- **e)** gehen Umsatz und Gewinn deutlich zurück.

3 Die Einführungsphase endet,
- **a)** wenn der Umsatz konstant bleibt.
- **b)** wenn die Verluste geringer werden.
- **c)** wenn die Kosten gerade durch die Umsätze gedeckt werden.
- **d)** wenn Umsatz und Gewinn gleich hoch sind.
- **e)** wenn die Kosten höher sind als der Umsatz.

4 Bei der Portfolioanalyse
- **a)** werden die strategischen Geschäftseinheiten eines Unternehmens bezüglich der Marktattraktivität und der relativen Wettbewerbsposition bewertet.
- **b)** wird die Marktattraktivität durch das Marktwachstum und die relative Wettbewerbsposition durch den absoluten Marktanteil berücksichtigt.
- **c)** bedeutet ein höherer Marktanteil als der des Hauptkonkurrenten auch höhere Beschaffungskosten pro Stück.
- **d)** bedeutet ein hohes Marktwachstum, dass die Umsätze bei einem konstanten Marktanteil stagnieren.
- **e)** bedeutet ein hohes Marktwachstum, dass der eigene Marktanteil steigt.

5 Das Unternehmen U berücksichtigt bei einer Portfolioanalyse die vier strategischen Geschäftseinheiten W, X, Y, Z. Das Unternehmen ermittelt folgende Werte für das jeweilige Marktwachstum und die Marktanteile.

Strategische Geschäftseinheit	Marktwachstum	Marktanteil von U*	Marktanteil Hauptkonkurrent
W	1 %	10 %	4 %
X	8 %	16 %	8 %
Y	−4 %	2 %	6 %
Z	20 %	4 %	5 %

* U teilt die vertikale Achse bei 4 %.

- **a)** Geben Sie für jede der vier strategischen Geschäftseinheiten an, in welchem Feld eines Vierfeldportfolios sich die strategische Geschäftseinheit befindet.
- **b)** Empfehlen Sie für jede strategische Geschäftseinheit eine Normstrategie und begründen Sie Ihre Empfehlung kurz.

6 Bei einer Portfolioanalyse gilt für strategische Geschäftseinheiten
- **a)** im Feld „Fragezeichen“ ein hohes Marktwachstum und eine günstige relative Wettbewerbsposition.
- **b)** im Feld „Stars“ eine hohe Marktattraktivität und eine günstige relative Wettbewerbsposition.
- **c)** im Feld „Milchkühe“ ein hohes Marktwachstum und eine günstige relative Wettbewerbsposition.
- **d)** im Feld „Arme Hunde“ eine geringe Marktattraktivität und ein relativer Marktanteil, der über 1 liegt.
- **e)** immer, dass das Unternehmen selbst entscheidet, bei welchem Wert es die horizontale Achse teilt.

7 Erläutern Sie, warum das Marktwachstum als Indikator für die Marktattraktivität geeignet ist.

5 Produktpolitik

Bei einem Handelsunternehmen bezieht sich die Produktpolitik hauptsächlich auf Entscheidungen, die das Sortiment des Unternehmens betreffen. Daneben spielt unter anderem aber auch die Servicepolitik eine Rolle.

AB ► LS 65

5.1 Sortimentspolitik

Ein **Sortiment** umfasst die Gesamtheit aller Objekte (Sachgüter, Dienstleistungen, Rechte), die ein Handelsunternehmen während eines bestimmten Zeitraums anbietet. Hierbei unterscheidet man häufig zwischen dem **Lagersortiment** und dem **Bestellsortiment**. Das Lagersortiment umfasst die Waren, die üblicherweise im Lager vorhanden und damit unmittelbar verfügbar sind. Zu dem **Bestellsortiment** gehören Waren, die normalerweise nicht im Lager vorrätig sind, aber kurzfristig bestellt werden können.

5.1.1 Sortimentsgliederung

Das Sortiment eines Handelsunternehmens wird üblicherweise in Kategorien gegliedert, wobei die Gliederung von einer sehr breit angelegten Kategorie mit einer Vielzahl von Objekten ausgeht. Die Kategorien werden dann immer weiter eingeengt und konkretisiert. Man spricht daher in diesem Zusammenhang von einer Sortimentspyramide. Leider sind die Bezeichnungen für die Kategorien in der Handelsmarketingliteratur nicht einheitlich. Die hier verwendeten Bezeichnungen gehen auf **Rudolf Seyffert** zurück.

Rudolf Seyffert * 1893 in Leipzig, † 1971 in Köln, Wirtschaftswissenschaftler und Professor an der Universität zu Köln, hat sich unter anderem mit Handelsforschung beschäftigt.

Sortimente lassen sich weiter nach **Sortimentsbreite** und **Sortimentstiefe** unterscheiden.

Ein Handelsunternehmen verfügt über ein breites Sortiment, wenn es viele Waren- und Artikelgruppen in seinem Sortiment hat. Bei einer geringen Anzahl von Waren- und Artikelgruppen spricht man von einem schmalen Sortiment. Sortimentsgroßhändler verfügen z. B. in der Regel über ein breites Sortiment.

Führt ein Handelsunternehmen in den jeweiligen Waren- bzw. Artikelgruppen eine große Anzahl an Artikeln und Sorten, spricht man von einem tiefen Sortiment. Werden pro Waren-/ Artikelgruppe nur wenige Artikel/Sorten angeboten, ist das Sortiment flach. Spezial- oder Fachgroßhändler verfügen über ein schmales aber tiefes Sortiment.

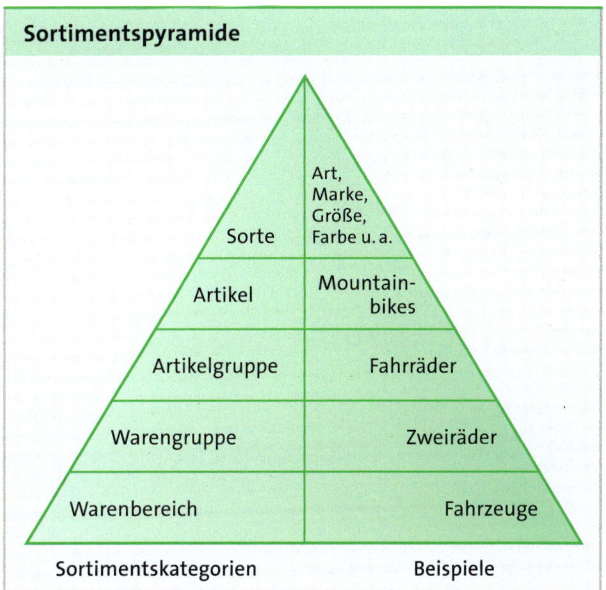

Quelle: in Anlehnung an Ahlert, Kenning, Brock; Handelsmarketing 2018, Seite 219

5.1.2 Sortimentspolitische Handlungsalternativen

Grundsätzlich hat ein Handelsunternehmen im Rahmen seiner Sortimentspolitik die Möglichkeit das bestehende Sortiment beizubehalten oder zu verändern. Bei einer Veränderung kann zwischen einer Ausweitung, einer Reduzierung oder einer Umstrukturierung gewählt werden. Eine detaillierte Übersicht über die verschiedenen Handlungsalternativen gibt die nachfolgende Abbildung:

Sortimentsdiversifikation: Hereinnahme neuer andersartiger Produkte in das Sortiment (Sortimentsverbreiterung)

Sortimentsdifferenzierung: Hereinnahme veränderter zusätzlicher Produktausprägungen vorhandener Produkte in das Sortiment (Sortimentsvertiefung)

Sortimentsvariation: Austausch von Sortimentsteilen gegen neuere oder verbesserte Produkte

Übersicht sortimentspolitische Handlungsalternativen

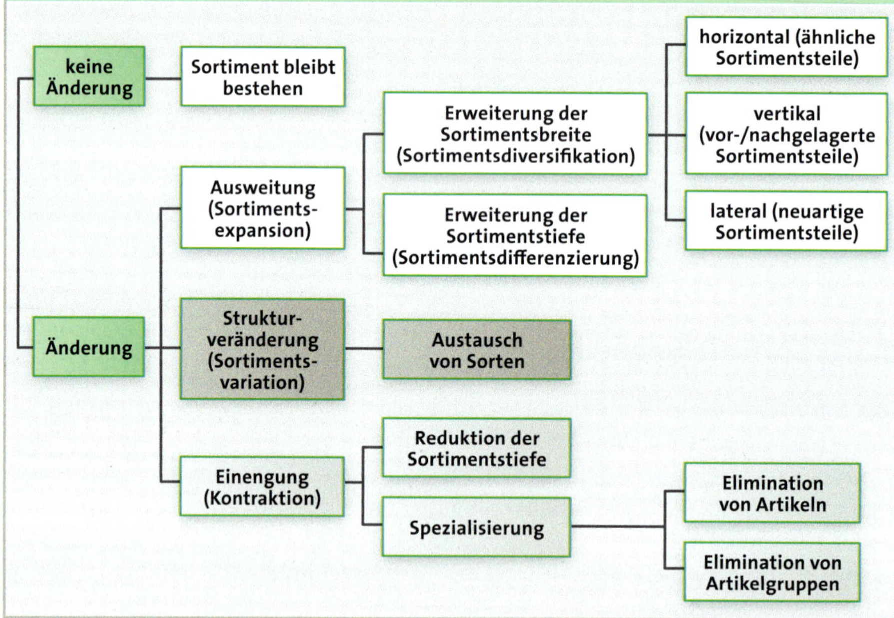

Quelle: in Anlehnung an Müller-Hagedorn, Handelsmarketing 2002, Seite 160

Beispiele

Angenommen die Fahrradwelt GmbH bietet zurzeit die Artikelgruppen „Fahrräder" und „Fahrradkleidung" an. Die Artikelgruppe „Fahrräder" umfasst in der Fahrradwelt GmbH die Artikel: Trekkingräder, City-/Urbanräder, MTB, ATB, Rennräder, Holland-/Tourenräder, Lastenräder, Kinderräder. Außer bei den Kinderrädern enthält das Angebot jeweils Fahrräder mit und ohne Elektrounterstützung. Daraus ergeben sich folgende Handlungsalternativen:

- **Erweiterung der Sortimentsbreite mit ähnlichen Sortimentsteilen (horizontale Diversifikation):** z. B. zusätzliches Angebot von Rollern, Dreirädern, schnellen E-Bikes
- **Erweiterung der Sortimentsbreite mit vor-/nachgelagerten Sortimentsteilen (vertikale Diversifikation): vorgelagert** (z. B. zusätzliches Angebot von Fahrradteilen wie Rahmen, Sattel, Felgen, Gangschaltungen), **nachgelagert** (z. B. Reparaturservice)
- **Erweiterung der Sortimentsbreite mit neuartigen Sortimentsteilen (laterale Diversifikation):** zusätzliches Angebot von Sportgetränken und Sportsnacks, Fahrradkarten, Navigationsgeräten für Fahrräder, Service zur individuellen Ausarbeitung von Fahrradtouren
- **Erweiterung der Sortimentstiefe (Sortimentsdifferenzierung):** Aufnahme zusätzlicher Marken oder Varianten von Mountainbikes in das Sortiment (z. B. Cross-Country-Bike, Downhill-Mountainbike, Freeride-Mountainbike, Fat-Bike)
- **Sortimentsvariation:** Einführung neuer Trekkingradmarken in das Sortiment, dafür Herausnahme anderer Marken. (Anzahl der Marken bleibt nach Abschluss der Umstrukturierung gleich.)
- **Reduktion der Sortimentstiefe:** Trekkingradmarken werden ohne Ersatz aus dem Sortiment entfernt.
- **Elimination von Artikeln:** Die Fahrradwelt GmbH bietet keine Renn- und Kinderräder mehr an.
- **Elimination von Artikelgruppen:** Die Fahrradwelt GmbH nimmt die Artikelgruppe „Fahrradkleidung" aus dem Sortiment.

5.1.3 Sortimentskontrolle

Im Rahmen der Sortimentskontrolle wird regelmäßig überprüft, ob und inwieweit Umfang und Zusammensetzung des Sortiments definierten Optimalitätskriterien entsprechen. Fragestellungen in diesem Zusammenhang sind:

- Entspricht das Sortiment den Ansprüchen unserer aktuellen/potenziellen Kunden?
- Gibt es **Verbundeffekte** zwischen einzelnen Sortimentsteilen?
- Welche Sortimentsteile verkaufen sich gut, welche schlecht?
- Welchen Anteil haben einzelne Sortimentsteile an dem Unternehmensgewinn?
- Welche Sortimentsteile sind Verlustbringer?

Man spricht von **Verbundeffekten**, wenn Waren häufig zusammen gekauft werden.

Verfahren der Sortimentskontrolle	
Bestell- und Anfragenanalyse	Die Fragen nach Verbundwirkungen zwischen einzelnen Sortimentsteilen und ob das Sortiment den Ansprüchen bestehender und potenzieller Kunden entspricht, lassen sich durch eine Bestell- und Anfragenanalyse beantworten. Stellt man fest, dass bestimmte Artikel überproportional oft zusammen bestellt werden, ist es wahrscheinlich, dass zwischen diesen Artikeln eine Verbundwirkung besteht. Das hätte dann Auswirkungen auf die Angebotspolitik. Außerdem müssen Verbundwirkungen bei geplanten Eliminationen von Artikeln aus dem Sortiment berücksichtigt werden. Gibt es häufig Anfragen zu Artikeln, die sich weder im Lager- noch im Bestellsortiment befinden, wäre eine Übernahme dieser Artikel in das Sortiment zu überlegen.
Kennziffern zur Sortimentskontrolle	Fragen zu Verkäufen sowie Gewinn- und Verlustanteilen der jeweiligen Sortimentsteile lassen sich mit Hilfe entsprechender Kennziffern beantworten. Üblich sind hierbei: • Absatz-/ Umsatzanalysen, • Rohgewinn, • Umschlagshäufigkeit, • Deckungsbeitragsanalyse, • Bruttorentabilität.

Absatz- und Umsatzzahlen

Ein Vergleich des Absatzes und des Umsatzes der verschiedenen Artikel zeigt, welche Artikel die Hauptabsatz- und Umsatzträger sind und welche Artikel nur wenig zum Gesamtabsatz bzw. -umsatz des Unternehmens beitragen. Sinnvoll ist hierbei auch eine Berechnung der prozentualen A nteile. Neben den aktuellen Absatz- und Umsatzzahlen sollte auch die Entwicklung berücksichtigt werden.

Rohgewinn

Unter dem Rohgewinn versteht man die Differenz zwischen den Nettoumsatzerlösen (Umsatz ohne USt.) und dem Wareneinsatz (Umsatz zu Einstandskosten). Er kann relativ, d.h. prozentual zum Umsatz oder zum Wareneinsatz angegeben werden. Als Ergebnis erhält man dann die **Handelsspanne** bzw. den **Kalkulationszuschlagsatz**.

Handelsspanne: Wie viel Prozent muss man vom Nettoumsatz herunterrechnen (abschlagen) um auf den Wareneinsatz zu kommen?

Kalkulationszuschlagsatz: Wie viel Prozent muss man auf den Wareneinsatz aufschlagen, um auf den Nettoumsatz zu kommen?

Rohgewinn = Umsatz (netto) – Wareneinsatz

$$\textbf{Handelsspanne} = \frac{\text{Rohgewinn}}{\text{Umsatz (netto)}}$$

$$\textbf{Kalkulationszuschlagsatz} = \frac{\text{Rohgewinn}}{\text{Wareneinsatz}}$$

Beispiel

Die Fahrradwelt GmbH hat im vergangenen Jahr mit dem Trekkingrad GATK410 2.850.000,00 € netto umgesetzt. Die Einstandskosten (Wareneinsatz) der verkauften Trekkingräder betrugen 1.852.500,00 €.

Rohgewinn = 2.850.000,00 € – 1.852.500,00 € = 997.500,00 €

$$\text{Handelsspanne} = \frac{997.500{,}00\,€}{2.850.000{,}00\,€} = 0{,}35 = 35\,\%$$

$$\text{Kalkulationszuschlagsatz} = \frac{997.500{,}00\,€}{1.852.500{,}00\,€} = 0{,}5385 = 53{,}85\,\%$$

Die Berücksichtigung des Rohgewinns bei der Sortimentsanalyse hat im Vergleich zur Umsatzanalyse den Vorteil, dass bei dem Rohgewinn nicht nur die erzielten Erlöse, sondern auch die Einstandskosten berücksichtigt werden.

Der wertmäßige **durchschnittliche Lagerbestand** gibt an, wie hoch der Wert der während eines Jahres durchschnittlich im Lager befindlichen Waren ist. Der Wert wird dabei auf der Grundlage der Einstands- bzw. Bezugspreise ermittelt.

Einstands-/Bezugspreise
▶ LF 3, Kap. 5 und 7

Berechnung des ∅ Warenbestandes auf Monatsbasis:

$$\frac{\textit{Anfangsb.} + \textit{12 Monatsendb.}}{13}$$

Umschlagshäufigkeit

Die Umschlagshäufigkeit bzw. Lagerumschlagsgeschwindigkeit ist eine Kennziffer, die angibt, wie oft der **durchschnittliche Lagerbestand** eines Artikels, einer Artikelgruppe oder des gesamten Sortiments innerhalb eines Jahres umgesetzt wird.

$$\text{wertmäßige Umschlaghäufigkeit} = \frac{\text{Umsatz zu Einstandspreisen (Wareneinsatz)}}{\varnothing\ \text{Warenbestand}}$$

Je höher die Lagerumschlagsgeschwindigkeit ist, desto geringer ist der Anteil des im Lager gebundenen Kapitals. Eine hohe Lagerumschlagshäufigkeit bewirkt also eine höhere Liquidität und spart Kapitalbindungskosten.

Deckungsbeitrag

Der Deckungsbeitrag ist eine Kennziffer aus der Kostenrechnung. Man unterscheidet hierbei zwischen variablen und fixen Kosten.

Variable Kosten variieren mit der Absatzmenge, während fixe Kosten davon unabhängig sind. Fixe Kosten sind z. B. Löhne, Raumkosten, feste Kosten für den Fuhrpark wie Versicherungskosten und die Kfz-Steuer. Bei einem Handelsunternehmen sind die hauptsächlichen variablen Kosten die Einstandskosten beim Kauf der Handelsware. Zieht man von dem erzielten Umsatz die variablen Kosten ab, so erhält man den Deckungsbeitrag.

Deckungsbeiträge lassen sich pro Verkaufseinheit bzw. pro Stück und für die gesamte Absatzmenge während eines bestimmten Zeitraums bestimmen.

Deckungsbeitrag für einen Zeitraum	Summe der Umsatzerlöse während des Zeitraums – Summe der variablen Kosten während des Zeitraums = **gesamter Deckungsbeitrag für den Zeitraum**
Deckungsbeitrag pro Einheit (Stück)	Verkaufspreis pro Einheit – variable Kosten pro Einheit = **Deckungsbeitrag pro Einheit**

Ein Verkaufspreis, der über den variablen Kosten pro Stück liegt, erbringt einen Beitrag zur Deckung der fixen Kosten. Artikel bzw. Sorten sind grundsätzlich umso attraktiver, je höher der Deckungsbeitrag ist, den sie erzielen, da ein hoher Deckungsbeitrag die Grundlage für einen hohen Gewinn ist. Im Zusammenhang mit einer Sortimentsanalyse ist es z. B. interessant zu wissen, wie hoch der Anteil der einzelnen Artikel an dem gesamten Deckungsbeitrag des Sortiments während eines bestimmten Zeitraums ist.

Renner-Penner-Listen
Renner-Penner-Listen sind Rangreihen, in denen die Artikel des Sortiments nach Verkaufserfolg gegliedert werden. Übliche Kennziffern hierfür sind der Umsatz oder die Lagerdauer, die in der Regel durch die Umschlagshäufigkeit ausgedrückt wird.

Portfoliodiagramme
Häufig werden die Artikel in einem Diagramm dargestellt, wobei auf einer Achse eine Kennziffer für den Verkaufserfolg und auf der anderen Achse eine Ertragskennziffer abgetragen wird.

Als Kennziffer für den Verkaufserfolg verwendet man z. B. die Umschlagshäufigkeit, als Ertragskennziffer den Rohgewinn pro Stück oder den Deckungsbeitrag pro Stück. Je nachdem, welche Position ein Artikel in dem Diagramm einnimmt, lassen sich daraus entsprechende Empfehlungen ableiten.

Portfoliodiagramm

Ø Deckungsbeitrag pro Stück (↑)

Schläfer	Gewinner
• geringer Lagerumschlag, überdurchschnittlicher Deckungsbeitrag pro Stück • Prüfung, ob Ausbau zu Gewinnern durch Maßnahmen zur Absatzsteigerung möglich ist, z. B. durch Werbung, Verkaufsförderung, Sonderaktionen, Preissenkungen	• hoher Lagerumschlag und hoher Deckungsbeitrag pro Stück • Artikel durch geeignete Maßnahmen weiter stützen und fördern, z. B. durch Werbung, Verkaufsförderung
Verlierer	**Unterforderte**
• Lagerumschlag und Deckungsbeitrag pro Stück sind unterdurchschnittlich • Prüfung, ob eine Auslistung sinnvoll ist	• hoher Lagerumschlag, unterdurchschnittlicher Deckungsbeitrag pro Stück • Prüfung, ob DB durch Nutzung von Kostensenkungspotenzialen erhöht werden kann, z. B. günstiger einkaufen oder Preiserhöhung prüfen

Ø Umschlagshäufigkeit (→)

AB ▶ LS 66

5.2 Servicepolitik

Groß- und Außenhandelsunternehmen stellen in der Regel keine Produkte her. Sie kaufen Produkte und verkaufen diese weiter. Sie betreiben daher normalerweise auch keine Produktentwicklung. Anders als Herstellerunternehmen haben Handelsunternehmen daher nur eingeschränkte Möglichkeiten, sich durch die Qualität und Leistung der angebotenen Produkte von den Wettbewerbern abzugrenzen. Daher besteht bei Groß- und Außenhandelsunternehmen die Gefahr einer Verlagerung des Wettbewerbs auf die Preiskonkurrenz, was wiederum zulasten des Gewinns geht. Eine gute Möglichkeit, sich von Wettbewerbern abzugrenzen, bieten die Serviceleistungen.

Bezogen auf Handelsunternehmen versteht man unter **Serviceleistungen** Dienstleistungen, die mit dem Handelsgut verknüpft sind und vor, während oder nach dem Kauf erbracht werden.

Beispiele für Serviceleistungen

- vor dem Kauf: Finanzierungsangebote, Beratung, Hilfe bei speziellen Problemstellungen, Unterbreitung von Produktvorschlägen
- während der Kaufphase: Lieferung, Montage, Einweisung
- nach dem Kauf: Wartung, Reparatur, Garantie

Ziele der Servicepolitik

Typische Ziele im Zusammenhang mit der Servicepolitik sind:

- Schaffung von Präferenzen bei den Kunden
- Erhöhung der Kundenzufriedenheit
- Profilierung gegenüber der Konkurrenz

Gelegentlich versteht man unter Serviceleistungen nicht nur solche Dienstleistungen, die einen Bezug zum Handelsobjekt haben, sondern auch eigenständige Dienstleistungen. Die Serviceleistungen lassen sich in verschiedene Formen gliedern. Die nachfolgende Abb. gibt eine Übersicht.

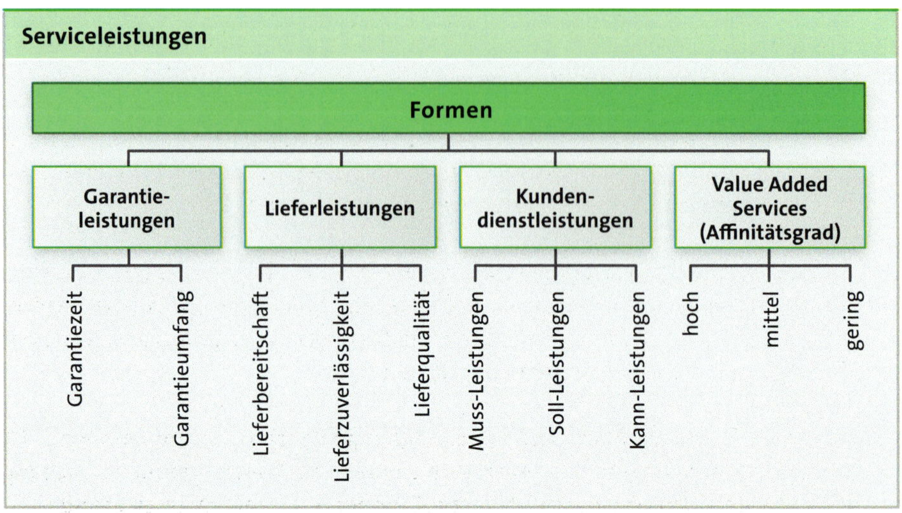

5.2.1 Garantieleistungen

Unter einer Garantieleistung versteht man die freiwillige Verpflichtung des Verkäufers während einer festgelegten Zeit bei einem Defekt bzw. einer Funktionsstörung des Garantieobjektes für kostenlosen Ersatz oder Reparatur zu sorgen. Gegebenenfalls werden auch damit verbundene Zusatzkosten übernommen.

Garantieleistungen kann man nach der Garantiezeit und dem Garantieumfang unterscheiden:

- Unter der **Garantiezeit** versteht man, wie lange nach dem Kauf des Garantieobjektes die Garantieleistungen gewährt werden.
- Im **Garantieumfang** ist festgelegt, unter welchen Bedingungen die Garantie in Anspruch genommen werden kann, welche Schäden unter die Garantie fallen und welche Leistungen im Rahmen der Garantie erbracht werden.

Eine Garantie darf nicht mit der Gewährleistungspflicht des Verkäufers verwechselt werden. Während eine Garantie eine freiwillige Leistung des Verkäufers ist, besteht zur Gewährleistung eine gesetzliche Pflicht.

Garantie
▶ LF 5, Kap. 1.1.5
Gewährleistungspflicht
▶ LF 5, Kap. 1.1.2

Eine Garantie des Verkäufers, dass dieser während der Garantiezeit für Schäden aufkommt, ist daher für den Käufer hilfreich und bietet ihm eine größere Sicherheit. Garantieleistungen bieten Händlern damit die Möglichkeit, sich von den Wettbewerbern abzugrenzen und möglichen Kaufhemmnissen bei potenziellen Kunden entgegenzuwirken.

5.2.2 Lieferleistungspolitik

Bei der Lieferleistungspolitik geht es um die Zustellung gekaufter Waren an den Käufer. Im Rahmen der Lieferleistungspolitik kann man zwischen:

- der Lieferbereitschaft,
- der Lieferzuverlässigkeit und
- der Lieferqualität

unterscheiden.

Bei der **Lieferbereitschaft** geht es darum, wie schnell ein Händler eine Lieferanfrage erfüllen kann. Das hängt unter anderem von seinem Lagersortiment, seinem Bestellsortiment und der Lieferbereitschaft seiner Zulieferer ab. Eine gute Lieferbereitschaft kann durchaus ein Wettbewerbsvorteil sein und zu einer engen Kundenbindung führen. Es müssen hierbei aber auch die Kosten berücksichtigt werden, die ggf. mit einer umfangreichen Lagerhaltung verbunden sind.

Mit **Lieferzuverlässigkeit** ist gemeint, inwieweit ein Händler zugesagte Liefertermine einhält. Eine gute Lieferzuverlässigkeit ist eigentlich keine optionale Servicevariante, sondern eine Selbstverständlichkeit. Mängel bei der Lieferzuverlässigkeit würden also zu Wettbewerbsnachteilen führen.

Auch eine hohe **Lieferqualität** sollte ein Händler gewährleisten können. Damit ist gemeint, dass Transportschäden vermieden werden und Transport und Verpackung sach- und fachgerecht und dem zu transportierenden Gut angemessen erfolgen.

5.2.3 Kundendienstleistungen

Formen von Kundendienstleistungen			
Art / Zeitpunkt	vor der Nutzung	während der Nutzung	nach der Nutzung
technische Leistungen	• technische Beratung • Erarbeitung von Projektlösungen • Demontage alter Anlagen	• technische Einweisung • Installation • Reparaturen • Wartung	• Umbauarbeiten • Erweiterungen • Abbau • Entsorgung
kaufmännische Leistungen	• kaufmännische Beratung • Wirtschaftlichkeitsanalyse • Bestelldienst • Testlieferung • Kostenvoranschlag	• schriftliche Anleitung • Schulung • Ersatzteillieferung • Beschwerdemanagement (Telefon/Online)	• Info über Neuentwicklungen • Info über Entsorgungsmöglichkeiten • Rabatte bei Updates

Quelle: Manfred Bruhn, „Marketing", 14. Auflage 2019, Seite 156

Kundendienstleistungen sind eine Ergänzung zu einer Hauptleistung eines Unternehmens. Üblicherweise wird zwischen technischen und kaufmännischen Kundendienstleistungen unterschieden.

Technische Kundendienstleistungen dienen hauptsächlich dazu, die Nutzung des erworbenen Gutes zu ermöglichen, zu erleichtern, zu verbessern oder dauerhaft zu gewährleisten. Die nebenstehende Übersicht unterscheidet die Kundendienstleistungen danach, ob sie vor, während oder nach der Nutzung eines Gutes erfolgen.

Kundendienstleistungen haben vor allem bei technischen Gütern oder bei Gütern, deren Handhabung kompliziert ist, eine hohe Bedeutung. Sie können zu einer Profilierung im Wettbewerbsumfeld beitragen, wenn die Leistungen von den Kunden positiv bewertet werden. Dazu gehören eine gute Erreichbarkeit der Servicestellen, kurze Bearbeitungszeiten und eine hohe Bearbeitungsqualität.

Bei Kundendienstleistungen wird oft nach Muss-, Soll- und Kann-Leistungen unterschieden. **Muss-Leistungen** sind solche, die für die Inbetriebnahme und Nutzung der gelieferten Produkte notwendig und wichtig sind. Dazu gehören Betriebsanleitungen, Installation, Montage, ggf. Einweisung. **Soll-Leistungen** betreffen Kundendienstangebote, die von den Kunden erwartet und von der Mehrzahl der Konkurrenzunternehmen auch angeboten werden. Soll-Leistungen sind folglich eher ungeeignet, um sich durch guten Service von den Mitwettbewerbern abzugrenzen. Aber auch hier gilt, dass man sich durch einen schnellen, kompetenten und qualitativ guten Service positiv abheben kann. Kann-Leistungen werden von Kunden nicht direkt erwartet, bieten diesen aber einen zusätzlichen Nutzen. Daher sind sie gut für eine Differenzierung durch Serviceleistungen geeignet.

Träger der Kundendienstpolitik

Hierzu zählen Entscheidungen, ob der Kundendienst von dem Anbieter selbst übernommen werden soll oder ob damit andere Unternehmen beauftragt werden sollen. Grundsätzlich kommen als Kundendienstträger infrage:

- Hersteller
- Servicepools (Zusammenschluss mehrerer Anbieter)
- Handelsbetriebe (Groß-/Einzelhändler, Vertragshändler)
- Handwerksbetriebe

Gliedert man die Erbringung von Kundendienstleistungen an andere Unternehmen aus, schränkt man damit natürlich die Möglichkeit ein, sich über diese Leistungen gegenüber den Kunden zu profilieren. Außerdem besteht die Gefahr, dass eine schlechte Leistungsqualität der Leistungserbringer auf das eigene Unternehmen zurückfällt.

5.2.4 Value Added Services

Unter Value Added Services versteht man Sekundärleistungen, die zusammen mit einer Primärleistung erbracht bzw. angeboten werden. Dabei hat das Leistungsbündel aus Primär- und Sekundärleistungen für die Kunden einen höheren Nutzen als die Primärleistung alleine. Bei einem Handelsunternehmen ist mit einer Primärleistung ein von einem Kunden erworbenes Produkt bzw. ein Produktangebot gemeint. Die Sekundärleistung besteht aus einem damit verbundenen Zusatzangebot. Auch bei den Value Added Services kann nach Muss-, Soll- und Kann-Leistungen unterschieden werden. Außerdem ist noch eine Unterscheidung nach dem Affinitätsgrad zwischen der Primär- und der Sekundärleistung möglich. Unter Affinitätsgrad ist dabei die Stärke des inhaltlichen Bezuges zwischen der Primär- und der Sekundärleistung gemeint. Der untenstehenden Abb. können Beispiele für mögliche Value Added Services für eine Autoniederlassung entnommen werden.

Value Added Services am Beispiel einer Autoniederlassung

	hohe Affinität	mittlere Affinität	geringe Affinität
Muss-Leistung	• Garantieleistungen • Technischer Kundendienst	Profilierungsfeld I	Profilierungsfeld II
Soll-Leistung	• TÜV-Untersuchung • Leasing • Direktannahme	• Mietwagenvermittlung	• Cafeteria Profilierungsfeld III
Kann-Leistung	• Haftpflichtversicherung	• Mobilitätsgarantie • Schutzbrief	• Kinderhort • Reisebüro

Quelle: K. Laakmann, Value Added Services als Profilierungselement im Wettbewerb, 1995, Seite 19

Vor allem das Profilierungsfeld III bietet gute Möglichkeiten, um sich von Wettbewerbern abzugrenzen. Das Angebot von Value Added Services sollte jedoch grundsätzlich mit einer Kosten-Nutzen-Analyse verbunden werden. Stellt man fest, dass die Kosten im Vergleich zum Nutzen unverhältnismäßig hoch sind, sollte auf die betreffenden Serviceangebote verzichtet werden.

Alles klar?

1 Ordnen Sie die folgenden Beispiele für Produktkategorien bzw. Produkte den zugehörigen Sortimentskategorien zu:
- **a)** Erdbeeren
- **b)** Lebensmittel
- **c)** Frischobst
- **d)** Freilanderdbeeren Klasse 1 aus Deutschland
- **e)** Obst

2 Das Großhandelsunternehmen Zwirn & Faden GmbH hat sich auf den Handel mit Herrenoberbekleidung spezialisiert. Zurzeit führt die Zwirn & Faden GmbH folgende Artikelgruppen: Anzüge, Oberhemden, Pullover, Hosen, Jacketts, Schlipse.

Geben Sie für die folgenden sortimentspolitischen Handlungsmöglichkeiten jeweils ein Beispiel.
- **a)** Austausch von Sorten
- **b)** Erweiterung der Sortimentstiefe
- **c)** Erweiterung der Sortimentsbreite
- **d)** horizontale Diversifikation
- **e)** vertikale Diversifikation
- **f)** laterale Diversifikation
- **g)** Elimination von Artikelgruppen

3 Das Groß- und Außenhandelsunternehmen Z hat für den Artikel A im Rahmen der Sortimentskontrolle folgende Werte für das vergangene Jahr ermittelt:
- Wareneinsatz: 250.000,00 €
- Absatzmenge: 10 000 Stück
- Wert des Ø Warenbestands: 50.000,00 €
- variable Kosten pro Stück: 25,50 €
- Verkaufspreis pro Stück: 45,00 €
- Umsatz: 450.000,00 €

Ermitteln Sie:
- **a)** den Rohgewinn.
- **b)** den Kalkulationszuschlagsatz.
- **c)** die Handelsspanne.
- **d)** die Umschlagshäufigkeit.
- **e)** den Deckungsbeitrag pro Stück.

4 Garantien sind
- **a)** das gleiche wie Gewährleistungspflichten.
- **b)** freiwillige Verpflichtungen des Garantiegebers, bei Defekten oder Funktionsstörungen des Garantieobjektes für kostenlose Reparatur oder Ersatz zu sorgen.
- **c)** nicht zur Abgrenzung von Mitbewerbern geeignet.
- **d)** hinsichtlich Dauer und Umfang immer gleich.
- **e)** gesetzlich vorgeschrieben.

5 Lieferleistungspolitik
- **a)** ist kein Bestandteil der Servicepolitik.
- **b)** kann von dem Lieferunternehmen nicht selbst gesteuert werden.
- **c)** bezieht sich ausschließlich auf die Lieferfähigkeit.
- **d)** berücksichtigt Lieferbereitschaft, Lieferzuverlässigkeit und Lieferqualität.
- **e)** spielt bei potenziellen Käufern nur eine untergeordnete Rolle.

6 Kundendienstleistungen
- **a)** gehören zu den eher unwichtigen Serviceleistungen.
- **b)** können nach verschiedenen Aspekten unterschieden werden, z. B. nach dem Zeitpunkt der Inanspruchnahme, ob es sich um technische oder kaufmännische Leistungen handelt, ob es sich um Muss-, Soll- oder Kann-Leistungen handelt.
- **c)** sind Muss-Leistungen, die nicht unbedingt angeboten werden müssen.
- **d)** werden von den Käufern eigentlich nicht erwartet.
- **e)** sind Kann-Leistungen, die nicht zur Profilierung im Wettbewerb geeignet sind.

6 Distributionspolitik

Die Distributionspolitik, häufig auch als Vertriebspolitik bezeichnet, umfasst alle Entscheidungen, die im Zusammenhang mit dem Weg eines Produktes oder einer Leistung vom Produzenten zum Endverwender gefällt werden müssen. Die Distributionspolitik ist für ein Unternehmen sehr wichtig, da ein Unternehmen nur dann erfolgreich sein kann, wenn es seine Produkte auch absetzen kann.

6.1 Vertriebsziele

Zunächst muss festgelegt werden, welche Ziele ein Unternehmen im Rahmen der Vertriebspolitik anstrebt. Häufig wird zwischen folgenden Zielen unterschieden.

Ökonomisch orientierte Vertriebsziele
Ziele dieser Art sind unmittelbar an dem Unternehmenserfolg ausgerichtet und lassen sich im Wesentlichen den Marketingzielen unterordnen. Zu den ökonomisch ausgerichteten Vertriebszielen gehören z. B. Absatz- und Umsatzziele, Marktanteilsziele, Kostenziele (Vertriebskosten) und Preisziele.

Marketingziele
▶ LF 6, Kap. 2.2

Versorgungsorientierte Vertriebsziele
Bei diesen Vertriebszielen geht es zum einen darum, dass die Produkte in ausreichend vielen und in den richtigen Verkaufsstellen erhältlich sind. Ferner muss eine ausreichende Lieferfähigkeit gesichert sein.

Beispiele

- Veränderung des Bevorratungsverhalten des Handels (Lagerbestände)
- Lieferfähigkeit (Lieferbereitschaft, Lieferzeit, Zuverlässigkeit)

6.2 Vertriebswege

AB ▶ LS 67

Bei den Vertriebswegen unterscheidet man zwischen direktem und indirektem Vertrieb. Die Unterscheidung erfolgt dabei immer aus Sicht des Herstellers.

Beim **direkten Vertrieb** setzt der Hersteller seine Produkte direkt an die Endabnehmer ab, ohne unternehmensfremde **Absatzmittler** einzubinden. Je nachdem, ob es sich um einen B2B-Vertrieb oder um einen B2C-Vertrieb handelt, sind die Endabnehmer Unternehmen oder Endverbraucher.

Indirekter Vertrieb liegt vor, wenn in die Vertriebskette bewusst unternehmensfremde, rechtlich selbstständige Absatzmittler eingeschaltet werden (Groß- bzw. Außenhändler oder Einzelhändler).

Ein Hersteller kann natürlich auch mehrere Vertriebskanäle parallel nutzen. Man spricht dann von einem **Multi-Channel-Vertrieb** (Mehrkanalvertrieb).

Absatzmittler sind eigenständige Unternehmen, die sich innerhalb der vertikalen Vertriebskette befinden und Eigentum an den vertriebenen Waren erwerben.
Hinweis: Leider ist die Begriffsverwendung zum **direkten** und **indirekten Vertrieb** nicht einheitlich. Teilweise wird, anders als hier, auch der Einsatz sogenannter Absatzhelfer, wie Handelsvertreter, Kommissionäre oder Handelsmakler dem indirekten Vertrieb zugeordnet.
▶ LF 6, Kap. 6.2.2.

6.2.1 Vertikale und horizontale Ebenen der Vertriebswege

Hat sich ein Hersteller für einen indirekten Vertrieb entschieden, dann muss er festlegen, welche Absatzmittler er in den Vertriebsweg einbinden möchte, also wie viele Vertriebsstufen der Absatzweg enthalten soll. In diesem Zusammenhang spricht man von der **vertikalen** Struktur des Absatzweges. Ferner muss er für jede Stufe Entscheidungen zur Art und Anzahl der Absatzmittler treffen, was man als **horizontale** Ebene bezeichnet.

Vertikale Struktur von Absatzwegen

Ein Groß- und Außenhandelsunternehmen muss in Bezug auf die vertikale Vertriebsstruktur festlegen, welche Position es im Vertriebsweg eines Produktes vom Hersteller zu den Endabnehmern einnehmen will.

Vertikale Struktur der Absatzwege

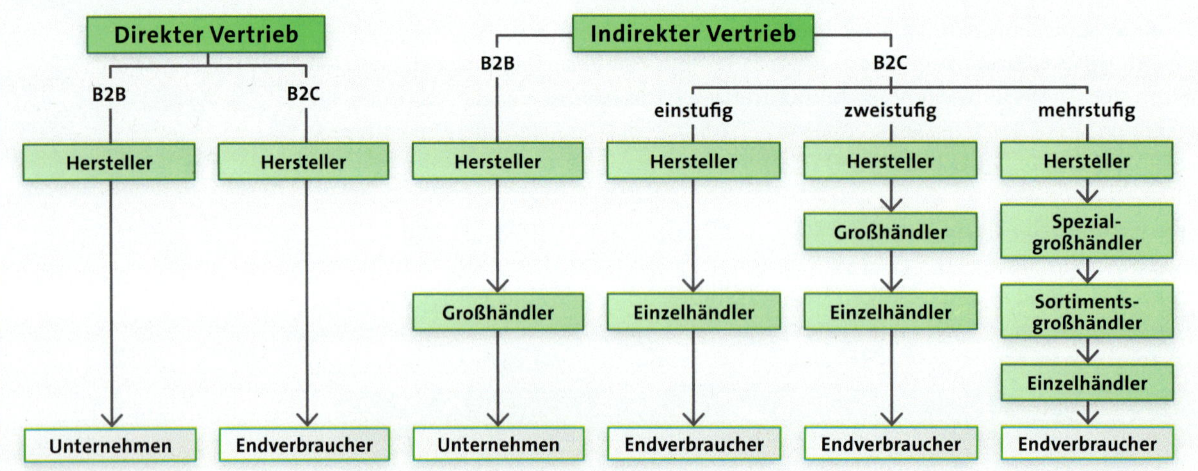

Direkte Vertriebsmöglichkeiten des Groß- und Außenhandels

- *Vertriebsniederlassung, Verkaufsbüro, Filiale:* Das sind stationäre Vertriebsstätten, die Kunden die Möglichkeit bieten, ortsnah persönliche Ansprechpartner zu finden.
- *Vertriebsstätten des Cash-and Carry-Großhandels*
- *Rackjobber:* Er mietet Regalfläche im Groß-/Einzelhandel und bestückt diese mit Waren, die er auf eigene Rechnung und eigenes Risiko verkauft. Der Vermieter übernimmt i. d.R. das Inkasso und erhält dafür eine Provision.

Die Abbildung zeigt die verschiedenen Möglichkeiten für Groß- und Außenhandelsunternehmen. Dabei ist zu unterscheiden, ob es sich bei den Endabnehmern um Unternehmen oder um Endverbraucher handelt. Großhändler können im Produktionsverbindungshandel Waren von Produktionsunternehmen kaufen und an andere Unternehmen weiterverkaufen. Dabei können auch noch weitere Großhandelsunternehmen dazwischengeschaltet sein (z. B. häufig bei Außenhandelsgeschäften). Auf der anderen Seite können Großhändler als Spezial- oder Sortimentsgroßhändler eine Position zwischen Hersteller und Einzelhändlern einnehmen.

Horizontale Ebene der Vertriebswege

Auf der horizontalen Ebene muss ein Groß- und Außenhandelsunternehmen auf jeder Stufe, die für das Unternehmen relevant ist, festlegen, an welche Unternehmen es seine Waren vertreiben will. Dazu benötigt es geeignete Auswahlkriterien. Im Produktionsverbindungshandel werden Waren an Produktionsunternehmen verkauft. Auswahlaspekte, die hier eine Rolle spielen können sind z. B. Branche, Standort, Absatzpotenzial und Bestellhäufigkeit. Bei dem Absatz an Einzelhändler sind die genannten Kriterien auch bedeutsam, hier spielt aber auch noch die Betriebsform eine Rolle (z. B. Fachgeschäfte, Fachmärkte, Discounter, Warenhäuser).

6.2.2 Verkaufsorgane (Absatzorgane)

Die eigentliche Verkaufstätigkeit wird durch den Einsatz unternehmenseigener oder unternehmensfremder Verkaufsorgane durchgeführt.

Unternehmenseigene Verkaufsorgane werden üblicherweise als **Reisende** bezeichnet. Reisende sind Angestellte des Unternehmens, die Kunden und potenzielle Kunden im Auftrag des Unternehmens aufsuchen:

- Sie nehmen Bestellungen entgegen.
- Sie bahnen Verkäufe an und/oder tätigen Verkaufsabschlüsse.
- Sie betreiben Kontaktpflege und beraten potenzielle Kunden.

Bei den **unternehmensfremden Verkaufsorganen** handelt es sich um selbstständige Kaufleute, die Vertriebsaufgaben für andere Unternehmen übernehmen:

- **Handelsvertreter:** Sie sind selbstständige Gewerbetreibende, die für ein anderes Unternehmen in dessen Namen Geschäfte abschließen oder vermitteln. Die vertragliche Bindung ist auf Dauer angelegt. Die Vergütung der Handelsvertreter erfolgt durch Provisionen und evtl. ein Fixum.
- **Kommissionäre:** Sie sind selbstständige Gewerbetreibende, die im eigenen Namen, aber auf Rechnung ihrer Auftraggeber Waren verkaufen. Kommissionäre sind zwar in der Regel im Besitz der Kommissionsware, erwerben aber nicht das Eigentum an der Ware. Die Kommissionäre erhalten für ihre Leistung eine Provision. Wenn Sie auch für den Zahlungseingang haften, erhalten Sie dafür eine zusätzliche Provision (Delkredereprovision).
- **Handelsmakler:** Es handelt sich um einen selbständigen Gewerbetreibenden, der Handelsgeschäfte vermittelt. Er muss die Interessen beider Seiten (Verkäufer und Käufer) wahren. Er bekommt hierfür eine Provision (Maklergebühr). Es besteht in der Regel keine dauerhafte vertragliche Bindung zwischen dem Verkäufer oder Käufer und dem Makler.

Franchising
Ein weiteres Vertriebssystem ist das Franchising, bei dem ein Unternehmen (Franchisegeber) einem anderen Unternehmen (Franchisenehmer) neben Waren zusätzlich Leistungen und i. d. R. auch ein Absatz- und Verkaufskonzept zur Verfügung stellt. Zwischen den beiden Unternehmen besteht eine vertragliche Bindung. Der Franchisenehmer muss für die Leistungen des Franchisegebers eine Gebühr zahlen. Anders als bei Filialen sind die Franchisenehmer eigenständige Unternehmen.
Beispiel:
Die Inhaber der meisten Mc Donald's-Restaurants in Deutschland sind Franchisenehmer der Mc Donald's Deutschland LLC.

6.2.3 Bewertung von Vertriebswegen und -organen

Lernvideo
Handelsvertreter vs. Reisender

Bei der Bewertung und Auswahl von Vertriebswegen und Vertriebsorganen können verschiedene Kriterien berücksichtigt werden, z. B.:

- Kosten mit Unterteilung in fixe und variable Kosten (Fixum, Festgehälter, Provisionen, Kalkulationszuschläge etc.),
- Intensität der Marktbearbeitung,
- Möglichkeit der Einflussnahme,
- Anzahl der in den Vertriebsweg eingeschalteten Stufen (je mehr Stufen desto geringer die Einflussmöglichkeiten und desto höher die variablen Kosten),
- Höhe des erforderlichen Betreuungsaufwandes,
- notwendige Kenntnisse über die Marktsituation,
- Notwendigkeit zur Errichtung von Vertriebs-/Serviceniederlassungen und oder Auslieferungslagern,
- Übernahme der Lagerkosten oder des Absatzrisikos durch den Vertriebspartner,
- Qualität des Verkaufspersonals,
- Übernahme von Serviceleistungen/Kundendienstleistungen,
- Einkaufsverhalten der Konsumenten,
- Vertriebskanäle der Konkurrenten.

Vergleich von Reisenden und Handelsvertretern als Absatzorgane

Für ein Groß- und Außenhandelsunternehmen sind Reisende und Handelsvertreter die wichtigsten Absatzorgane und werden darum hinsichtlich verschiedener Kriterien verglichen, insbesondere der Vertriebskosten. Bei dem Kostenvergleich wird häufig der Umsatz ermittelt, bei dem sich bei beiden Vertriebsorganen gleich hohe Kosten ergeben. Das macht immer dann Sinn, wenn sich die zu vergleichenden Vertriebsorgane in den variablen und fixen Vertriebskosten unterscheiden.

Beispiel

Ein Groß- und Außenhandelsunternehmen steht vor der Entscheidung, ein Produkt durch den Einsatz von Reisenden oder durch Handelsvertreter zu vertreiben. Bei dem Vertrieb durch Handelsvertreter fallen pro Monat fixe Betreuungskosten von 5.000,00 € an. Die Handelsvertreter erhalten eine Provision von 15 % des Umsatzes. Bei dem Vertrieb durch Reisende entstehen dem Unternehmen pro Monat fixe Lohnkosten von 20.000,00 €. Die Reisenden erhalten zusätzlich eine Umsatzprovision von 5 %. Das Unternehmen möchte wissen, ab welchem Monatsumsatz der Vertrieb durch Reisende kostengünstiger ist als der Vertrieb durch Handelsvertreter. Der Monatsumsatz wird mit x bezeichnet.

Bei dem Einsatz von Handelsvertretern fallen pro Monat folgende Kosten an:		
	fixe Vertriebskosten	5.000,00 €
+	variable Vertriebskosten	0,15x
=	Gesamtkosten	0,15x + 5.000

Monatliche Kosten beim Einsatz von Reisenden:		
	fixe Vertriebskosten	20.000,00 €
+	variable Kosten	0,05x
=	Gesamtkosten	0,05x + 20.000

Beachte:
$10\,\% \quad \frac{10}{100} = 0{,}1$

Die Gesamtkosten der beiden Vertriebswege werden gleichgesetzt:				
	0,15x + 5.000	=	0,05x + 20.000	|−0,05x; −5.000
↔	0,1x	=	15.000	|: 0,1
↔	x	=	150.000	

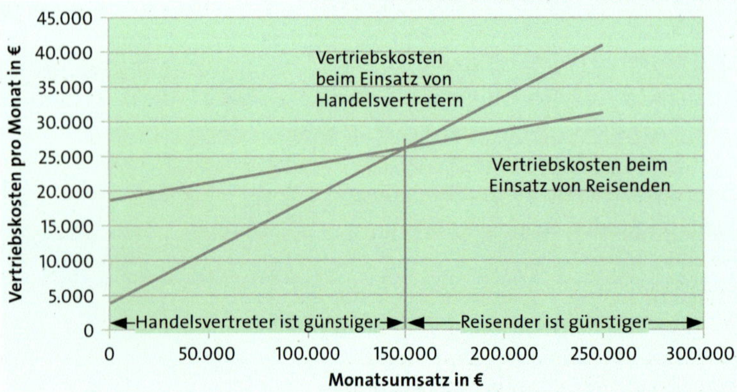

Liegt der Umsatz pro Monat unter 150.000,00 € ist der Vertrieb über Handelsvertreter kostengünstiger. Bei einem Umsatz von genau 150.000,00 € verursachen beide Vertriebsformen gleich hohe Vertriebskosten. Diesen Umsatz bezeichnet man als **kritischen Umsatz**. Bei einem Monatsumsatz, der über 150.000,00 € liegt, ist der Vertrieb durch Reisende kostengünstiger. Das Groß- und Außenhandelsunternehmen muss nun eine begründete Abschätzung vornehmen, welchen Monatsumsatz es erwartet. Die nebenstehende Abb. zeigt den Zusammenhang in einer grafischen Darstellung.

Möchte man eine Formel haben, mit der der kritische Umsatz (U_k) direkt berechnet werden kann, muss die in dem Beispiel durchgeführte Rechnung mit allgemeinen Bezeichnungen wiederholt werden.

	Handelsvertreter	Reisender
Provision in %	p_H	p_R
variable Kosten bei U_k	$p_H \cdot U_k$	$p_R \cdot U_k$
Fixkosten	F_H	F_R
Gesamtkosten bei U_k	$K_H = p_H \cdot U_k + F_H$	$K_R = p_R \cdot U_k + F_R$

Beim kritischen Umsatz gilt:

$$K_H = K_R$$
$$p_H \cdot U_k + F_H = p_R \cdot U_k + F_R \quad | - p_R \cdot U_k; - F_H$$
$$p_H \cdot U_k - p_R \cdot U_k = F_R - F_H \quad | U_k \text{ ausklammern}$$
$$U_k \cdot (p_H - p_R) = F_R - F_H \quad | : (p_H - p_R)$$
$$U_k = \frac{F_R - F_H}{p_H - p_R}$$

Beachte!
Die Prozentsätze in Dezimalschreibweise in die Formel einsetzen!
Statt 5 % also 0,05, denn 5 % = 5/100 = 0,05

Beim Vergleich beider Absatzorgane spielen aber auch andere Aspekte eine Rolle:

Kriterium	Reisender	Handelsvertreter
Steuerung und Kontrolle	Sehr gut, da die Reisenden Angestellte des Unternehmens und damit weisungsgebunden sind.	Eingeschränkt, da Handelsvertreter selbstständig sind, sind sie nicht direkt weisungsgebunden.
Einsatzflexibilität	Hoch, da Reisende nur für ihr Unternehmen tätig sind. Tourenpläne, Besuchshäufigkeit, Einsatzgebiet und Sonderaktionen lassen sich daher optimal steuern.	Eingeschränkt, Entscheidungen über Besuchshäufigkeiten etc. treffen Handelsvertreter in der Regel selbst.
Fokussierung der Vertriebsaktivitäten auf die Produkte des Unternehmens	Absolut gegeben, da Reisende nur für ihr Unternehmen tätig sind.	Nicht unbedingt gegeben, hängt von dem Vertrag ab. Bei Mehrfirmenvertretern vertreibt der Handelsvertreter auch noch Produkte von anderen Unternehmen, ein Konkurrenzausschluss sollte aber auf jeden Fall vereinbart werden.
Produktkenntnisse	Hoch, da die Reisenden ausschließlich Produkte des Unternehmens anbieten, können sie sich darauf konzentrieren. Sie sind über Unternehmensentwicklungen, geplante Maßnahmen des Unternehmens etc. besser informiert.	Unter Umständen geringer als beim Reisenden, das muss aber nicht so sein.
Marktkenntnisse	Lässt sich nicht eindeutig beantworten, ist von Fall zu Fall unterschiedlich.	Vgl. Angaben zu den Reisenden.
Rückmeldungen über Erfahrungen, Marktentwicklung	Gut, die Reisenden sind Angestellte des Unternehmens und können dazu verpflichtet werden, regelmäßig Erfahrungsberichte zu liefern.	Vermutlich nicht so intensiv, wie bei den Reisenden, da Handelsvertreter nicht Angestellte des Unternehmens sind.
Kosten	Hängt vom Umsatz ab. Grundsätzlich gilt, dass bei Reisenden die Fixkosten höher, die variablen Kosten jedoch geringer sind als beim Handelsvertreter. Mit den höheren Fixkosten ist auch ein höheres finanzielles Risiko verbunden.	Vgl. Angaben zu den Reisenden.

Welche der Vertriebsformen für ein Groß- und Außenhandelsunternehmen günstiger ist, muss von Fall zu Fall beurteilt werden. Bei einem Markteintritt in Auslandsmärkte sind in der Anfangsphase vermutlich Handelsvertreter günstiger als Reisende, da die Umsätze zunächst oft relativ gering sind und der Einsatz von Handelsvertretern wegen der geringeren Fixkosten auch mit einem geringeren Risiko verbunden ist.

AB ▶ LS 68

6.3 Online-Vertrieb

Unter einem Online-Vertrieb versteht man den Handel mit Waren und Dienstleistungen unter Einsatz des Internets. Allgemein spricht man in diesem Zusammenhang auch von E-Commerce. Trotz der Vielfalt der Geschäftsabläufe, die im Rahmen des E-Commerce möglich und auch zu beobachten sind, haben Transaktionen in diesem Zusammenhang eine einheitliche Grundstruktur:

- **Produktinformation/Selektion**: Der Anbieter muss aussagekräftige und detaillierte Informationen über die angebotenen Produkte auf elektronischem Wege bereitstellen. Dazu werden sogenannte elektronische Produktkataloge verwendet. Diese sind in der Regel mit Such- und Beratungsfunktionen ausgestattet, um dem Kunden das schnelle Auffinden und die Selektion der gewünschten Produkte zu erleichtern.
- **Bestellsystem**: Die Kunden müssen die Möglichkeit haben, die gewünschten Waren auf elektronischem Wege zu bestellen.
- **Bezahl- und Distributionssystem**: Es müssen Regelungen bestehen, wie die bestellte Ware bezahlt und erhalten werden kann. Im B2B-Online-Handel ist der Verkauf auf Rechnung die häufigste Bezahlform, zumindest im nationalen Online-Handel. Hinsichtlich des Distributionssystems ist zu unterscheiden, ob es sich um digitalisierbare Güter handelt oder nicht. Digitalisierbare Güter können auf elektronischem Wege, z. B. per Download zugestellt werden. Bei nicht digitalisierbaren Gütern ist ein physisches Distributionssystem erforderlich.

Grundstruktur von E-Commerce-Geschäften

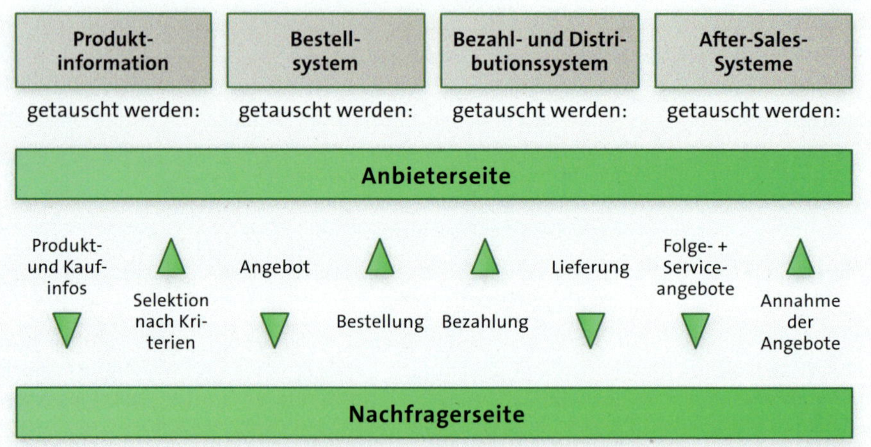

After-Sales-Systeme: Es ist sinnvoll, auch nach dem Kauf weiter Kontakt mit dem Kunden zu halten, um Anstöße für weitere Käufe zu geben. Hierbei sind verschiedene Möglichkeiten denkbar, z. B. regelmäßige Zusendung eines Newsletters per E-Mail, Angebote per E-Mail, Hinweis auf Sonderaktionen oder Gewinnspiele per E-Mail. Hierbei sind gesetzliche Vorgaben zu beachten.

Rechtliche Beschränkungen
▶ LF 6, Kap. 9.6

Für den Online-Vertrieb gibt es im Groß- und Außenhandel zwei Möglichkeiten:

- Vertrieb über digitale Handelsplattformen
- Vertrieb über einen eigenen Onlineshop

6.3.1 Online-Vertrieb über digitale Handelsplattformen

Unter einer digitalen Plattform versteht man allgemein eine technische Infrastruktur, über die sich verschiedene Akteursgruppen austauschen können. Digitale Plattformen gibt es in verschiedenen Zusammenhängen. Am bekanntesten sind sicher Kommunikationsplattformen, wie z.B. Facebook oder Twitter, über die Nutzer miteinander kommunizieren und Informationen, Bilder, Videos etc. austauschen können. Daneben gibt es aber auch Plattformen für vielfältige andere Zwecke.

Für Groß- und Außenhandelsunternehmen sind hauptsächlich digitale Handelsplattformen relevant. Unter einer digitalen Handelsplattform versteht man so etwas Ähnliches wie einem elektronischen Marktplatz, auf dem Angebot und Nachfrage aufeinandertreffen, über Preise verhandelt wird und Kaufabschlüsse getätigt werden.

Prinzip digitaler Handelsplattformen

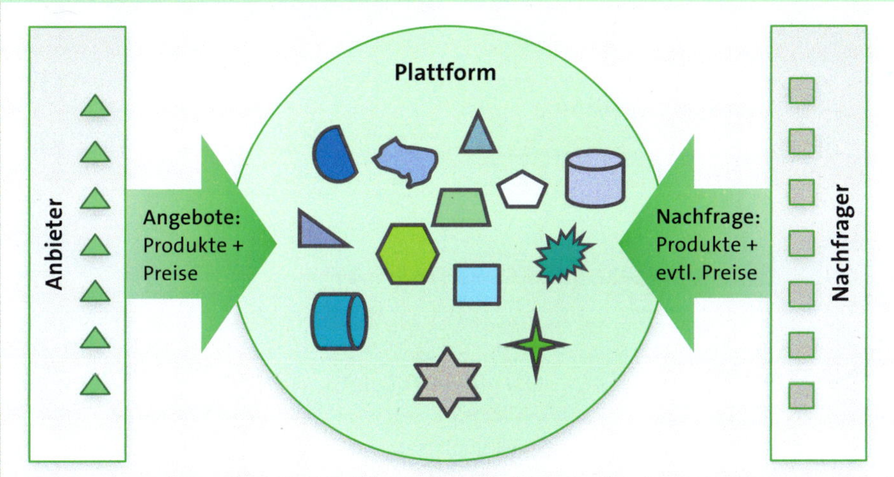

Bekannte digitale Handelsplattformen sind z.B. Ebay oder Amazon Marketplace. Auf diesen Plattformen sind die Nachfrager hauptsächlich Endverbraucher. Groß- und Außenhandelsunternehmen verkaufen ihre Waren in der Regel an Unternehmen, daher sind für sie sogenannte B2B-Handelsplattformen relevant. Es gibt eine Vielzahl an B2B-Handelsplattformen, auf denen unterschiedliche Güter gehandelt werden. Oft haben die Plattformen einen Handelsschwerpunkt (z.B. Hygiene, Drogerieartikel, Industriegüter, Mode/Textilien). Viele Plattformen sind nicht nur in Deutschland aktiv, sondern ermöglichen auch eine internationale Geschäftstätigkeit. Der Schwerpunkt liegt allerdings auf Länder der EU. Die Plattformkonzepte sind zum Teil unterschiedlich. Teilweise benötigen Anbieter eine Genehmigung des Plattformbetreibers. Grundsätzlich haben zu B2B-Handelsplattformen nur Unternehmen Zutritt.

Leistungswerte im eCommerce vgl. den Abschnitt zu KPIs in diesem Unterkapitel

Beispiel einer anonymisierten Handelsplattform BeTrade

Warenangebot	branchenübergreifend: Büromaterial, IT-Bedarf, Labor-, Lager-, Betriebsausstattungen
Anzahl Kunden	mehr als 1,5 Mio. registrierte Geschäftskunden
Anzahl Anbieter	etwa 700
Anzahl Artikel	mehr als 23,5 Mio.
Plattformregeln	Für die Kunden ist BeTrade der ausschließliche Ansprechpartner. Bei Käufen regelt BeTrade die Bestellungen sowie mögliche Retouren und Beschwerden.
Auswertungen für Lieferanten	Lieferanten erhalten von BeTrade regelmäßig artikelbezogene Auswertungen zu ihren Angeboten.

Geschäftsabwicklung auf der Handelsplattform BeTrade

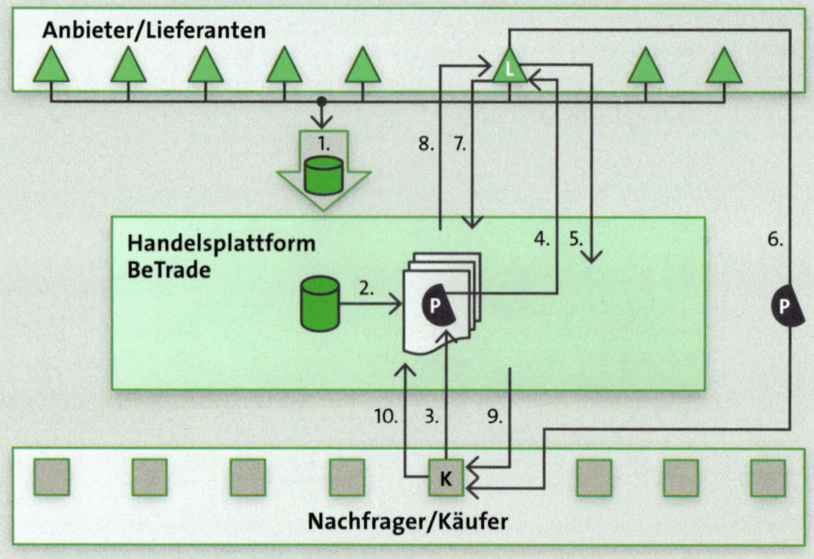

1. Die Anbieter liefern BeTrade ihre Produktkataloge in elektronischer Form und in dem vorgegebenen Format. Die Kataloge werden regelmäßig aktualisiert.
2. Die Produktkataloge werden auf die Plattform hochgeladen. Die jeweiligen Produkte können mit Hilfe von Suchfunktionen aufgefunden werden.
3. Unternehmer K besucht die Plattform und bestellt bei BeTrade das Produkt P, das von dem Anbieter L auf die Plattform gestellt wurde.
4. BeTrade bestellt das Produkt bei L mit dem Auftrag, dieses mit einem BeTrade-Lieferschein direkt an K zu versenden (Streckengeschäft).
5. L übermittelt an BeTrade eine Auftragsbestätigung.
6. L versendet das Produkt mit einem BeTrade-Lieferschen an K.
7. L sendet ein Versandavis zusammen mit einer Rechnung an BeTrade.
8. BeTrade begleicht die Rechnung von L.
9. BeTrade stellt eine Rechnung an K.
10. K begleicht die Rechnung von BeTrade.

6.3.2 Online-Vertrieb über einen eigenen Online-Shop

Statt seine Produkte auf einer digitalen Handelsplattform anzubieten, kann ein Groß- und Außenhandelsunternehmen natürlich auch einen eigenen Onlineshop betreiben. Die nebenstehende Abb. vermittelt eine Übersicht über die Grundstruktur eines Onlineshops.

Grundstruktur eines Onlineshops

Bei einem B2B-Kauf ist die Einkaufsituation häufig anders als bei einem B2C-Kauf. Darum unterscheidet sich die Shop-Konzeption eines B2B-Onlineshops in der Regel auch von der B2C-Variante. Es lohnt sich daher, zunächst einen Blick auf die Besonderheiten von geschäftlichen Kaufprozessen in einem Onlineshop zu werfen:

- **Bestandskunden:** Zu vielen Besuchern eines B2B-Onlineshops besteht bereits eine Geschäftsbeziehung.
- **Bedarfskäufe:** Besucher eines B2B-Onlineshops haben häufig einen konkreten Bedarf und kennen oft sogar die Artikelnummern der benötigten Produkte. Sie legen Wert darauf, dass der Kauf schnell und unkompliziert abgewickelt wird.
- **Informationspflichten und gesetzliche Regelungen:** Im B2C-Onlinehandel gelten andere Informationspflichten und gesetzliche Vorgaben als beim B2B-Onlinehandel. Der B2B-Onlinehändler muss auf jeder Seite des Shops darauf hinweisen, dass die Angebote sich nur an Unternehmen richten. Geeignete Kontrollinstrumente müssen verhindern, dass Privatpersonen in seinem Shop einkaufen.

Besondere Anforderungen an einen B2B-Onlineshop

Suchfunktion	Sie muss den speziellen Anforderungen eines geschäftlichen Einkäufers entsprechen, durch geeignete Filter, um die Suche entsprechend eingrenzen zu können, die Möglichkeit einer spezifischen Suche (z. B. durch Eingabe einer Artikelnummer), eine hohe Fehlertoleranz (d. h., auch bei ungenauen oder unvollständigen Eingaben werden sinnvolle Suchergebnisse produziert), Anzeige von Produkten, die häufig in der Vergangenheit bestellt wurden (setzt Anmeldung voraus).
Preisgestaltung	Möglichkeit einer Individualisierung der Preisgestaltung, z. B. anhand des Bestellvolumens. Aber auch mit Kunden offline verhandelte Preise müssen beim Onlinekauf berücksichtigt werden können. Das System, mit dem die angebotenen Produkte mit Preisen verbunden werden, muss bei einem B2B-Onlineshop also deutlich flexibler sein als im B2C-Bereich.
Beratungsmöglichkeiten	Bei beratungsintensiven Produkten ist es unter Umständen sinnvoll, den Kunden eine individuelle Onlineberatung, z. B. durch eine Chat- bzw. Videofunktion, zu bieten.
Warenkorb	Es sollte zudem die Möglichkeit bestehen, bestellte Produkte und Warenkörbe zu speichern, damit sie bei einer Nachbestellung importiert werden können. Dadurch wird der Bestellvorgang erleichtert und beschleunigt.
Rechte/Rollenvergabe	Bei vielen Unternehmen sind mehrere Mitarbeiter für den Wareneinkauf zuständig. Evtl. haben diese aber unterschiedliche Befugnisse, Vollmachten und Rechte. Es wäre daher hilfreich, wenn ein Onlineshop diese Strukturen in seinem Bestellsystem abbilden kann. (Beispielsweise darf Mitarbeiter A nur die Produkte U bis Z bestellen. Mitarbeiter B darf monatlich nur Waren bis zu einem festgelegten kumulierten Höchstbetrag bestellen. Bei Überschreitung dieser Grenze ist die Genehmigung von Mitarbeiter C erforderlich).
Verfügbarkeit/ Liefertermine	Die Kunden sollten bereits, bevor sie ein Produkt in den Warenkorb legen, Informationen zur Verfügbarkeit und zu den voraussichtlichen Lieferterminen der Produkte erhalten, für die sie sich interessieren. Ferner sollte es möglich sein, den jeweils aktuellen Lieferstatus zu verfolgen.

Key Perfomance Indicators
dt. Haupt-Leistungs-indikatoren

Key Performance Indicators (KPIs)

Wenn man einen Onlineshop betreibt, ist es wichtig, auch den Erfolg zu messen. Der wichtigste Erfolgsindikator ist der Umsatz, den man innerhalb einer Periode (z. B. eines Monats) mit dem Shop erwirtschaftet. Nun ist der Umsatz aber gerade bei einem Onlineshop ein sehr grober Erfolgsindikator. Mögliche Gründe für Erfolg/Misserfolg lassen sich daran nicht ablesen. Darum gibt es Analyseprogramme, mit denen sich wichtige weitere Erfolgsindikatoren ermitteln und auswerten lassen. Diese Kennziffern werden als Key Performance Indicators (KPIs) bezeichnet.

Bei **Page Impressions** (Page Views, Seitenaufrufe) handelt es sich um die Anzahl der Seiten, die von Nutzern eines Internetangebots, z. B. eines Onlineshops, während eines bestimmten Zeitraums, z. B. einem Monat, aufgerufen werden.

Visits (Anzahl der Besuche) geben an, wie häufig ein Internetangebot während eines bestimmten Zeitraums besucht wurde. Ein Visit beginnt, wenn ein Nutzer eine Seite des Internetangebots aufruft, und endet, wenn es wieder verlassen wird. Da hinter jedem Visit ein Besucher steht, geben sie auch an, wie viele Besucher das Internetangebot während des betreffenden Zeitraums hatte. Angenommen ein Internetangebot hat während einer Woche 1000 Visits. Dann kann es zwei Extremfälle geben: Im einen Fall wird das Angebot von 1000 verschiedenen Personen jeweils genau einmal besucht, im anderen Fall wird das Angebot immer von der gleichen Person 1000-mal besucht. Beide Fälle würden von dem Betreiber des Onlineangebots sehr unterschiedlich bewertet. Die Anzahl der Visits liefert ihm keine Information, auf wie viele verschiedene Personen die Besuche entfallen. Aus diesem Grund werden die **Unique Visitors** ermittelt. Ein Unique Visitor wird während eines vorgegebenen Zeitraums nur einmal gezählt, unabhängig davon, wie häufig er das Internetangebot in dieser Zeit besucht hat.

Beispiel

Ein Internetshop wird innerhalb einer Woche 10-mal von der gleichen Person besucht. Das ergibt dann einen Unique Visitor pro Woche, aber 10 Visits pro Woche.

Site Stickiness (Verweildauer) gibt für einen bestimmten Zeitraum an, wie lange der Besuch eines Internetangebots im Durchschnitt gedauert hat.

$$\text{Site Stickiness}_{\text{bezogen auf einen Zeitraum}} = \frac{\text{gesamte Besuchszeit}}{\text{Anzahl Visits}}$$

Beispiel

In der 44. Kalenderwoche wurde ein Onlineshop 10 000-mal besucht (10 000 Visits). Die gesamte Besuchszeit betrug in dieser Woche 25 000 Minuten.

$$\text{Site Stickiness}_{\text{44. Kalenderwoche}} = \frac{25\,000 \text{ Minuten}}{10\,000 \text{ Visits}} = 2{,}5 \text{ Minuten pro Visit}$$

Website ist ein anderes Wort für ein Internetangebot.

Die **Bounce-Rate** (Absprungrate) gibt an, wie viel Prozent der Besucher einer **Website** diese ohne eine weitere Aktion wieder verlassen haben.

Der **durchschnittliche Bestellwert** gibt an, wie hoch der durchschnittliche Wert einer Bestellung bezogen auf einen bestimmten Zeitraum war.

$$\varnothing \text{ Bestellwert im Zeitraum} = \frac{\text{Umsatz im Zeitraum}}{\text{Anzahl der Bestellungen im Zeitraum}}$$

Die **Abbruchquote** gibt an, wie viel Prozent der Personen, die mindestens einen Artikel in den Warenkorb gelegt haben, den Bestellvorgang abgebrochen haben. **Verweisquellen** geben an, von wo die Besucher auf das Internetangebot zugegriffen haben, z.B. über einen Suchmaschinenlink, Anzeigenlink, Link in einer E-Mail.

Unter **Conversion** versteht man eine durch den Internetnutzer erwünschte Handlung. Welche Handlung das konkret ist, muss von dem Unternehmen definiert werden, das ein Internetangebot betreibt (z.B. Aufruf einer Artikelseite, einen Artikel in den Warenkorb legen). Die **Conversion Rate** gibt an, wie viel Prozent der Nutzer, die die erwünschte Handlung durchführen könnten, das auch wirklich tun.

Conversion
(dt. Konversion)

Conversion Rate
(dt. Konversionsrate)

$$\text{Conversion Rate} = \frac{\text{Anzahl Personen, die die erwünschte Handlung durchführen}}{\text{Anzahl Personen, die die erwünschte Handlung durchführen könnten}} \cdot 100$$

Beispiel

Ein Onlineshop schaltet Suchmaschinenwerbung. Die Anzeige des Shops wird bei 50 000 Nutzern angezeigt. Davon klicken 1000 auf die Anzeige und werden zu dem Shop weitergeleitet. Von diesen 1000 legen 50 wenigstens ein Produkt in den Warenkorb. Von diesen 50 tätigen schließlich 30 einen Kauf, Übersicht über Konversionsraten:

1. Umwandlung von AI zu Klicks	$\text{Conversion Rate}_1 = \frac{\text{1000 Clicks}}{\text{50 000 AI}} \cdot 100 = 2\,\%$
2. Umwandlung von Klicks in Kaufbereitschaft	$\text{Conversion Rate}_2 = \frac{\text{50 Kaufbereitschaften}}{\text{1000 Clicks}} \cdot 100 = 5\,\%$
3. Umwandlung von Kaufbereitschaft in Kauf	$\text{Conversion Rate}_3 = \frac{\text{30 Käufe}}{\text{50 Kaufbereitschaften}} \cdot 100 = 60\,\%$

Suchmaschinenwerbung
▶ LF 6, Kap. 8.6.2

AI ist die Abkürzung für Ad-Impression. Ein Unternehmen erzielt eine AI, wenn ein Internetnutzer einen Sichtkontakt mit Werbung dieses Unternehmens im Internet hat.

Keywords
Bei Suchmaschinenwerbung kann der Werbungtreibende sogenannte Keywords festlegen. Werden diese Wörter von Nutzern bei einer Suche eingegeben, wird die gebuchte Anzeige eingeblendet.
▶ LF 6, Kap. 8.6.2

Der Ablauf im Beispiel kann durch eine Analyse der einzelnen Konversionen untersucht und ggf. verbessert werden. Da die Nutzerzahlen von oben nach unten immer kleiner werden, ähnelt die zugehörige bildliche Darstellung einem Trichter. Man bezeichnet diese Analyse daher als **Trichteranalyse** (engl.: **Funnel-Analyse**).

Trichteranalyse

Conversion Rate
2 %

Conversion Rate
5 %

Conversion Rate
60 %

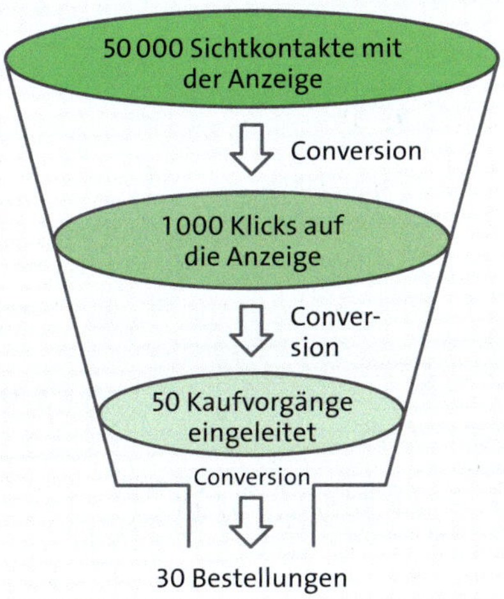

Lässt sich die Anzahl der Sichtkontakte durch eine Optimierung der Keywords verbessern?

Entsprechen die Keywords den Suchanforderungen der Nutzer?

Landing Page
Produkte, Benutzerfreundlichkeit, Barrierefreiheit, Attraktivität

Unkomplizierte Registrierung, attraktive Zahlungsmöglichkeiten, günstige Lieferzeiten und -konditionen

Landing Page
Die Seite, auf die ein Nutzer bei einem Klick auf eine Anzeige, ein anderes Werbemittel oder einen Link weitergeleitet wird, heißt **Landing Page**. Hierbei kann es sich um die Homepage des Werbungtreibenden oder um eine Unterseite seines Webauftritts handeln. Bei einem Onlineshop wird der Nutzer auf eine Artikelseite geleitet, auf der sich Artikel befinden, die den Keywords entsprechen. Wichtig ist, dass der Nutzer auf der Landing Page genau das findet, was er erwartet.

Alles klar?

1 Handelsvertreter
- a) ist eine andere Bezeichnung für einen Reisenden.
- b) ist ein selbstständiger Gewerbetreibender, der im eigenen Namen für ein anderes Unternehmen Geschäfte abschließt oder vermittelt.
- c) ist ein selbstständiger Gewerbetreibender, der von Fall zu Fall für ein anderes Unternehmen Geschäfte abschließt oder vermittelt.
- d) ist ein selbstständiger Gewerbetreibender, der auf Dauer in fremdem Namen und auf fremde Rechnung Geschäfte abschließt oder vermittelt.
- e) sind zwar selbstständig, werden aber von dem Unternehmen, für das sie tätig sind, wie Angestellte dieses Unternehmens bezahlt.

2 Kommissionäre
- a) sind selbstständige Gewerbetreibende, die in fremdem Namen und auf fremde Rechnung Geschäfte abschließen.
- b) sind Kaufleute, die Waren von einem anderen Unternehmen kaufen und in dessen Namen vertreiben. Sie haben aber ein Rückgaberecht.
- c) sind selbstständige Gewerbetreibende, die in eigenem Namen, aber auf fremde Rechnung Waren verkaufen. Sie erwerben dabei kein Eigentum an der Kommissionsware.
- d) erhalten für ihre Tätigkeit eine feste Vergütung.
- e) verkaufen in eigenem Namen und auf eigene Rechnung Waren für ein anderes Unternehmen.

3 Ein Groß- und Außenhandelsunternehmen will den Einsatz von Handelsvertretern und Reisenden unter Kostengesichtspunkten vergleichen. Bei einem Einsatz von Reisenden sind pro Jahr fixe Lohn- und Nebenkosten von 260.000,00 € zu berücksichtigen. Außerdem erhalten die Reisenden eine Umsatzvergütung von 3 %. Bei dem Vertrieb über Handelsvertreter beträgt der jährliche Betreuungsaufwand 50.000,00 €. Die Handelsvertreter erhalten eine Umsatzprovision von 18 %.
Ermitteln Sie den kritischen Umsatz.

4 Ein Groß- und Außenhandelsunternehmen hat hinsichtlich des Vertriebskostenvergleichs zwischen Handelsvertretern und Reisenden einen kritischen Umsatz von 10 Mio. € pro Jahr ermittelt. Für das Unternehmen ist es wichtig, dass es die Vertriebsaktivitäten selbst steuern und organisieren kann. Außerdem legt es auf regelmäßige, ausführliche Erfahrungsberichte durch die mit dem Vertrieb befassten Personen großen Wert. Welche Vertriebsvariante empfehlen Sie, wenn das Unternehmen einen Jahresumsatz von 9,5 Mio. € erwartet.

5 Bei einem Online-Vertrieb muss das anbietende Unternehmen
- a) Produktinformationen in elektronischer Form bereitstellen.
- b) einen Onlineshop betreiben.
- c) Referenzen zur Qualität der angebotenen Waren bereitstellen.
- d) eine amtliche Genehmigung für den Online-Vertrieb besitzen.
- e) die verkauften Waren kostenlos zustellen.

6 B2B-Handelsplattformen
- a) stehen allen Unternehmen offen.
- b) dürfen in jedem Fall auch von Endverbrauchern genutzt werden.
- c) enthalten nur sehr wenige Produktangebote.
- d) sind jeweils nur auf ein Land beschränkt.
- e) ermöglichen das Aufeinandertreffen von Unternehmen, die Produkte anbieten, und solchen, die Produkte nachfragen, in digitaler Form.

7 Ein B2B-Onlineshop
- a) kann genauso konzipiert werden wie ein B2C-Onlineshop.
- b) muss auch für Endverbraucher zugänglich sein.
- c) benötigt keine Suchfunktion.
- d) muss die Besonderheiten von B2B-Geschäften berücksichtigen.
- e) muss umfangreiche rechtliche Informationspflichten berücksichtigen.

8 Der Onlineshop eines kleinen Fachgroßhändlers besteht aus 15 Seiten. Die Seiten sind in der folgenden Grafik durch Rechtecke symbolisiert. Die Besuche des Onlineshops werden durch Pfeile visualisiert. Die Pfeilspitzen zeigen jeweils auf die besuchten Seiten. Die unterschiedlichen Besucher sind durch verschiedene Farben kenntlich gemacht. Bei Pfeilen der gleichen Farbe handelt es sich jeweils um den gleichen Besucher.

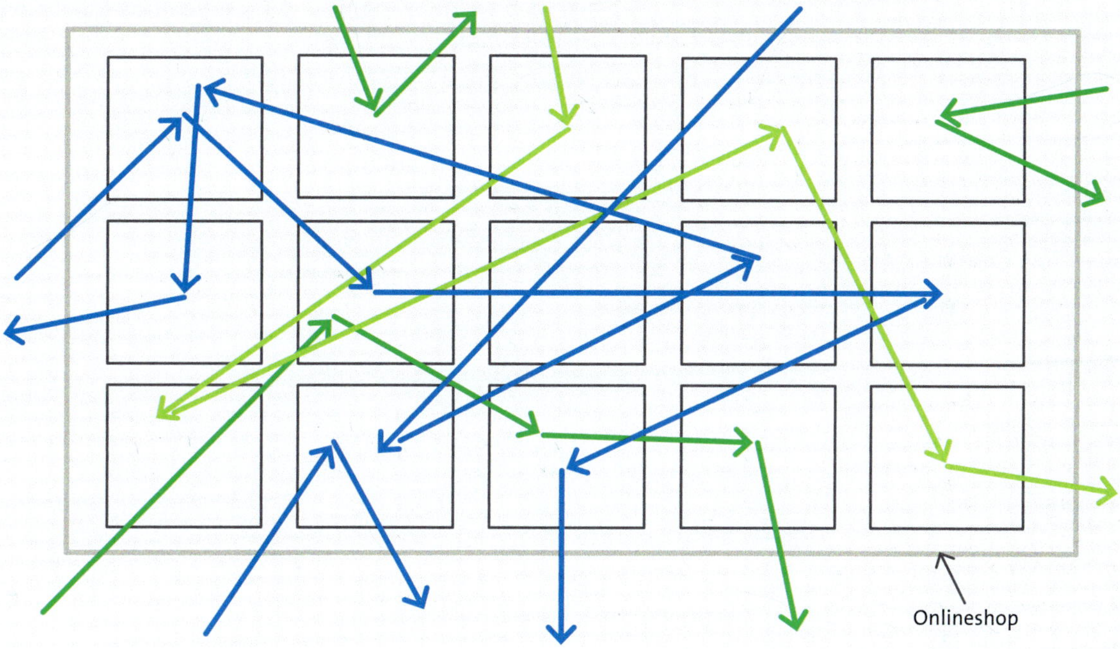

a) Geben Sie die Anzahl der Visits an. 7

b) Geben Sie die Anzahl der Unique Visitors an. 3

c) Geben Sie die Anzahl der Page Impressions an. 14

d) Geben Sie die Bounce-Rate an. 3

e) Geben Sie an, wie viele Page Impressions im Durchschnitt auf einen Visit entfallen. 10,5

9 Der Onlineshop eines Groß- und Außenhändlers wird innerhalb eines Monats 50 000-mal besucht. Bei 10 000 Besuchen wurde wenigstens ein Artikel in den Warenkorb gelegt. In 8 000 dieser Fälle wurde die Kasse aufgesucht und 6 000-mal ein Kauf getätigt.

a) Ermitteln Sie die folgenden Konversionsraten:
- Besuche zu Kaufbereitschaft (Artikel wird in Warenkorb gelegt) ~~10.000~~ 20 %
- Kaufbereitschaft zu Kassenbesuch 80 %
- Kassenbesuch zu Kauf 75 %

b) Wie viele Visits hatte der Onlineshop in diesem Monat?

50.000

10 Unique Visitor

a) ist die Bezeichnung für einen Besucher einer Website bei einem Visit.

b) ist die Bezeichnung für eine Person, die eine Website innerhalb eines vorgegebenen Zeitraums wenigstens einmal besucht hat. Diese Person wird auch bei Mehrfachbesuchen innerhalb des Zeitraums nur einmal gezählt.

c) ist ein Websitebesucher, der besondere Eigenschaften hat.

d) ist ein Besucher, der eine Website innerhalb eines vorgegebenen Zeitraums genau einmal besucht hat.

e) bezeichnet die Anzahl der Besuche einer Website während eines bestimmten Zeitraums.

11 Bei Vertriebswegen unterscheidet man

a) ein- und zweiseitigen Vertrieb.

b) horizontale und diagonale Vertriebsebenen.

c) direkten und indirekten Vertrieb.

d) kurz-, mittel- und langfristigen Vertrieb.

e) Fern- und Nahvertrieb.

AB ▶ LS 69

7 Preispolitik

Kontrahierungspolitik
Häufig betrachtet man die Preispolitik nicht als isolierten Bereich, sondern berücksichtigt dabei zusätzlich:
Konditionenpolitik
- Preisnachlässe z. B. Rabatte, Skonti, Boni
- Preisaufschläge für Mindermengen, Zusatzleistungen
- Lieferbedingungen, z. B. Lieferzeit, Transport-, Verpackungskosten
- Zahlungsbedingungen, z. B. Vorauszahlung, Barzahlung, Zahlungsziel

Kreditpolitik
z. B. Ratenzahlung, Leasing, Kreditsicherung
Zugabepolitik, z. B. Werbekostenzuschuss, Testware, Naturalrabatt
Den Gesamtbereich aus Preis-, Konditionen-, Kredit- und Zugabepolitik bezeichnet man als Kontrahierungspolitik.

Im Rahmen der Preispolitik beschäftigt sich ein Groß- und Außenhändler vor allem mit der Frage, zu welchen Preisen die Waren seines Sortiments jeweils angeboten werden sollen, also um die Bestimmung der Preishöhe. Daneben spielen auch andere Aspekte eine Rolle, z. B. die Preisentwicklung, -strategien und ggf. -differenzierung.

7.1 Preisbestimmung

Für den Preis, den ein Unternehmen für ein Produkt verlangt, gilt:
- Je höher der Preis, umso höher ist bei einer bestimmten Absatzmenge der Gewinn.
- Die Preishöhe beeinflusst die absetzbare Menge des Produktes. Typischerweise kann zu einem höheren Preis nur eine geringere Menge abgesetzt werden.

Ein Unternehmen sollte bei Preisentscheidungen immer beide Aspekte berücksichtigen. Bei der Preisbestimmung muss ein Unternehmen auch die Kosten, das Verhalten der Nachfrager und die Konkurrenzsituation bzw. das Verhalten der Wettbewerber berücksichtigen.

7.1.1 Kostenorientierte Verfahren

Unter den **Stückkosten** eines Artikels versteht man die gesamten Kosten, die dem Unternehmen für eine Einheit des Artikels entstehen.

Bei den kostenorientierten Verfahren wird der Preis für einen Artikel so bestimmt, dass er die **Stückkosten** oder zumindest einen Teil der Stückkosten abdeckt. Im Rahmen der Preisbestimmung unterscheidet man zwischen der Vollkosten- und der Teilkosten- bzw. Deckungsbeitragsrechnung.

Vollkostenrechnung
Der Preis wird bei der Vollkostenrechnung so bestimmt, dass er die Stückkosten und möglichst noch einen Gewinnzuschlag abdeckt.

Preis (p) = Stückkosten (k) + Gewinnzuschlag

Wird der Gewinnzuschlag als prozentualer Anteil (g) der Stückkosten berücksichtigt, gilt:

$$p = k + g \cdot k \Leftrightarrow p = k \cdot (1 + g)$$

Die Preiskalkulation erfolgt dabei auf der Grundlage der Kostenträgerrechnung. Hierbei muss zwischen direkt zurechenbaren Kosten (Einzelkosten) und nicht direkt zurechenbaren Kosten (Gemeinkosten) unterschieden werden. Den Hauptanteil der Einzelkosten eines Artikels bildet der Einstandspreis. Das ist der Preis, den das Unternehmen für den Artikel einschließlich Bezugskosten aufwenden muss. Gemeinkosten sind Kosten, die für mehrere Artikel (Kostenträger) zusammen anfallen, den einzelnen Artikeln in ihrer Höhe aber nicht eindeutig zugeordnet werden können. Hierzu zählen u. a. Verwaltungskosten, Vertriebskosten, Kapitaldienstkosten. Die Gemeinkosten müssen auf die einzelnen Kostenträger (Artikel) nach einem geeigneten Schlüssel verteilt werden.

Für die Preiskalkulation verwendet man dabei das folgende Schema:

	Einstandspreis	100 % ↓	
+	Handlungskostenzuschlag	h %	
=	Selbstkostenpreis	100 % + h %	100 % ↓
+	Gewinnzuschlag		g %
=	Barverkaufspreis		100 % + g %

Durch den Handlungskostenzuschlag werden die Gemeinkosten berücksichtigt und anteilsmäßig auf den Einstandspreis aufgeschlagen. Werden dem Kunden Preisnachlässe, z. B. Rabatt oder Skonto, eingeräumt, werden diese zuvor in den Angebotspreis eingerechnet. Das Kalkulationsschema wird dann wie folgt erweitert:

	Barverkaufspreis	100 % – s % ↑	
+	Skonto	s %	
=	Zielverkaufspreis	100 %	100 % – r % ↑
+	Rabatt		r %
=	Listenverkaufspreis		100 %

Da Skonto vom Zielverkaufspreis und Rabatt vom Listenverkaufspreis berechnet wird, muss die Prozentrechnung vom verminderten Grundwert angewendet werden.

Beispiel

Die Fahrradwelt GmbH hat das Trekking-Pedelec E-TR-560 zu einem Einstandspreis von 1.995,00 € bezogen. Bei diesem Fahrradtyp wird ein Handlungskostenzuschlagssatz von 25 % und ein Gewinnzuschlagssatz von 15 % berücksichtigt. Es soll der Barverkaufspreis ermittelt werden.

	Einstandspreis	1.995,00 €	100 %	
+	Handlungskostenzuschlag	498,75 €	25 %	
=	Selbstkostenpreis	2.493,75 €	125 %	100 %
+	Gewinnzuschlag	374,06 €		15 %
=	Barverkaufspreis	2.867,81 €		115 %

Dem Fahrradeinzelhandelsunternehmen tritt & fit GmbH gewährt die Fahrradwelt GmbH einen Rabatt von 5 % und bei Zahlung innerhalb von 12 Tagen nach Rechnungsdatum 2 % Skonto. Den Angebotspreis an die tritt & fit GmbH ermittelt die Fahrradwelt GmbH wie folgt:

	Barverkaufspreis	2.867,81 €	98 %	
+	Skonto	58,53 €	2 %	
=	Zielverkaufspreis	2.926,34 €	100 %	95 %
+	Rabatt	154,02 €		5 %
=	Listenverkaufspreis	3.080,36 €		100 %

Ein Vorteil der Vollkostenkalkulation ist, dass der ermittelte Preis die Kosten deckt und auch noch einen kalkulierten Gewinn erwirtschaftet. Nicht berücksichtigt wird, ob die betreffenden Artikel zu den kalkulierten Preisen überhaupt abgesetzt werden können. Das liegt unter anderem daran, dass die Preise der Konkurrenten für gleiche oder vergleichbare Produkte bei der Preisbestimmung nicht berücksichtigt werden. Auch die Preisbereitschaft der Abnehmer spielt bei der Kalkulation keine Rolle.

Preisstellungssyteme

- *Bruttopreissystem:* Der tatsächlich zu zahlende Preis ergibt sich nach Abzug von Preisnachlässen (Rabatte), wobei es möglich ist, dass mehrere Rabatte hintereinander abgezogen werden können.
- *Nettopreissystem:* Die Preise werden als gestaffelte Festpreise angegeben. Preisnachlässe sind darin bereits eingerechnet.
  Beispiel:
  bis 100 Stück 10,00 €/Stück
  ab 101 Stück 9,00 €/Stück

Fixe und variable Kosten
▶ LF 6, Kap. 5.1.3

Preisuntergrenzen sind Preise, die kurz- oder langfristig nicht unterschritten werden sollten.

Die **Stückkosten** bilden die *langfristige Preisuntergrenze*; wird dieser Wert unterschritten, deckt der Preis nicht mehr alle Kosten (variable- + fixe Stückkosten).

Die **variablen Stückkosten** bilden die *kurzfristige Preisuntergrenze*; bei Unterschreiten dieses Wertes werden noch nicht einmal die variablen Kosten gedeckt.

Zu beachten ist allerdings, dass variable und gesamte Stückkosten von der Absatzmenge abhängen. Durch den Skaleneffekt und die Stückkostendegression sinken beide Werte mit zunehmender Absatzmenge.

Teilkostenrechnung/Deckungsbeitragsrechnung
Bei der Teilkostenrechnung unterscheidet man zwischen fixen Kosten und variablen Kosten. Grundlage für die Preiskalkulation sind zunächst nur die variablen Kosten. In der Regel wird auf die variablen Kosten ein Zuschlag berechnet. Dadurch soll gewährleistet werden, dass zumindest ein Teil der fixen Kosten gedeckt wird. Zieht man von dem Erlös die variablen Kosten ab, so erhält man den sogenannten **Deckungsbeitrag**. Dieser Betrag trägt zur Deckung der fixen Kosten bei:

$$\text{Preis } (p) = \text{variable Kosten } (k_v) + \text{Zuschlag}$$

Wird der Zuschlag als prozentualer Anteil (z) der variablen Kosten berechnet gilt:

$$p = k_v + k_v \cdot z \Leftrightarrow p = k_v \cdot (1 + z)$$

7.1.2 Nachfrageorientierte Verfahren

Nachfrageorientierte Verfahren berücksichtigen neben den Kosten auch die Reaktionen der Nachfrager. Bei den kostenorientierten Verfahren werden bestimmte monetäre Ziele wie positiver Deckungsbeitrag oder Kostendeckung oder ein bestimmter Gewinn vorgegeben und der Preis dann so kalkuliert, dass das angestrebte Ziel erreicht wird. Voraussetzung dafür ist natürlich, dass die angestrebten Absatzmengen auch wirklich abgesetzt werden. Bei den nachfrageorientierten Verfahren geht man umgekehrt vor. Es werden aus dem Marktgeschehen Preise abgeleitet und diese in einer Rückrechnung auf ihre Erfolgswirkung hin überprüft.

Break-even-Analyse
Ein mögliches Instrument, das im Rahmen der nachfrageorientierten Preisbestimmung eingesetzt werden kann, ist die Break-even-Analyse. Bei einer Break-even-Analyse im Zusammenhang mit der Preispolitik werden für verschiedene Preise die erforderlichen Absatzmengen für das Erreichen der Gewinnschwelle oder eines bestimmten Gewinns ermittelt. Die zugehörigen Mengen zum Erreichen der Gewinnschwelle bezeichnet man als Break-even-Mengen. Die Schnittpunkte zwischen der Kosten- und der Umsatzkurve heißen Break-even-Points. Die Preisentscheidung hängt davon ab, welche Absatzmengen das Management als realistisch ansieht.

Ermittlung der Break-even-Menge	Ermittlung der Menge zur Erzielung eines bestimmten Gewinns
Erlös = Kosten	Erlös − Kosten = Gewinn
$p \cdot x = k_v \cdot x + K_f \quad \mid - k_v \cdot x$	$p \cdot x - (k_v \cdot x + K_f) = G \quad \mid$ Klammer auflösen
$p \cdot x - k_v \cdot x = K_f \quad \mid$ x ausklammern	$p \cdot x - k_v \cdot x - K_f = G \quad \mid + K_f$
$x(p - k_v) = K_f \quad \mid : (p - k_v)$	$p \cdot x - k_v \cdot x = G + K_f \quad \mid$ x ausklammern
$x = \frac{K_f}{p - k_v}$	$x(p - k_v) = G + K_f \quad \mid : (p - k_v)$
	$x = \frac{G + K_f}{p - k_v}$

Bezeichnungen:
p vorgegebener Preis x Menge k_v variable Stückkosten K_f Fixkosten G angestrebter Gewinn

Beispiel

Die Fahrradwelt GmbH hatte im vergangenen Jahr von dem Mountainbike FW 510 MB zu einem Preis von 2.900,00 € insgesamt 750 Stück abgesetzt und damit einen Gewinn von 100.000,00 € erzielt. Für die neue Preisplanung möchte Herr Lenkmeister, der geschäftsführende Gesellschafter, wissen:

- Wie viel Stück von dem FW 510 MB pro Jahr zu einem Preis von 2.700,00 € bzw. von 3.100,00 € pro Jahr jeweils abgesetzt werden müssen, um die Selbstkosten zu decken.
- Die gleiche Rechnung soll für die beiden Preise auch für einen angestrebten Gewinn von jeweils 100.000,00 € durchgeführt werden.

Für das FW 510 MB betragen die variablen Stückkosten 2.100,00 € und die anteiligen Fixkosten pro Jahr 500.000,00 €; Rechnungen:

p = 2.700,00 €	
Break-even-Menge	**Absatzmenge für 100.000 € Gewinn**
$x = \frac{500.000}{2.700 - 2.100} = 833,33$	$x = \frac{500.000 + 100.000}{2.700 - 2.100} = 1.000$
p = 3.100 €	
$x = \frac{500.000}{3.100 - 2.100} = 500$	$x = \frac{500.000 + 100.000}{3.100 - 2.100} = 600$

Nebenstehende Abb. zeigt grafisch, dass die Break-even-Mengen sich als x-Koordinaten der Schnittpunkte zwischen den Erlös- und den Kostengeraden ergeben. Für eine grafische Darstellung der notwendigen Absatzmengen zur Erzielung eines Gewinns von 100.00,00 € müsste die Kostengerade um 100.000,00 € parallel nach oben verschoben werden.

Herr Lenkmeister muss nun prüfen, ob es realistisch ist, die ermittelten Absatzmengen zu den betreffenden Preisen tatsächlich zu erreichen. Hierbei ist es hilfreich, Erfahrungen aus der Vergangenheit, z. B. zu Preiselastizitäten der Kunden zu berücksichtigen.

Break-even-Diagramm

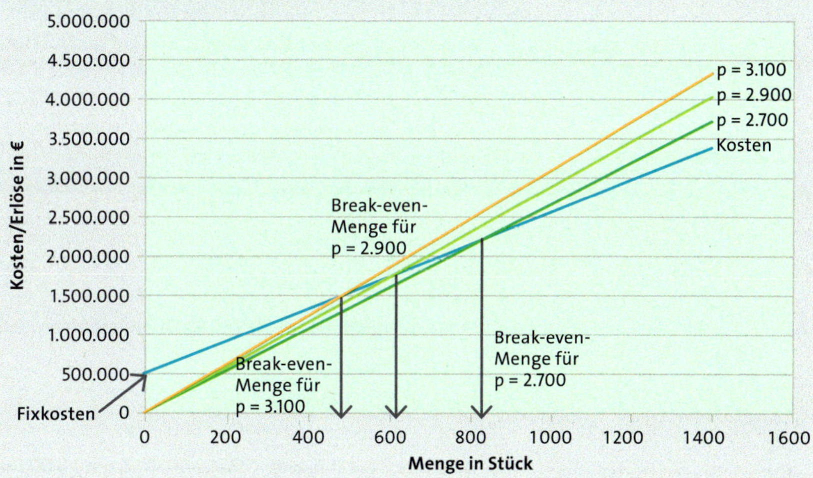

Preiselastizität der Nachfrage

Die Break-even-Analyse lässt sich sinnvoll mit dem Konzept der Preiselastizität verknüpfen. Den Zusammenhang zwischen einer Preisveränderung und der daraus resultierenden Nachfrageveränderung stellt man durch den **Preiselastizitätskoeffizient der Nachfrage** (E_N) dar. Er gibt an, um wie viel Prozent sich die nachgefragte Menge im Durchschnitt verändert, wenn der Preis im Durchschnitt um 1 % verändert wird.

$$E_N = \frac{\text{Mengenveränderung in \%}}{\text{Preisveränderung in \%}}$$

Mengen und Preise
x_0: alte Menge,
x_1: neue Menge,
p_0: alter Preis
p_1: neuer Preis

Eine Veränderung berechnet sich dabei immer als: **neuer Wert – alter Wert.**

$$\text{Mengenveränderung in \%} = \frac{x_1 - x_0}{x_0} \cdot 100 \qquad \text{Preisveränderung in \%} = \frac{p_1 - p_0}{p_0} \cdot 100$$

Bei einem typischen Nachfrageverhalten bewirkt eine Preiserhöhung eine Verringerung, eine Preissenkung dagegen eine Vergrößerung der nachgefragten Menge. Der Preiselastizitätskoeffizient ist daher bei einem solchen Nachfrageverhalten immer negativ. Häufig lässt man zur Vereinfachung das negative Vorzeichen fort.

Mit **Zahlenwert** ist der Wert ohne Berücksichtigung des Vorzeichens gemeint. – 0,5 hat den Zahlenwert 0,5. + 0,5 hat auch den Zahlenwert 0,5. In der Mathematik wird dafür der Begriff „Betrag" verwendet. Bei der Zahl selbst muss natürlich das Vorzeichen beachtet werden.

- Ist der **Zahlenwert** des Koeffizienten größer als 1 ($E_N < -1$), dann ist die prozentuale Mengenveränderung größer als die prozentuale Preisveränderung. Man spricht dann von einem elastischen Nachfrageverhalten.
- Liegt der Zahlenwert des Koeffizienten zwischen 0 und 1 ($-1 < E_N < 0$), dann ist die prozentuale Mengenveränderung geringer als die prozentuale Preisveränderung und man spricht von einem unelastischen Nachfrageverhalten.
- Bei einem Preiselastizitätskoeffizienten von – 1 sind prozentuale Preis- und Mengenänderung gleich, proportionalelastisches Nachfrageverhalten genannt.
- Bei einem Preiselastizitätskoeffizient von 0 reagieren die Nachfrager gar nicht auf Preisveränderungen, das Nachfrageverhalten ist völlig unelastisch.
- Ein positiver Preiselastizitätskoeffizient bedeutet, dass ein untypisches Nachfrageverhalten vorliegt. Bei einer Preiserhöhung würden die Nachfrager mehr, bei einer Preissenkung weniger nachfragen.

Beispiel

Wir betrachten das Beispiel zur Break-even-Analyse nun unter Berücksichtigung der Preiselastizität. Wir gehen von dem ursprünglichen Preis von 2.900,00 € für das Mountainbike FW 510 MB, einer Absatzmenge von 750 Stück pro Jahr und einem Gewinn von 100.000,00 € aus. Die notwendigen Absatzmengen, damit bei einer Preissenkung auf 2.700,00 € bzw. einer Preiserhöhung auf 3.100,00 € der erzielte Gewinn unverändert 100.000,00 € beträgt, entnehmen wir der Tabelle des vorangegangenen Beispiels.

Preis pro MB in €	2.700	2.900	3.100
Preisänderung in %	– 6,90 %	0 %	+ 6,90 %
notwendiger Absatz für 100.000 € Gewinn	1000	750	600
Absatzänderung in %	25 %	0 %	– 20 %
Preiselastizitätskoeffizient	– 3,62 %		– 2,90

Bei einer Preissenkung von 2.900,00 € auf 2.700,00 € müssen die Nachfrager ihre Nachfrage stark ausdehnen, damit zumindest der gleiche Gewinn wie vor der Preissenkung erzielt wird. Die prozentuale Nachfrageerhöhung muss das 3,62-fache der prozentualen Preissenkung betragen. Entsprechend beträgt der zugehörige Preiselastizitätskoeffizient – 3,62. Die Fahrradwelt GmbH kann ihren Gewinn durch die Preissenkung nur steigern, wenn der Zahlenwert des Preiselastizitätskoeffizienten größer als 3,62 ist.
Bei der Preiserhöhung von 2.900,00 € auf 3.100,00 € darf der prozentuale Nachfragerückgang 2,9-mal so hoch sein wie die prozentuale Preissteigerung, damit der alte Gewinn erreicht wird. Die Nachfrager dürfen also elastisch auf die Preiserhöhung reagieren, nur nicht zu stark. Solange der Zahlenwert des Preiselastizitätskoeffizienten kleiner als 2,9 ist, kann die Fahrradwelt GmbH ihren Gewinn durch die Preiserhöhung vergrößern.
Wenn die Fahrradwelt GmbH Informationen über den Wert des Preiselastizitätskoeffizienten hat, kann sie durch entsprechende Preisveränderungen ihren Gewinn steigern.

7.2 Preisbildung unter Berücksichtigung der Marktform

Häufig berücksichtigt man bei der Preisbestimmung verschiedene Marktformen, die man hinsichtlich der Anzahl der Anbieter und Nachfrager auf dem jeweiligen Markt unterscheidet. Vor allem die Wettbewerbssituation eines Unternehmens hängt u. a. von der Art des Marktes ab, auf dem es tätig ist. Man unterscheidet hierbei im Wesentlichen die Marktformen:

- Angebotsmonopol
- Polypol
- Angebotsoligopol

Beim Polypol unterscheidet man in der Theorie noch zwischen einem vollkommenen Markt und unvollkommenen Märkten. Auf einem vollkommenen Markt haben die Nachfrager keinerlei Präferenzen für bestimmte Anbieter, außerdem besteht vollkommene Markttransparenz, die Nachfrager sind also jederzeit über die Preise aller Anbieter informiert. Es wird ferner angenommen, dass sie auf Preisveränderungen ohne jede Zeitverzögerung reagieren. Da die Bedingungen für einen vollkommenen Markt auf realen Märkten nicht gegeben sind, wird im Folgenden immer von unvollkommenen Märkten ausgegangen. Ein unvollkommenes Polypol bezeichnet man als heterogenes Polypol.

7.2.1 Angebotsmonopol

Auf diesem Markt gibt es nur einen Anbieter. Die Nachfrager können entscheiden, ob sie das angebotene Produkt zu dem jeweiligen Preis kaufen wollen oder nicht. Sie können aber nicht zu einem anderen Anbieter ausweichen. Bei einer normalen Reaktion der Nachfrager muss der Monopolist davon ausgehen, dass er bei einer Preiserhöhung weniger, bei einer Preissenkung mehr absetzen kann. Da der Monopolist der einzige Anbieter ist, gibt es folglich keine Wettbewerber und es brauchen bei der Preisbildung keine möglichen Reaktionen von Mitanbietern berücksichtigt zu werden. Da Angebotsmonopole insgesamt und vor allem im Groß- und Außenhandel sehr selten sind, wird die Preisbildung bei dieser Marktform nicht weiter vertieft.

7.2.2 Heterogenes Polypol

Auf einem polypolistischen Markt gibt es sehr viele Anbieter und sehr viele Nachfrager. Jeder Anbieter verfügt nur über einen sehr kleinen Marktanteil, der sich aufgrund der begrenzten Kapazitäten der einzelnen Polypolisten auch nicht nennenswert steigern lässt. Wegen des geringen Marktanteils der einzelnen Polypolisten haben preis- und absatzpolitische Maßnahmen eines Anbieters auf die Absatzmengen der anderen Polypolisten fast keine Auswirkungen. Diese haben daher auch keine Veranlassung, auf Preisveränderungen eines einzelnen Anbieters zu reagieren. Die Konsumenten haben aber in der Regel aus den verschiedensten Gründen Präferenzen für bestimmte Anbieter. Außerdem haben Sie auch nur eine beschränkte Marktübersicht. Hieraus folgt, dass die einzelnen Polypolisten in gewissen Grenzen einen Preisgestaltungsspielraum haben. Die **Preisabsatzfunktionen** der Polypolisten haben daher einen zweifach geknickten Verlauf.

Eine **Preisabsatzfunktion** gibt für ein bestimmtes Produkt den Zusammenhang zwischen dem Preis und der abgesetzten Menge an.

Beispiel

Der Obst- und Gemüsegroßhändler Grünmann e. K. mit Sitz in Düsseldorf vertreibt hauptsächlich regional angebautes Obst und Gemüse an Einzelhändler in Düsseldorf und Umgebung. Seine Konkurrenz besteht neben anderen Großhändlern auch aus vielen Obst- und Gemüsebauern, die ihre Waren direkt an den Einzelhandel vertreiben. Er hat eine gewisse Stammkundschaft, die wegen der guten Qualität und der frischen Ware hauptsächlich bei ihm einkaufen. Aufgrund einer Erfahrung hat er festgestellt, dass während der Erdbeerzeit die verkaufte Erdbeermenge pro Tag, wie in der Preisabsatzfunktion abgebildet, mit dem Preis pro kg variiert: Der mittlere Teil der Preisabsatzfunktion beschreibt das Verhalten der Stammkundschaft. In Abhängigkeit des Preises kaufen die Stammkunden mehr oder weniger Erdbeeren bei Grünmann. Erhöht Grünmann den Preis über 2,00 € pro kg, verliert er darüber hinaus Stammkunden an die Konkurrenz. Der Nachfragerückgang ist also stärker als im Bereich zwischen 1,50 € und 2,00 €. Die Preisabsatzfunktion verläuft daher im Bereich oberhalb von 2,00 € flacher. Das bewirkt den Knick im Punkt P1 (1857 kg / 2,00 €). Senkt Grünmann seinen Preis unter 1,50 €, gewinnt er zusätzliche Kunden von seinen Konkurrenten hinzu. Der Nachfragezuwachs ist also stärker als im mittleren Bereich. Die Preisabsatzfunktion verläuft daher im Bereich unterhalb von 1,50 € ebenfalls flacher als im Preisbereich von 1,50 € bis 2,00 €. Das bewirkt den Knick im Punkt P2 (2143 kg/1,50 €). Den mittleren Preisbereich bezeichnet man auch als monopolistischen Bereich des Polypolisten, da er in diesem Bereich im Wesentlichen unabhängig von seiner Konkurrenz agieren kann.

Preisabsatzfunktion beim heterogenen Polypol

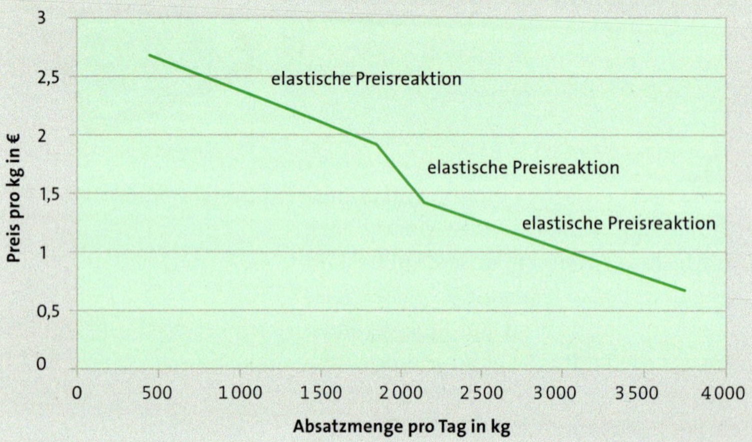

Preis in €	Menge in kg
0,75	3750
1,50	2143
1,75	2000
2,00	1857
2,75	464

7.2.3 Oligopol (Angebotsoligopol)

Bei einem Oligopol gibt es nur wenige Anbieter. Auf jeden Anbieter entfällt damit ein deutlich größerer Marktanteil als das bei einem Polypol der Fall ist. Preisveränderungen eines Oligopolisten wirken sich damit merklich auf die Absatzmengen der übrigen Anbieter aus, sodass diese gegebenenfalls mit entsprechenden Aktionen darauf reagieren. Anbieter auf einem oligopolistischen Markt müssen also neben den Reaktionen der Nachfrager auch die der Wettbewerber beachten. Bei einem Oligopol geht man häufig von einer einfach geknickten Preisabsatzfunktion aus. Bei einer Preissenkung muss der einzelne Oligopolist mit Preisreaktionen der Konkurrenten rechnen, sodass sich nach der Preissenkungsrunde die alten Marktanteile zu einem niedrigeren Preisniveau ergeben. Ein Absatzzuwachs erfolgt nur anteilmäßig entsprechend der Ausdehnung des Marktvolumens. Auf gesättigten Märkten ist das Wachstum des Marktvolumens in der Regel deutlich unterproportional im Vergleich zum Rückgang des Preisniveaus. Die Oligopolisten müssen also befürchten, dass sich durch eine Preissenkung ihre Gewinnsituation verschlechtert. Erhöht ein Oligopolist den Preis, dann besteht für ihn die Gefahr, dass seine Konkurrenten ihm hierbei nicht folgen. Folglich wird er mit einem deutlichen Marktanteilsverlust rechnen müssen, wodurch ebenfalls seine Gewinnsituation verschlechtert wird. Aufgrund der dargelegten Mechanismen sind Preisveränderungen im Oligopol also mit einem beträchtlichen Risiko für den einzelnen Oligopolisten verbunden. Das führt dazu, dass auf oligopolistischen Märkten oft eine gewisse Preisstarrheit beobachtet werden kann. Der Wettbewerb erfolgt dann hauptsächlich nicht über den Preis, sondern über Serviceleistungen, Konditionen etc. Teilweise erfolgt auch informell ein paralleles Verhalten. Ein Unternehmen, z.B. der Marktführer, erhöht den Preis und die anderen folgen. Direkte Preisabsprachen, sogenannte Preiskartelle, sind aber verboten und werden bei Entdeckung durch die Kartellbehörde mit empfindlichen Strafen geahndet.

Beispiel

Angenommen die Die Fahrradwelt GmbH ist auf einem oligopolistischen Markt tätig. Das Unternehmen verlangt aktuell für das Trekking-Pedelec TBE-300 einen Preis von 3.000,00 € und setzt dabei im Durchschnitt 667 Stück im Monat ab. Mit Preisveränderungen hat die Fahrradwelt GmbH folgende Erfahrungen gemacht: Bei einer Preissenkung auf 2.700,00 € erhöhte sich die Absatzmenge kurzfristig auf 834 Pedelecs pro Monat. Das entspricht einem Preiselastizitätskoeffizienten von −2,5. Die Nachfrager reagierten also elastisch auf die Preissenkung. Nach kurzer Zeit ging die Monatsnachfrage auf 720 Stück zurück, was bezogen auf die Ausgangssituation einem Preiselastizitätskoeffizienten von −0,795 und damit einer unelastischen Preisreaktion entspricht. Der Grund dafür waren Preissenkungen der Mitbewerber als Reaktion auf die Preissenkung der Fahrradwelt GmbH, weil sich deren Marktanteile verringert hatten. Insgesamt hat sich dadurch die Gewinnsituation der Fahrradwelt GmbH gegenüber der Ausgangssituation verschlechtert. Bei einer Preiserhöhung von 3.000,00 € auf 3.300,00 € verringerte sich der Monatsabsatz von 667 auf 534 Pedelecs, das entspricht einem Preiselastizitätskoeffizienten von −2 und bedeutet eine elastische Reaktion der Nachfrager. In diesem Fall sind die Wettbewerber der Preiserhöhung der Fahrradwelt GmbH nicht gefolgt. Dadurch haben sich der Marktanteil und die Gewinnsituation der Fahrradwelt GmbH verschlechtert.

Die folgende Abb. zeigt die Zusammenhänge in Form der Preisabsatzfunktion der Fahrradwelt GmbH für das Pedelec TBE-300.

Preisabsatzfunktion im Oligopol

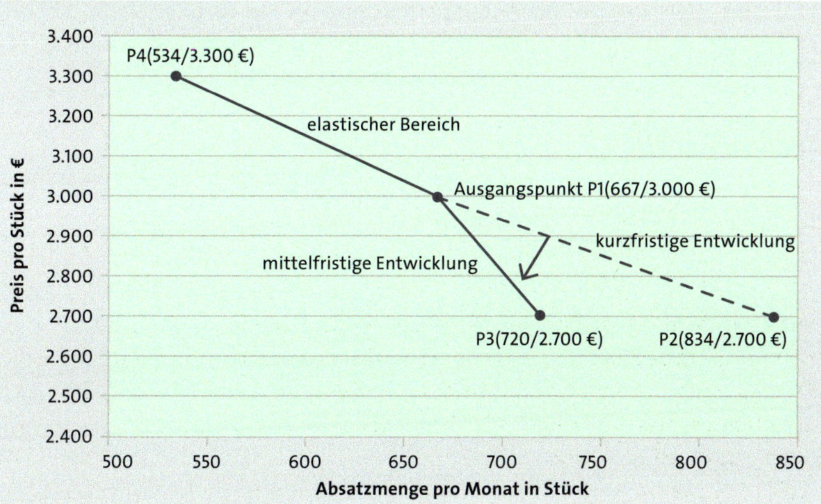

7.3 Preisstrategien

Im Rahmen der Preisstrategien sind Entscheidungen zu treffen, auf welche Weise die preispolitischen Ziele erreicht werden sollen. Man unterscheidet hierbei im Wesentlichen die folgenden Strategieansätze.

7.3.1 Passive Preispolitik

Preisbündelung
Ein weiteres Instrument ist die Preisbündelung. Hier werden mehrere Produkte zu einem Gesamtpreis angeboten. Dieser ist geringer als die Summe der Einzelpreise der einbezogenen Produkte.

Bei der passiven Preispolitik erfolgt eine Orientierung der eigenen Preisstellung am Marktpreis ähnlicher Produkte oder an der Preisstellung bestimmter Konkurrenten (Preisführer). Mögliche Gründe für eine passive Preispolitik sind:
- Vermeidung von Preiskämpfen mit Konkurrenten
- Vermeidung von Risiken aufgrund Unsicherheiten über die Preiselastizität
- Vermeidung von organisatorischen und kommunikationspolitischen Aufwendungen (Preistests, Preiswerbung etc.)
- Eindämmung des Preisinteresses der Abnehmer
- langfristige Sicherung eines hohen Preisniveaus

7.3.2 Aktive Preispolitik

Hierbei erfolgt ein planvoller Einsatz preispolitischer Parameter im Rahmen des Marketing-Mixes. Es lassen sich unter anderem folgende Strategiemöglichkeiten unterscheiden.

Hochpreisstrategie
Der Anbieter ist bestrebt, den höchsten Preis im Vergleich zu den Konkurrenten im Markt durchzusetzen. Eine Hochpreispolitik wird häufig verfolgt, wenn neben der Preisführerschaft auch eine Qualitätsführerschaft angestrebt wird. Diese Strategie ist sinnvoll, wenn der Preis für die Abnehmer ein Qualitätsindikator ist.

Niedrigpreisstrategie
Der Anbieter ist bemüht, den geringsten Preis im Vergleich zu den Konkurrenten zu fordern. Eine Niedrigpreispolitik kann sinnvoll sein:
- bei hoher Preiselastizität der Nachfrager,
- bei hoher **Stückkostendegression**,
- wenn Kapazitäten ausgelastet werden sollen,
- zur Schaffung eines Preisimages,
- bei hohem Preisinteresse der Konsumenten.

Stückkostendegression
Bei einer größeren Absatzmenge verteilen sich die Fixkosten auf eine größere Stückzahl, was zu einem geringeren Fixkostenanteil pro Stück führt; außerdem nehmen auch die variablen Kosten aufgrund des Skaleneffektes. ab. Beide Effekte führen bei einer Ausdehnung der Absatzmenge zu einem Sinken der Stückkosten.

Bei dem Verfolgen einer Niedrigpreisstrategie muss mit Reaktionen der Konkurrenten gerechnet werden. Das kann zu einem Preiskrieg führen. Ein Unternehmen, das eine Niedrigpreisstrategie verfolgen will, muss also ggf. über ausreichende finanzielle Mittel verfügen, um einen solchen Preiskampf durchzuhalten.

Planung der Preisabfolgen bei einer Produktneueinführung
Hinsichtlich der Preisplanung im Zeitablauf wird üblicherweise zwischen der Skimming- und der Penetrationsstrategie unterschieden.

1. Skimmingstrategie (Abschöpfungsstrategie)
Hierbei wird ein hoher Einführungspreis verlangt, der im Zeitablauf schrittweise abgesenkt wird.

Eine Skimmingstrategie kann sinnvoll sein
- bei Produkten mit hohem Innovationsgrad (langsame Marktdurchdringung, niedriger Einführungspreis beseitigt die Marktwiderstände in der Regel nicht, vorwiegend Käufer in der Einführungsphase haben oft nur ein geringes Preisinteresse, mit zunehmender Verbreitung und dem Auftreten neuer Anbieter kann der Preis gesenkt werden).
- bei geringer Preiselastizität in der Einführungsphase.
- bei Monopolstellung in der Einführungsphase (Patent, technischer Vorsprung etc.).
- bei Konzentrationstendenz bei Absatzmittlern (bei hoher Konzentration ist mit starkem Preisdruck durch den Einzelhandel zu rechnen, hoher Einführungspreis schafft Preissenkungsspielraum).

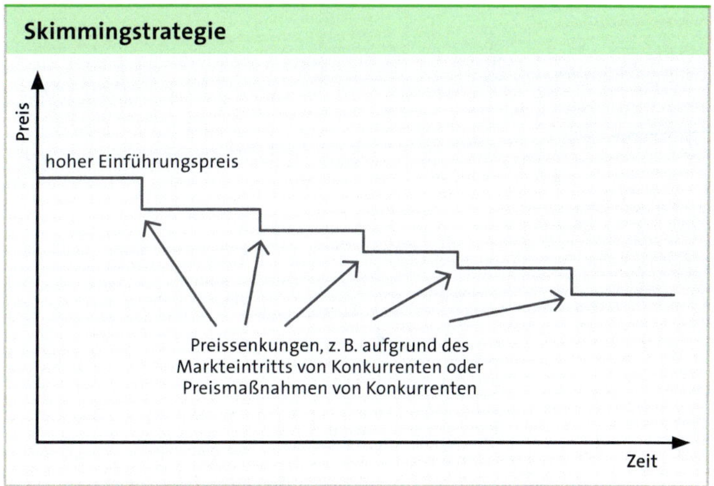

2. Penetrationsstrategie
Es wird ein geringer Einführungspreis verlangt. Nach der Einführungsphase kann der Preis dann evtl. erhöht werden, unverändert bleiben oder sogar noch weiter gesenkt werden.

Eine Penetrationsstrategie kann sinnvoll sein:
- bei hoher Stückkostendegression im Zeitablauf.
- bei geringer Produktüberlegenheit.
- bei geringem Innovationsgrad.
- wenn Konkurrenten durch niedrige Einführungspreise vom Markteintritt abgehalten werden sollen.
- bei hohem Carry-over-Effekt (Absatz der Vorperiode beeinflusst den Absatz der Folgeperiode günstig, d.h., es gibt gute Erfahrungen mit dem Produkt, Produkt wird weiterempfohlen etc.).

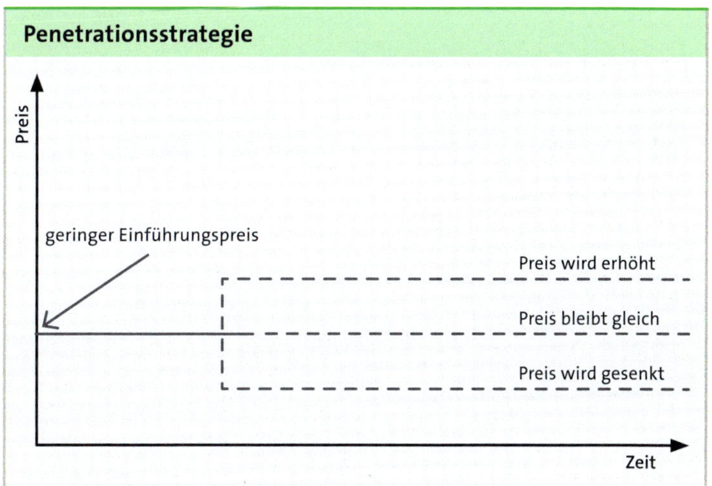

7.4 Preisdifferenzierung

Prinzip der Preisdifferenzierung

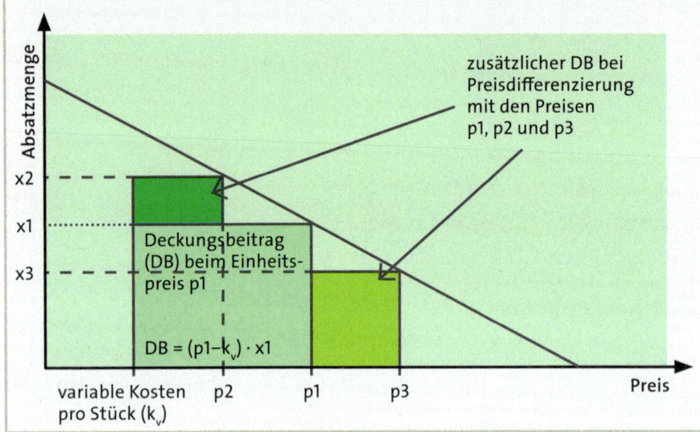

Unter einer Preisdifferenzierung versteht man allgemein, dass für gleiche/ähnliche Güter von verschiedenen Kunden(gruppen) unterschiedliche Preis verlangt werden. Dazu ist es notwendig, dass zwischen den verschiedenen Preisklassen Barrieren aufgebaut werden können. Diese sollen verhindern, dass Kunden mit einer höheren Preisbereitschaft das Gut zu einem differenzierten niedrigeren Preis kaufen.

Durch eine Preisdifferenzierung lässt sich der Deckungsbeitrag und damit auch der Gewinn im Vergleich zu einer Einheitspreisstrategie erheblich steigern. Die nebenstehende Abb. verdeutlich das Grundprinzip dahinter.

Bei einem Einheitspreis von p1 würde ein Deckungsbeitrag erzielt, der der Fläche des blassgrünen Rechtecks entspricht. Bietet das Unternehmen das Produkt auch noch zu den Preisen p2 und p3 an, würde sich der Deckungsbeitrag um die grüne und gelbgrüne Rechteckfläche erhöhen. Die grüne Rechteckfläche zeigt die zusätzliche Nachfrage und den damit verbundenen Deckungsbeitrag von Personen, die zum Preis p1 nicht kaufen würden, wohl aber zum Preis p2. Da p2 höher ist als die variablen Stückkosten, erhöht sich damit auch der Deckungsbeitrag. Die gelbgrüne Rechteckfläche berücksichtigt, dass die blassgrüne Rechteckfläche auch die Nachfrage von Personen enthält, die bereit sind, einen höheren Preis als p1 zu zahlen. Die gelbgrüne Rechteckfläche zeigt den Effekt auf den Deckungsbeitrag, wenn diese höhere Preisbereitschaft zumindest teilweise realisiert wird. Das Ganze funktioniert natürlich nur, wenn verhindert werden kann, dass Personen, die bereit sind den Preis p1 oder p3 zu zahlen, das Produkt zum Preis p2 zu kaufen. Durch unterschiedliche Formen der Preisdifferenzierung gibt es dazu verschiedene Möglichkeiten.

Formen der Preisdifferenzierung

Zeitliche Preisdifferenzierung	Leistungsbezogene Preisdifferenzierung	Kundenbezogene Preisdifferenzierung	Geografische Preisdifferenzierung
Unterschiedliche Preise für die gleiche Leistung, bzw. das gleiche Produkt zu verschiedenen Zeiten festlegen.	Zu einer Hauptleistung wird der Umfang einer Nebenleistung zusammen mit dem Preis differenziert.	Unterschiedliche Preise für die gleiche Leistung bzw. das gleiche Produkt in Abhängigkeit von Kundenmerkmalen festlegen.	Das gleiche Produkt wird an unterschiedlichen Nachfrage- oder Angebotsorten zu unterschiedlichen Preisen angeboten.
Beispiele • Haupt-, Nebensaisontarife • günstige Kinopreise an bestimmten Tagen	*Beispiele* • Bahn, 1. + 2. Klasse • Selbstabholerpreise (Transportleistung) • Kino, Theater (Preisstaffel nach Plätzen)	*Beispiele* • soziodemografische Merkmale • Kaufverhalten (Menge, Treue) • Verwendungszweck (gewerblich, privat)	*Beispiele* • unterschiedliche Preise in verschiedenen Ländern für das gleiche Pkw-Modell

7.5 Staatliche Marktregulierung durch den Preis

Lernvideo
Markt und Preis

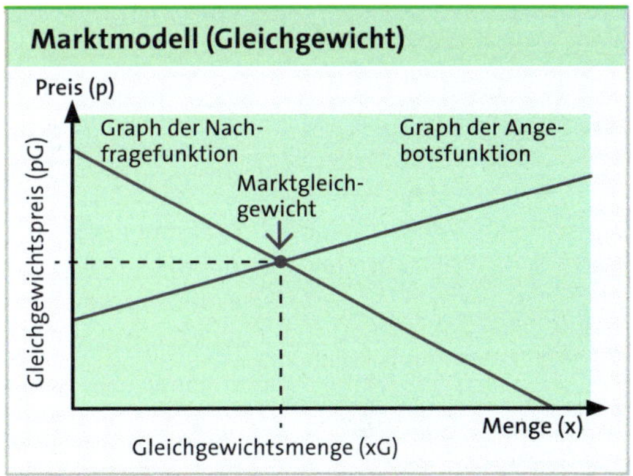

Üblicherweise geht man von der modellhaften Vorstellung aus, dass der Preis eines Gutes durch das Zusammentreffen von Angebot und Nachfrage auf einem Markt entsteht. Je höher der Preis für das Gut ist, umso weniger Personen sind bereit oder in der Lage, das Gut zu kaufen. Sinkt der Preis, ist es für mehr Personen erschwinglich oder attraktiv, und wird daher auch häufiger und in größeren Mengen gekauft. Der Zusammenhang zwischen dem Preis eines Gutes und der nachgefragten Menge wird durch eine sogenannte Nachfragefunktion ausgedrückt. Grundsätzlich gilt dabei, dass die nachgefragte Menge mit fallenden Preisen steigt und mit steigenden Preisen sinkt.

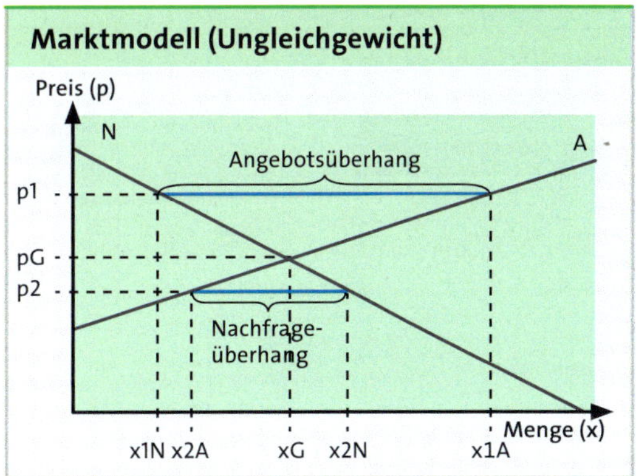

Die Anbieter des Gutes haben entgegengesetzte Interessen wie die Nachfrager. Sie wollen durch Angebot und Verkauf des Gutes einen möglichst hohen Gewinn erzielen. Je höher der Preis des Gutes ist, umso mehr Anbieter können das Gut gewinnbringend oder wenigstens kostendeckend anbieten. Außerdem sind die einzelnen Anbieter bereit, zu höheren Preisen größere Mengen anzubieten als zu niedrigeren. Den Zusammenhang zwischen dem Preis und der angebotenen Menge des Gutes bezeichnet man als Angebotsfunktion. Hier gilt, dass die angebotene Menge mit steigenden Preisen steigt und mit fallenden Preisen sinkt. Im Schnittpunkt der Graphen von Angebots- und Nachfragefunktion befindet sich der Markt im Gleichgewicht. Der zugehörige Preis heißt Gleichgewichtspreis. Beim Gleichgewichtspreis sind die angebotene und die nachgefragte Menge gleich groß. Sie wird als Gleichgewichtsmenge bezeichnet. Im Marktgleichgewicht haben weder Anbieter noch Nachfrager einen Grund, an der Situation etwas zu ändern. Alle Nachfrager, die zu dem Gleichgewichtspreis das Gut kaufen wollen, können es tatsächlich erwerben. Gleichzeitig können die Anbieter zum Gleichgewichtspreis ihr komplettes Angebot verkaufen. Man sagt daher, dass zum Gleichgewichtspreis der Markt geräumt wird.

Alle Preise, die über oder unter dem Gleichgewichtspreis liegen, führen zu einem Marktungleichgewicht. Preise oberhalb des Gleichgewichtspreises führen zu einem Angebotsüberhang, Preise unterhalb des Gleichgewichtspreises zu einem Nachfrageüberhang. Die zugehörigen Marktsituationen sind nicht stabil, da nicht die Wünsche aller Marktteilnehmer erfüllt werden. Bei einem Angebotsüberhang werden die Anbieter die Preise senken, damit sie den Angebotsüberhang verkaufen können. Dadurch scheiden Anbieter aus dem Markt aus, die zu dem gesunkenen Preis nicht mehr gewinnbringend anbieten können. Die verbleibenden Anbieter werden ihre Angebotsmenge reduzieren. Auf der anderen Seite steigt bei dem gesunkenen Preis die nachgefragte Menge. Dieser Prozess wird solange anhalten, bis das Marktgleichgewicht erreicht ist.

Den beschriebenen Vorgang bezeichnet man als **Marktmechanismus**. Auch bei einem Nachfrageüberhang wird der Marktmechanismus dazu führen, dass das Marktgleichgewicht erreicht wird. Die Anbieter stellen hier fest, dass sie zu dem bestehenden Preis mehr verkaufen können, als sie zu diesem Preis bereit sind. Sie werden daher den Preis erhöhen. Das führt zu einer Vergrößerung der angebotenen Menge, gleichzeitig sinkt die nachgefragte Menge. Auch dieser Prozess hält bis zum Erreichen des Marktgleichgewichtes an. Der Marktmechanismus ist sehr effektiv. Darum greift der Staat meistens auch nicht in diesen Prozess ein. Es gibt jedoch Situationen, in denen ein staatlicher Eingriff in die Preisbildung gerechtfertigt sein kann. Das ist z.B. dann der Fall, wenn der Marktpreis zur Befriedigung von Grundbedürfnissen, z.B. Nahrung, Wohnung, Heizung, so hoch ist, dass die Existenzsicherung größerer Personengruppen gefährdet ist. Andere Gründe sind:

- Erhaltung als wichtig erachteter Produktionszweige, z.B. Landwirtschaft
- Beeinflussung von unerwünschtem Verhalten, z.B. Umweltzerstörung, Gesundheitsschädigung (Alkohol- und Tabakkonsum)
- Förderung von erwünschtem Verhalten, z.B. Verringerung von CO_2-Emissionen

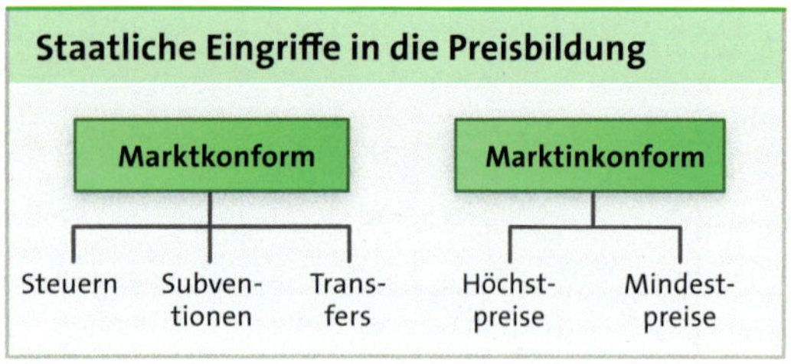

Man unterscheidet bei den staatlichen Maßnahmen zwischen marktkonformen und marktinkonformen Eingriffen. Bei den marktkonformen Eingriffen wird der Marktmechanismus nicht außer Kraft gesetzt, sondern in eine gewünschte Richtung gelenkt. Man spricht daher von Lenkungsmaßnahmen. Erwünschtes Verhalten soll gefördert, unerwünschtes gehemmt werden. Bei den marktinkonformen Eingriffen wird der Marktmechanismus dagegen außer Kraft gesetzt.

7.5.1 Marktkonforme Eingriffe in die Preisbildung

Steuern

Durch Verbrauchssteuern auf bestimmte Güter soll der Marktpreis für die Güter erhöht und damit die nachgefragte Menge verringert werden, z.B.:

- Tabaksteuer und Alkoholsteuer (Gesundheitsschäden vermeiden)
- Energiesteuer, Ökosteuer, CO_2-Steuer (klimaschädliche Gase verringern)

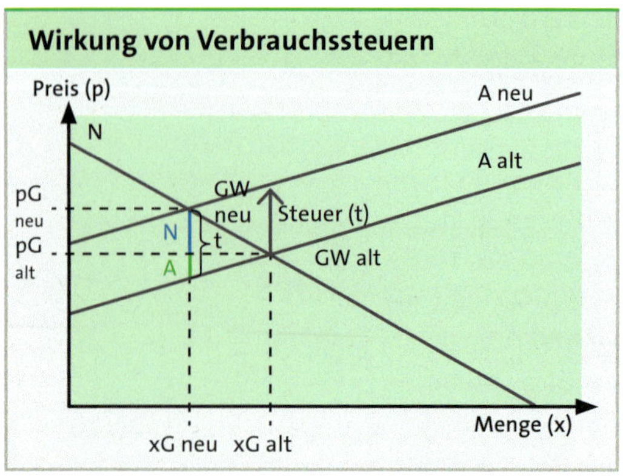

Die Verbrauchssteuern müssen von den Unternehmen abgeführt werden. In aller Regel werden sie diese auf den Preis aufschlagen, sodass sie von den Nachfragern getragen werden. Die Steuer bewirkt, dass der Graph der Angebotsfunktion um die Steuer pro Verbrauchseinheit parallel nach oben verschoben wird.

Dadurch ergibt sich der neue Gleichgewichtspreis pG neu. Zieht man von pG neu die Steuer (t) ab, dann sieht man, dass die Steuer sowohl von den Nachfragern als auch von den Anbietern getragen werden muss. Das hängt damit zusammen, dass aufgrund der Nachfragereduktion der Gleichgewichtspreis kleiner ist als pG alt + t:

- Anteil der Nachfrager = pG neu – pG alt
- Anteil der Anbieter = t – (pG neu – pG alt) = t + pG alt – pG neu

Subventionen

Subventionen sind staatliche Leistungen an Unternehmen, für die keine Gegenleistungen erbracht werden müssen. Sie können unterschiedlich ausgeprägt sein. Üblich sind direkte Zuschüsse, günstige Kredite, staatliche Garantien, Steuererleichterungen. Auch die Gründe für die Gewährung von Subventionen sind vielfältig.

Beispiele

- Förderung gesamtgesellschaftlich relevanter Forschungs- und Entwicklungsvorhaben
- Erhaltung von Arbeitsplätzen
- Hilfen für einen notwendigen Strukturwandel

Subventionen sind mit dem Problem behaftet, dass sie den Wettbewerb verzerren. Darum sind sie nach dem EU-Recht auch grundsätzlich untersagt. Sollen sie aus wichtigen Gründen trotzdem gewährt werden, müssen sie von der EU-Kommission genehmigt werden. Bei einer Stücksubvention verschiebt sich im Idealfall der Graph der Angebotsfunktion für das betreffende Gut parallel um den Subventionsbetrag nach unten. Den gleichen Effekt erhält man, wenn eine allgemein gewährte Subvention in eine Stücksubvention umgerechnet werden kann.

Beispiel für eine Stücksubvention

Die Hersteller von Elektroautos bekommen für jedes verkaufte Elektroauto einen bestimmten Betrag als Zuschuss.

Transfers

Transfers sind Leistungen des Staates an private Haushalte, für die keine Gegenleistung verlangt wird.

Beispiel

Bei der Innovationsprämie zahlt der Staat bei Kauf eines Elektroautos, Plug-in-Hybrid-Autos oder Brennstoffzellenautos dem Käufer eine Prämie. Sie soll einen Beitrag zum Umweltschutz durch einen Kaufanreiz für ein Elektrofahrzeug liefern und Umsatzeinbrüche der Automobilindustrie für Diesel-Fahrzeuge und Benziner kompensieren.

Eine Transferzahlung bewirkt im Marktmodell, dass der Graph der Nachfragefunktion um den Transferbetrag parallel nach oben verschoben wird.

Durch die Transferzahlung vergrößert sich die Gleichgewichtsmenge von xG alt auf xG neu. Außerdem steigt der Gleichgewichtspreis auf pG neu. Durch die Preissteigerung erhalten auch die Anbieter einen Teil der Transferzahlung, obwohl er an die Nachfrager ausgezahlt wird.

Wirkung von Transfers

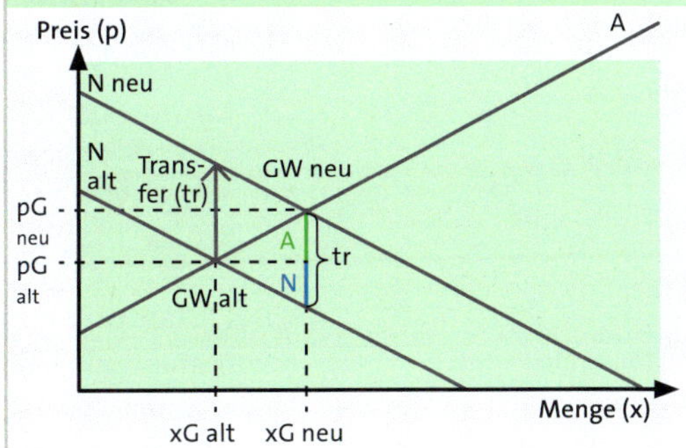

7.5.2 Marktinkonforme Eingriffe in die Preisbildung

Staatliche Höchstpreise

Bei einem staatlichen Höchstpreis für ein Gut bestimmt der Staat, dass der Verkaufspreis nicht über dem festgesetzten Höchstpreis liegen darf. Dieser liegt dabei unter dem Marktpreis. Durch staatliche Höchstpreise sollen z. B. die Preise für Güter zur Befriedigung von Grundbedürfnissen begrenzt werden. Dadurch soll gewährleistet werden, dass auch Personen mit einem normalen oder niedrigen Einkommen diese Güter erwerben können.

Beispiel

Ein Beispiel für einen Höchstpreis ist die sogenannte Mietpreisbremse. Sie besagt vereinfacht ausgedrückt, dass bei einer Wiedervermietung von Bestandswohnungen (keine Neubauten) in Gebieten mit angespanntem Wohnungsmarkt, die Miete höchstens 10 % über der ortsüblichen Vergleichsmiete liegen darf. Ob eine Mietpreisbremse in einem Bundesland eingeführt wird und in welchen Gebieten der Wohnungsmarkt als angespannt gilt, bestimmen die jeweiligen Landesregierungen. Die Mietpreisbremse gilt zunächst bis 2025.

Nachfrageüberhang
▶ LF 6, Kap. 7.5

Ein staatlich verordneter Höchstpreis unterhalb des Gleichgewichtspreises führt zu einem **Nachfrageüberhang**. Es müssen also ggf. geeignete Regelungen getroffen werden, wie das knappe Gut verteilt werden soll. Staatlich Höchstpreise bergen daher die Gefahr, dass sich ein Schwarzmarkt bildet, d. h. die Nachfrager zahlen unter der Hand mehr als den festgesetzten Höchstpreis.

Staatliche Mindestpreise

Ein staatlicher Mindestpreis soll die Existenz von Anbietern eines Gutes sichern, wenn für eine Vielzahl der Anbieter dieses Gutes der Marktpreis unter den Selbstkosten liegt. Mit dem Mindestpreis garantiert der Staat den Anbietern, dass sie das Gut zu diesem Preis verkaufen können. Damit der Mindestpreis eine Wirkung entfalten kann, liegt er über dem Gleichgewichtspreis.

Beispiel

Ein Beispiel für staatliche Mindestpreise liefert der europäische Agrarmarkt. Ende der 1950er Jahre wurde von den Mitgliedstaaten der Europäischen Wirtschaftsgemeinschaft (EWG) ein Garantiepreissystem für Agrarprodukte eingeführt. Dadurch sollte die Lebensmittelproduktion in Europa nach den Hungersnöten in Folge des 2. Weltkrieges gesteigert werden. Die Landwirte konnten Agrargüter zu garantierten Mindestpreisen absetzen. Produktionsmengen, die zu diesen Preisen nicht abgesetzt werden konnten, wurden von staatlichen Stellen aufgekauft, teilweise gelagert, vernichtet oder zu geringen Preisen exportiert. Dieses System führte zunehmend zu hohen Produktionsüberschüssen, sodass es mehrfach reformiert und schließlich von direkten Zuschüssen unabhängig von den Produktionsmengen abgelöst wurde.

Die **EWG** war eine Vorläuferorganisation der heutigen Europäischen Union (EU).

Angebotsüberschuss
▶ LF 6, Kap. 7.5

Die Erfahrungen mit der europäischen Agrarpolitik demonstrieren das Hauptproblem staatlich festgesetzter Mindestpreise. Sie führen zu Angebotsüberschüssen. Diese müssen durch den Staat vom Markt genommen werden, um die garantierten Mindestpreise zu gewährleisten. Das ist mit sehr hohen Kosten verbunden.

Alles klar?

1 Die Großhandlung Krims & Kram GmbH kalkuliert den Preis für den Artikel Plumm mit einem Handlungskostenzuschlagssatz von 20 % und einem Gewinnzuschlagssatz von 12 %.
Ermitteln Sie den Barverkaufspreis für Plumm, wenn der Einstandspreis pro Stück 25,00 € beträgt.

2 Die Krims & Kram GmbH bietet auch den Artikel Plim an. Für Plim betragen die variablen Stückkosten 16,00 €. Die Krims & Kram GmbH verkauft Plim zu einem Stückpreis von 20,00 €. Im vergangenen Jahr konnte die Krims & Kram GmbH zu diesem Preis 24 000 Stück von Plim absetzen.

- **a)** Ermittelne Sie den Umsatz, den die Krims & Kram GmbH im vergangenen Jahr mit dem Verkauf von Plim erzielt hat.
- **b)** Ermitteln Sie den Deckungsbeitrag, der im vergangenen Jahr durch Plim erreicht wurde.
- **c)** Die anteiligen Fixkosten für Plim betragen 100.000,00 € pro Jahr. Ermitteln Sie, welcher Erfolg (Gewinn oder Verlust) im vergangenen Jahr mit Plim erzielt wurde.
- **d)** Ermitteln Sie, welche Menge pro Jahr von Plim abgesetzt werden muss, damit die Kosten gerade gedeckt werden.
- **e)** Ermitteln Sie, welche Menge pro Jahr von Plim abgesetzt werden muss, damit ein Gewinn von 20.000,00 € erzielt wird.
- **f)** Im Preisbereich von 17,00 € bis 23,00 € beträgt der Preiselastizitätskoeffizient der Nachfrage für Plim – 2. Ermitteln Sie die Absatzmenge und den Deckungsbeitrag pro Jahr, den die Krims & Kram GmbH erzielen würde, wenn sie den Preis für Plim von 20,00 € auf 22,00 € erhöhen würde.
- **g)** Geben Sie eine begründete Empfehlung, ob die Krims & Kram GmbH den Preis auf 22,00 € erhöhen sollte.

3 Die Krims & Kram GmbH hat im vergangenen Monat von dem Artikel Plamm zu einem Preis von 8,00 € pro Stück 3000 Stück abgesetzt. Für Plamm sind die folgenden Kosten zu berücksichtigen:

- variable Kosten pro Stück: 4,00 €
- fixe Kosten pro Monat: 8.400,00 €

- **a)** Ermitteln Sie für die folgende Tabelle die fehlenden Werte.

Verkaufspreis	Break-even-Menge	Menge für 3.600,00 € Gewinn
6,00 €		
8,00 €	2100	3600
10,00 €		

- **b)** Welchen Zahlenwert darf der Preiselastizitätskoeffizient von Plamm nicht überschreiten, damit der Monatsgewinn bei einer Preiserhöhung von 8,00 € auf 10,00 € nicht unter 3.600,00 € sinkt?
  Hinweis: Mit Zahlenwert ist der Wert des Preiselastizitätskoeffizienten ohne Berücksichtigung des Vorzeichens gemeint.
- **c)** Welchen Zahlenwert muss der Preiselastizitätskoeffizient mindestens haben, damit der Monatsgewinn bei einer Preissenkung von 8,00 € auf 6,00 € nicht unter 3.600,00 € sinkt?
- **d)** Angenommen im Preisbereich von 5,00 € bis 11,00 € hat der Preiselastizitätskoeffizient von Plamm einen Wert von – 2,2. Geben Sie eine begründete Empfehlung, welchen der drei Preise (6,00 €, 8,00 €, 10,00 €) die Krims & Kram GmbH verlangen sollte.

4 Bei einem heterogenen Polypol

- **a)** gibt es einen starken Wettbewerb zwischen den Anbietern.
- **b)** reagieren die Mitbewerber auf Preismaßnahmen einzelner Anbieter mit eigenen Preisaktionen.
- **c)** haben die Nachfrager keine Präferenzen für einzelne Anbieter.
- **d)** hat der Graph der Preisabsatzfunktion einen doppelt geknickten Verlauf.
- **e)** haben die einzelnen Anbieter keinen eigenen preispolitischen Spielraum.
- **f)** haben die einzelnen Polypolisten jeweils hohe Marktanteile.

5 Bei einer passiven Preisstrategie
- **a)** wird gar nicht auf Preisveränderungen von Mitbewerbern reagiert.
- **b)** wird der Preis für lange Zeit konstant gehalten.
- **c)** orientiert man sich am Marktpreis oder an der Preisstellung des Markt- bzw. Preisführers.
- **d)** verhält man sich gegenüber dem Marktgeschehen passiv.
- **e)** versucht man sich durch den Preis von den Mitbewerbern abzugrenzen.

6 Mit einer Skimmingstrategie
- **a)** versucht man eine hohe Preisbereitschaft eines Teils der potenziellen Käufer zunächst abzuschöpfen.
- **b)** reagiert man auf eine hohe Preiselastizität der Nachfrage.
- **c)** berücksichtigt man einen geringen Innovationsgrad des einzuführenden Produktes.
- **d)** versucht man Mitbewerber von einem Markteintritt abzuhalten.
- **e)** versucht man schnell eine hohe Marktdurchdringung zu erreichen.

7 Ein Preiselastizitätskoeffizient
- **a)** von – 3 bedeutet eine elastische Nachfragereaktion auf Preisveränderungen.
- **b)** von – 1 bedeutet eine unelastische Nachfragereaktion auf Preisveränderungen.
- **c)** von – 0,5 bedeutet eine elastische Nachfragereaktion auf Preisveränderungen.
- **d)** von + 1 bedeutet ein typisches Nachfrageverhalten auf Preisveränderungen.
- **e)** von 0 bedeutet eine extrem hohe Nachfragereaktion auf Preisveränderungen.

8 Bei einem Marktungleichgewicht
- **a)** besteht immer ein Nachfrageüberhang.
- **b)** stimmen die Pläne von Anbietern und Nachfragern nicht überein.
- **c)** führt der Marktmechanismus dazu, dass sich der Marktpreis immer weiter vom Gleichgewichtspreis entfernt.
- **d)** kann das Marktgleichgewicht nur durch staatliche Eingriffe wieder erreicht werden.
- **e)** stimmen die angebotene und die nachgefragte Menge überein.

9 Die Erhebung von Verbrauchssteuern
- **a)** hat keinen Einfluss auf den Graph der Angebotsfunktion.
- **b)** führt zu einer Parallelverschiebung des Graphen der Nachfragefunktion nach rechts oben.
- **c)** führt zu einer Parallelverschiebung des Graphen der Angebotsfunktion nach links oben.
- **d)** führt zu einem dauerhaften Marktungleichgewicht.
- **e)** führt zu einer Verringerung des Gleichgewichtspreises.

10 Subventionen
- **a)** sind staatliche Leistungen an private Haushalte, für die keine Gegenleistung verlangt wird.
- **b)** führen zu einer Parallelverschiebung des Graphen der Angebotsfunktion nach rechts unten.
- **c)** führen dazu, dass die Anbieter zu jedem Preis weniger anbieten als ohne Subventionen.
- **d)** sind nach EU-Recht erlaubt, müssen allerdings bei der EU-Kommission angemeldet werden.
- **e)** führen zu einer Verringerung der Gleichgewichtsmenge.

11 Staatliche Mindestpreise
- **a)** führen dazu, dass das Marktgleichgewicht wieder erreicht wird.
- **b)** sind ein marktkonformer Eingriff in die Marktpreisbildung.
- **c)** führen zu einer Verschiebung des Graphen der Angebotsfunktion nach links oben.
- **d)** dienen dem Verbraucherschutz.
- **e)** führen zu einem Angebotsüberhang.

12 Transfers
- **a)** führen zu einer Parallelverschiebung des Graphen der Nachfragefunktion nach links unten.
- **b)** führen zu einer Verringerung der Gleichgewichtsmenge.
- **c)** führen zu einer Verringerung des Gleichgewichtspreises
- **d)** führen zu einer Parallelverschiebung des Graphen der Angebotsfunktion nach links oben.
- **e)** sind Leistungen des Staates an private Haushalte, für die keine Gegenleistung verlangt wird.

8 Kommunikationspolitik

Im Rahmen der Kommunikationspolitik befasst man sich mit der Planung, Durchführung und Kontrolle von Kommunikationsmaßnahmen. Diese sollen die Erreichung der angestrebten Marketingziele unterstützen. Immer wenn eine Kommunikationsaufgabe systematisch gelöst werden soll, muss ein Kommunikationskonzept erstellt werden.

8.1 Kommunikationskonzept

AB ▶ LS 70

Unter einem Kommunikationskonzept versteht man vereinfacht ausgedrückt, einen Plan zur Entwicklung und Durchführung von Kommunikationsmaßnahmen. Ein wichtiger Bestandteil eines Kommunikationskonzeptes ist die Kommunikationsstrategie, in der Zielsetzung und Richtung der Kommunikation festgelegt werden. Zur Ausarbeitung einer Strategie müssen zu den nachfolgenden Punkten Entscheidungen getroffen werden.

Elemente einer Kommunikationsstrategie

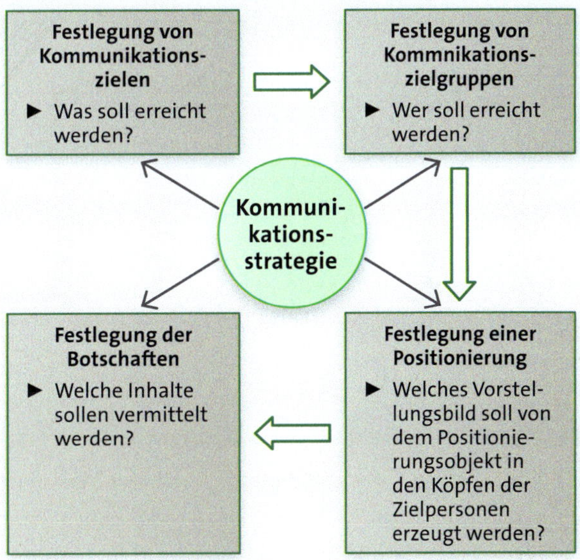

8.1.1 Kommunikationsziele

Kommunikationsziele werden häufig in die folgenden drei Gruppen unterteilt:

- Bekanntheit
- Information/Wissen
- Beeinflussung.

Es handelt sich hierbei um Ziele, die sich durch Kommunikationsmaßnahmen erreichen lassen. Die Kommunikationsziele beziehen sich auf den gesamten Kommunikationsmix. Daraus abgeleitet lassen sich speziellere Ziele für bestimmte Kommunikationsinstrumente und Kommunikationsmaßnahmen festlegen. Grundlage für die Formulierung von Kommunikationszielen sind die übergeordneten Ziele, also etwa Marketingziele, die sich auf den gesamten Marketingmix beziehen:

- **Bekanntheitsziele** streben Aufmerksamkeit, Wiedererkennung und aktives Erinnern bezogen auf das Kommunikationsobjekt an.
- **Informationsziele** berücksichtigen den Aufbau und die Veränderung von Wissen über das Kommunikationsobjekt.
- **Beeinflussungsziele** beziehen sich grob gesagt auf Wahrnehmungen, Bewertungen und Handlungstendenzen bezogen auf das Kommunikationsobjekt. Sie können ein breites Spektrum von Aspekten berücksichtigen, z. B. Einstellungen, Emotionen, Vorstellungsbilder, Handlungen.

8.1.2 Kommunikationszielgruppen

Kommunikationszielgruppen sind die Personengruppen, bei denen die angestrebten Kommunikationsziele erreicht werden sollen. Bei der Bestimmung der Zielgruppen spielt die Güterart eine große Rolle. Die untenstehende Übersicht gibt einen Überblick, welche Aspekte bei einer Zielgruppenabgrenzung in Abhängigkeit der jeweiligen Güterart berücksichtigt werden können. Für Groß- und Außenhandelsunternehmen spielen die Produktions- bzw. Handelsgüter die Hauptrolle, da sie ihre Waren nicht an Endverbraucher, sondern an Unternehmen verkaufen. Bei Verkäufen an den Einzelhandel, der die Waren an Endverbraucher weiterverkauft, macht es für Großhändler allerdings Sinn, auch die Endverbraucher im Blick zu haben.

Funktionsträger eines Buying-Centers

Einkäufer (Buyer) sind Organisationsmitglieder, die aufgrund ihrer formalen Kompetenz Lieferanten auswählen und Kaufabschlüsse tätigen. Sie gehören in der Regel der Einkaufsabteilung eines Unternehmens an.

Benutzer (User) sind die Personen, die später mit dem zu kaufenden Gut arbeiten müssen.

Beeinflusser (Influencer) sind Personen, die formal nicht am Kaufprozess beteiligt sind, aber über ein Beschaffungsobjekt durch (informelle) Einflussnahme mitentscheiden, z. B. durch Festlegung von bestimmten Normen oder, technischen Mindestanforderungen.

Informationsselektierer (Gatekeeper) steuern den Informationsfluss im und in das Buying-Center. Z. B. Assistenten von Entscheidungsträgern üben durch ihre Entscheidungsvorbereitung einen indirekten Einfluss auf die Entscheidung aus.

Entscheider (Decider) sind diejenigen Organisationsmitglieder, die aufgrund ihrer Machtposition letztlich die Auftragsvergabe bestimmen. Hierbei handelt es sich in der Regel um Mitglieder der Unternehmensleitung.

Zielgruppenanalyse

Konsumgut Verbrauchsgut

- Kommen Verwender als Zielpersonen in Frage?
  - Markentreue
  - Probierfreudigkeit
  - Übereinstimmung zwischen Einstellungen und Produkteigenschaften
  - Verwendungshäufigkeit
  - Größe der Potenziale
- Kommen Nichtverwender als Zielpersonen in Frage?
  - Marktentwicklung
  - freie Potenziale
  - Trends
  - Substitutionsgüter
- Muss zwischen Verwendern und Käufern unterschieden werden?
  - Wer ist Käufer?
  - Wer ist Verwender?

Konsumgut Gebrauchsgut

- Kommen Besitzer von Produkten der Produktgruppe als Zielpersonen in Frage?
  - Zusatzanschaffung
  - Ersatzanschaffung
    - Innovationsgeschwindigkeit
    - Produktalter
- Kommen Nichtbesitzer von Produkten der Produktgruppe als Zielpersonen in Frage?
  - Marktentwicklung
  - freie Potenziale
  - Trends
  - Substitutionsgüter
  - Komplementärgüter
- Kaufentscheidungsprozess
  - Wer trifft die Kaufentscheidung und die Markenwahl?

Dienstleistung

- Dienstleistung wird bereits in Anspruch genommen
  - Markentreue
  - Probierfreudigkeit
  - Einstellungen
  - Häufigkeit der Inanspruchnahme
  - Größe der Potenziale
- Dienstleistung wird noch nicht in Anspruch genommen
  - Marktentwicklung
  - freie Potenziale
  - Trends
  - Bedarf
- Ähnliche Dienstleistungen werden in Anspruch genommen
- Wer entscheidet über Inanspruchnahme?

Innovation

- Übereinstimmung zwischen Bedürfnissen und Eigenschaften der Innovation
  - Hobbys
  - Interessen
  - Neigungen
  - persönliche Situation
  - Einstellungen
  - Vorlieben
- Ersetzt die Innovation vorhandene Produkte?
  - Wer besitzt oder benutzt solche Produkte?
- Innovationsfreude

Produktionsgut Handelsgut

- Welche Unternehmen kommen als Zielunternehmen in Frage?
  - Branche
  - Bedarf
  - Größe
  - Standort
  - Einsatzmengen
  - Einsatzhäufigkeit
  - Kaufsituation (Erst-/Wiederholungskauf)
- Funktionsträger, die am Entscheidungsprozess beteiligt sein können
  - Entscheider
  - Anwender/Nutzer
  - Einkäufer
  - Beeinflusser
  - Informationsselektierer

8.1.3 Positionierung

Bei einer Positionierung wird festgelegt, welches Vorstellungsbild über das Kommunikationsobjekt in den Köpfen der Zielpersonen erzeugt werden soll. Die Umsetzung einer Positionierung kann als erfolgreich betrachtet werden, wenn es gelingt, das angestrebte Vorstellungsbild tatsächlich in den Köpfen der Zielpersonen zu verankern. In diesem Fall stimmt die sogenannte **Sollposition** (= angestrebtes Vorstellungsbild) mit der **Istposition** (= tatsächliches Vorstellungsbild) überein. Eine strategisch geplante und gelungene Positionierung ist ungemein wichtig, denn die Zielpersonen machen sich in jedem Fall ein Vorstellungsbild von dem Positionierungsobjekt, wenn sie damit in Kontakt kommen. Hat man keine Positionierung festgelegt und die Kommunikation sowie das insgesamt beeinflussbare Umfeld darauf abgestimmt, ist es höchst ungewiss, welches Vorstellungsbild bei den Zielpersonen über das Kommunikationsobjekt entsteht.

Damit eine Positionierung gute Chancen auf Erfolg hat, müssen einige Aspekte berücksichtigt werde. Diese sind in der folgenden Übersicht dargestellt.

Anforderungen an eine gute Positionierung

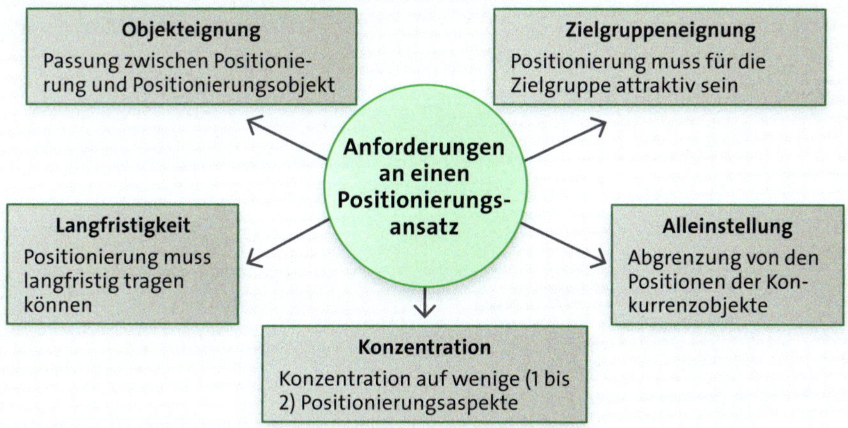

Teilweise entstehen Positionierungen aus einem Gedankenblitz oder einer genialen Intuition. Darauf kann man sich aber leider nicht verlassen. Ein tragfähiges Verfahren besteht darin, die Positionierung auf der Grundlage einer SWOT-Analyse zu entwickeln. Einen guten Positionierungsansatz erhält man, wenn man als Grundlage für eine Positionierung eine Stärke oder ggf. eine Kombination aus zwei, maximal drei Stärken nimmt. Evtl. kann man eine Stärke auch mit einer Chance kombinieren, die dann als Verstärkung wirken kann. Die nebenstehende Übersicht fasst die Möglichkeiten zusammen.

SWOT-Matrix

	Stärken	Schwächen
Chancen	Herausstellung einer oder mehrerer **Stärken**, evtl. Kombination mit einer Chance ▶ **bester Ansatz**	Kompensation einer Schwäche durch eine Chance ▶ **nicht gut geeignet**
Risiken	Ausgleich eines Risikos durch eine Stärke ▶ **im Notfall akzeptabel**	Umwandlung einer Schwäche in eine Stärke ▶ **nicht geeignet**

Nachdem klar ist, auf welchen Aspekten die Positionierung basieren soll, muss sie noch durch eine **Positionierungsformulierung** konkretisiert werden. Mit dieser Formulierung wird die angestrebte Positionierung verbalisiert. Die Formulierung sollte kurz und prägnant (1 bis 2 Sätze), aber trotzdem klar sein.

SWOT-Analyse
▶ LF 6, Kap. 2.1.3

8.1.4 Botschaften

Die Positionierung gibt die Leitlinie für die Kommunikation vor. Sie wird aber nicht unmittelbar nach außen kommuniziert. Es muss daher festgelegt werden, durch welche Hauptbotschaften die Positionierung den Zielpersonen vermittelt werden soll. Bei den Hauptbotschaften handelt es sich um Vorgaben, durch die die Positionierung auf konkrete Inhalte heruntergebrochen wird. Hinweise auf relevante Inhalte lassen sich in der SWOT-Tabelle in dem Feld der „Stärken“ finden. Es muss allerdings berücksichtigt werden, dass die Stärken, die zu Hauptbotschaften ausgebaut werden sollen, auch zur Positionierung passen. Bei der Festlegung der Botschaften muss darauf geachtet werden, dass den Zielpersonen ein Vorteil bzw. Nutzen vermittelt wird. Aspekte, die für die Zielpersonen keinerlei Bedeutung haben, sind als Botschaftsinhalte folglich nicht geeignet.

8.1.5 Umsetzung der Kommunikationsstrategie

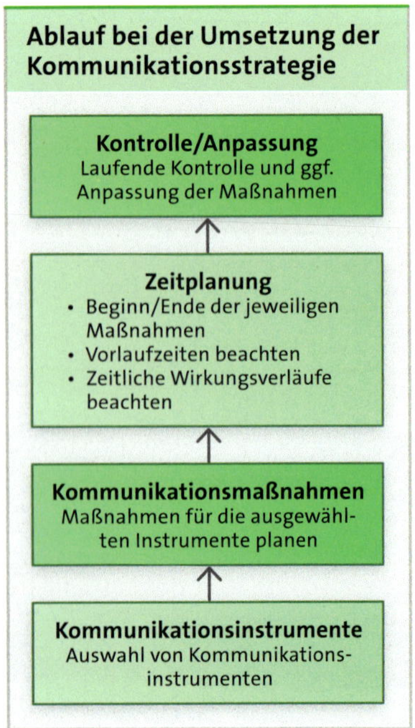

Ablauf bei der Umsetzung der Kommunikationsstrategie

Nachdem die Strategie steht, muss sie schließlich in konkrete Maßnahmen umgesetzt werden. Hierbei muss zunächst entschieden werden, welche Kommunikationsinstrumente eingesetzt werden sollen. Für alle Instrumente, deren Einsatz vorgesehen ist, müssen dann Maßnahmen geplant werden. Die nebenstehende Abb. zeigt übersichtsartig den Ablauf dieser Planung.

Aspekte, die bei der Auswahl von Kommunikationsinstrumenten und der Planung von Maßnahmen beachtet werden müssen, können der folgenden Abb. entnommen werden.

Aspekte bei der Auswahl von Kommunikationsinstrumenten

Integrierte Kommunikation
Bei einer integrierten Kommunikationsstrategie wird darauf geachtet, dass die geplanten Maßnahmen aufeinander abgestimmt sind und sich gegenseitig unterstützen.

8.2 Werbung

Unter Werbung versteht man die kostenpflichtige Aussendung von Botschaften an die allgemeine Öffentlichkeit oder an bestimmte Zielgruppen. Die Verbreitung der Botschaften erfolgt in der Regel durch den Einsatz von Medien, z.B. Fernsehen, Zeitungen, Zeitschriften, Onlinemedien. Medien, in denen Werbebotschaften verbreitet werden, heißen **Werbeträger**. Die konkreten Ausdrucksmittel, die die Werbebotschaften beinhalten, heißen **Werbemittel**. Werbemittel sind z.B. Anzeigen in Zeitschriften, TV-Spots, Onlinedisplays. Mit der Konzeption von Werbekampagnen werden in der Regel Werbe- oder Kommunikationsagenturen, die darauf spezialisiert sind, beauftragt.

Lernvideo Werbeplan

8.2.1 Werbeplan

Die Grundlage für eine Werbekampagne ist ein Werbeplan. Er ist ein Leitfaden, in dem wichtige Punkte für die Ausgestaltung und den Ablauf der Werbekampagne festgelegt werden. Die Inhalte eines Werbeplans sind in der folgenden Tabelle zusammengefasst.

Reihenfolge und Inhalte eines Werbeplans

Nr.	Festlegung	Begriffe	Beispiele	Erläuterungen
1.	Werbeobjekte	Was soll beworben werden?	Bestimmte • Produkte, • Produktgruppen, • Leistungen.	Meist Produkte, Produktgruppen, ganze Sortimente oder Leistungen, evtl. auch Marken, wenn ein Großhändler eigene Marken führt oder mit Herstellern von Markenartikeln kooperiert.
2.	Werbe- und ggf. Marketingziele	Was soll durch die Werbung erreicht werden?	Bekanntheit steigern, Informationen vermitteln, Kaufwünsche wecken	Werbeziele werden aus den übergeordneten Marketingzielen abgeleitet.
3.	Zielgruppen	Wer soll durch die Werbung erreicht werden?	• bisherige Kunden, • potenzielle neue Kunden	Im G&A hauptsächlich Unternehmen, bei Fach-/Sortimentsgroßhändlern evtl. auch Endverbraucher.
4.	Botschaften	Was soll durch die Werbung vermittelt werden?	Herausstellung: • einer besonderen Servicequalität, • eines attraktiven Sortiments, • günstiger Preise etc.	In Unternehmen werden Entscheidungen eher nach rationalen Aspekten getroffen. Die Botschaften sollten daher eher die Ratio als das Gefühl ansprechen.
5.	Streugebiet	Wo soll die Werbung verbreitet werden?	• in einer bestimmten Stadt • bundesweit • in bestimmten Ländern etc.	Werbemittel müssen dort verbreitet werden, wo sich auch die Zielgruppen befinden. Das muss bei der geografischen Steuerbarkeit der Werbeträger berücksichtigt werden.
6.	Budget	Wie viel soll für die Werbung aufgewendet werden?	Gesamtbudget: 1,3 Mio. € für Konzeption, Produktion der Werbemittel und Streuaufwendungen	Budget hängt ab von: • der Marktsituation, • der Marktentwicklung, • der Wettbewerbssituation, • dem Zielniveau.
7.	Zeitplanung	• Beginn der Kampagne • Streuzeiten • Ende der Kampagne • Präsentationstermine	Die Kampagne soll von Anfang April 20XX bis Ende Sept. 20XX laufen, Streuzeiten: • die ersten drei Wochen im April • die mittleren 2 Wochen im Juni + Juli • die letzten 2 Wochen im September Präsentation des Werbeplans: 15. Jan. 20XX	Bei einer Werbekampagne werden die Werbemittel aus Kostengründen in der Regel nicht während des gesamten Kampagnenzeitraums verbreitet. Es gibt also Werbepausen. Im Rahmen der Zeitplanung müssen auch die Zeiten für Werbepausen festgelegt werden.
8.	Werbeträger/ Werbemittel	Werbeträger und Werbemittel festlegen	Anzeigen in Fach- und Special-Interest-Zeitschriften, E-Mails, Suchwortanzeigen bei Suchmaschinen, Displaywerbung bei Facebook	Auswahl der Werbeträger hängt von verschiedenen Kriterien ab, z. B. Kosten, Leistung, zeitliche, geografische und personelle Steuerbarkeit. Auch die Eigenschaften des Werbemittels spielt eine Rolle.
9.	Erfolgskontrolle	Wie soll kontrolliert werden, ob die Werbe- und ggf. die übergeordneten Marketingziele erreicht wurden?	• Leistungsdaten zu den Fachzeitschriftentiteln • Kampagnenauswertungstools der Anbieter von Suchwort- und E-Mail-Werbung	Vgl. das folgende Kapitel 8.2.2

8.2.2 Erfolgskontrolle

Fragen, die bei der Erfolgskontrolle einer Werbekampagne gestellt werden sind:
- Wie viele Zielpersonen wurden durch die Werbekampagne insgesamt erreicht?
- Wie hoch war der Werbedruck in der gesamten Zielgruppe?
- Wie hoch war im Durchschnitt der Werbedruck pro erreichter Zielperson?
- War die Kampagne wirtschaftlich?

Kontakte

Man unterscheidet zwischen Werbeträger- und Werbemittelkontakten. Ein Werbeträgerkontakt bedeutet lediglich eine Werbemittelkontaktchance, es ist aber nicht sicher, ob es tatsächlich zu einem Werbemittelkontakt gekommen ist.

Bei einer Zeitschrift bedeutet ein Werbeträgerkontakt z. B., dass die Zeitschrift in der Hand gehalten und durchgeblättert wird. Es ist aber nicht sicher, dass auch die Seite aufgeschlagen wird, auf der sich die Anzeige eines Werbungtreibenden befindet. Wenn nichts weiter gesagt wird, ist mit einem Kontakt ein Werbeträgerkontakt gemeint.

Die **Nettoreichweite** gibt an, wie viele Zielpersonen durch die Kampagne mindestens einmal erreicht, d.h. kontaktiert wurden (**Kontakte**). Die Nettoreichweite kann als absolute Zahl oder in Prozent angegeben werden. Eine Werbekampagne ist umso effektiver, je mehr Zielpersonen damit erreicht werden.

Beispiel

Eine Zielgruppe besteht aus 2 000 Personen, davon hatten 1 600 mind. einen Kontakt.

Nettoreichweite absolut = 1 600 Nettoreichweite in % = $\frac{1600}{2000} \cdot 100 = 80\,\%$

Die **Bruttoreichweite** (Kontaktzahl) gibt an, wie viele Kontakte insgesamt auf die Zielgruppe entfallen. Die Bruttoreichweite ist ein Indiz für den Werbedruck in der Zielgruppe. Man geht davon aus, dass mit zunehmender Kontaktzahl die Wahrscheinlichkeit für die Erreichung der Werbeziele steigt. Die Bruttoreichweite hat den Nachteil, dass sie nicht die Zielgruppengröße berücksichtigt. Eine Bruttoreichweite von 50 000 Kontakten hat bei einer Zielgruppe von 10 000 Personen eine andere Wirkung als bei einer Zielgruppe von 1 000 Personen.

Diesen Mangel der Bruttoreichweite berücksichtigen die **Gross Rating Points (GRP)**. Sie geben an, wie viele Kontakte im Durchschnitt auf 100 Zielpersonen entfallen.

$$\text{GRP} = \frac{\text{Bruttoreichweite}}{\text{Anzahl der Zielpersonen}} \cdot 100$$

Beispiel

Für das oben stehende Beispiel ergeben sich im 1. Fall 50 GRP, im 2. Fall 500 GRP.

Die **Durchschnittskontaktzahl** gibt an, wie viele Kontakte im Durchschnitt auf eine erreichte Zielperson entfallen.

$$\text{Durchschnittskontaktzahl} = \frac{\text{Bruttoreichweite}}{\text{Nettoreichweite (absolut)}}$$

Die Kontaktzahl wird jetzt auf eine erreichte Zielperson bezogen und gibt damit den durchschnittlichen Werbedruck pro erreichter Zielperson an. Die Wahrscheinlichkeit, bei einer Zielperson die Werbeziele zu erreichen, steigt mit zunehmender Kontaktzahl.

Beispiel

Auf die 1600 erreichten Zielpersonen aus dem Beispiel zur Nettoreichweite entfallen insgesamt 8 000 Kontakte.

$$\text{Durchschnittskontaktzahl} = \frac{8\,000 \text{ Kontakte}}{1600 \text{ erreichte ZP}} = 5$$

Auf jede erreichte Zielperson entfallen im Durchschnitt 5 Kontakte.

Die **Tausender Preise** können auf die Kontakte mit Zielpersonen oder die Anzahl der erreichten Zielpersonen bezogen werden.

$$\text{Tausendkontaktpreis (TKP)} = \frac{\text{Streukosten}}{\text{Bruttoreichweite}} \cdot 1000$$

$$\text{Tausendnutzerpreis (TNP)} = \frac{\text{Streukosten}}{\text{Nettoreichweite (absolut)}} \cdot 1000$$

Der TKP gibt an, wie viel es kostet, um tausend Kontakte mit Zielpersonen zu erreichen. Dabei wird die Anzahl der erreichten Zielpersonen nicht berücksichtigt. Der TNP berücksichtigt dagegen die Anzahl der erreichten Zielpersonen. Er gibt an, wie viel es kostet, um tausend Zielpersonen jeweils mindestens einmal zu kontaktieren. Durch die Tausender Preise werden die absoluten Streukosten relativiert, indem sie jeweils zu einem Leistungswert (Kontakte, erreichte Zielpersonen) in Beziehung gesetzt werden.

Beispiel

Bei der Werbekampagne aus dem Beispiel zur Nettoreichweite betragen die Streukosten 1.000,00 €. Mit der Kampagne werden 1600 Zielpersonen und 8 000 Kontakte mit Zielpersonen erreicht.

$$\text{TKP} = \frac{1.000,00\text{ €}}{8\,000 \text{ Kontakte}} \cdot 1000 = 125,00\text{ €} \qquad \text{TNP} = \frac{1.000,00\text{ €}}{1600 \text{ ZP}} \cdot 1000 = 625,00\text{ €}$$

8.3 Öffentlichkeitsarbeit (Public Relations (PR))

Unter Öffentlichkeitsarbeit versteht man das Management der öffentlichen Kommunikation von Organisationen mit der Öffentlichkeit sowie relevanten Teilöffentlichkeiten. Mit Organisationen sind dabei u. a. Unternehmen, Behörden, Regierungen, Parteien, **NGOs** gemeint.

NGOs

Abkürzung für Non governmental Organisations = Nicht-Regierungs-Organisationen, z. B. „Ärzte ohne Grenzen", „Amnesty International" u. a.

8.3.1 Teilöffentlichkeiten von PR

Man unterscheidet bei den Teilöffentlichkeiten zwischen mittelbaren und unmittelbaren sowie zwischen in- und externen Teilöffentlichkeiten.

Teilöffentlichkeiten

- **Mittelbare Teilöffentlichkeiten** (werden als Transformatoren zu den Letztempfängern der Botschaften angesprochen)

  Beispiele
  - Medienvertreter
  - Meinungsbildner

- **Unmittelbare Teilöffentlichkeiten** (werden ohne Zwischenstufen direkt angesprochen)
  - **externe Teilöffentlichkeiten** (stehen außerhalb der Organisation)

    Beispiele
    - aktuelle/potenzielle Kunden
    - Lieferanten
    - Verbände
    - Bürgerinitiativen
    - politische Gruppierungen
  - **interne Teilöffentlichkeiten** (stehen innerhalb der Organisation bzw. sind unmittelbar mit der Organisation verbunden)

    Beispiele
    - Mitarbeiter
    - freie Mitarbeiter und Berater
    - Pensionisten
    - Eigentümer/Aktionäre

Meinungsbildner
sind Personen oder Organisationen, die die Meinung der Mitglieder von Teilöffentlichkeiten beeinflussen, u. a. Prominente, Influencer in sozialen Medien.

8.3.2 PR-Ziele

PR-Ziele unterscheiden sich deutlich von Werbezielen. Während Werbeziele unmittelbar den Marketingzielen untergeordnet sind, gilt das bei PR-Zielen nur mittelbar. PR-Ziele sind daher nicht primär auf den Verkauf von Produkten und Dienstleistungen ausgerichtet. Sie dienen eher dazu, in der Öffentlichkeit ein positives Bild von der Organisation zu vermitteln. Typische Zielkategorien sind u. a.:

- Bekanntheit bezogen auf die Organisation
- Information über die Organisation
- Imageaufbau und Imagepflege
- Vertrauensbildung

8.3.3 PR-Maßnahmen

Nutzung des Internets für PR-Maßnahmen
▶ LF 6, Kap. 8.6

Um die angestrebten Ziele zu erreichen, müssen geeignete Botschaften ausgesendet werden. Das erfolgt durch den Einsatz entsprechender Maßnahmen, die nach Zielgruppen bzw. Teilöffentlichkeiten differenziert werden, z. B.:

- Presse- und Medienarbeit
- eigene Veröffentlichungen (z. B. auch im Internet)
- Veranstaltungen
- Wettbewerbe
- Aktionen
- Sponsoring
- PR-Anzeigen und -Spots

Ein Ansatz des PR besteht darin, Medienvertreter zu motivieren, über die Organisation zu berichten. Der Vorteil solcher Veröffentlichungen besteht darin, dass sie glaubwürdiger sind, als z. B. Werbung. Das hängt damit zusammen, dass sie nicht von dem Unternehmen selbst, sondern von einer (neutralen) dritten Seite veröffentlicht werden.

8.4 Sponsoring

Sponsoring umfasst die Planung, Organisation, Durchführung und Kontrolle aller Maßnahmen zur Bereitstellung von Geld, Sachmitteln oder Dienstleistungen für Personen und Organisationen in Sport, Kultur und Sozial- und Ökologiewesen, um unternehmerische Marketing- und Kommunikationsziele basierend auf dem Prinzip von Leistung und Gegenleistung zu erreichen.

8.4.1 Sponsoringarten

Die folgende Tabelle gibt eine Übersicht über die hauptsächlichen Sponsoringarten.

Sponsoringart	Sportsponsoring	Kultursponsoring	Soziosponsoring	Ökosponsoring
Was kann gefördert werden?	• Einzelsportler • Mannschaften • Veranstaltungen	• Bildende Kunst • Bühnenkunst • Literatur • Film, Funk, TV • Denkmal-/Heimat-/Brauchtumspflege	• Gesundheit • Bildung • Wissenschaft • karitative Belange	• Natur-, Landschafts-, Tier-, Artenschutz • ökologische Forschung • Umwelterziehung
Beispiele für Maßnahmen	• Unterstützung von Einzelsportlern oder Mannschaften • Ausrichtung/Unterstützung von Sportveranstaltungen	• Ausrichtung/Förderung von Festivals/Ausstellungen • Ankauf von Kunstobjekten • Stellen eines Ateliers/Proberaums	• Zusammenarbeit mit Organisationen, z. B. Caritas • Ausstattung von Schulen mit PCs • Gründung einer Wissenschaftsstiftung	• Aufforstaktionen • Unterstützung von Umweltschutzorganisationen • Unterstützung von Umweltschutzprojekten
Beispiele für die Verwertung in der Kommunikationspolitik	• Trikot-/Bandenwerbung • Markierung von Sportgeräten • Titelsponsoring (Veranstaltung nach Sponsor benennen) • Berichte in Medien	• Aufdruck des Firmennamens auf Plakate, Programmhefte bzw. Kataloge • Eintrittskarten • Publikationen • PR-Maßnahmen	• Stiftung nach Sponsor benennen • Veranstaltung eines Gala-/Benefizabends • Scheckübergabe mit Pressebeteiligung	• Umweltpreis nach Sponsor benennen • Hinweis auf Umweltaktion in der Werbung

8.4.2 Sponsoringziele

Die Sponsoringziele werden von den Marketingzielen direkt und von den Unternehmenszielen indirekt abgeleitet. Die Ziele und ihre Realisierung variieren je nach Sponsoringart. Werden beim Sportsponsoring ökonomische Ziele formuliert und realisiert, spielen sie z.B. beim Kultur- und Soziosponsoring eine untergeordnete Rolle, da eine Zuordnung der Absatz- und Umsatzwerte zu den Sponsoringaktivitäten kaum möglich ist. Typische Sponsoringziele sind:

- Aufbau/Steigerung/Festigung von Bekanntheit und eines positiven Unternehmensimages
- Imagetransfer von der gesponserten Maßnahme auf den Sponsor
- Erlangung von Sympathie
- Demonstration von gesellschaftlicher Verantwortung
- Kommunikation nach innen (Aufwertung des Arbeitsplatzes, Beitrag zur Unternehmenskultur, Förderung der betrieblichen Gemeinschaft)

8.4.3 Bewertung von Sponsoringmaßnahmen

Folgende Aspekte sind für die Bewertung von Sponsoringmaßnahmen wichtig:
- Lässt sich das Projekt sinnvoll in die Kommunikationsstrategie einbinden?
- Besteht ein sinnvoller Zusammenhang zwischen dem Unternehmen/Produkt und der Sponsoringmaßnahme?
- Werden mit der Sponsoringmaßnahme die richtigen Zielgruppen erreicht?
- Lassen sich die angestrebten Ziele mit der Sponsoringmaßnahme erreichen?
- Wie ist das Kosten-Leistungs-Verhältnis der Sponsoringmaßnahme?

Mögliche Vorteile von Sponsoringmaßnahmen	Mögliche Nachteile von Sponsoringmaßnahmen
• z. T. hohe Reichweiten (z. B. Sportveranstaltungen) • Nutzung des Multiplikatoreffekts bei Massenmedien • Partizipation am erlebnisorientierten Umfeld des Sponsoringereignisses/-objektes/-subjektes • hohe Akzeptanz in der Zielgruppe • Mögliche Nutzung für Verkaufsförderungs-Aktionen • große Vielfalt an Aktionsmöglichkeiten • Etablierung und Betonung neuer Imagefacetten	• negativer Imagetransfer möglich • geringe Möglichkeiten der Erfolgskontrolle, Kosten-Leistungs-Verhältnis nur schwer ermittelbar • schwierige Zielgruppenabgrenzung, da fremdgesteuerte Medien • nur eingeschränkte Gestaltungsmöglichkeiten der kommunikativen Botschaft • Risiko negativer Synergien bei Co-Sponsoring • isoliert nicht sinnvoll einsetzbar • teilweise hohe Kosten

Co-Sponsoring bedeutet, dass an der gleichen Sponsoringmaßnahme mehrere Sponsoren beteiligt sind. Das ist häufig bei größeren Veranstaltungen so.

8.5 Verkaufsförderung (Vkf)

Verkaufsförderung umfasst die Planung, Durchführung und Kontrolle von zeitlich begrenzten Maßnahmen zur kurzfristigen Absatzförderung von Produkten und Dienstleistungen.

8.5.1 Ebenen der Verkaufsförderung

Verkaufsförderungsmaßnahmen (Vkf) können auf verschiedenen Ebenen stattfinden (siehe nachfolgende Abb.):

Ebenen der Verkaufsförderung bei einem Groß- und Außenhandelsunternehmen

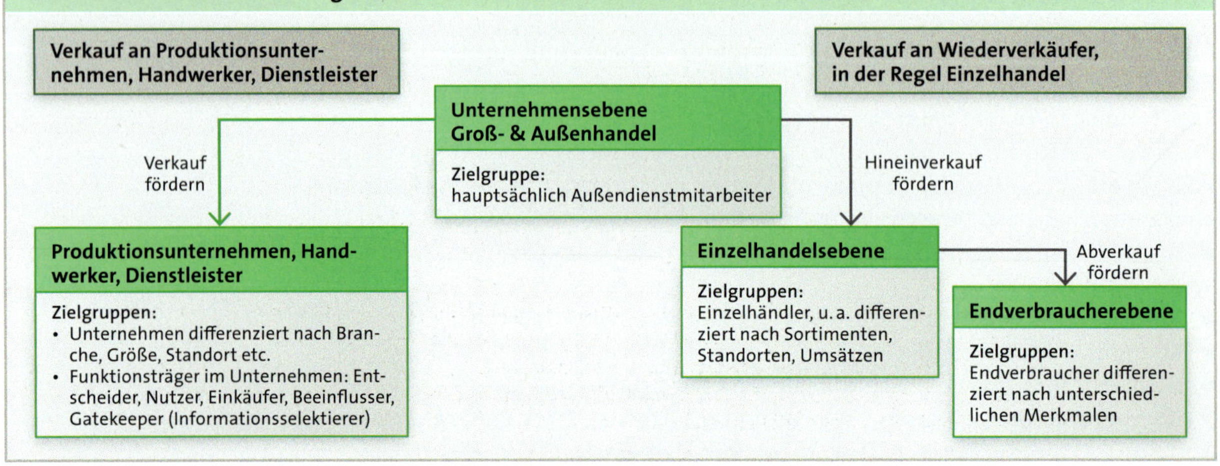

8.5.2 Ziele und Maßnahmen der Verkaufsförderung

Ziele und Maßnahmen der Verkaufsförderung müssen für die jeweiligen Ebenen gesondert festgelegt werden. Der folgenden Tabelle können dafür jeweils Beispiele entnommen werden.

	Verkauf an Wiederverkäufer			**Verkauf an Produktionsunternehmen, Handwerker, Dienstleister**
	Unternehmensebene Groß- & Außenhandel	**Einzelhandelsebene**	**Endverbraucherebene**	**Unternehmensebenen**
Ziele	Außendienstmitarbeiter • Aktivitäten intensivieren • Motivation stärken • Produktkenntnisse verbessern • Verkaufsfähigkeiten verbessern	• Kauf erreichen • Vergrößerung der Bestellmengen • bessere Platzierung und Präsentation am POS • Kooperationsbereitschaft erhöhen	• Aufmerksamkeit erreichen • Interesse wecken • Probekäufe generieren • Kaufentscheidung beeinflussen • Kaufmengen erhöhen	• Interesse wecken • Kaufbereitschaft steigern • Verkaufsabschlüsse erreichen • Wiederholungskäufe erreichen • Geschäftsbeziehung intensivieren und festigen
Maßnahmen	• **Schulung** (Seminare, Trainings, Unterweisungen, Rollenspiele) • Information (Rundschreiben, Newsletter, Hauszeitschriften, Konferenzen/Tagungen) • **Stimulation** (Verkaufswettbewerbe, Prämien, Provisionsstaffelung, Incentives, Verleihung von Titeln, Urkunden) • **Ausstattung** (Salesfolder, Produktmuster, Präsentationsequipment, Notebook mit entsprechenden Programmen, Prospekte, Angebotsmappen)	**Hineinverkaufsm.** • finanzielle Anreize (Einführungspreise/-rabatte, Sonderrabatte, Werbekostenzuschüsse) • Leistungen des Groß- & Außenhändlers (Regalpflege, attraktive Verkaufsdisplays, Probegeräte, Schulungen) • Information (Händlerkonferenzen, Händlerzeitschriften, Newsletter) **Rausverkaufsm.** (Sell-out) • Ausstattung (verschiedenste Arten von Displays) **Anreizm.** • Platzierungswettbewerbe (Ziel ist die optisch wirksame Platzierung von Waren oder Displaymaterial im Laden) • Verkaufswettbewerbe (Jahresumsatzprämien, Umsatzrückvergütungen, wenn bestimmte Jahresvorgabe erreicht wird)	• Preism. hierzu ist die Kooperation des Handels notwendig (Sonderpreise, Aktionspreise, Mehrstückpackungen mit reduziertem Stückpreis) • Zugaben (Muster, Proben, Werbegeschenke) • Aktionen (Preisausschreiben, Verlosungen, Wettbewerbe, Produktdemonstrationen am POS, POS-Show)	• grundsätzlich gleiche Maßnahmen wie bei der Unternehmensebene und beim Verkauf an Wiederverkäufer • spezielle Serviceangebote

Begriffserläuterungen:
- Incentives sind Prämien, die von Unternehmen eingesetzt werden, um Mitarbeiter zu motivieren oder für besondere Leistungen zu belohnen. Hierbei kann es sich um Geldprämien, Sachgeschenke oder Reisen handeln.
- Salesfolder sind Informationen für den Handel, meist in schriftlicher Form.
- Händlerkonferenzen sind Veranstaltungen für den Handel mit einem attraktiven Rahmenprogramm, auf denen die Produktpalette und neue Produkte vorgestellt werden.

8.6 Onlinemarketing

8.6.1 Corporate-Website und Suchmaschinenoptimierung

Die eigene Homepage ist für jedes Unternehmen eine Selbstverständlichkeit und ein absolutes Muss. Die Internetpräsenz ist ein wesentliches Element, mit dem sich das Unternehmen der Öffentlichkeit präsentiert. Sie sollte daher ansprechend und nach klaren Prinzipien aufgebaut und strukturiert sein. Wichtig sind dabei:

- eine klare und einfache Navigation,
- sinnvolle Informationen, die die potenziellen Nutzer interessieren und diesen einen Nutzen bieten,
- eine kontinuierliche Pflege, sodass die Website ständig auf dem neuesten Stand ist,
- interaktive Elemente, die den Besuchern erlauben, problemlos mit dem Unternehmen Kontakt aufzunehmen,
- schnelle Reaktionen auf Fragen, Hinweise etc., die auf diese Weise an das Unternehmen herangetragen werden.

Außerdem ist es sinnvoll, einen eigenen Pressebereich einzurichten, über den Journalisten schnell aussagekräftige Informationen erhalten können.

Eine Corporate Website erfüllt nur dann ihren Zweck, wenn sie auch ausreichend häufig besucht wird. Um eine möglichst hohe Besucherzahl auf der Website zu erreichen, stehen vielfältige Möglichkeiten zur Verfügung:

- Die Website kann offline, also durch klassische Medien beworben werden.
- Durch Maßnahmen der Suchmaschinenoptimierung (SEO) kann die Auffindbarkeit der Website über Suchmaschinen verbessert werden.
- Durch E-Mail-Marketing kann auf die Website hingewiesen werden.
- Durch Aktivitäten in Sozialen Medien können Besucher auf die Website gelenkt werden.
- Onlinewerbung kann direkt mit der Website verlinkt werden.

SEO = Search Engine Optimization

Viele Besucher einer Website werden durch eine Suchmaschine auf diese gelenkt. Darum ist es wichtig, dass das eigene Angebot bei der Eingabe relevanter Suchbegriffe möglichst oben in der Trefferliste platziert ist. Alle Maßnahmen, die darauf abzielen, eine gute Platzierung in den Trefferlisten von Suchmaschinen zu erreichen, werden unter den Begriff „Suchmaschinenoptimierung“ zusammengefasst. SEO-Maßnahmen lassen sich in die zwei Kategorien unterteilen:

- On-Site-Optimierung und
- Off-Site-Optimierung (Off-Page-Optimierung).

Die **On-Site-Optimierung** setzt bei der zu optimierenden Website an und versucht diese im Hinblick auf die Auffindbarkeit und Relevanzbewertung durch Suchmaschinen zu optimieren. Die **Off-Site-Optimierung** betrifft Maßnahmen, die sich auf fremde Websites beziehen, aber Einfluss auf die Platzierung der eigenen Website haben. Im Wesentlichen geht es darum, Links von anderen Websites auf die zu optimierende Website zu erreichen.

On-Site-Optimierung

Bei der On-Site-Optimierung muss man sich zunächst entscheiden, für welche Suchmaschine die Website optimiert werden soll. Da Google hier eine marktbeherrschende Stellung hat, wird man sich dabei in der Regel an Google orientieren.
Einer der wichtigsten Aspekte der On-Site-Optimierung ist die **Auswahl der Suchbegriffe (Keywords)**. Es muss dabei festgelegt werden, für welche Suchbegriffe und Suchbegriffkombinationen die Website optimiert werden soll. Hierbei spielt natürlich die Relevanz der Suchbegriffe aus der Sucherperspektive eine entscheidende Rolle. Die Suchbegriffe müssen bei Suchanfragen auch tatsächlich verwendet werden. Durch den Einsatz entsprechender Analysetools kann man z.B. feststellen, über welche Suchbegriffe Besucher auf die eigene Website gelangt sind. Begriffe, die hierbei häufig verwendet wurden, scheinen also aus Sucherperspektive als Keywords geeignet zu sein. Auf der anderen Seite müssen die Keywords natürlich auch einen sinnvollen Bezug zu den Inhalten und Angeboten der Website haben. Nachdem man sich für bestimmte Suchbegriffe entschieden hat, muss der Text der Website auf diese Begriffe ausgerichtet werden. Es wird empfohlen, dass die Keyworddichte um die 3 % betragen sollte, d.h. die Keywords sollten etwa 3 % aller Wörter der Website ausmachen.

Suchergebnis für „Cornelsen" bei Google

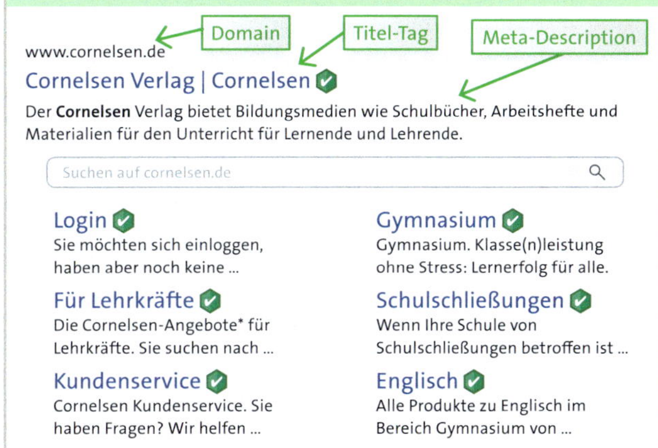

Außerdem ist es sinnvoll, wenn die Keywords – soweit überhaupt möglich – in der **Domain**, in der Überschrift, im Titel (**Titel-Tag**), in Bilderläuterungen, in der **Meta-Description** und mehrfach im Text vorkommen.

Domain: weltweit einmaliger Name der Website, die Domain der Website des Cornelsen Verlages lautet z. B.: www.cornelsen.de

Titel-Tag: Der Titel-Tag erscheint in der Regel als Überschrift in der Ergebnisliste der Suchmaschinen.

Meta-Discription: wird bei den Suchergebnissen unterhalb des Titels in zwei Zeilen angegeben. Sie beschreibt den Inhalt.

Off-Site-Optimierung

Neben dem Inhalt, den Keywords, der Keyworddichte und der Platzierung der Keywords auf der Website hängt deren Rangplatz bei einer Suche auch von externen Faktoren ab. Einen starken Effekt hat dabei die sogenannte **Link-Popularität**. Damit ist die Anzahl von Links gemeint, die von anderen Websites auf die eigene Website verweisen. Diese Links bezeichnet man auch als **Backlinks**. Websites, auf die viele Backlinks verweisen, werden von dem Suchalgorithmus besser bewertet als solche mit wenigen Backlinks. Dabei spielen die Backlinks der verweisenden Websites ebenfalls eine Rolle. Backlinks von Websites, auf die selbst oft verwiesen wird, haben ein höheres Gewicht als solche von Websites mit einer geringen Zahl eigener Backlinks. Möglichkeiten um Backlinks zu erhalten, sind z. B.:

- Linktausch (gegenseitige Verlinkung mit anderen Websites, z. B. von Kunden, Geschäftspartnern, Dienstleistern)
- Eintragung in Verzeichnisse geeigneter Portale
- Beiträge in Blogs oder Foren mit einem Link auf die eigene Site versehen
- ggf. Links von Affiliate-Partnern erbitten (vergl. Abschnitt Affiliate-Marketing)
- Pressetexte mit einem Link versehen

Likes: bereitgestellte Inhalte auf den Social-Media-Plattformen werden von Nutzern positiv bewertet, z. B. Like-Button wird angeklickt.

Shares: Nutzer von Social-Media-Plattformen teilen Inhalte, die von dem Websitebetreiber auf diesen Plattformen bereitgestellt werden.

Neben klassischen Backlinks spielen bei dem Ranking einer Website durch den Suchalgorithmus auch sogenannte Social Signals eine Rolle. Mit Social Signals sind **Likes** und **Shares** gemeint, die der Website zugerechnet werden.

8.6.2 Online-Werbung

Unter Onlinewerbung versteht man gemeinhin die Platzierung von Werbemitteln auf fremden Websites. Onlinewerbung kann nach vielfältigen Kriterien differenziert werden. Häufig unterscheidet man dabei die folgenden Werbeformen:

- **Displaywerbung:** flächige Werbemittelformate, z. B. Banner, Rectangel, die grundsätzlich auf allen möglichen Websites geschaltet werden können
- **Suchmaschinenwerbung:** Anzeigen, die in Abhängigkeit der eingegebenen Suchbegriffe bei Suchmaschinen eingeblendet werden
- **Affiliate-Marketing:** Werbemittel auf den Websites von Kooperationspartnern

AdImpression: Aufruf einer Seite, auf der sich ein Werbemittel des werbungtreibenden Unternehmens befindet.

AdKlick: Ein Werbemittel des werbungtreibenden Unternehmens wird angeklickt.

Übliche **Abrechnungsmethoden** bei Onlinewerbung sind:

- **Tausendkontaktpreis/Cost per Mille (CPM):** Kosten für 1000 **AdImpression**
- **Cost per Click (CPC):** Abgerechnet wir hier nach der Anzahl der **Adklicks** auf das Werbemittel. Die Einblendung des Werbemittels selbst ist kostenlos.
- **Cost per Order (CPO):** Bei diesem Abrechnungsverfahren wird für jede erfolgte Bestellung der vereinbarte Betrag fällig.
- **Cost per Action (CPA)/Cost per Conversion**: Die Abrechnung erfolgt hier auf der Grundlage zu definierender Nutzeraktionen.

Visits, PageImpressions
▶ LF 6, Kap. 6.3.2

Displaywerbung

Im Rahmen der Displaywerbung gibt es eine Vielzahl von Werbemitteln, die sich hinsichtlich Größe und Form, Platzierung auf der Website, Animationsgrad und der Art der Einblendung unterscheiden. Typische **Leistungskennziffern** für Displaywerbung sind Visits, PageImpression, AdImpressions, Adklicks. Die **Einblendung der Werbedisplays** kann durch verschiedene Targetingarten auf vielfältige Weise gesteuert werden. Beispiele hierfür sind:

Targeting: Möglichkeit bei Onlinewerbung, die Einblendung von Werbemitteln zu steuern.

Das Wort „Targeting“ ist abgeleitet von target = Ziel. Targeting kann grob mit Zielgruppenansprache übersetzt werden.

- **Geografisches Targeting:** Webeeinblendung hängt vom geografischen Standort ab. Das setzt voraus, dass der Standort ermittelt werden kann.
- **Soziodemografisches Targeting:** Steuerung der Werbeeinblendung anhand soziodemografischer Merkmale des Nutzers. Das setzt eine Identifizierung des Nutzers, z. B. durch ein Login, voraus. Außerdem müssen entsprechende Daten über den Nutzer vorliegen (z. B. aus einer zuvor erfolgten Registrierung, einer Befragung oder den Profilangaben bei sozialen Netzwerken).
- **Semantisches Targeting:** Grundlage für die Werbeauslieferung ist hierbei die inhaltliche Ausrichtung der Website, die der Nutzer gerade besucht.
- **Behavioral Targeting:** Basis für Werbeeinblendungen ist hierbei die Analyse des bisherigen Surf- und Suchverhaltens des Internetnutzers. Daraus wird versucht, Interessen und Eigenschaften des Nutzers zu erschließen und ihm entsprechende Werbung zu präsentieren.

Die **Abrechnung** der Displaywerbung geschieht in der Regel als Cost per Mille.

Suchmaschinenwerbung

Hierunter versteht man, dass bei Suchmaschinen eine Anzeige eingeblendet wird, wenn Suchbegriffe, die als Keywords von den Werbungtreibenden festgelegt wurden, von den Nutzern eingegeben werden. Vorteilhaft ist dabei, dass den Nutzern passgenaue Angebote zu ihrer Suche unterbreitet werden können. Die Anzeigen werden oberhalb der organischen Trefferliste oder rechts davon angezeigt.

Da vor allem Anzeigenplatz oberhalb der organischen Trefferliste stark beschränkt ist, verteilen sich die Anzeigen evtl. über mehrere Seiten, wenn viele Anzeigen zu dem betreffenden Keyword gebucht wurden. Welche Position dabei erreicht wird, hängt von dem gebotenen Preis und der Relevanz der Keywords ab. Die Anzeigenränge werden von Google dabei versteigert. Wer den höchsten Preis bietet, bekommt grundsätzlich auch die beste Platzierung

Die Abrechnung erfolgt bei der Suchmaschinenwerbung in der Regel nach Kosten pro Klick. Das heißt, das Anzeigen einer Anzeige ist kostenfrei. Erst wenn ein Nutzer auf die Anzeige klickt, wird der vereinbarte Betrag fällig. Suchmaschinenwerbung kann auch bei einem kleinen Budget sinnvoll eingesetzt werden, da hierbei eine absolute Kostenkontrolle möglich ist.

Affiliate-Marketing

Beim Affiliate-Marketing bindet das werbungtreibende Unternehmen seine Werbung auf den Websites von Partnerunternehmen ein. Das werbungtreibende Unternehmen wird dabei auch als Anbieter, Advertiser oder Merchant bezeichnet. Das Partnerunternehmen heißt Affiliate, aber auch Websitebetreiber oder Publisher. Die Bedingungen für das Affiliate-Marketing werden zwischen dem Anbieter und dem Affiliate in der Regel vertraglich vereinbart.

Die Advertiser streben mit dem Affiliate-Marketing eine Reichweitenvergrößerung an. Für die Affiliates steht die Erzielung von Werbeeinnahmen und Provisionen im Vordergrund. Auf welcher Basis die Leistungen des Affiliates vergütet werden, muss zwischen den beiden Parteien vereinbart werden. Denkbar sind hierbei:

- Vergütung auf Basis Cost per Click
- Vergütung auf Basis Cost per Order

Als Werbemittel können grundsätzlich alle Formate zum Einsatz kommen.

8.6.3 E-Mail-Marketing

Unter einer E-Mail versteht man eine Nachricht, die über das Internet von dem Absender an einen oder mehrere Empfänger übertragen wird. Versendung, Empfang und Verwaltung von E-Mails lassen sich mit Hilfe von E-Mail-Programmen einfach und komfortabel durchführen. Unter E-Mail-Marketing versteht man die Versendung von E-Mails zur Erreichung von Marketingzielen.

Bedeutung des E-Mail-Marketings

E-Mail-Kommunikation hat im Bereich der digitalen Direktkommunikation im B2B- aber auch im B2C-Bereich immer noch die höchste Bedeutung. Das lässt sich zum einen durch die hohe Nutzungsintensität von E-Mails, zum anderen durch die relativ geringen Kosten dieses Kommunikationsinstruments erklären. Im Vergleich zu anderen Werbeträgern ist E-Mail-Werbung sehr kostengünstig. Viele Versender nutzen die Leistungen von spezialisierten Unternehmen, die gewährleisten, dass die E-Mails über **Whitelist-zertifizierte** Server versendet werden. Dadurch wird die Gefahr verringert, dass die E-Mails beim Empfänger als Spams (unerwünschte Mails) ausgefiltert werden. Durch die Erfassung wichtiger Kennzahlen kann ein Dienstleister die E-Mail-Aussendung zudem auswerten und kontrollieren.

Whitelist-zertifizierte Server sind in der Certified Sender Alliance (CSA), einer zentralen E-Mail-Whitelist erfasst. Dazu müssen die Betreiberunternehmen sich einem entsprechenden Zertifizierungsverfahren unterziehen.

Kennzahlen zur Auswertung von E-Mail-Kampagnen

Im Rahmen der Erfolgskontrolle von E-Mail-Kampagnen werden in der Regel folgende Kennzahlen verwendet:

- **Adressaten:** Gesamtheit der Adressen, an die die E-Mail verschickt wurde.
- **Empfänger:** Gesamtheit der Adressaten, denen die E-Mail zugestellt wurde.
- **Zustellrate:** Prozentualer Anteil der Empfänger an den Adressaten.
- **Bouncerate:** Prozentualer Anteil der E-Mails, die nicht zugestellt werden konnten, gemessen an den versendeten E-Mails (Adressaten).
- **Öffnungsrate:** Prozentualer Anteil der geöffneten E-Mails an den Empfängern. Manchmal werden die geöffneten E-Mails auch in Relation zu den Adressaten gesetzt.
- **Klickrate:** Prozentualer Anteil der Empfänger, die mindestens einen in der E-Mail angegebenen Link angeklickt haben.
- **Response-Rate/Conversion-Rate:** Prozentualer Anteil der Empfänger, die eine gewünschte Aktion durchgeführt haben, z.B. Bestellung, Download.
- **Abmelderate:** Prozentualer Anteil der Empfänger, die sich z.B. von einem Newsletter-Verteiler abgemeldet haben.

8.6.4 Social Media

Social Media beinhaltet digitale Medien und Methoden, über die sich Nutzer im Internet austauschen und vernetzen können. Individuell oder in Gruppen erstellte Inhalte, u.a. Texte, Bilder, Videos, können über diese Medien veröffentlicht und geteilt werden. Anzahl und Struktur sozialer Medien sind vielfältig, volatil und damit unübersichtlich. Soziale Medien können in drei Kategorien gegliedert werden:

Nutzungsklassen und Anwendungsbeispiele sozialer Medien

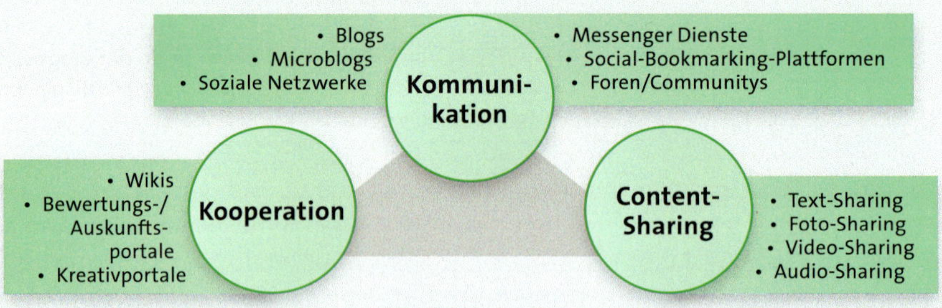

Quelle: Kreutzer, Rumler, Wille-Baumkauf, B2B-Online-Marketing und Social Media, 2020, Seite 240

Soziale Medien bieten Unternehmen die Möglichkeit, direkt mit Kunden und potenziellen Kunden in Kontakt zu treten und diese Kontakte zu pflegen. Durch Beobachtung von Veröffentlichungen und Verlautbarungen in den sozialen Medien können Unternehmen ggf. auch erfahren, was über sie verbreitet wird, um darauf zu reagieren. Viele Unternehmen sind daher in den sozialen Netzwerken aktiv, betreiben z.T. eigene Blogs oder veröffentlichen selbst erstellte Inhalte auf verschiedenen Sharing-Plattformen.

Social Media wird von Unternehmen hauptsächlich eingesetzt, um typische Marketing- und Kommunikationsziele wie Kundenakquise, Kundenbindung, Bekanntheitssteigerung, Kundendialog und Imageverbesserung zu erreichen.

Microblogs
Form des Bloggens, bei dem kurze Nachrichten veröffentlicht werden. Diese können von anderen Nutzern (Followern) abonniert werden. Beispiel: Twitter.

Messenger Dienste
Plattformen, über die Nachrichten, Kurztexte, Bilder, Videos, Audios übermittelt werden können. Beispiel: WhatsApp

Social Bookmarking
Lesezeichen für Internetseiten, die von Nutzern gemeinsam angelegt und genutzt werden können.

Foren
Diskussions- und Chatplattformen, über die sich Nutzer meist über Fachthemen austauschen können.

Wikis
Wissens-/Informationsplattformen im Internet, die von Nutzern gemeinsam angelegt, gepflegt und genutzt werden.

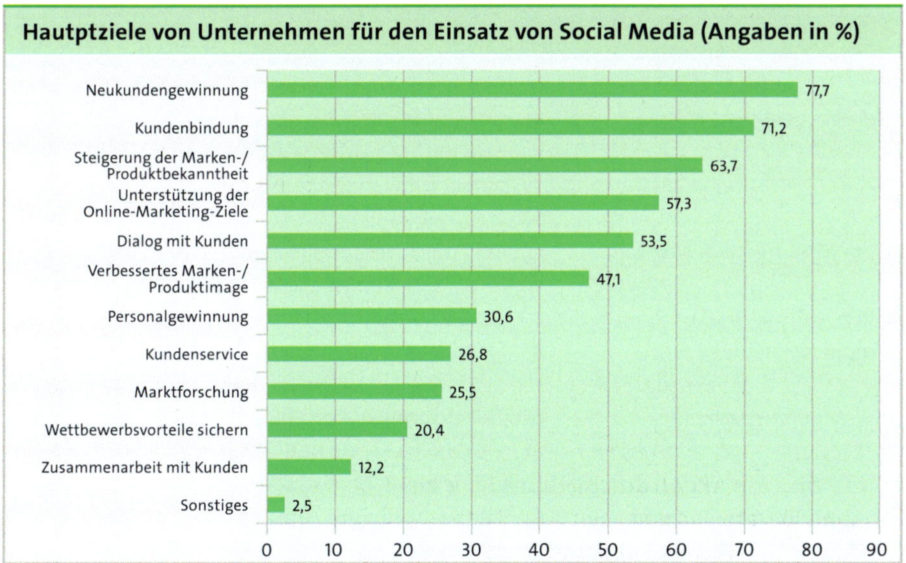

Quelle: Deutsches Institut für Marketing, „Social Media Marketing in Unternehmen 2018", Studie 2018, Seite 8

Studie „Social Media Marketing in Unternehmen 2018"
Befragt wurden 412 Personen aus unterschiedlichen Unternehmen und Branchen. Der Studie kann auch entnommen werden, dass etwas mehr als Dreiviertel der befragten Unternehmen soziale Medien einsetzen und nutzen.

Blogs

Blog ist die Abkürzung von Weblog, was so viel wie Internettagebuch bedeutet. Blogs eröffnen Internetnutzern die Möglichkeit, auf einfache Weise ihre Meinung zu bestimmten Themen im Internet zu publizieren. Außerdem können andere Nutzer Kommentare zu den Beiträgen schreiben und damit einen unmittelbaren Response geben. Für Unternehmen können Blogs, z. B. im Rahmen ihrer PR-Arbeit, aus zwei Gründen interessant sein:

Blogmonitoring Beobachtung von Blogs	Das Unternehmen erfährt, was andere über es denken und reden und welche Meinungen zu bestimmten Themen, die für das Unternehmen interessant sind, existieren und verbreitet werden. Es kann versuchen, den Meinungsbildungsprozess in der Blogosphäre durch Kommentare zu Berichten und Beiträgen zu beeinflussen. Dabei sollte aber deutlich erkennbar sein, dass die Kommentare von einem Vertreter des Unternehmens stammen.
Corporate Blog	Hierdurch eröffnet sich für die Unternehmen ein direkter Dialogweg zu den Internetnutzern.

Podcasts und Videos

Unter einem Podcast versteht man ursprünglich eine Audiodatei im MP3-Dateiformat. Podcasts können damit auf MP3-Playern abgespielt werden. Podcasts und Videos können entweder auf die Website des Unternehmens gestellt oder über Podcast- bzw. Videoportale verbreitet werden. Bekannte Videoportale, wie z. B. YouTube, sind sehr populär und ermöglichen die Erzielung einer hohen Reichweite.

Social Networks

Soziale Netzwerke wie Facebook, XING, Twitter und andere haben in den letzten Jahren einen enormen Aufschwung erlebt und Millionen an Mitgliedern generiert. Das besondere an den Netzwerken ist, dass die Mitglieder auf ihren Seiten eigene Inhalte publizieren und sich zu Gruppen, sogenannten Communities zusammenschließen können, die miteinander vernetzt sind. Die sozialen Netzwerke sind für die Unternehmenskommunikation interessant, weil sich hierdurch Informationen sehr schnell verbreiten lassen.

Alles klar?

1 Die Bruttoreichweite bei einer Werbekampagne gibt an,

a) wie viele Zielpersonen mit der Werbung insgesamt erreicht wurden.

b) wie viele Personen mit der Werbung insgesamt erreicht wurden.

c) wie viele Zielpersonen einen Kontakt hatten.

d) wie viele Kontakte mit Zielpersonen insgesamt erzielt wurden.

e) wie viele Kontakte mit beliebigen Personen insgesamt erzielt wurden.

2 Die Nettoreichweite bei einer Werbekampagne gibt an,

a) wie viele Zielpersonen mit der Werbung wenigstens einmal erreicht wurden.

b) wie viele Personen mit der Werbung mindestens einmal erreicht wurden.

c) wie viele Zielpersonen mit der Werbung höchstens einmal erreicht wurden.

d) wie viele Kontakte insgesamt erzielt wurden.

e) wie viele Kontakte mit Zielpersonen erzielt wurden.

3 Die Zielgruppe für eine Werbekampagne besteht aus 1 Mio. Personen. Die folgende Tabelle gibt für jede erreichte Kontaktzahl an, wie viele Zielpersonen die entsprechende Anzahl an Kontakten hatte.

Kontakte	Anzahl Zielpersonen
1	0,05 Mio.
2	0,08 Mio.
3	0,10 Mio.
4	0,15 Mio.
5	0,20 Mio.
6	0,05 Mio.
7	0,02 Mio.
8	0,01 Mio.
gesamt	**0,66 Mio.**

Lesebeispiel: Genau 3 Kontakte hatten 0,1 Mio. Zielpersonen.

a) Geben Sie die Nettoreichweite an (= Gesamtzahl der mindestens einmal kontaktierten Zielpersonen). 0,66 Mio

b) Ermitteln Sie die Bruttoreichweite (= Gesamtzahl der erzielten Kontakte mit Zielpersonen).

c) Ermitteln Sie, wie viele Zielpersonen mindestens 5 Kontakte hatten.

d) Ermitteln Sie die Durchschnittskontaktzahl.

4 Die Durchschnittskontaktzahl

a) gibt an, wie viele Kontakte im Durchschnitt auf eine Zielperson entfallen.

b) gibt an, wie viele Kontakte im Durchschnitt auf eine beliebige Zielperson entfallen.

c) ist ein Maß für den Werbedruck in der Zielgruppe.

d) gibt an, wie viele Kontakte im Durchschnitt auf eine erreichte Zielperson entfallen.

e) hat gar keine Bedeutung für den Werbedruck.

5 Die Streukosten für eine Werbekampagne betragen 2,5 Mio. €. Die Zielgruppe besteht aus 2 Mio. Personen. Mit der Kampagne werden 75 % der Zielpersonen mindestens einmal erreicht. Die erreichte Durchschnittskontaktzahl beträgt 4.

a) Ermitteln Sie die Nettoreichweite (absolut).

b) Ermitteln Sie die Bruttoreichweite.

c) Ermitteln Sie den TNP.

d) Ermitteln Sie den TKP.

6 Die Baustoffgroßhandlung Erde & Steine GmbH plant die Durchführung von PR-Maßnahmen. Ordnen Sie die Personengruppen a) bis d) den folgenden Teilöffentlichkeiten zu:

- mittelbare Teilöffentlichkeit
- externe unmittelbare Teilöffentlichkeit
- interne unmittelbare Teilöffentlichkeit

a) Anwohner des Firmensitzes der Erde & Steine GmbH

b) der Inhaber der Kiesgrube Kies & Sand GmbH

c) ein Journalist der Fachzeitschrift Bauen & Wohnen.

d) der Betreiber des Fachblogs www.Baustoffe-Meyer.de

7 Ordnen Sie die Beispiele a) bis d) jeweils der richtigen Sponsoringart zu.

a) Der Abteilung Groß- und Außenhandelsmanagemet des Walter-Eucken-Berufskollegs in Großhandelsdorf werden von der ortsansässigen Holzgroßhandlung Spektrum GmbH 20 moderne Notebooks gestiftet. Darüber wird ausführlich in der regionalen Tagespresse berichtet.

b) Die Spektrum GmbH unterstützt den Fußballverein FC Großhandelsdorf durch regelmäßige Geldzuwendungen. Dafür sind die Trikots der Spieler mit dem Unternehmenslogo bedruckt.

c) Die Spektrum GmbH unterstützt neben anderen Unternehmen die Großhandelsdorfer Kurzfilmtage. Auf Veranstaltungsplakaten und in Programmheften wird darauf hingewiesen.

d) Die Spektrum GmbH unterstützt Maßnahmen für eine nachhaltige Forstwirtschaft im Großhandelsdorfer Stadtwald. Darauf weist sie in ihren regelmäßigen Werbeaktionen hin.

8 Die Großhandelsdorfer Holzgroßhandlung Spektrum GmbH plant die Durchführung von Sponsoringmaßnahmen. Die Großhandlung möchte damit ein Image als veratwortungs- und umweltbewusstes Unternehmen bei Zimmereien, Schreinereien, Holzhandlungen und Baumärkten der Region aufbauen und festigen. Geben Sie jeweils an, ob Sie die folgenden Maßnahmen a) bis d) sinnvoll finden und begründen Sie kurz Ihre Bewertung.

a) Die Spektrum GmbH beteiligt sich an den Kosten für eine Aufforstungsaktion eines Fichtenwaldes. Es sollen dort nun Bäume gepflanzt werden, die Trockenheit und Wärme besser vertragen als Fichten.

b) Die Spektrum GmbH unterstützt den örtlichen Rugby Club.

c) Die Spektrum GmbH unterstützt eine Behindertenwerkstatt, in der Artikel aus Holz, z. B. Vogelhäuser, Nistkästen, einfaches Holzspielzeug, hergestellt wird.

d) Die Spektrum GmbH beteiligt sich finanziell an einem Wettbewerb, auf dem sich Nachwuchsrapper präsentieren können.

9 Die Spektrum GmbH plant die Durchführung von Vkf-Maßnahmen. Geben Sie für die Fälle a) bis d) jeweils an, auf welcher Ebene:

- Unternehmensebene
- Einzelhandelsebene
- Ebene von Produktionsunternehmen, Handwerkern, Dienstleistern
- Endverbraucherebene

die Maßnahmen jeweils stattfinden.

a) Die Spektrum GmbH bietet Schreinereien an, deren Mitarbeiter kostenlos zu neuen Holzbearbeitungsmethoden zu schulen.

b) Die Spektrum GmbH informiert Holzhandlungen über neue Holzsorten.

c) Die Spektrum GmbH bietet Baumärkten an, in deren Geschäftsräumen kurze Unterweisungen zu Holzbearbeitungsmethoden durchzuführen, die sich an deren Kunden richten. Die Unterweisungen erfolgen durch Mitarbeiter der Spektrum GmbH.

d) Die Spektrum GmbH stattet ihre Außendienstmitarbeiter mit attraktiven Präsentationsmaterialien aus.

10 Das Ranking einer Website bei einer Suchanfrage wird davon beeinflusst,

a) wie viele Bilder sich auf der Website befinden.

b) ob die Website von der Websitebewertungskommission empfohlen wird.

c) ob die Website die zu der Suchanfrage passenden Keywords in der richtigen Häufigkeit ≈ 3 % enthält.

d) ob sich auf der Website auch Videos befinden.

e) dass die Website möglichst viel Text enthält.

11 Bei Suchmaschinenwerbung

a) werden die Anzeigenränge nach einem Zufallsverfahren ermittelt.

b) wird die gebuchte Anzeige bei jeder Suchanfrage angezeigt.

c) werden die Anzeigenränge höchstbietend versteigert.

d) muss die Anzeige mindestens für einen Monat gebucht werden.

e) wird der vereinbarte Preis berechnet, wenn die Anzeige bei einer Suchanfrage angezeigt wird.

AB ▶ LS 71

Lernvideo
Grenzen der Werbung: UWG

9 Gesetz gegen den unlauteren Wettbewerb (UWG)

UWG
Download möglich über die Seite des Bundeswirtschaftsministeriums www.bmwi.de, dort in die Suchmaske „UWG" eingeben.

Eines der wichtigsten Gesetze, durch das Marketing- und Kommunikationsmaßnahmen eingeschränkt werden, ist das Gesetz gegen den unlauteren Wettbewerb, abgekürzt **UWG**. Das UWG hat den **Zweck**, Mitbewerber, Verbraucher sowie die Allgemeinheit vor unlauteren Geschäftspraktiken zu schützen und einen unverfälschten Wettbewerb zu gewährleisten.

9.1 Schutz von Verbrauchern (§ 3)

Der § 3 UWG enthält Regelungen zum Schutz von Verbrauchern. Unlauter sind:

- geschäftliche Handlungen, die sich an Verbraucher richten und dazu geeignet sind, deren wirtschaftliches Verhalten wesentlich zu beeinflussen, wenn den geschäftlichen Handlungen keine ausreichende unternehmerische Sorgfalt zugrunde liegt;
- Verstöße gegen gesetzliche Vorschriften, die das Marktverhalten im Interesse der Marktteilnehmer regeln sollen, wenn dadurch die Interessen von Verbrauchern, Mitbewerbern oder anderen Marktteilnehmern spürbar beeinträchtigt werden.

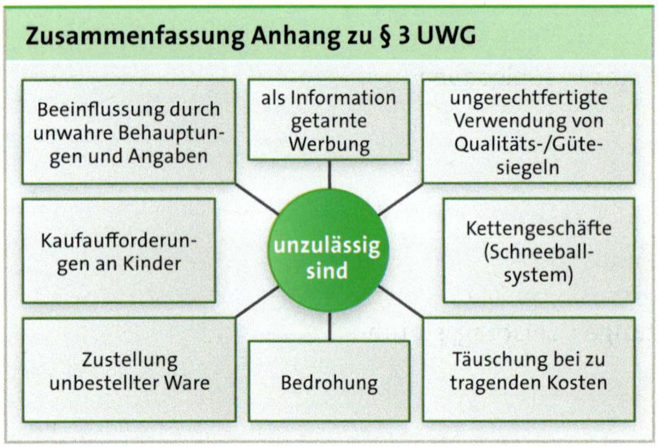

Beurteilungen geschäftlicher Handlungen von Verbrauchern erfolgen auf der Grundlage eines durchschnittlichen Verbrauchers. Der Anhang zu § 3 enthält eine Vielzahl an Beispielen unlauterer geschäftlicher Handlungen, die auf Verbraucher gerichtet sind.

9.2 Schutz von Mitbewerbern (§ 4)

§ 4 beschäftigt sich mit dem Schutz von Mitbewerbern vor unlauteren Geschäftspraktiken:

- Verunglimpfung von Mitbewerbern (Waren, Tätigkeiten, persönliche und geschäftliche Verhältnisse);
- Schädigung von Mitbewerbern durch Behauptungen, die nicht erweislich wahr sind;
- Angebot von nachgeahmten Waren/Dienstleistungen von Mitbewerbern bei vermeidbarer Täuschung, Ausnutzung der Wertschätzung der nachgeahmten Waren, unredliche Erlangung notwendiger Kenntnisse;
- gezielte Behinderung von Mitbewerbern;
- aggressive geschäftliche Handlungen, durch die Verbraucher oder sonstige Marktteilnehmer in ihrer Entscheidungsfreiheit beeinträchtigt werden (Belästigung, Nötigung, unzulässige Beeinflussung durch Ausnutzung einer Machtposition zur Ausübung von Druck).

9.3 Irreführungen (§ 5)

Der § 5 UWG beschäftigt sich mit geschäftlichen Handlungen, bei denen Verbraucher oder sonstige Marktteilnehmer durch Irreführung zu geschäftlichen Entscheidungen veranlasst werden, die sie ansonsten nicht getroffen hätten. Geschäftliche Handlungen sind irreführend, wenn sie unwahre oder sonstige zur Täuschung geeignete Angaben enthalten. In § 5 Abs. 1 sind unter den Nummern 1. und 2. wichtige Aspekte benannt, auf die sich Irreführungen beziehen können:

UWG § 5 Abs. 1 Nr. 1.	Wesentliche Merkmale der Ware oder Dienstleistung wie Verfügbarkeit, Art, Ausführung, Vorteile, Risiken, Zusammensetzung, Zubehör, Verfahren oder Zeitpunkt der Herstellung, Lieferung oder Erbringung, Zwecktauglichkeit, Verwendungsmöglichkeit, Menge, Beschaffenheit, Kundendienst und Beschwerdeverfahren, geografische oder betriebliche Herkunft, von der Verwendung zu erwartende Ergebnisse oder die Ergebnisse oder wesentlichen Bestandteile von Tests der Waren oder Dienstleistungen
UWG § 5 Abs. 1 Nr. 2.	Anlass des Verkaufs wie das Vorhandensein eines besonderen Preisvorteils, den Preis oder die Art und Weise, in der er berechnet wird, oder die Bedingungen, unter denen die Ware geliefert oder die Dienstleistung erbracht wird

Weitere zur Täuschung geeignete Angaben nach § 5 UWG sind die Folgenden:

- wesentliche Merkmale der Ware/Dienstleistung
- Anlass des Verkaufs, Preisvorteils, Lieferung
- Person, Eigenschaften, Rechte des Unternehmers
- Bezug zu direktem/indirektem Sponsoring (Aussagen/Symbole)
- Notwendigkeit für Reparatur, Ersatzteil, Austausch, Leistung
- Einhaltung eines Verhaltenskodexes bei Verpflichtung und Hinweis auf diesen
- Verbraucherrechte (Garantieversprechen, Gewährleistungen, Leistungsstörungen)

Im Zusammenhang mit der Vermarktung von Waren/ Dienstleistungen sind Maßnahmen, die zu Verwechslungen mit Waren oder Kennzeichen von Mitbewerbern führen, ebenfalls irreführend. Auch **vergleichende Werbung**, wenn sie unwahre Angaben enthält oder zur Täuschung geeignete bildliche Darstellungen sowie sonstige Veranstaltungen können irreführend sein.

Es wird vermutet, dass Werbung mit einer Preisherabsetzung irreführend ist, wenn der ursprüngliche Preis nicht ausreichend lange gefordert wurde **(Mondpreiswerbung)**. Der Werbende ist in diesem Fall beweispflichtig.

Auch das Verschweigen von Tatsachen kann irreführend sein, wenn dem Verbraucher wesentliche Informationen vorenthalten werden, die Einfluss auf seine geschäftlichen Entscheidungen gehabt hätten. Bei einem Geschäftsabschluss unter Hinweis auf Merkmale und Preis einer Ware, z. B. im Fernabsatz, gelten als wesentliche Informationen die wesentlichen Merkmale der Ware, Identität und Anschrift des Unternehmers, Gesamtpreis oder Art der Preisberechnung sowie Fracht-, Liefer-, Zustellkosten, Zahlungs- und Lieferbedingungen sowie Umgang mit Beschwerden, Bestehen eines Rechts auf Rücktritt oder Widerruf. Unlauter ist auch das Verschweigen des Zwecks einer kommerziellen Handlung, z. B. **Schleichwerbung**.

9.4 Vergleichende Werbung (§ 6)

Werden bei einer Werbung ein Mitbewerber oder dessen Ware unmittelbar oder mittelbar kenntlich gemacht, handelt es sich um vergleichende Werbung. Vergleichende Werbung ist nur unter folgenden Voraussetzungen zulässig:

- gleicher Bedarf/Zweckbestimmung der verglichenen Waren
- Vergleich bezieht sich auf objektive und nachprüfbare Tatbestände, die wesentliche, relevante und typische Eigenschaften berücksichtigen oder der Vergleich bezieht sich auf den Preis
- Verwechslungsgefahr ist ausgeschlossen (Unternehmen, Waren, Kennzeichen)
- Wertschätzung der Kennzeichnung von Mitbewerbern wird nicht ausgenutzt oder beeinträchtigt
- Mitbewerber wird nicht herabgesetzt oder verunglimpft (Waren, Tätigkeit, persönliche/geschäftliche Verhältnisse)
- keine Imitation von geschützten Waren/Kennzeichen des Mitbewerbers

9.5 Unzumutbare Belästigungen (§ 7)

Die Gerichte gehen davon aus, dass bei Gewerbetreibenden eine mutmaßliche Einwilligung bei Telefonanrufen zu Werbezwecken unterstellt werden kann, wenn sich der Anruf auf den Geschäftsbereich des Gewerbetreibenden bezieht.

Unzumutbare Belästigungen von Marktteilnehmern sind unzulässig bei:

- erkennbar unerwünschter Werbung, auch die hartnäckige Ansprache durch Kommunikationsmittel, die für den Fernabsatz geeignet sind, wenn deutlich ist, dass der Empfänger diese nicht wünscht;
- Telefonwerbung bei Verbrauchern (ausdrückliche Einwilligung erforderlich), sonstigen Marktteilnehmern (mutmaßliche Einwilligung erforderlich);
- Werbung mit automatischen Anrufmaschinen, Fax, E-Mail ist grundsätzlich nur mit Einwilligung des Adressaten erlaubt, **Ausnahmen E-Mail:**
  - E-Mail-Adresse ist aufgrund einer Geschäftsbeziehung bekannt,
  - Adresse wird nur zur Bewerbung eigener ähnlicher Waren verwendet und Kunde hat nicht widersprochen,
  - bei jeder Verwendung ausdrücklicher Hinweis erforderlich, dass der Umworbene der Verwendung per E-Mail jederzeit widersprechen kann;
- Werbung mit einer Nachricht,
  - falls der Absender verschleiert/verheimlicht wird, keine gültige Adresse angegeben wird, an die der Empfänger zu Basistarifen den Widerspruch richten kann,
  - bei Verstoß gegen § 6 Telemediengesetz oder einer Aufforderung zum Aufruf einer Website, die gegen diese Vorschrift verstößt.

§ 6 Telemediengesetz fordert bei kommerzieller Kommunikation besondere Informationspflichten

9.6 Anspruchsberechtigte und Rechtsfolgen

Bei Verstößen gegen das UWG bestehen folgende Ansprüche:

- **gemäß § 8 UWG**: Beseitigung und Unterlassung (bei Wiederholungsgefahr oder drohendem Verstoß)
- **gemäß § 9 UWG:** Schadenersatz, nur bei Vorsatz oder Fahrlässigkeit, Schaden muss nachgewiesen werden
- **gemäß § 10 UWG:** bei Vorsatz und Gewinnerzielung zulasten einer Vielzahl von Abnehmern, kann der so erzielte Gewinn abgeschöpft werden

Anspruchsberechtigte

Gemäß § 8 stehen diese Ansprüche folgenden Gruppierungen zu:

- jedem Mitbewerber, der in nicht unerheblichem Maße und nicht nur gelegentlich, Waren/Dienstleistungen vertreibt oder nachfragt;
- rechtsfähigen Verbänden zur Förderung gewerblicher oder selbständiger beruflicher Interessen, die in der Liste der qualifizierten Wirtschaftsverbände gemäß § 8a eingetragen sind, wenn die Zuwiderhandlung Interessen ihrer Mitglieder berührt. Ein eingetragener Verein, der sich satzungsgemäß um die Förderung gewerblicher, selbstständiger, beruflicher Interessen kümmert und zu Fragen eines lauteren Wettbewerbs informiert und berät, wird auf Antrag unter folgenden Voraussetzungen in die Liste eingetragen:
  - mindestens 75 Mitglieder,
  - Eintragung ins Vereinsregister und Wahrnehmung der satzungsgemäßen Aufgaben seit mindestens 1 Jahr,
  - aufgrund seiner bisherigen Tätigkeit und seiner personellen und sachlichen Ausstattung erscheint die Wahrnehmung der satzungsgemäßen Aufgaben auch in der Zukunft gesichert,
  - seine Tätigkeit zielt nicht vorwiegend auf die Erzielung von Einnahmen aus Abmahnungen und Vertragsstrafen ab,
  - die Mitglieder erhalten keine Zuwendungen aus dem Vereinsvermögen und Tätigkeiten für den Verein werden nicht unangemessen hoch vergütet bzw. durch entsprechende Zuwendungen kompensiert;
- qualifizierten Einrichtungen, die in entsprechenden Listen eingetragen sind; das Gesetz enthält genaue Angaben zu den Listen, im Wesentlichen handelt es sich hier um Verbraucherschutzvereinigungen;
- Industrie- und Handelskammern, Handwerkskammern, anderen berufsständische Körperschaften öffentlichen Rechts, Gewerkschaften.

Maßnahmen

Bei Vorliegen unlauterer geschäftlicher Handlungen von Unternehmen, können Anspruchsberechtigte entsprechende Maßnahmen ergreifen, um diese abzustellen. Hierbei ist eine gewisse Reihenfolge einzuhalten. Vor Einleitung gerichtlicher Schritte soll zunächst versucht werden, den Streitfall durch eine **Abmahnung** in Verbindung mit einer vertragsstrafenbewehrten Unterlassungserklärung außergerichtlich beizulegen. Eine Abmahnung muss folgende Punkte enthalten:

- Name oder Firma des Abmahnenden, ggf. des Vertreters
- die Voraussetzung für die Anspruchsberechtigung
- Angabe, ob und ggf. in welcher Höhe ein Aufwendungsersatzanspruch geltend gemacht wird und wie sich dieser berechnet
- Benennung der Rechtsverletzung unter Angabe der tatsächlichen Umstände

In dem Gesetz wird ausdrücklich darauf hingewiesen, dass Abmahnungen unzulässig sind, wenn sie hauptsächlich auf die Erlangung einer Abmahngebühr (in der Regel Pauschalbetrag zum Ersatz der Aufwendungen) abzielen.

Wenn der Wettbewerbsverstoß schnell unterbunden werden muss, kann eine **einstweilige Verfügung** bei Gericht beantragt werden. Die Gerichtsverfügung wird schnell, erlassen.

Eine **Klage** wird im Rahmen einer mündlichen Gerichtsverhandlung entschieden. Der Beschuldigte wird dabei vor dem zuständigen Gericht auf Unterlassung und ggf. Schadenersatz verklagt. Statt einer Klage kann auch die **Einigungsstelle der IHK** angerufen werden, die versucht, die Streitigkeit gütlich zu beenden.

Alles klar?

1 Geben Sie jeweils mit einer kurzen Begründung und ggf. einem Verweis auf den entsprechenden Paragrafen des UWG an, ob die folgenden Maßnahmen zulässig sind oder nicht.

a) Ein Großhandelsunternehmen wirbt mit der Aussage: „Preise, wie beim Hersteller selbst". Tatsächlich kalkuliert es seine Abgabepreise, indem auf den Herstellerpreis ein Aufschlag von 35 % berechnet wird.

b) Eine Cash-&-Carry-Großhandlung wirbt mit der Aussage, dass der Preis für einen Rasenmäher von 549,00 € auf 299,99 € herabgesetzt wurde. Der Preis von 549,00 € wurde tatsächlich nur zwei Tage verlangt. Rasenmäher des gleichen Typs werden von anderen Großhandelsunternehmen regelmäßig zu Preisen zwischen 290 € und 310 € angeboten.

c) Die Tuchgroßhandlung Tuch & Faden GmbH feiert ihr 25-jähriges Betriebsjubiläum. Dazu erscheint in der örtlichen Tageszeitung ein Artikel, der von der Tuch & Faden GmbH lanciert wurde.

d) Die Weingroßhandlung Weinselig GmbH vergleicht in Werbeprospekten, die an Weinfachhändler verschickt werden, die Preise der beworbenen Weine mit den Preisen, die namentlich genannte Konkurrenten für diese Weine verlangen. Die Angaben sind zutreffend.

e) Ein Lebensmittelgroßhändler bewirbt Oliven und bildet in unmittelbarer Nähe der Produktabbildungen die griechische Nationalflagge ab. Die beworbenen Oliven stammen aus der Türkei, ein Hinweis darauf fehlt in der Werbung.

f) Der Sanitärgroßhändler „Sanitär & mehr GmbH" betreibt einen Onlineshop. Dafür will er Suchwortanzeigen schalten. Er kommt auf die Idee und bucht als Keyword den Firmennamen eines bekannten Sanitärgroßhändlers, der selbst auch einen Onlineshop betreibt. Wird der Name des Sanitärgroßhändlers als Suchwort eingegeben, erscheint die Anzeige der Sanitär & mehr GmbH mit dem Firmennamen der bekannten Sanitärgroßhandlung. Klickt ein User auf die Anzeige, landet er auf dem Onlineshop von Sanitär & mehr.

2 Die Weingroßhandlung Weinselig GmbH vertreibt ihre Weine an Weinfachhändler und auch an Endverbraucher. Beurteilen Sie, ob die folgenden Maßnahmen zulässig sind:

a) Um neue Kunden zu gewinnen, macht die Weinselig GmbH Privatpersonen telefonisch Einstiegsangebote zu Sonderpreisen.

b) Die Weinselig GmbH ruft Weinfachhändler an und bietet diesen den Besuch eines Außendienstmitarbeiters an, um das Sortiment der Weinselig GmbH vorzustellen.

c) Die Weinfachhandlung „In Vino Veritas GmbH" hat in dem Onlineshop der Weinselig GmbH 100 Flaschen Piesporter Riesling gekauft. In diesem Zusammenhang hat sie der Weinselig GmbH ihre E-Mail-Adresse übermittelt. Sie hat dabei nicht der Zusendung von E-Mail-Werbung durch die Weinselig GmbH widersprochen. Die Weinselig GmbH verschickt an die „In Vino Veritas GmbH":
- E-Mail-Werbung für Wein,
- E-Mail-Werbung für Weingläser.

3 Die Düsseldorfer Fahrradgroßhandlung tritt & fit GmbH wirbt in der Fachzeitschrift „Bike Spektrum" mit sehr günstigen Preisen für ihre Pedelecs. In der Anzeige wird der Eindruck erweckt, es handele sich dabei um Modelle von Qualitätsmarken. Solche Pedelecs führt die tritt & fit GmbH zwar auch, die Preise dafür liegen aber eher im oberen Preisbereich. Bei den Pedelecs, die zu sehr günstigen Preisen angeboten werden, handelt es sich dagegen um No-Name-Produkte minderer Qualität.

a) Erläutern Sie, warum hier ein Verstoß gegen das UWG vorliegt.

b) Können die folgenden Parteien gegen den Wettbewerbsverstoß der tritt & fit GmbH vorgehen:
1) Klaus Mucki, der privat häufig Fahrrad fährt
2) die Düsseldorfer Fahrradgroßhandlung Pedaltreter GmbH
3) der Lebensmittelgroßhändler Kohl e. K.
4) Der eingetragene Wettbewerbsverein Argusauge e. V. widmet sich satzungsgemäß der Förderung des Wettbewerbs. Er hat 15 Privatpersonen als Mitglieder.

LERNFELD 7

Außenhandelsgeschäfte anbahnen

AB ▶ LS 72

1 Risiken bei Außenhandelsgeschäften

Außenhandelsgeschäfte sind mit Risiken verbunden, die bei einem Inlandsgeschäft entweder gar nicht oder zumindest nicht im gleichen Ausmaß bestehen.

Im Wesentlichen können die folgenden Risikoarten unterschieden werden.

Risiken bei Außenhandelsgeschäften

Wirtschaftliche Risiken
- Abnahmerisiko
- Zahlungsrisiko
- Lieferrisiko
- Gewährleistungsrisiko
- Transportrisiko

Politische Risiken
- Makrorisiken
  - Zahlungsverbots- und Moratoriumsrisiko (ZM-Risiko)
  - Transfer- und Konvertierungsrisiko (KT-Risiko)
- kulturelle Risiken
- Dispositionsrisiken
- Krieg, Bürgerkrieg, Streik, Terroranschläge
- Boykott, Blockade, Embargo

Wechselkursrisiko

Risiko einer ungünstigen Wechselkursentwicklung zwischen Vertragsabschluss und Zahlungszeitpunkt

1.1 Wirtschaftliche Risiken

Sieht man vom Transportrisiko ab, dann bezieht sich das wirtschaftliche Risiko unmittelbar auf den jeweiligen ausländischen Geschäftspartner. Man spricht daher häufig auch von **Geschäftsrisiko**.

Für den Importeur besteht das Geschäftsrisiko darin,
- dass die gelieferte Ware nicht den Vertragsbedingungen entspricht **(Gewährleistungs- und Lieferrisiko)**,
- dass der ausländische Verkäufer die Ware gar nicht liefert, obwohl bereits eine Vorauszahlung oder Anzahlung geleistet wurde **(Lieferrisiko)**,
- dass der ausländische Verkäufer die Ware vertragswidrig nicht rechtzeitig liefert. Das ist vor allem dann problematisch, wenn eine verspätete Lieferung für den Importeur keinen Sinn mehr macht oder wenn der Importeur dadurch selbst in Lieferungsverzug gerät **(Lieferrisiko)**.

Für den Exporteur besteht das Geschäftsrisiko im Wesentlichen darin, dass der ausländische Käufer die Ware
- nicht annimmt,
- nicht oder nicht vollständig bezahlt oder
- zu spät bezahlt.

Mögliche Gründe hierfür können sein:
- **Abnahmerisiko:** Der ausländische Käufer hat mittlerweile ein günstigeres Angebot erhalten oder benötigt die bestellte Ware aus anderen Gründen nicht mehr.
- **Zahlungsrisiko:** Der ausländische Käufer hat vorübergehende oder dauerhafte Zahlungsprobleme und muss evtl. sogar Konkurs anmelden.
- **Gewährleistungs- und Zahlungsrisiko:** Der ausländische Käufer macht unberechtigte Mängel an der gelieferten Ware geltend und verweigert die Zahlung des Kaufpreises.

Die dargestellten Geschäftrisiken bestehen natürlich auch bei Inlandsgeschäften, haben aber im Außenhandel eine wesentlich stärkere Bedeutung, weil
- häufig andere Rechtsgrundlagen gelten als im Inland, das hängt unter anderem vom vereinbarten Kaufrecht und dem Gerichtsstand ab,
- sich Rechtsansprüche, z. B. eine Pfändung, evtl. gar nicht durchsetzen lassen,
- gerichtliche Auseinandersetzungen evtl. mit hohem Aufwand und mit hohen Kosten verbunden sind,
- evtl. Sprachprobleme bestehen,
- große Entfernungen mit hohen Transportkosten verbunden sind.

internationales Kaufrecht
▶ LF 7, Kap. 6

Das **Transportrisiko** besteht im Wesentlichen darin, dass die Ware während des Transports beschädigt wird oder ganz verloren geht. Hierzu zählt auch das Risiko einer Transportverzögerung, wenn ein bestimmter Liefertermin eingehalten werden muss. Das Transportrisiko ist bei Außenhandelsgeschäften häufig größer als beim Binnenhandel, da die Transportwege in der Regel länger sind und die Ware auch häufiger umgeschlagen werden muss.

Transportrisiko und Transportversicherung
▶ LF 7, Kap. 3.2

1.2 Politische Risiken

Im Unterschied zum Geschäftsrisiko, das sich unmittelbar auf den ausländischen Geschäftspartner bezieht, entstehen politische Risiken durch Einflussnahme des Staates, staatlicher Institutionen oder der Bevölkerung ausländischer Staaten.

Absicherung politischer Risiken
▶ LF 7, Kap. 3.1

1.2.1 Makrorisiken

Makrorisiken haben etwas mit der Volkswirtschaft eines Landes, also mit seiner Makroökonomie zu tun. Man bezeichnet sie häufig auch als **wirtschaftliche Länderrisiken**. Hierbei geht es um die Fähigkeit eines Landes, seine Auslandsverbindlichkeiten zu bezahlen und die **Konvertierbarkeit** der Währung zu gewährleisten.

Konvertierbarkeit
Eine Währung ist frei konvertierbar, wenn es erlaubt und möglich ist, die betreffende Währung ohne Beschränkung in andere Währungen umzutauschen.

Sieht man von den zwischenstaatlichen Konfliktfällen ab, ist der Grund für die Makrorisiken eine Einschränkung der internationalen Zahlungsfähigkeit des Landes, in dem der Käufer seinen Sitz hat. Die eigentliche Ursache ist dabei oft ein mehrjähriges **Leistungsbilanzdefizit**, d. h., das betreffende Land importiert mehr Waren und Dienstleistungen als es exportiert, was zu einem Abfluss von Devisen führt. Der Devisenabfluss kann durch eine Kreditaufnahme im Ausland zunächst ausgeglichen werden. Gelingt es langfristig nicht, die Leistungsbilanz auszugleichen, wird sich die Situation weiter verschärfen, da für den Schuldendienst (Zinsen + Tilgung) zusätzliche Devisen benötigt werden.

Wenn ein Land schließlich nicht mehr in der Lage ist, seinen Verpflichtungen gegenüber den ausländischen Gläubigern nachzukommen, wird es die Zahlung an das Ausland oder die Konvertierbarkeit der Währung einschränken oder ganz aussetzen. Solche Zahlungs- oder Konvertierungsverbote betreffen dann auch die inländischen Unternehmen. Ihnen wird untersagt, ihre Zahlungsverpflichtungen an das Ausland zu erfüllen, selbst wenn ihnen dazu noch ausreichend Devisen zur Verfügung stünden. Beispiele für solche Fälle aus der jüngeren Vergangenheit sind die Krisen in Mexiko (1995), Russland (1998), Brasilien (1998), Argentinien (2004 und 2014) und schließlich die Eurokrise, bei der einige EURO-Mitgliedsländer kurz vor dem Staatsbankrott standen.

Zahlungsprobleme eines Landes aufgrund eines Handelsbilanzdefizits

1.2.2 Kulturelle Risiken

Mögliche Ursachen für kulturelle Risiken sind
- Unterschiede in der **Mentalität** der Bevölkerung
- unterschiedliche **Werte**, **soziale Normen**, **Traditionen** oder **Konventionen**
- religiös bedingte Verhaltensweisen oder **Tabus**
- **Nepotismus** und **Korruption**

Transparency International ist eine gemeinnützige, parteipolitisch unabhängige Organisation, die sich dem globalen Kampf gegen Korruption widmet. Sie gibt jährlich einen **Korruptionswahrnehmungsindex** (Transparency International **C**orruption **P**erceptions **I**ndex, kurz **CPI**) mit einer Rangliste der einbezogenen Länder heraus.

Mentalität
(lat. mens = Geist)
vorherrschende Denk- und Verhaltensmuster von Personen oder sozialen Gruppen

Werte
Vorstellungen, die in einer Gesellschaft als wünschenswert angesehen werden

soziale Normen
Gesellschaftlich und kulturell bedingte konkrete Verhaltensvorschriften in sozialen Situationen. Je nach Situation haben sie eine unterschiedliche Verbindlichkeit.

Tradition
(lat. traditio = Übergabe, Überlieferung)
die Weitergabe von Gepflogenheiten, Gebräuchen, Sitten und Konventionen

Konvention
(lat. conventio = Übereinkunft)
Übereinkunft, bestimmte, nicht festgeschriebene Regeln einzuhalten

Tabu
(polynesisch tapu = unverletzlich)
Handlung oder Verhaltensweise, die durch Sitte oder Gesetz verboten ist

Nepotismus
(lat. nepos = Enkel, Nachkomme, Neffe)
Günstlings- oder Vetternwirtschaft

Korruption
(lat. corrumpere = verderben, vernichten, bestechen)
Missbrauch von anvertrauter Macht zum privaten Nutzen oder Vorteil

Die wahrgenommene Korruption in einem Land wird durch einen Punktwert von 0 bis 100 ausgedrückt. Ein Punktwert von 100 bedeutet, dass in dem betreffenden Land fast keine Korruption festgestellt werden kann. Ein Punktwert von 0 bezeichnet ein sehr hohes Ausmaß an Korruption.

Der CPI berücksichtigt hauptsächlich die Korruption im öffentlichen Bereich, indem er versucht, den bei Amtsträgern und Politikern wahrgenommenen Grad der Korruption abzubilden. Der CPI wird nicht durch eine einheitliche Untersuchung erhoben, sondern entsteht durch die Zusammenführung verschiedener Erhebungen. Der CPI 2019 basiert auf 13 verschiedenen Umfragen, die von 12 unabhängigen Institutionen bei Geschäftsleuten und Länderanalysten durchgeführt wurden.

Im Index von 2019 werden 180 Länder berücksichtigt. Dänemark und Neuseeland stehen mit einem Punktwert von 87 an erster Stelle, Deutschland nimmt mit einem Wert von 80 zusammen mit Luxemburg den 9. Platz ein. Am Ende der Skala befindet sich Somalia in Afrika mit einem Punktwert von 9.

Der jeweils aktuelle Index ist im Internet unter www.transparency.de/cpi einsehbar.

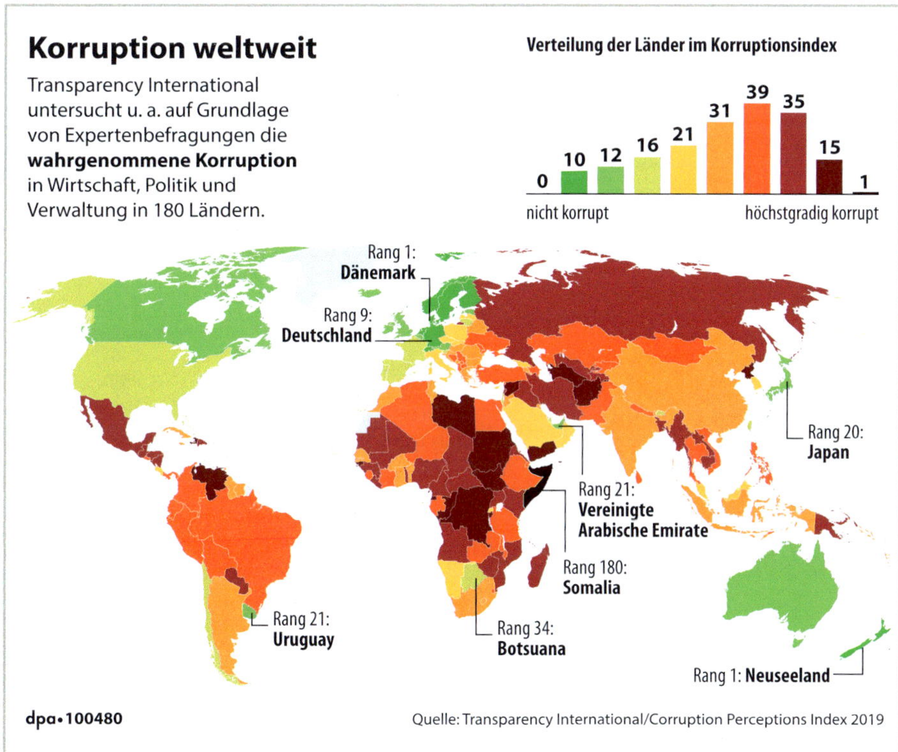

Eine hohe Korruption in einem Land ist für den deutschen Exporteur problematisch. Sein Geschäftserfolg hängt dann nicht mehr hauptsächlich von seiner Leistung und einem guten Preis-Leistungs-Verhältnis ab, sondern von anderen, für ihn häufig nicht durchschaubaren Faktoren. Dazu kommt, dass Bestechungen, die ein deutsches Unternehmen im Ausland vornimmt, auch in Deutschland strafrechtlich verfolgt werden können.

1.2.3 Weitere politische Risiken

Krieg, Bürgerkrieg, Terroranschläge, Streik: Durch kriegerische Auseinandersetzungen kann die Ware beschädigt bzw. zerstört werden oder verloren gehen. Ein länger andauernder Streik z. B. von Hafenarbeitern kann den Transport verzögern, sodass Liefertermine versäumt werden oder dringend benötigte Ware nicht zugestellt werden kann. Auch bei einem Streik besteht die Gefahr, dass die Ware z. B. durch nicht angemessene Lagerung beschädigt wird.

Boykotte, Blockaden, Embargos: Diese Maßnahmen bedeuten für den Exporteur, dass er seine Lieferpflicht nicht erfüllen kann bzw. in der Erfüllung beeinträchtigt wird. Für den Importeur bedeuten sie, dass er die Ware nicht oder zumindest verspätet erhält, obwohl er evtl. bereits Anzahlungen getätigt hat. Bei einem Handelsboykott verweigert eine Nation den Handel mit einem von ihr geächteten Staat. Bei einer Blockade werden Transportwege versperrt, sodass ein Warentransport nicht mehr möglich ist. Bei einem Embargo wird der Handel mit einem bestimmten Land ganz oder teilweise verboten. Embargos können z. B. von der UN verhängt werden. Die Mitgliedstaaten sind verpflichtet, diese zu beachten.

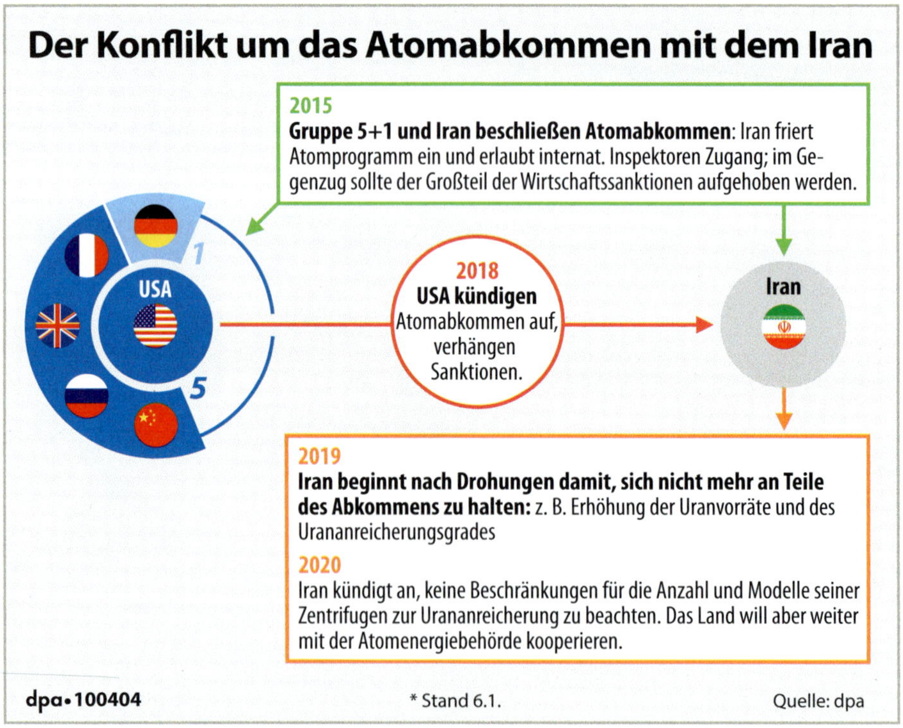

Alles klar?

1 Ordnen Sie die Angaben a) bis d) den folgenden Risikokategorien zu:
   1) wirtschaftliche Risiken
   2) politische Risiken
   3) Wechselkursrisiken

   a) Großhändler A will Waren in das Land X exportieren. A muss an Behördenvertreter in X relativ hohe Geldbeträge bezahlen, um notwendige Genehmigungen zu erhalten.
   b) Großhändler A verkauft Waren an einen Importeur im Land X. Die Fakturierung erfolgt in USD. Zwischen Geschäftsabschluss und Zahlungseingang hat sich der Kurs des USD gegenüber dem Euro von 1,1546 auf 1,2798 verändert,
   c) A hat Waren an das Unternehmen B in X verkauft. B zahlt nicht zum vereinbarten Termin und reagiert auch nicht auf Mahnungen.
   d) A hat Waren an C in X verkauft. C ist zwar zahlungswillig, die Regierung in X untersagt C aber die Zahlung.

2 Makrorisiken ...
   a) betreffen die Unfähigkeit eines Landes wegen absoluten Devisenmangels Auslandsverbindlichkeiten zu begleichen.
   b) sind Risiken, die besonders hoch sind.
   c) können im Außenhandel vernachlässigt werden.
   d) betreffen die mögliche Zahlungsunfähigkeit des ausländischen Schuldners.
   e) sind kulturell bedingt.

3 Wirtschaftliche Risiken ...
   a) hängen mit der Wirtschaft des Bestimmungslandes zusammen.
   b) beziehen sich nur auf bestimmte Wirtschaftsräume.
   c) werden immer durch Banken verursacht.
   d) beziehen sich auf die Wirtschaftspolitik des Bestimmungslandes.
   e) beziehen sich auf den ausländischen Geschäftspartner oder den Warentransport.

4 Korruption ...
   a) ist in Deutschland verboten.
   b) spielt im Auslandsgeschäft keine Rolle.
   c) wird bei Auslandsgeschäften durch die Bundesregierung unterstützt.
   d) sollte man im Ausland bei der Geschäftsanbahnung nutzen.
   e) wird in einem internationalen Register erfasst.

5 Der Korruptionswahrnehmungsindex ...
   a) wird jedes Jahr durch die UNO erstellt.
   b) wird von der Europäischen Kommission herausgegeben.
   c) misst die wahrgenommene Korruption in den einbezogenen Ländern.
   d) misst die Korruption nur in den Ländern, die dazu eine Genehmigung erteilen.
   e) wird von der Bill-Gates-Stiftung finanziert.

6 Unter der vorherrschenden Mentalität in einem Land versteht man,
   a) dass das Land von einer bestimmten Bevölkerungsgruppe dominiert wird.
   b) dass in dem Land eine Diktatur herrscht.
   c) dass in dem Land bestimmte Denk- und Verhaltensmuster vorherrschend sind.
   d) dass in dem Land ungünstige klimatische Bedingungen herrschen.
   e) dass das Land eine ungünstige Altersstruktur aufweist.

7 Ein Lieferrisiko kann im Außenhandel darin bestehen, ...
   a) dass gelieferte Ware nicht bezahlt werden muss.
   b) dass der ausländische Lieferant lange Lieferfristen hat.
   c) dass der ausländische Lieferant benötigte Ware nicht liefern kann.
   d) dass die bestellte Ware nicht rechtzeitig oder gar nicht geliefert wird.
   e) dass unbestellte Ware geliefert wird.

AB ▶ LS 73

2 Zahlungsbedingungen im Außenhandel

Bei einem im Außenhandel üblichen Distanzkauf müssen Importeur und Exporteur bestimmte Geschäftsrisiken tragen. Durch die Wahl geeigneter Zahlungsbedingungen können diese Risiken verringert oder ganz ausgeschlossen werden. Die beiden gebräuchlichsten sind das **Dokumenteninkasso** und das **Dokumentenakkreditiv**, die sowohl dem Käufer als auch dem Verkäufer eine gewisse Sicherheit bieten.

2.1 Dokumenteninkasso

Bei einem Dokumenteninkasso wird eine Bank treuhändisch in die Zahlungsabwicklung eingebunden (Zug-um-Zug-Geschäft). Der Verkäufer übermittelt der Bank des Käufers – i. d R. über seine Hausbank – Dokumente, die belegen, dass die Ware einem Frachtführer übergeben wurde. Je nach Transportart kann der Käufer die Ware auch nur mithilfe des entsprechenden Frachtdokuments in Empfang nehmen. Die Bank des Käufers verpflichtet sich, die Dokumente nur gegen Zahlung des Kaufpreises bzw. Akzeptierung eines Wechsels an den Käufer auszuhändigen.

Wechsel
▶ LF 7, Kap. 2.1.4

Formen des Dokumenteninkassos

Kasse gegen Dokumente Documents against payment, D/P	Dokumente gegen Akzept Documents against acceptance, D/A
Die Bank händigt die Dokumente nur gegen Zahlung aus.	Die Bank händigt die Dokumente nur gegen Akzeptierung eines Wechsels aus.

2.1.1 Grundlagen der Dokumenteninkassi

Für Dokumenteninkassi gibt es keine gesetzlichen Regelungen, sie werden daher üblicherweise auf der Basis der „Einheitlichen Richtlinien und Gebräuche für Inkassi" (ERI) der internationalen Handelskammer in Paris (ICC) abgewickelt.

ERI
Die letzte Fassung stammt vom 01.01.1996. Da es sich um die Publikation Nr. 522 handelt, bezeichnet man sie üblicherweise als ERI 522.

Beteiligte beim Dokumenteninkasso	
Auftraggeber (principal)	Verkäufer, stellt den Inkassoauftrag bei einer Bank
Bezogener (drawee)	Käufer, dem die Dokumente vorzulegen sind
Einreicherbank (remitting bank)	Bank, die vom Auftraggeber mit dem Inkasso beauftragt wird
Inkassobank (collecting bank)	Bank im Land des Bezogenen, die in die Abwicklung des Inkassos eingebunden ist
vorlegende Bank (presentig bank)	Bank, die dem Bezogenen die Dokumente vorlegt. Häufig sind Inkasso- und vorlegende Bank identisch.

Dokumente

Bei einem Dokumenteninkasso sind vom Verkäufer üblicherweise folgende Dokumente einzureichen:

- Transportdokument (Konnossement, Frachtbrief etc.)
- Versicherungsdokumente (bei Lieferungsbedingung CIF oder CIP)
- Handelsrechnung
- evtl. Ursprungszeugnis, Konsulatsfaktura, Zollfaktura, Packlisten, Zertifikate, die die Qualität der Ware bescheinigen

Inkassoauftrag

Grundlage für ein Dokumenteninkasso ist ein Inkassoauftrag gemäß ERI 522:

- Angabe zum Betrag
- Angabe zur Fälligkeit
- Angaben zu den Inkassospesen (wer trägt welche Bankspesen?)
- Angaben zu Art und Anzahl der **Dokumente**
- Angaben zum Dokumentenversand
- Angaben zu Empfänger, Transportmittel, Abgangs- und Bestimmungsort der Warensendung
- Angaben, wie zu verfahren ist, wenn der Käufer die Dokumente nicht aufnimmt
- Angaben, wie mit dem Inkassoerlös verfahren werden soll

Dokumente:
Versicherungsdokumente
▶ LF 7, Kap. 3.2.6
Handelsrechnung, Ursprungszeugnis, Konnossement
▶ LF 7, Kap. 4

2.1.2 Dokumente gegen Zahlung (D/P)

Beispiel

Die BPK GmbH kauft bei der Toronto Paper & Cellulose Inc. für 45.000,00 CND Papier. Die Zahlungsbedingung lautet D/P, die Lieferbedingung FOB (Montreal). Das Papier wird per Schiff von Montreal nach Hamburg transportiert.

Ablauf

1. Abschluss des Kaufvertrages zwischen der BPK GmbH und der Toronto Paper & Cellulose Inc.
2. Die Toronto Paper & Cellulose Inc. übergibt der Rederei die Ware zur Verladung auf das Seeschiff in Montreal.
3. Die Toronto Paper & Cellulose Inc. erhält von der Rederei das zugehörige Transportdokument (Konnossement).
4. Die Toronto Paper & Cellulose Inc. reicht einen Inkassoauftrag zusammen mit den Dokumenten bei ihrer Bank (Bank of Montreal = Einreicherbank) ein.
5. Die Bank of Montreal leitet den Inkassoauftrag zusammen mit den Dokumenten weiter an die TopBank Wuppertal, d.h. an die vorlegende Bank. Parallel dazu befindet sich die Ware auf dem Weg von Montreal nach Hamburg.
6. Die TopBank Wuppertal legt der BPK GmbH die Dokumente zur Prüfung vor.
7. Die BPK GmbH zahlt den Inkassobetrag und
8. erhält im Gegenzug die Dokumente zum Verbleib ausgehändigt.
9. Die TopBank Wuppertal verrechnet mit der Bank of Montreal den Inkassobetrag.
10. Die Bank of Montreal schreibt der Toronto Paper & Cellulose Inc. den Inkassobetrag gut.

11./12. Die BPK GmbH kann mithilfe des Frachtdokuments das Papier in Hamburg in Empfang nehmen.

Ablauf Dokumenteninkasso: D/P

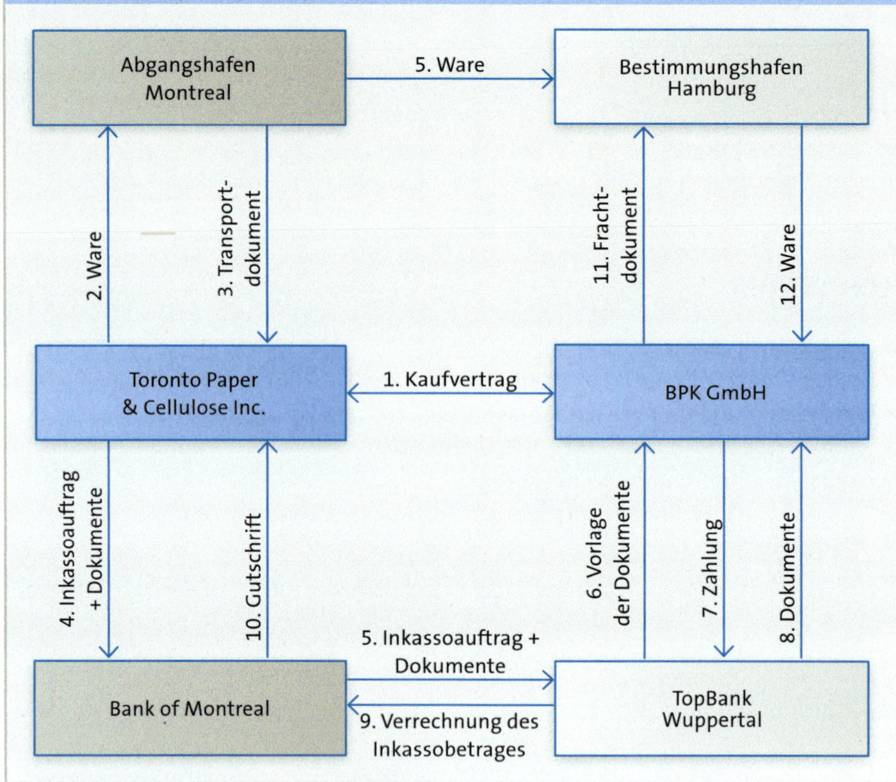

Die Zahlungsbedingung D/P hat für den Verkäufer den Vorteil, dass der Käufer erst dann über die Ware verfügen kann, wenn er den vereinbarten Kaufpreis bezahlt hat. Er trägt aber das Risiko, dass der Käufer die Dokumente nicht aufnimmt und folglich auch nicht zahlt. Der Käufer hat den Vorteil, dass er vor Zahlung den Nachweis erhält, dass der Verkäufer die Ware einem Frachtführer zum Transport übergeben hat. Er hat aber keine Gewissheit, ob die Ware auch wirklich vertragsgemäß ist.

Je nach Transportart, z.B. bei Luft- und Bahntransport, wird die Ware auch ohne Vorlage des Transportdokuments ausgehändigt. Der Käufer muss hier nur nachweisen, dass er der im Frachtdokument benannte Empfänger ist. Um zu verhindern, dass der Käufer die Ware auch ohne Bezahlung erhalten kann, wird häufig als Empfänger nicht der Käufer, sondern die vorlegende Bank eingetragen. Dazu muss aber auf jeden Fall vorher die Zustimmung der Bank eingeholt werden.

Beispiel für einen Inkassoauftrag siehe Seite 153

Please fill in this form exactly resp. mark fields applicable to avoid delays and possible charges caused by inquiries.

Collection and/or acceptance order

1 our reference: Toronto Paper & Cellulose Inc.
phone-no.: +001 8004253458
direct inquiries to: John Harris

2 place: Toronto

3 date: 10th June 20XX

5 drawer/issuer:
Toronto Paper & Cellulose Inc.
15 Richmond Street East
Toronto, Ontario M5C 1N2
Canada

4 to: the Bank of Montreal
Toronto

Enclosed we send you for collection through

6 drawee:
Bergisches Papierkontor GmbH
Elberfelder Straße 85
42285 Wuppertal

7 bank of drawee/domicile (if known):
TopBank Wuppertal
place: Wuppertal (Germany)

☐ please mark where applicable

	maturity	amount
	8 30th June 20XX	9 45.000,00 CND

10
☐ Bank of Montreal charges for our account
charges of collecting bank for drawees account
☒ Bank of Montreal charges / charges of collecting bank { *for drawees account*
☐ Bank of Montreal charges / charges of collecting bank { *for our account*
☐ Payment of charges must not be waived.

	Bill of Exchange	In-voice	Cons./Cust Invoice	Packing List	Cert.of Origin	Insurance Pol./Cert.	Bill of Lading	Dupl. of Railwaybill	Forwarders Certificate	Postal Receipt
12 documents		X		X			X			
13 numbers		4		2			3/3			

11 Shipment of documents:
☒ seperate by 1. + 2. airmail / registered letter
☐ together by courier
☐ courier cost for drawees account

14 description of goods (marks and numbers) and details of shipment:
5 boxes with art paper, marked: BPK GmbH, Order Nr. 6431, Hamburg / Germany, Country of Origin: Canada

15 port of departure: Montreal port of destination: Hamburg

16 ☒ Deliver documents/goods against payment
☐ Documents are to be presented upon arrival of goods
☒ Please advise us about all messages concerning the development of this collection
☐ Please remind periodically

17 ☐ Deliver documents/goods against acceptance
☐ Instruct collecting bank to keep acceptance for collection at maturity
☐ Protest for non-payment of Bill of Exchange
☐ No protest for non-payment of Bill of Exchange
☐ Return acceptance to us

☒ In case of difficulties advise: 18 John Harris by e-mail
☐ Further instructions (if necessary):

Toronto Paper & Cellulose Inc.
15 Richmond Street East
Toronto, Ontario M5C 1N2
Canada

20 *John Harris*
Legally binding signature

19 Enclosures Credit proceeds to our account no. 4 385 591

Settlement in accordane with the General Business Conditions of the Bank of Montreal currently in force

Beispiel für einen Inkassoauftrag

Die Angaben unter den jeweiligen Nummern des Inkassoauftrags haben die folgende Bedeutung:

1 zuständiger Sachbearbeiter beim Auftraggeber
2 Ort des Auftraggebers
3 Datum der Auftragserteilung
4 Einreicherbank
5 Auftraggeber
6 Bezogener
7 Inkassobank = vorlegende Bank
8 Fälligkeit
9 Inkassobetrag
10 Angaben zu Inkassospesen
11 Angaben zum Dokumentenversand
12 Angabe zu den Dokumenten
13 Anzahl der Dokumente
14 Angaben zur Ware
15 Abgangs- und Bestimmungsort
16 Bestimmungen zum Ablauf
17 Angaben zum Wechsel und wie zu verfahren ist, falls der Käufer am Fälligkeitstermin nicht zahlt (D/A)
18 Kontaktperson bei Schwierigkeiten
19 Verwendung des Inkassoerlöses
20 rechtsverbindliche Unterschrift

2.1.3 Dokumente gegen Akzept (D/A)

Die Zahlungsbedingung Dokumente gegen Akzept unterscheidet sich von der Bedingung D/P nur dadurch, dass der Käufer einen auf ihn gezogenen **Wechsel** akzeptieren muss, damit er die Dokumente erhalten kann. Ansonsten ist der Ablauf beider Verfahren weitgehend identisch. Der Verkäufer reicht bei der Einreicherbank neben den Dokumenten und dem Inkassoauftrag zusätzlich einen auf den Käufer gezogenen Wechsel (Tratte) ein.

Die Zahlungsbedingung D/A wird vereinbart, wenn der Verkäufer dem Käufer ein Zahlungsziel einräumen möchte. Je nach Laufzeit des Wechsels hat der Käufer dabei den Vorteil, dass er die Ware vor Fälligkeit des Wechsels verkaufen und mit einem Teil des Verkaufserlöses den Wechsel einlösen kann. Er erspart sich damit Finanzierungskosten.

Der Verkäufer kann den Wechsel vor Fälligkeit z. B. an seine Bank verkaufen und hat damit die Möglichkeit, seine Liquidität zu verbessern. Er hat aber das zusätzliche Risiko, dass der Käufer über die Ware verfügt, den Wechsel bei Fälligkeit aber nicht einlöst.

2.1.4 Exkurs Wechsel

Unter einem Wechsel versteht man eine unbedingte schriftliche Anweisung des Ausstellers an den Bezogenen, zu dem angegebenen Termin einen bestimmten Geldbetrag zu zahlen. Dabei ist eine bestimmte gesetzlich vorgeschriebene Form zu beachten. Durch das **Akzept**, das meist quer auf dem Wechselformular angebracht wird, verpflichtet sich der Bezogene zur Zahlung am Fälligkeitstermin.

Beteiligte beim Wechsel	
Aussteller	stellt den Wechsel aus
Bezogener	wird zur Zahlung aufgefordert
Wechselnehmer	erhält den Zahlungsbetrag; ist häufig auch der Aussteller. Der Wechselnehmer wird auch als Remittent bezeichnet.

Der Wechsel verbrieft eine abstrakte Forderung, d.h., die Forderung besteht unabhängig von einem zugrunde liegenden Schuldverhältnis.

Der deutsche Wechsel ist ein **geborenes Orderpapier,** das bedeutet, er ist kraft Gesetz ein Orderpapier. Der Wechselnehmer kann seinen Anspruch auf die Wechselsumme durch eine Erklärung auf der Rückseite des Wechsels auf jemand anderen übertragen. Diese Übertragungserklärung bezeichnet man als **Indossament**. Bei einem geborenen Orderpapier ist diese Übertragung auch ohne Orderklausel („an die Order von ...", „to the order of ...") möglich. Bei sogenannten **gekorenen Orderpapieren** wird das Dokument erst durch die Orderklausel zum Orderpapier. Im Gegensatz zum deutschen Wechsel ist beim englischen Wechsel die Orderklausel allerdings notwendig.

Indossament
(ital.) in dossa
= auf dem Rücken

Ein Wechsel untersteht der sogenannten **Wechselstrenge**, d.h., wenn der Bezogene zum Fälligkeitstermin nicht zahlt, führt das sehr schnell zu rechtlichen und finanziellen Konsequenzen. Problematisch ist, dass das Wechselrecht zwar zum Teil vereinheitlicht ist, es aber trotzdem bis heute noch kein einheitliches internationales Wechselrecht gibt.

Man unterscheidet u.a. folgende Wechselarten:

Wechselarten	
gezogener Wechsel	Wechsel, bei dem der Aussteller den Bezogenen zur Zahlung auffordert
Solawechsel	Wechsel, bei dem der Aussteller sich selbst zur Zahlung verpflichtet. Der Solawechsel wird auch als „eigener Wechsel" bezeichnet.
Tratte	vom Aussteller auf den Bezogenen gezogener Wechsel, der vom Bezogenen noch nicht akzeptiert wurde
Akzept	gezogener Wechsel, der vom Bezogenen akzeptiert wurde
Bankakzept	gezogener Wechsel, der von einer Bank akzeptiert wurde
Sichtwechsel	Wechsel, der bei Vorlage fällig wird
Nachsichtwechsel	Wechsel, der eine bestimmte Zeit nach Vorlage zahlbar ist

2.2 Dokumentenakkreditiv (Letter of Credit L/C)

Anders als beim Dokumenteninkasso, bei dem die vorlegende Bank nur eine treuhändische Funktion hat, leistet beim Dokumentenakkreditiv die Bank des Importeurs ein abstraktes Zahlungsversprechen. Vereinfacht lässt sich ein Dokumentenakkreditiv wie folgt definieren: Ein Akkreditiv ist das abstrakte Versprechen der Bank des Importeurs, an den Exporteur den Akkreditivbetrag auszuzahlen, wenn von diesem die vorgeschriebenen Dokumente vorgelegt werden.

ICC
International Chamber of Commerce = Internationale Handelskammer mit Sitz in Paris

Grundlage für Dokumentenakkreditive sind die „Einheitlichen Richtlinien und Gebräuche für Dokumentenakkreditive" der **ICC** in der Fassung von 2007, die häufig mit ERA 600 abgekürzt werden. Gemäß Art. 10 der ERA 600 kann ein Akkreditiv nur mit Zustimmung der Beteiligten, vor allem des Begünstigten, abgeändert oder annulliert werden. Es bietet damit dem Begünstigten die Sicherheit einer festen Zahlungsverpflichtung der eröffnenden Bank.

avisieren
ankündigen

Beteiligte beim Dokumentenakkreditiv	
Auftraggeber (applicant)	Partei, in deren Auftrag das Akkreditiv eröffnet wird, in der Regel der Käufer/Importeur
Begünstigter (beneficiary)	Partei, zu deren Gunsten das Akkreditiv eröffnet wird, in der Regel der Verkäufer/Exporteur
eröffnende Bank (Akkreditivbank) (issuing bank)	Bank, die das Akkreditiv eröffnet, meist die Hausbank des Importeurs
avisierende Bank (Akkreditivstelle) (advising bank)	Bank, die das Akkreditiv im Auftrag der eröffnenden Bank dem Begünstigten **avisiert**, häufig die Hausbank des Exporteurs
benannte Bank (Zahlstelle) (nominated bank)	Bank, bei der das Akkreditiv benutzt werden kann, wo also die Dokumente einzureichen sind. Häufig ist es die Avisierungsbank. Jedes Akkreditiv kann aber auch bei der eröffnenden Bank benutzt werden.

2.2.1 Übliche Akkreditivarten

Es können im Wesentlichen die folgenden Akkreditivarten unterschieden werden:

- **Unbestätigtes Akkreditiv (unconfirmed letter of credit):** Nur die eröffnende Bank verpflichtet sich hier zur Zahlung.
- **Bestätigtes Akkreditiv (confirmed letter of credit):** Neben der eröffnenden Bank verpflichtet sich eine weitere (bestätigende) Bank zur Zahlung. Häufig handelt es sich bei der bestätigenden Bank um die Avisierungsbank.
- **Sichtakkreditiv / Auszahlungsakkreditiv (sight letter of credit):** Der Begünstigte kann sofort nach Vorlage akkreditivkonformer Dokumente bei der Zahlstelle die Zahlung verlangen. Die Bank hat allerdings eine Prüfzeit von maximal 5 Banktagen. Ist die Zahlstelle die eröffnende Bank und werden die Dokumente bei der Avisierungsbank eingereicht, muss ggf. zusätzlich die Zeit für die Übermittlung der Dokumente und den Transfer des Akkreditivbetrages berücksichtigt werden.
- **Akkreditiv mit hinausgeschobener Zahlung (deferred payment letter of credit):** Die Zahlung erfolgt hier nicht nach Vorlage und Prüfung der Dokumente bei der Zahlstelle, sondern zu einem festgelegten späteren Termin. Der Auftraggeber wird auch erst zu diesem Termin mit dem Akkreditivbetrag belastet.

2.2.2 Ablauf

Beispiel

Die BPK GmbH kauft bei der Toronto Paper & Cellulose Inc. für 45.000,00 CND Kunstdruckpapier. Die Zahlungsbedingung lautet bestätigtes Dokumentenakkreditiv, das bei Sicht zahlbar ist. Benutzbar ist das Akkreditiv bei der Bank of Montreal. Die Lieferbedingung lautet FOB (Montreal). Das Papier wird per Schiff von Montreal nach Hamburg transportiert.

1. Abschluss des Kaufvertrages zwischen der BPK GmbH und der Toronto Paper & Cellulose Inc.
2. Die BPK GmbH stellt bei der TopBank Wuppertal den Antrag auf Eröffnung eines Akkreditivs zugunsten der Paper & Cellulose Inc. Sie weist darauf hin, dass eine Bestätigung durch die Bank of Montreal gewünscht wird. Die TopBank Wuppertal ist in diesem Fall die **eröffnende Bank** bzw. die **Akkreditivbank**.
3. Die TopBank Wuppertal leitet die Akkreditiveröffnung einschließlich der Bitte um Bestätigung an die Bank of Montreal weiter. Die Bank of Montreal ist hier die **Avisierungsbank** bzw. die **Akkreditivstelle**. Gleichzeitig ist sie auch die benannte Bank und Zahlstelle.
4. Die Bank of Montreal informiert die Paper & Cellulose Inc. über die Akkreditiveröffnung und ihre Bestätigung. Diesen Vorgang bezeichnet man als Avisierung. Durch die Bestätigung verpflichtet sich die Bank of Montreal der Toronto Paper & Cellulose Inc. den Akkreditivbetrag am Fälligkeitstermin zu zahlen, wenn sie innerhalb der Vorlegungsfrist akkreditivkonforme Dokumente vorlegt. Die TopBank Wuppertal ist ihrerseits verpflichtet, der Bank of Montreal den Akkreditivbetrag zu erstatten.
5. Die Toronto Paper & Cellulose Inc. prüft die Akkreditivbedingungen auf Übereinstimmung mit den Kaufvertragsvereinbarungen und auf Erfüllbarkeit.
6. Die Toronto Paper & Cellulose Inc. übergibt die Ware termingerecht der Rederei zur Verladung auf das Schiff in Montreal.
7. Die Toronto Paper & Cellulose Inc. erhält von der Rederei das zugehörige Transportdokument (Konnossement).
8. Die Toronto Paper & Cellulose Inc. reicht das Transportdokument zusammen mit den anderen Dokumenten bei ihrer Bank ein. Parallel dazu befindet sich die Ware auf dem Weg von Montreal nach Hamburg.
9. Die Bank of Montreal prüft die eingereichten Dokumente auf Vollständigkeit und Akkreditivkonformität.
10. Wenn die Dokumente in Ordnung sind, schreibt die Bank of Montreal den Akkreditivbetrag der Toronto Paper & Cellulose Inc. gut.
11. Die Bank of Montreal leitet die Dokumente auf dem vorgeschriebenen Weg an die TopBank Wuppertal.
12. Die TopBank Wuppertal prüft die Dokumente ihrerseits auf Übereinstimmung mit dem Akkreditiv.
13. Falls die Prüfung keine Beanstandung ergibt, transferiert die TopBank Wuppertal den Akkreditivbetrag an die Bank of Montreal.
14. Die TopBank Wuppertal informiert die BPK GmbH über die Ankunft der Dokumente und händigt sie aus.

15./16. Die BPK GmbH kann mithilfe des Frachtdokuments die Ware in Hamburg in Empfang nehmen.

Beispiel für einen Eröffnungsantrag eines Dokumentenakkreditivs siehe Seite 160

Erfüllung
Die Pflicht des Verkäufers im Rahmen des Dokumentenakkreditivs ist erfüllt, wenn er akkreditivkonforme Dokumente bei der vereinbarten Zahlstelle rechtzeitig einreicht. Bei einem bestätigten Dokumentenakkreditiv ist die Zahlstelle immer die bestätigende Bank. Bei einem unbestätigten Dokumentenakkreditiv kann (seltener) auch die eröffnende Bank, die Avisierungsbank oder eine dritte Bank Zahlstelle sein. Wenn die Zahlstelle die eröffnende Bank ist, trägt der Verkäufer die Kosten und das Risiko des Dokumententransfers. Außerdem erhält er bei einem Sichtakkreditiv in der Regel nicht sofort den Akkreditivbetrag, wenn er die Dokumente bei der Avisierungsbank einreicht. Er muss dann neben der Prüfzeit auch noch die Transferzeit für Dokumente und Überweisung berücksichtigen.

Bewertung des Dokumentenakkreditivs
Für den Käufer besteht kein großer Unterschied zwischen Dokumenteninkasso und Dokumentenakkreditiv. Vorteilhaft für den Käufer ist jedoch, dass die Banken beim Dokumentenakkreditiv die eingereichten Dokumente intensiver und auch inhaltlich prüfen müssen. Das bietet dem Käufer eine größere Sicherheit hinsichtlich der Vertragserfüllung durch den Verkäufer. Er hat aber auch beim Dokumentenakkreditiv keine Garantie, dass ihm vertragsgemäße Ware geliefert wird. Nachteilig sind die höheren Kosten, die mit einem Dokumentenakkreditiv verbunden sind.
Für den Verkäufer hat das Dokumentenakkreditiv im Vergleich zum Dokumenteninkasso deutliche Vorteile. Durch die abstrakte Zahlungsverpflichtung einer Bank ist das Geschäftsrisiko (Käufer nimmt die Ware nicht an und/oder zahlt nicht) nahezu vollständig ausgeschlossen.

Durch ein bestätigtes Dokumentenakkreditiv lassen sich auch **politische Risiken** ausschließen. Nachteilig können auch hier die im Vergleich zum Dokumenteninkasso höheren Kosten sein.

Ablauf Dokumentenakreditiv

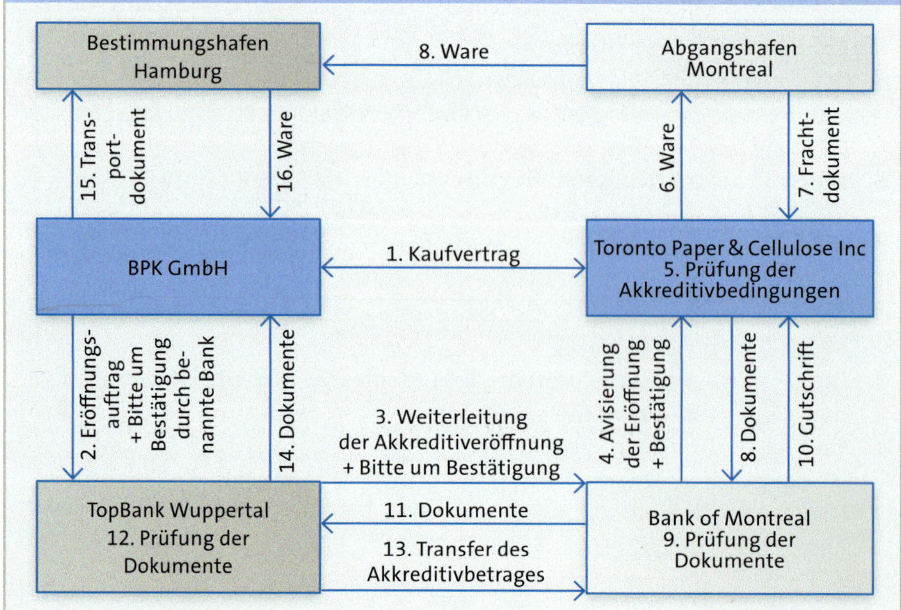

2.2.3 Eröffnungsantrag

Ein Antrag auf Eröffnung eines Dokumentenakkreditivs sollte bestimmte Angaben enthalten, die dann auch zum Inhalt des Akkreditivs werden.

Auf der folgenden Seite befindet sich ein Beispiel für einen Eröffnungsantrag. Dabei haben die Angaben unter den jeweiligen Nummern die folgende Bedeutung:

1 eröffnende Bank
2 Weiterleitung der Eröffnung (z. B. per Luftpost, **Telex, SWIFT**)
3 Auftraggeber
4 Avisierungsbank, diese ist hier auch gleichzeitig die Bestätigungsbank
5 Name und Anschrift des Begünstigten
6 Währung und Akkreditivbetrag
7 Verfalldatum
8 Bank, bei der das Akkreditiv benutzbar gestellt ist (hier ist das die **Avisierungsbank**)
9 Ob die Zahlung bei Einreichung der Dokumente (Sicht) oder später erfolgen soll
10 Teilverladungen und Umladungen
11 Versand- und Bestimmungsort der Ware
12 spätester Verladetermin
13 Lieferbedingung
14 Warenart und Menge
15 Anzahl und Aufmachung der einzureichenden Dokumente
16 Angabe zur Warenadressierung
17 Benachrichtigungsadresse
18 spätester Vorlagetermin für die Dokumente; falls hierzu Angaben fehlen, sehen die ERA 600 vor, dass die Dokumente spätestens 21 Tage nach dem Verladedatum des Transportdokuments vorgelegt werden müssen.
19 Angaben zur Kostenteilung; hier wird angegeben, wer welche Bankspesen zu tragen hat. Üblich ist, dass der Auftraggeber die Kosten trägt, die bei der eröffnenden Bank anfallen und der Begünstigte für die Bankkosten aufkommt, die in seinem Land anfallen.
20 Akkreditivart (z. B. bestätigt, unbestätigt)
21 Angabe, welches Konto zu belasten ist
22 Tag und Ort der Ausstellung
23 rechtsverbindliche Unterschrift

Telex

(**Tele**printer **ex**change) ist ein System zur Übermittlung von Textnachrichten über ein Telekommunikationsnetz, das mit dem Telefonnetz vergleichbar ist, bei dem aber Fernschreiber verwendet werden.

SWIFT

Society for **W**orldwide **I**nterbank **F**inancial **T**elecommunications. Diese Gesellschaft sorgt für die Telekommunikation zwischen Banken weltweit. Träger der Gesellschaft mit Sitz in La Hulpe (Belgien) sind die Banken selber.

Ich (Wir) ersuche(n) um Eröffnung des folgenden **unwiderruflichen Dokumentenakkreditivs**

1 TopBank Wuppertal

2 **Art der Eröffnung**
[ ] per Post / Luftpost
[X] per Telekommunikation
[ ] mit Voravis per Telekommunikation

3 **Auftraggeber**
Bergisches Papierkontor GmbH
Elberfelder Straße 85
42285 Wuppertal
Bearbeiter: Babette Finke Tel.-Nr. +49 202 123623

4 **Bankverbindung des Begünstigten** (falls bekannt):
The Bank of Montreal
First Canadian Place
100 King Street West
Toronto, Ontario M5X 1A1
Canada

5 **Begünstigter** (Name und genaue Anschrift):
Toronto Paper & Cellulose Inc.
15 Richmond Street East
Toronto, Ontario M5C 1N2
Canada

6 **WÄHRUNG** CND **BETRAG** 45.000,00 [ ] zirka (+/- 10 %) [ ] +/- ____ %

7 **Gültigkeitsdauer** 30. Juni 20XX **Gültigkeitsort** Toronto

8 **benutzbar** [ ] bei Ihnen [X] bei Ihrem Korrespondenten in Toronto

9 **zahlbar** [X] bei Sicht ___ [ ] Tage / [ ] Monate nach [ ] Präsentation [ ] Verladedatum [ ] Versanddatum

10 **Teilverladungen** [ ] gestattet [X] nicht gestattet **Umladungen** [ ] gestattet [X] nicht gestattet

11 **Versand von** Seehafen Montreal **via** **nach** Seehafen Hamburg 12 **spätestens am:** 10. Juni 20XX

13 **Lieferbedingung** FOB (Montreal)

14

Warenbezeichnung	**Menge**	**Einzelpreis**
Kunstdruckpapier	1 000 Packungen zu je 100 Blatt	4,50 CND

15 **Verlangte Dokumente**
[X] Handelsrechnung 1 Original, 4 Kopien
[ ] Versicherungs- [ ] Zertifikat / [ ] Polizze (voller Satz)
[X] See-Konnossement (voller Satz)
[ ] Multimodales Transportdokument (für kombinierten Transport)
[ ] Luftfrachtbrief (3. Original für den Absender)
[ ] Frachtbriefduplikat, bahnamtlich gestempelt, nachnahmefrei
[ ] CMR (Straßenfrachtbrief)
[ ] Versand- / [ ] Übernahme-Bestätigung, ausgestellt von Spediteur ____

weitere Dokumente
[ ] Ursprungszeugnis
[ ] Präferenzursprungszeugnis, Form A
[X] Packliste

16 **Ware adressiert an**
[X] Antragsteller
[ ]

17 **Notify-Adresse**
[X] Antragsteller
[ ]

18 Die Dokumente sind innerhalb von 10 Tagen ab Verlade-/Versanddatum gemäß Transportdokument zu präsentieren.

Besondere Bedingungen:

19 Inländische Bankgebühren zu Lasten [X] Auftraggeber [ ] Begünstigten
Ausländische Bankgebühren zu Lasten [ ] Auftraggeber [X] Begünstigten

20 Das Akkreditiv ist von Ihrem Korrespondenten der begünstigten Firma [ ] **unverbindlich** anzuzeigen / [X] **verbindlich** zu bestätigen / [ ] **unverbindlich** anzuzeigen und über deren Wunsch auch **verbindlich** zu bestätigen.

21 Die Abrechnung hat zu Lasten meines/unseres Kontos (BIC: TOPWUDE729; IBAN: DE24 1001 0700 0060 0521 98) zu erfolgen.

Für das Akkreditiv gelten die Einheitlichen Richtlinien und Gebräuche für Dokumenten-Akkreditive der Internationalen Handelskammer in der von dieser für den Zeitpunkt der Akkreditiveröffnung zur Anwendung empfohlenen Fassung.

22 Wuppertal, 01. Juni 20XX
Ort und Datum der Ausstellung

23 bpk Bergisches Papierkontor GmbH
Elberfelder Straße 85 · 42285 Wuppertal
Tel. 0202 1236-0 · Fax 0202 1236-1

Babette Finke
Stempel und rechtverbindliche Unterschrift(en)

[X] Zutreffendes bitte ankreuzen

Die Abwicklung erfolgt gemäß den gegenwärtig gültigen „Allgemeinen Geschäftsbedingungen der TopBank Wuppertal“.

Beispiel für den Eröffnungsantrag eines Dokumentenakkreditivs

Alles klar?

1 Bei einem Dokumenteninkasso ...

a) garantiert die Inkassobank die Zahlung.
b) stellt der Exporteur den Inkassoauftrag.
c) muss der Importeur erst dann zahlen, wenn er die Ware erhalten hat.
d) wird der Inkassoauftrag vom Auftraggeber bei der Inkassobank eingereicht.
e) kann der Exporteur sicher sein, dass er sein Geld erhält, wenn vertragsgemäß liefert.

2 Bei einem Dokumentenakkreditiv ...

a) stellt der Exporteur den Eröffnungsauftrag.
b) garantiert die avisierende Bank die Zahlung, wenn bei ihr akkreditivkonforme Dokumente eingereicht werden.
c) müssen die Dokumente immer bei der eröffnenden Bank eingereicht werden.
d) garantiert die eröffnende Bank die Zahlung, wenn akkreditivkonforme Dokumente eingereicht werden.
e) können die Dokumente grundsätzlich bei jeder Bank eingereicht werden.

3 Bei einem Dokumenteninkasso ...

a) hat der Exporteur eine höhere Sicherheit als bei einem Dokumentenakkreditiv.
b) muss der Importeur in jedem Fall zahlen, bevor er die Dokumente erhält.
c) unterscheidet man die Formen „Dokumente gegen Kasse“ und „Dokumente gegen Akzept“.
d) kann der Importeur in jedem Fall sicher sein, dass er vertragsgemäße Ware erhält.
e) muss der Importeur erst dann zahlen, wenn er die Ware geprüft hat.

4 Ein bestätigtes Dokumentenakkreditiv ...

a) bietet keinen Schutz vor Geschäftsrisiken.
b) bietet Schutz vor politischen Risiken.
c) bietet keinen Schutz vor kulturellen Risiken.
d) garantiert nur die Zahlung der eröffnenden Bank.
e) bietet ein geringeres Schutzniveau als ein unbestätigtes Dokumentenakkreditiv.

5 Bei einem ...

a) gezogenen Wechsel gibt es nur einen Beteiligten, nämlich den Aussteller.
b) gezogenen Wechsel, der noch nicht akzeptiert wurde, handelt es sich um eine Tratte.
c) Akzept handelt es sich um einen gezogenen Wechsel, der vom Aussteller akzeptiert wurde.
d) Nachsichtwechsel muss der Bezogene nur zahlen, wenn er über ausreichende Geldmittel verfügt.
e) Wechsel handelt es sich um ein gekorenes Orderpapier.

6 Bei einem Dokumentenakkreditiv ist die benannte Bank ...

a) immer die eröffnende Bank.
b) immer die Avisierungsbank.
c) die Bank, bei der die Dokumente eingereicht werden können.
d) eine Bank, die in die Akkreditivabwicklung nur einbezogen wird, wenn es Probleme gibt.
e) die Bank, bei der das Akkreditiv eröffnet werden muss.

7 Der Exporteur hat bei einem Dokumentenakkreditiv ...

a) bereits dann einen Anspruch auf Zahlung des Akkreditivbetrages, wenn er die Waren einem Frachtführer übergeben hat.
b) immer erst dann Anspruch auf Zahlung, wenn die eröffnende Bank die Dokumente geprüft und akzeptiert hat.
c) erst dann Anspruch auf Zahlung, wenn der Importeur den Akkreditivbetrag bei der eröffnenden Bank eingezahlt hat.
d) dann Anspruch auf Zahlung, wenn er akkreditivkonforme Dokumente rechtzeitig bei der benannten Bank einreicht.
e) nur dann Anspruch auf Zahlung, wenn er akkreditivkonforme Dokumente rechtzeitig bei der eröffnenden Bank einreicht.

3 Risikoabsicherung durch Versicherungen

Neben einer Absicherung durch spezielle Zahlungsbedingungen können Außenhandelsgeschäfte auch durch Versicherungen abgesichert werden. Politische Risiken lassen sich beispielsweise nur durch ein bestätigtes Akkreditiv absichern. Will ein Exporteur aber Waren an einen Abnehmer in einem Krisengebiet verkaufen, wird kaum eine deutsche Bank bereit sein, ein entsprechendes Akkreditiv zu bestätigen. Mit dem Abschluss einer Exportkreditversicherung wird solch ein Geschäft bei einem überschaubaren Risiko trotzdem möglich. Das Transportrisiko lässt sich zwar durch entsprechende Lieferungsbedingungen ausschließen, es ist aber fraglich, ob die sich auch durchsetzen lassen. Abhilfe könnte hier eine Transportversicherung schaffen.

AB ▶ LS 74

3.1 Staatliche Exportkreditversicherungen

Eine Exportkreditversicherung hat den Zweck, den Exporteur bei einem Exportgeschäft vor einem Forderungsausfall zu schützen. Man unterscheidet private und staatliche Exportkreditversicherungen. **Private Versicherungen** sichern in der Regel nur das **Forderungsausfallrisiko** des Exporteurs bei Zahlungsunfähigkeit des ausländischen Abnehmers ab. Eine Versicherung des Zahlungsverzuges oder der Nichtabnahme der Ware sind bei privaten Versicherern nicht üblich, werden aber von einigen Versicherern bei günstigen Bedingungen u. U. auch versichert. Eine Abdeckung von politischen Risiken oder Lieferungen in Hochrisikogebiete werden im Normalfall abgelehnt. **Staatliche Exportkreditversicherungen** bieten dagegen einen umfassenderen Versicherungsschutz.

Die Bundesrepublik Deutschland bietet inländischen Exporteuren die Möglichkeit, sich durch den Abschluss einer staatlichen Exportkreditversicherung vor dem Risiko eines Forderungsausfalls zu schützen. Diese Versicherungen werden als **Exportkreditgarantien** bezeichnet. Sie spielen vor allem beim Export in Entwicklungs- und Schwellenländer eine große Rolle, da hier die Risiken für den Exporteur teilweise unkalkulierbar sind. Haushaltsrechtlich werden die Exportkreditgarantien von der Bundesregierung getragen. Mit der Durchführung des Versicherungsgeschäftes hat die Bundesregierung die beiden privaten Unternehmen Euler Hermes Kreditversicherungs AG und Pricewaterhouse Coopers AG (PwC AG) beauftragt. Die Federführung liegt allerdings bei der Euler Hermes AG.

In nahezu allen Industrieländern gibt es staatliche Exportkreditversicherungen zur Förderung des Exports. Das birgt die Gefahr einer **Wettbewerbsverzerrung** zwischen den Exporteuren verschiedener Länder. Wenn die Konditionen für eine staatliche Ausfuhrgewährleistung in Land A deutlich günstiger sind als in Land B, haben die Exporteure aus A Wettbewerbsvorteile gegenüber denen aus B. Um solche Wettbewerbsverzerrungen möglichst einzuschränken, gibt es internationale Vereinbarungen zu Voraussetzungen und Prämien von staatlichen Exportgewährleistungen.

Im Rahmen des **OECD-Konsensus** werden Bedingungen für öffentliche geförderte Exportkredite mit einer Laufzeit von mindestens 2 Jahren geregelt.

Auch auf EU-Ebene gibt es Bestrebungen die staatlichen Exportkreditversicherungen der Mitgliedsländer zu harmonisieren. Gemäß einer EU-Richtlinie sind seit Januar 2005 staatliche Gewährleistungen für Exporte in EU- und OECD-Kern-Länder bei Zahlungsfristen bis zu 2 Jahren untersagt.

Voraussetzungen für die Inanspruchnahme von Exportkreditgarantien der Bundesrepublik Deutschland	
Deckungsnehmer	Alle deutschen Exporteure, ausländische Handelsgesellschaften können Exporte ihrer deutschen Niederlassungen ebenfalls absichern, wenn diese im Handelsregister eingetragen sind.
Art der Exportgeschäfte	Die Exportgeschäfte sollen förderungswürdig sein, sie dürfen daher deutschen Interessen nicht entgegenstehen. Die mit dem Geschäft verbundenen Risiken müssen vertretbar sein.
Ursprung der Ware	Die gehandelten Waren sollen ihren Ursprung in Deutschland haben. Ausländische Zulieferungen dürfen einen Anteil von 49% ausmachen. Höhere Anteile sind auch möglich, bedürfen aber einer Prüfung und Genehmigung.
Absicherungsgebiet	Bei kurzfristigen Exportgeschäften können grundsätzlich nur Lieferungen in Länder außerhalb der EU und der OECD abgesichert werden. Teilweise gibt es Abweichungen von dieser grundsätzlichen Regelung.

Die OECD

(Organization for Economic Cooperation and Development) verfolgt laut Satzung die folgenden Ziele:

- Wirtschaftsentwicklung und Lebensstandard in den Mitgliedsländern fördern
- Wirtschaftswachstum in den Mitglieds- und in Entwicklungsländern fördern
- Welthandel begünstigen

Mitgliedsländer sind viele EU-Länder, die EU selbst, Australien, Island, Japan, Kanada, Korea, Mexiko, Neuseeland, Norwegen. Schweiz, Türkei, Großbritannien und die USA.

3.1.1 Absicherungsmöglichkeiten

Mit der Exportkreditversicherung des Bundes lassen sich sowohl wirtschaftliche als auch politische Risiken abdecken. Zu den **versicherten wirtschaftlichen Risiken** zählen:

- Forderungsfälle im Nichtzahlungsfall (protracted default) hierunter versteht man das Ausbleiben des Zahlungseingangs in einem Zeitraum von i.d.R. 6 Monaten nach Fälligkeit der Forderung
- Forderungsausfälle durch Konkurs oder Vergleich
- Forderungsausfälle durch erfolglose Zwangsvollstreckung

Unabhängig von den Gründen für die Nichtzahlung kann der Exporteur spätestens sechs Monate nach Fälligkeit der Forderung den Nichtzahlungstatbestand geltend machen.

Versicherbare politische Risiken sind:

- Forderungsausfälle durch gesetzgeberische oder behördliche Maßnahmen
- Forderungsausfälle durch Krieg, Aufruhr, Revolution
- Verluste durch staatliche Konvertierungs- und Transferverbote
- Warenverluste vor Gefahrenübergang durch politische Umstände, z.B. Beschlagnahme, Zerstörung

Selbstbeteiligung
Die Exporteure müssen bei der Absicherung ihrer Exportforderungen durch die Exportkreditversicherung des Bundes eine Selbstbeteiligung tragen. Diese beträgt in der Regel bei wirtschaftlichen Risiken 15 %, bei politischen Risiken 5 %. Bei einigen Versicherungsformen beträgt sie einheitlich 10 %. Bemessungsgrundlage ist jeweils die versicherte Forderung.

Kurzfristige Deckungsformen
Hinsichtlich der Fristigkeit sind für einen Außenhändler im Wesentlichen kurzfristige Geschäfte bedeutsam. Die Darstellung verschiedener Deckungsmöglichkeiten in der folgenden Tabelle beschränkt sich daher hauptsächlich auf Deckungsformen, die zur Absicherung kurzfristiger Forderungen geeignet sind.

	Lieferantenkreditdeckung	revolvierende Lieferantenkreditdeckung	Ausfuhrpauschalgewährleistungen
Eignung	Absicherung einzelner Exporte	regelmäßige Lieferungen an den gleichen ausländischen Abnehmer	regelmäßige Belieferung von Kunden in verschiedenen Ländern
Kreditlaufzeit	kurz-, mittel-, langfristig	grundsätzlich bis 12 Monate in Ausnahmen bis 24 Monate	12 Monate
gedeckte Risiken	wirtschaftliche und politische Risiken	wirtschaftliche und politische Risiken	wirtschaftliche und politische Risiken
Absatzgebiete	alle Länder, aber bis 2 Jahre Kreditlaufzeit nicht EU- und OECD-Kernländer	alle Länder, außer EU- und OECD-Kernländer	im Wesentlichen alle Länder, außer EU- und OECD-Länder
Kosten	Bearbeitungsgebühren + bestimmter Prozentsatz des Auftragswertes	Bearbeitungsgebühren + bestimmter Prozentsatz des Auftragswertes	individueller Prozentsatz des monatlichen Umsatzes

3.1.2 Formen der Exportkreditgarantien

Die Exportkreditgarantien lassen sich nach verschiedenen Kriterien unterscheiden. Eine Übersicht gibt die folgende Grafik.

Formen der Exportkreditgarantien des Bundes

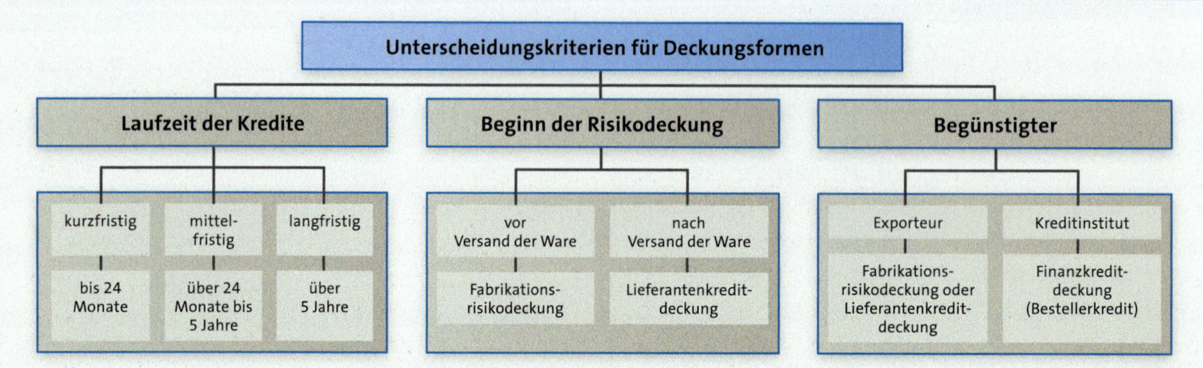

Fabrikationsrisikodeckung
Um Exporteuren die Möglichkeit zu geben, ein Risiko bereits vor Auslieferung der Ware, also noch während der Produktionszeit abzusichern, gibt es die Fabrikationsrisikodeckung. Im Rahmen dieser Absicherungsmöglichkeit kann ein Exporteur für die Produktionszeit **seine Selbstkosten** für die mit dem ausländischen Besteller vereinbarte Lieferung abdecken. Der Deckungsschutz beginnt mit dem Inkrafttreten des Ausfuhrvertrages und endet normalerweise mit dem Versand der Ware. Der Exporteur muss eine Selbstbeteiligung von 5 % tragen. Als Prämie wird ein bestimmter Prozentsatz der Selbstkosten berechnet. Dieser hängt von dem abzusichernden Zeitraum und dem Umfang der zu deckenden Risiken ab.

Finanzkreditdeckung (Bestellerkredit)
Bei vielen Exportgeschäften ist es so, dass der ausländische Besteller einen Kredit von einer inländischen Bank erhält, mit dem er seine Zahlungsverpflichtung gegenüber dem deutschen Exporteur bereits bei der Lieferung erfüllen kann. Die Auszahlung erfolgt durch das Kreditinstitut an den Exporteur. Dieser sogenannte Bestellerkredit wird in der Regel von dem deutschen Exporteur vermittelt. Das Kreditinstitut kann seine Forderung gegenüber dem ausländischen Besteller durch eine Finanzkreditdeckung des Bundes abdecken. Die Deckung beginnt mit Auszahlung des Kreditbetrages und endet, wenn der Kredit zurückgezahlt wird. Es besteht bei dieser Deckungsform eine Selbstbeteiligung der Bank von 5 %.

Finanzkreditdeckung

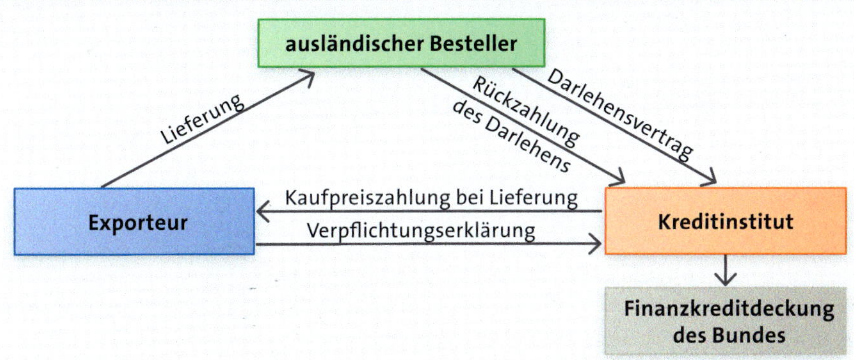

3.1.3 Tarifsystem der Exportkreditgarantien des Bundes

Das Tarifsystem der Exportkreditgarantien des Bundes berücksichtigt im Wesentlichen die Höhe des Risikos, das mit dem Ausfuhrgeschäft verbunden ist, und die Kreditlaufzeit. Bei dem Risiko wird zwischen dem Landesrisiko und dem Schuldnerstatus unterschieden. Das Landesrisiko wird durch ein **Länderrating** mit 8 Länderkategorien von 0 bis 7 quantifiziert. Dabei bedeutet 0 ein sehr niedriges und 7 ein sehr hohes Risiko. Das Länderrating wird jährlich durch die OECD aktualisiert. Die Ländereinstufungen sind für alle OECD-Mitgliedstaaten verbindlich. Bei dem **Schuldnerstatus** wird danach unterschieden, ob es sich um einen öffentlichen oder privaten Schuldner handelt und ob z. B. eine **Bankgarantie** vorliegt. Die Prämiensätze steigen mit zunehmendem Risiko und höherer Kreditlaufzeit.

Die jeweils aktuelle **Länderklassifizierung** kann im Internet unter www.agaportal.de in der Rubrik „Länderinformationen“ eingesehen werden. In der Rubrik „Download“ kann ein Entgeltrechner heruntergeladen werden.

Bankgarantie
Die garantiegebende Bank zahlt den genannten Betrag, wenn die in der Garantie benannten Bedingungen eintreten.

AB ▶ LS 75

3.2 Transportversicherungen

Im Jahr 2019 sind weltweit 15 Frachtschiffe gesunken.

Bei der Abwicklung von Außenhandelsgeschäften müssen die gehandelten Waren oft über weite Strecken transportiert und häufig mehrfach umgeladen werden. Es besteht dabei die Gefahr des Verlustes oder der Beschädigung der Waren.

Ein **Warenverlust** liegt vor, wenn die Waren während des Transports verloren gehen oder ihr Ziel in einem völlig unbrauchbaren Zustand erreichen. Bei einer **Beschädigung** erreichen die Waren das Ziel in einem grundsätzlich funktionsfähigen Zustand, haben aber während des Transports einen Wertverlust erlitten, z.B. durch Verkratzen, Verbeulen, Verbiegen, Reißen.

Risiken während des Warentransports können durch den **Abschluss einer Transportversicherung** abgesichert werden. Das ist insofern bedeutsam, da das Transportunternehmen nicht für Schäden haftet, die durch höhere Gewalt verursacht wurden. Außerdem ist die Erstattungspflicht des Transportunternehmens in der Höhe begrenzt.

Incoterms CIF, CIP
▶ LF 3, Kap. 7

Der Abschluss einer Transportversicherung kann auch auf Grund vertraglicher Vereinbarungen notwendig sein. Bei den internationalen Lieferbedingungen **CIF** oder **CIP** ist der Verkäufer verpflichtet, eine Transportversicherung zu Gunsten des Käufers abzuschließen.

3.2.1 DTV Güterversicherungsbedingungen

Die Grundlage für eine Transportversicherung zu deutschen Bedingungen sind die DTV-Güterversicherungsbedingungen 2000 in der Fassung von 2011. Die Abkürzung DTV steht für **„Deutsche Transport-Versicherung"**. Bei den genannten Bedingungen handelt es sich um Empfehlungen, von denen die Vertragspartner (Versicherungsunternehmen, Versicherungsnehmer) jedoch abweichen können.

Versicherte Risiken
Hinsichtlich der versicherten Risiken berücksichtigt die DTV-Güter 2000/11 die zwei Deckungsarten „volle Deckung" und „eingeschränkte Deckung". Bei der **vollen Deckung** trägt der Versicherer alle Gefahren, denen die Güter während der Dauer der Versicherung ausgesetzt sind. Es gibt dabei jedoch Einschränkungen. Einige Risiken sind sowohl bei der vollen als auch bei der eingeschränkten Deckung **nicht mitversichert.** Dies betrifft Schäden durch

- Krieg, Bürgerkrieg, kriegerische Ereignisse;
- Streik, Aussperrung, Arbeitsunruhen, terroristische oder politische Gewalthandlungen;
- Beschlagnahme, Entziehung oder sonstige Eingriffe von hoher Hand;
- Verwendung von biologischen, chemischen, biochemischen Waffen oder Waffen auf der Basis elektromagnetischer Wellen;
- Zahlungsunfähigkeit bzw. Zahlungsverzug des Reeders, Charterers oder Betreibers des Schiffes.

Risiken durch Krieg, Streik/Aufruhr und Beschlagnahme können durch die Vereinbarung entsprechender Zusatzklauseln (**Wiedereinschlussklauseln)** mitversichert werden. Dafür wird dann in der Regel eine zusätzliche Prämie erhoben.

Bei der **eingeschränkten Deckung** sind die folgenden Gefahren und Schäden versichert:

- Unfall des die Güter befördernden Transportmittels; ein Transportmittelunfall liegt auch vor bei Strandung, Aufgrundstoßen, Kentern, Sinken, Scheitern oder Beschädigung des die Güter befördernden Schiffes durch Eis
- Einsturz von Lagergebäuden
- Brand, Blitzschlag, Explosion, Erdbeben, Seebeben, vulkanische Ausbrüche und sonstige Naturkatastrophen, Anprall oder Absturz eines Flugkörpers, seiner Teile oder seiner Ladung
- Überbordwerfen, Überbordspülen oder Überbordgehen durch schweres Wetter
- **Aufopferung** der Güter
- Entladen, Zwischenlagern und Verladen von Gütern in einem Nothafen/Flughafen, der infolge des Eintritts einer versicherten Gefahr angelaufen oder infolge einer Notlandung eines Luftfahrzeugs angeflogen wurde
- Totalverlust ganzer **Kolli** beim Be-, Um-, oder Entladen eines Transportmittels

Aufopferung
Ein Warenverlust wird bewusst herbeigeführt, um einen größeren Schaden abzuwenden. Bei einem Sturm werden z. B. Container ins Meer geworfen, um ein Kentern des Schiffes zu verhindern.

Kollo (Plural Kolli)
Bezeichnung für Stückgut, z. B. Kiste, Ballen Sack

Der Versicherer leistet **keinen Ersatz,** wenn die Schäden verursacht wurden durch

- eine Verzögerung der Reise,
- inneren Verderb oder die Beschaffenheit der Güter,
- handelsübliche Mengen-, Maß- oder Gewichtsdifferenzen,
- normale Luftfeuchtigkeit oder normale Temperaturschwankungen,
- ungeeignete Verpackung oder unsachgemäße Verladungsweise, es sei denn, der Versicherungsnehmer hat diese weder vorsätzlich noch grob fahrlässig verschuldet.

DTV-Güter 2000/11

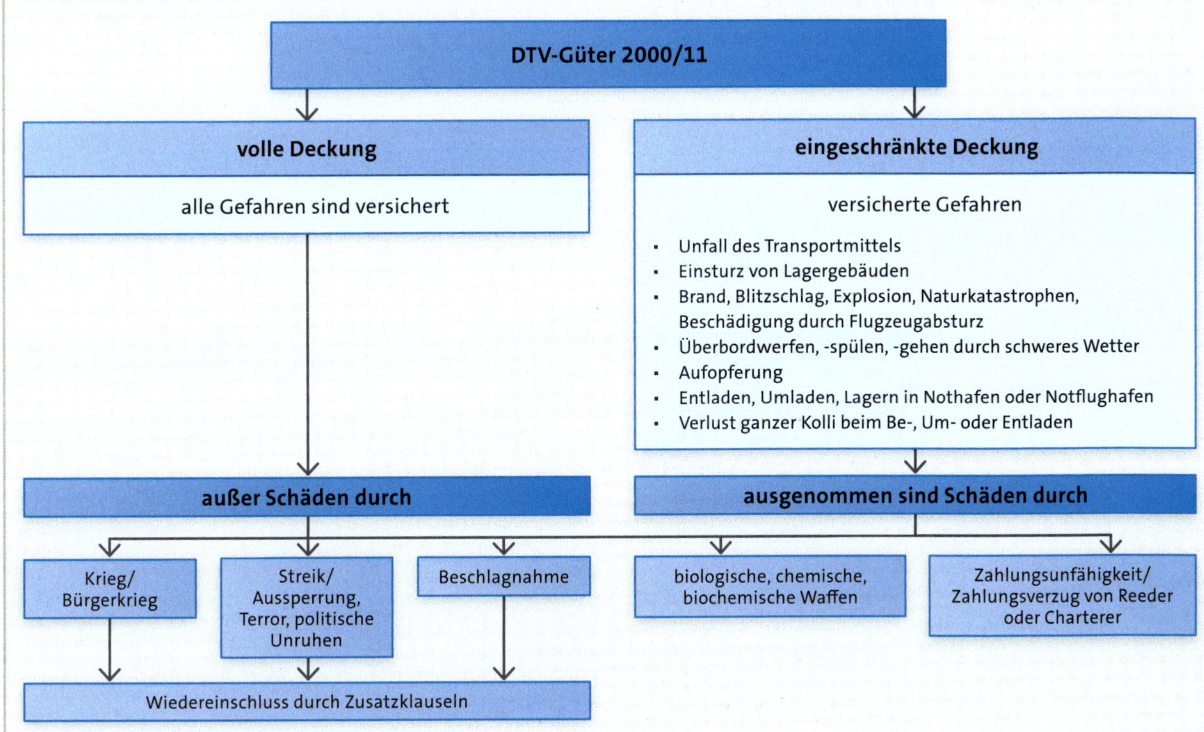

3.2.2 Versicherungswert

Unter dem Versicherungswert der zu versichernden Güter versteht man grundsätzlich den „gemeinen Handelswert". In der DTV-Güter 2000/11 wird definiert: „Versicherungswert ist der gemeine Handelswert oder in dessen Ermangelung der gemeine Wert der Güter am Absendeort bei Beginn der Versicherung, zuzüglich Versicherungskosten, der Kosten, die bis zur Abnahme der Güter durch den Beförderer entstehen, und der endgültig bezahlten Fracht."

Beispiel

Die BPK GmbH verkauft einen Posten Bierdeckel an die Fun & Celebration Ltd. in New York. Der Haupttransport erfolgt per Schiff von Hamburg nach New York, die Lieferbedingung lautet DPU New York. Die BPK GmbH möchte den Transport, für den sie die Gefahr zu tragen hat, versichern. Der Ex Work-Preis der Bierdeckel beträgt 25.000,00 €. Die Kosten für die Ausfuhrabwicklung sowie die Transport- und Verladekosten bis auf das Schiff in Hamburg betragen zusammen 250,00 €, die Fracht Hamburg – New York einschließlich Entladekosten 1.240,00 €. Die Versicherungskosten werden nach Auskunft der Versicherung mit 110,00 € angegeben.

Berechnung des Versicherungswerts

gemeiner Wert bei Beginn der Versicherung (EXW-Preis)	25.000,00 €
+ Kosten bis zur Abnahme der Güter durch den Beförderer für den Haupttransport	250,00 €
+ endgültig bezahlte Fracht	1.240,00 €
+ Versicherungskosten	110,00 €
= **Versicherungswert**	**26.600,00 €**

3.2.3 Versicherungssumme

Die Versicherungssumme ist der Betrag, zu dem die Güter während des Transports versichert sind und der bei einem Totalverlust von der Versicherung ersetzt würde. Sinnvollerweise sollte die Versicherungssumme **mindestens dem Versicherungswert** entsprechen.

Beispiel: Unterversicherung

Auf Grund eines Bearbeitungsfehlers setzt die BPK GmbH die Versicherungssumme für den Transport der Bierdeckel versehentlich nicht mit dem Versicherungswert von 26.600,00 €, sondern nur mit einem Betrag von 19.950,00 € an. Durch einen Nässeschaden während des Seetransports wird ein Teil der Bierdeckel unverkäuflich. Der dadurch entstandene Schaden beträgt 10.000,00 €.

Da die Versicherungssumme kleiner ist als der Versicherungswert, sind die Bierdeckel unterversichert. Die Versicherungssumme beträgt nur 75 % des Versicherungswertes, deshalb ersetzt die Versicherung auch nur 75 % des entstandenen Schadens, also 7.500,00 €. Die übrigen 2.500,00 € muss die BPK GmbH selbst tragen.

$$\frac{19.950{,}00\,€ \cdot 100\,\%}{26.600{,}00\,€} = 75\,\%$$

3.2.4 Imaginärer Gewinn

Beispiel

Die BPK GmbH kauft von der Toronto Paper & Cellulose Inc. Kopierpapier zur Lieferbedingung FOB Quebec. Der FOB-Preis beträgt 115.000,00 €. Die Transportkosten betragen 4.500,00 €. Die BPK GmbH will den Transport des Papiers ab Quebec versichern. Sie verkauft das Papier normalerweise mit einem Aufschlag von 20 % auf den Einstandspreis. Falls das Papier während des Transports untergehen sollte, könnte dieser erwartete Gewinn nicht mehr realisiert werden. Das Versicherungsunternehmen genehmigt der BPK GmbH daher die Berücksichtigung eines imaginären Gewinns von 20 %. Die Versicherungsprämie beträgt 420,00 €.

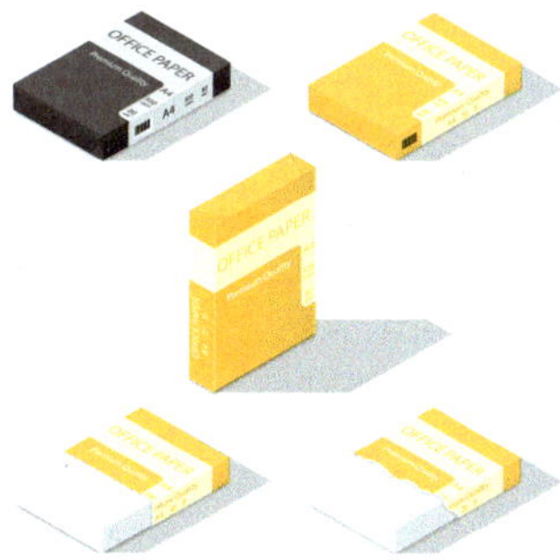

Es besteht die Möglichkeit, bei der Berechnung der Versicherungssumme einen imaginären Gewinn zu berücksichtigen. Bei einer Versicherung zu Gunsten des Käufers ist die Berücksichtigung eines imaginären Gewinns von 10 % ohne zusätzliche Vereinbarung mit dem Versicherer möglich. Soll ein höherer imaginärer Gewinn berücksichtigt werden, muss dies gesondert vereinbart werden.

Berechnung der Versicherungssumme mit imaginärem Gewinn

FOB-Preis	115.000,00 €
+ Transportkosten	4.500,00 €
+ Versicherungskosten	420,00 €
= Versicherungswert	119.920,00 €
+ imaginärer Gewinn (20%)	23.984,00 €
= **Versicherungssumme**	**143.904,00 €**

Bei den Incoterms® CIF und CIP ist für die Transportversicherung, die der Verkäufer zu Gunsten des Käufers abschließen muss, die Berücksichtigung eines 10 %igen Gewinns vorgeschrieben.

Incoterms®
▶ LF 3, Kap. 7

3.2.5 Institute Cargo Clauses (ICC)

Die DTV-Güter 2000/11 sind nur dann anzuwenden, wenn eine Transportversicherung zu deutschen Bedingungen abgeschlossen wird. International gebräuchlich sind die Institute Cargo Clauses (ICC) des Institute of London **Underwriters**. Es wird zwischen drei Deckungsformen unterschieden, die mit A, B und C bezeichnet sind. Die Deckungsform ICC (A) bietet dabei den umfassendsten, die Deckungsform ICC (C) den geringsten Versicherungsschutz.

Underwriter
(engl.) hier: Versicherer

Unter einer großen Havarie versteht man Schäden, die durch vorsätzlich ergriffene Maßnahmen des Kapitäns entstanden sind, um einen größeren Schaden zu verhindern.

Institute Cargo Clauses (C): Wird eine Transportversicherung mit der Deckungsform ICC (C) abgeschlossen, besteht Versicherungsschutz gegen

- Feuer,
- Explosion,
- Stranden, Aufgrundlaufen, Sinken oder Kentern des See- oder Binnenschiffes,
- Umstürzen, Überschlagen oder Entgleisen des Landtransportmittels,
- Zusammenstoß oder Kontakt des See-, Binnenschiffes oder Transportmittels mit einem außerhalb (des Beförderungsmittels) befindlichen Gegenstand, ausgenommen Wasser,
- Löschung der Güter im Nothafen,
- Aufopferung und Überbordwerfen bei einer großen Havarie.

Institute Cargo Clauses (B): Zusätzlich zu den durch die gemäß ICC (C) gedeckten Gefahren sind bei den ICC (B) auch noch die folgenden Risiken versichert:

- Erdbeben, vulkanische Ausbrüche und Blitzschlag
- Überbordspülen
- Eintritt von Meeres-, Binnensee- oder Flusswasser in Seeschiffe, Binnenschiffe, Laderäume, Transportmittel, Container oder Läger
- Totalverlust ganzer Kolli durch Überbordgehen oder durch Herabfallen beim Laden oder Löschen von See- oder Binnenschiffen

Institute Cargo Clauses (A) (All Risks): Der Versicherungsschutz gemäß den Klauseln ICC (A) ist im Wesentlichen mit der Deckungsform „volle Deckung" der DTV-Güter 2000/11 identisch.

Institute Cargo Clauses Air: Die ICC Air sind auf die speziellen Anforderungen des Lüfttransports zugeschnitten. Hinsichtlich des Deckungsumfangs entsprechen sie weitgehend den ICC (A). Ausgenommen sind Luftpostsendungen.

Institute War Clauses und Institute Strikes Clauses: Die Gefahren Krieg und Streik sind bei den ICC wie auch bei den DTV-Güter 2000/11 ausgeschlossen, können aber durch die Vereinbarung entsprechender Zusatzklauseln wieder eingeschlossen werden.

Vergleich der ICC und der DTV-Güter 2000/11: Bei den Deckungsformen „volle Deckung" der DTV-Güter 2000/11 und ICC (A) besteht hinsichtlich des Deckungsumfangs eine weitgehende Übereinstimmung. Der Versicherungsumfang bei „eingeschränkter Deckung" der DTV-Güter 2000/11 geht aber über den der ICC (C) hinaus. Der Versicherungsschutz der ICC (B) liegt in einigen Punkten über dem der „eingeschränkten Deckung" nach DTV-Güter 2000/11, bleibt aber dafür in anderen Punkten hinter diesen zurück.

Der Grad der Entsprechung der ICC und der DTV-Güter ist insofern bedeutsam, als z. B. im Zusammenhang mit Dokumentenakkreditiven häufig auf die ICC Bezug genommen wird. Auch die Incoterms® beziehen sich auf die ICC. Bei der Lieferbedingung CIF wird der Verkäufer verpflichtet, eine Transportversicherung zu Gunsten des Käufers abzuschließen, die mit der Mindestdeckung der ICC oder einem ähnlichen Bedingungswerk übereinstimmt. Das bedeutet, dass mindestens eine Transportversicherung mit der Deckung gemäß ICC (C) abzuschließen ist.

Da der Deckungsumfang der eingeschränkten Deckung gemäß DTV-Güter über dem der ICC (C) liegt, würde auch der Abschluss einer Transportversicherung mit eingeschränkter Deckung nach DTV-Güter 2000/11 diese Bedingung erfüllen.

Bei der Lieferbedingung CIP muss der Verkäufer eine Versicherung gemäß dem Deckungsumfang (A) der ICC oder eine entsprechende Klausel eines ähnlichen Bedingungswerkes abschließen. Bezüglich der DTV Güter 2000/11 wäre das dann die Bedingung „volle Deckung".

3.2.6 Versicherungsdokumente

Zu den im Rahmen einer Transportversicherung ausgehändigten Versicherungsdokumenten zählen Versicherungspolicen und Versicherungszertifikate.

Versicherungspolice
Eine Versicherungspolice ist eine vom Versicherer ausgestellte Urkunde, die den Versicherungsabschluss und den Versicherungsanspruch dokumentiert.

Wenn sich der Versicherungsvertrag auf ein einzelnes Versicherungsgeschäft bezieht, wird eine **Einzelpolice** ausgestellt. Man spricht hier auch von einer Einzelversicherung. Hat ein Unternehmen häufig Gütertransporte zu versichern, empfiehlt sich der Abschluss einer laufenden Versicherung. Hierbei handelt es sich um einen Rahmenvertrag, der für einen bestimmten Zeitraum (häufig ein Jahr) abgeschlossen wird. Ohne Kündigung verlängert sich der Vertrag in der Regel jeweils um ein weiteres Jahr. Der Vertrag wird durch eine so genannte **Generalpolice** dokumentiert. Im Rahmen der laufenden Versicherung muss der Versicherungsnehmer dem Versicherer die zu versichernden Transporte einzeln melden. Dabei sind das Versicherungsgut, die Verpackungsart, das Transportmittel und der Transportweg anzugeben.

Versicherungszertifikat
Die Generalpolice gilt nicht als Versicherungspolice im Sinne des Gesetzes. Häufig muss der Versicherungsnehmer den Abschluss einer Transportversicherung aber nachweisen, z. B. bei Akkreditivgeschäften oder bei den Lieferbedingungen CIF und CIP. Der Versicherer ist daher verpflichtet, im Rahmen einer laufenden Versicherung über die einzelnen zur Versicherung angemeldeten Transporte auf Verlangen jeweils eine Urkunde auszustellen. Diese Urkunde wird als Versicherungszertifikat bezeichnet. Ein Versicherungszertifikat gilt auch als Police im Sinne des Gesetzes.

Beispiel

Die BPK GmbH hat an die Fun & Celebration Ltd. in New York 28 000 Packungen Servietten zur Lieferbedingung CIP New York verkauft. Die Servietten sind mit altdeutschen Motiven bedruckt. Der Transport erfolgt in einem 20 ft Standardcontainer mit der Markierung TSRU 425165 1. Der CIP-Preis beträgt 35.000,00 €, die Versicherungssumme 38.500,00 €. Die BPK GmbH schließt entsprechend der Lieferbedingung CIP eine Transportversicherung ab. Das zugehörige Versicherungszertifikat ist auf der folgenden Seite abgebildet.

Einzelversicherung
Marine/Cargo Policy ☐

Güterversicherungszertifikat
Cargo Insurance Certificate [1] ☒

Versicherungssumme Sum Insured	Ausfertigungsort/-tag Place and Date of Issue	Exemplare Issues	Einzelversicherungs-Nr. Policy-No.	
38 500,00 € [2]	**Wuppertal, 29. Okt. 20XX** [3]	**2** [4]	General-Police-Nr. Open Cover No. **123456789** [5]	Zertifikat-Nr. Certificate No. **120000** [6]

Hiermit wird bescheinigt, dass auf Grund der oben genannten Einzelversicherung/General-Police Versicherung übernommen worden ist gegenüber: / This is to certify that insurance has been granted under the above Policy/Open Cover to:

[7] **to the holder**

für Rechnung wen es angeht, auf nachstehend näher bezeichnete Güter: / For account of whom it may concern, on following goods:

[8] **28 000 packets with printed napkins**
purchase order Nr. 1546
stowed in 1 container 20 ft, Nr. TSRU 425165 1
4 900 kg gross, 4 760 kg net

Für folgenden Transport (Transportmittel, Transportweg) / For the following transport (means of transport, route):

[9] **Marianna Vessel**
[10] **From Hamburg port to New York port**

Von Haus zu Haus, sofern nicht anderweitig vereinbart, gemäß Ziffer 8 der DTV-Güter 2000/11, Volle Deckung/
From warehouse to warehouse, unless otherwise agreed, in accordence with no. 8 of the DTV Cargo 2000, Full Cover

Schäden zahlbar an den Inhaber dieser Einzelversicherung/dieses Zertifikates. Mit Schadenzahlung gegen eine Ausfertigung werden die anderen ungültig. Claims payable to the holder of this Policy/Certificate. Settlement under one copy shall render all others null and void.

Bedingungen / Conditions:

[11] **A DTV-Güterversicherungsbedingungen 2000 (DTV-Güter 2000/11) / DTV Cargo Insurance Conditions 2000 (DTV Cargo 2000) Volle Deckung / Full Cover**

B Besondere Bedingungen/Klauseln / Special Conditions/Clauses

1. **Kriegklausel für die Versicherung von Seetransporten sowie Lufttransporten im Verkehr mit dem Ausland nach den DTV-Güter 2000/11 / War Clauses for the insurance of goods carried by sea and air transports to and from foreign countries governed by the provisions of DTV Cargo 2000**
2. **Streik- und Aufruhrklauseln für die Versicherung nach den DTV-Güter 2000/11 / Strikes, Riots and Civil Commotions Clause for insurance governed by DTV Cargo 2000**

[12] Anweisungen für den Schadensfall siehe Rückseite.
See overleaf for instructions to be followed in case of loss or damage.

Im Schadensfall ist zur Schadenfeststellung unverzüglich hinzuziehen:
/ In case of loss or damages immediately apply for survey to:

[13] **Ewig International Marine Corp.**
111 Pavonia City, NJ 07310
Tel. +1 201 9633355
Fax +1 201 9634015
nyc.office@ei
mc.com http://www.ewig.com

Namens und in Vollmacht der beteiligten Gesellschaften: / For and on behalf of the leading company and all co-insurers:

[15] **Cargo Versicherungs AG**
Frachtstr. 125
20251 Hamburg

in Vollmacht

Klaus Trichter

[14] Prämie bezahlt / Premium paid

Versicherungszertifikat (Vorderseite) nach DTV-Güter 2000/11

Inhalte des Versicherungszertifikats

1 Für die Einzelversicherungspolice und das Versicherungszertifikat bei einer laufenden Versicherung wird häufig das gleiche Formular genutzt. Im vorliegenden Fall handelt es sich um ein **Versicherungszertifikat**, das auf der Basis einer laufenden Versicherung ausgestellt wird.

2 Angabe der Versicherungssumme, bei Versicherungen auf Basis CIF oder CIP der CIF-Preis bzw. CIP-Preis + 10 % imaginärer Gewinn

3 Ort und Tag der Ausstellung

4 Anzahl der ausgestellten Originale. Im Schadensfall erfolgt die Regulierung gegen Vorlage eines der Originalzertifikate mit befreiender Wirkung für den Versicherer. Die anderen Originalzertifikate werden ungültig.

5 Da es sich um ein Versicherungszertifikat auf Basis einer laufenden Versicherung handelt, wird hier die Nummer der zu Grunde liegenden Generalpolice eingetragen.

6 vom Versicherer vorgegebene laufende Nummer

7 Hier kann der Name des Versicherungsnehmers eingetragen werden, wenn das eigene Interesse, hier der BPK GmbH, versichert werden soll. Da hier die Versicherung zu Gunsten der Fun & Celebration Ltd. abzuschließen ist, müsste an dieser Stelle die Fun & Celebration Ltd. eingetragen werden, was in der Regel aber nicht gemacht wird. Will der Versicherungsnehmer unbestimmt lassen, für wen die Versicherung abgeschlossen werden soll (eigenes oder fremdes Interesse), wird hier die Wendung „für wen es angeht" bzw. in Englisch „to whom it may concern" eingetragen. Soll zum Ausdruck gebracht werden, dass die Rechte aus dem Zertifikat nicht einer namentlich bestimmten Person, sondern dem Besitzer des Zertifikats zustehen sollen, wird hier eingetragen „dem Inhaber" bzw. in Englisch „to the holder". Das Zertifikat wird dadurch zu einem **Inhaberpapier**. In jedem Fall kann nur derjenige Rechte aus dem Zertifikat bzw. der Police gegenüber der Versicherung geltend machen, der das Dokument besitzt. Hier ist das Zertifikat auf den Inhaber ausgestellt, das wird in der Regel so gehandhabt.

Inhaberpapier
▶ LF 7, Kap. 4.3.3

8 Angabe der zu versichernden Ware: Neben der Warenbeschreibung werden hier die Menge, die Art, Anzahl und Markierung der Packstücke sowie das Brutto- und häufig auch das Nettogewicht angegeben.

9 Bei einem Schiffstransport erfolgt hier die Angabe des Schiffsnamens.

10 Angabe von Abgangsort (von ...), Bestimmungsort (nach ...) und gegebenenfalls des Umschlagplatzes (über ...).

11 Angabe der Versicherungsbedingungen und der Deckungsart sowie eventueller Zusatzklauseln. Im vorliegenden Fall erfolgt die Versicherung auf der Basis der DTV-Güter 2000/11 mit voller Deckung. Außerdem werden Krieg- sowie Streik- und Aufruhrklauseln vereinbart.

12 Verhaltensweisen für den Schadensfall sind auf der Rückseite des Zertifikats abgedruckt.

13 Angabe des **Havariekommissars**, der im Schadensfall hinzuzuziehen ist.

Havariekommissar
(engl. Surveyor)
neutraler Spezialist, der im Auftrag von Versicherungsunternehmen Mängel und Schäden an Gütern bewertet

14 Eingedruckter Vermerk, dass die Versicherungsprämie bezahlt ist. Dieser Vermerk gewährleistet, dass der Versicherer im Schadensfall keine Einwände wegen Nichtzahlung der Prämie geltend macht. Falls der Versicherungsnehmer es wünscht, kann hier auch der Prämienbetrag angegeben werden.

15 Unterschrift eines Zeichnungsberechtigten des Versicherungsunternehmens

Alles klar?

1 Eine Exportkreditgarantie der Bundesrepublik Deutschland ...
- a) darf keine Exportgeschäfte absichern, die nicht auch durch ein Dokumentenakkreditiv abgesichert werden könnten.
- b) kann grundsätzlich bei allen Verkäufen eines deutschen Unternehmens an einen ausländischen Abnehmer abgeschlossen werden.
- c) kann nur zur Absicherung wirtschaftlicher Risiken abgeschlossen werden.
- d) ist mit einer Selbstbeteiligung des Ausführers im Schadensfall verbunden.
- e) berücksichtigt bei den Kosten nur die Bonität des Importeurs.

2 Der Außenhändler A verkauft Waren an einen Importeur in Land X. A beauftragt den Hersteller B mit der Produktion der Waren. Diese wird 5 Monate dauern. Zur Absicherung dieses Geschäftes soll eine Fabrikationsrisikodeckung abgeschlossen werden. Welche der folgenden Aussagen dazu ist richtig?
- a) Der Hersteller B muss den Antrag dazu stellen.
- b) Bei einer Fabrikationsrisikodeckung braucht keine Selbstbeteiligung getragen zu werden.
- c) Die Fabrikationsrisikodeckung deckt den Zeitraum vom Beginn der Produktion bis zum Zahlungseingang ab.
- d) Die Fabrikationsrisikodeckung ersetzt im Schadensfall den Verkaufspreis der Waren.
- e) Durch die Fabrikationsrisikodeckung soll A geschützt werden, wenn bereits während der Produktionszeit klar wird, dass der Besteller nicht zahlen kann oder will, z. B. wegen Zahlungsunfähigkeit.

3 Bei einer Finanzkreditdeckung ...
- a) erhält der ausländische Besteller von dem Exporteur einen Lieferantenkredit.
- b) ist der Kreditnehmer der ausländische Besteller.
- c) braucht keine Selbstbeteiligung getragen zu werden.
- d) ist der Kreditnehmer der Exporteur.
- e) wird der Warentransport versichert.

4 Gemäß den DTV Güterversicherungsbedingungen 2000/11 ...
- a) kann die Versicherung nur vom Verkäufer abgeschlossen werden.
- b) kann man zwischen „voller Deckung", „eingeschränkter Deckung" und „Minimaldeckung" wählen.
- c) sind bei „voller Deckung" alle denkbaren Transportschäden versichert.
- d) kann ein imaginärer Gewinn von 10 % mitversichert werden.
- e) können nur inländische Transporte versichert werden.

5 Geben Sie an, welche der folgenden Aussagen richtig ist.
- a) Die Institute Cargo Clauses (A) entsprechen der „vollen Deckung" der DTV Güter 2000/11.
- b) Die Institute Cargo Clauses (C) bieten einen höheren Deckungsumfang als die „eingeschränkte Deckung" der DTV Güter 2000/11.
- c) Bei den Institute Cargo Clauses (A) sind alle denkbaren Transportschäden versichert.
- d) Bei den Incoterms® CIF und CIP sind nur Transportversicherungen auf der Basis der Institute Cargo Clauses zulässig.
- e) Versicherungen auf der Basis der DTV Güter 2000/11 können nur vom Käufer abgeschlossen werden.

6 Die BPK GmbH hat einen Papiertransport versichert. Der Versicherungswert der Ware beträgt 25.000,00 €. Aus Sparsamkeitsgründen hat die BPK GmbH den Transport nur mit einer Versicherungssumme von 20.000,00 € versichert. Durch einen Transportunfall wird das Papier teilweise beschädigt. Die Hälfte des Papiers ist unverkäuflich, die andere Hälfte ist unbeschädigt. Ermitteln Sie, welche Schadensvergütung die BPK GmbH erhält.

4 Dokumente im Außenhandel

AB ▶ LS 76

Bei der Abwicklung von Außenhandelsgeschäften spielen Dokumente eine wichtige Rolle. Typische Dokumente im Außenhandel sind Zolldokumente, die dazu dienen, einen reibungslosen Ablauf von Zollanmeldung und Zollabwicklung zu gewährleisten, Transportdokumente, Dokumente im Zusammenhang mit der Leistungserfüllung und Zahlung. Exemplarisch werden nachfolgend einige Dokumente erläutert.

4.1 Handelsrechnung

Die Handelsrechnung ist eine wichtige Beweisurkunde im Zusammenhang mit der Vertragserfüllung. Sie dient dem Importeur u.a. als Prüfunterlage für die Übereinstimmung der in Rechnung gestellten Waren oder Leistungen und den entsprechenden Angaben im Kaufvertrag. Gleichzeitig ist sie eine Zahlungsaufforderung des Exporteurs an den Importeur.

Die Aufmachung der Handelsrechnung unterliegt keinen internationalen Vereinbarungen. Viele Länder haben jedoch hierzu sehr detaillierte eigene Vorschriften, die unbedingt einzuhalten sind, nicht zuletzt, weil die Angaben in der Handelsrechnung zur Ermittlung des **Zollwertes** und der Zulässigkeit der Einfuhr dienen. Um eine reibungslose Ablieferung beim Importeur zu gewährleisten, muss sich der Exporteur stets an die neuesten Bestimmungen halten.

Ermittlung des Zollwerts
▶ LF 7, Kap. 5.2.2

In Deutschland ergeben sich die notwendigen Angaben aus den Vorschriften des Umsatzsteuergesetzes (UStG) und des HGB. Wird die Handelsrechnung **in Verbindung mit einem Akkreditiv** ausgestellt, sind außerdem die folgenden Aspekte zu beachten:

- Rechnungssteller und Begünstigter des Akkreditivs müssen übereinstimmen,
- Schreibweise von Akkreditivbegünstigtem (Rechnungssteller) und Akkreditivsteller (Rechnungsempfänger) müssen im Akkreditiv und in der Handelsrechnung identisch sein,
- Angaben zu Menge, Stückpreis und Gesamtpreis müssen mit den Angaben im Akkreditiv übereinstimmen,
- die Warenbeschreibung in der Handelsrechnung muss mit der im Akkreditiv übereinstimmen,
- die Währung auf der Handelsrechnung muss die gleiche sein wie im Akkreditiv.

Angaben dazu, welche Vorgaben in einem bestimmten Land zu beachten sind, bieten z. B. die Konsulats- und Mustervorschriften der Handelskammer Hamburg.

Gesetzlich vorgeschriebene Bestandteile einer Handelsrechnung
▶ LF 2, Kap. 4.5

Im Außenhandel kommen weitere Angaben hinzu, die vorgeschrieben oder üblich sind (siehe nächste Seite).

Akkreditiv
▶ LF 7, Kap. 2.2

Packlisten
Bei einer großen Anzahl an Packstücken wird die Handelsrechnung um eine Packliste ergänzt. Packlisten enthalten eine genaue Auflistung aller Packstücke mit Markierungsangaben, damit diese leichter auffindbar sind.

Beispiel

Die BPK GmbH hat an das Unternehmen Fine Art Print Ltd. in Karachi in Pakistan 2 000 Packungen Kunstdruckpapier zu je 250 Bogen verkauft (siehe Handelsrechnung auf der nachfolgenden Seite).

bpk Bergisches Papierkontor GmbH

Bergisches Papierkontor GmbH . Elberfelder Straße 85 · 42285 Wuppertal
Fine Art Print Ltd.
9 Abdullah Haroon Road
Karachi
Pakistan

Phone: +49 202 1236XX-0
Fax: +49 202 1236XX-1
email: info@bpkontor.dex
Internet: www.bpkontor.dex

Invoice date: 25 November 20XX
Delivery date: 15 November 20XX

Commercial invoice

Invoice No. 12378

item no.	description of goods	price per package	total price
1	2,000 packs of 250 sheets of fine art paper in 63 cm x 88 cm format, paper weight 135 gsm, white, chlorine-bleached and wood-free	44.95 €	89,900.00 €
	1 **The price includes** Freight costs: Hamburg seaport to Karachi seaport Insurance costs		2,140.00 € 250.00 €

2 Packaging: 40 Pallets, marked: fap ltd, order no. 48561, 1-40/ 40, Karachi, Pakistan, Country of origin: Germany, stowed in two 20 ft containers container numbers ABCU 123456 7, HGTU 342158 9

3 Net weight: 37,422 kg Gross weight: 39,254 kg

4 Terms of payment: unconfirmed documentary letter of credit, payable at sight

5 Terms of delivery: CIF (Hamburg seaport, container terminal)

6 Transport: Transportation by ocean-going vessel MS Franziska from Hamburg Seaport to Karachi Seaport

7 Carrier: shipping company Sea Cargo AG Hamburg

8 Transport document: Bill of lading, BL No. 564-0042

9 **Tax-free export shipment**

Bergisches Papierkontor GmbH

Dimatra Georgidou

Dimatra Georgidou
Administrator for international customers

Bergisches Papierkontor GmbH
Elberfelder Straße 85
42285 Wuppertal

Bank account TopBank Wuppertal
IBAN DE24 1001 0700 0060 0521 98
BIC TOPWUDE729

Trade register: Wuppertal
register no. HRB 2256

10 **VAT-Reg no.** DE 345126987
11 **EORI no.** DE 123456789098765

Inhalte einer Handelsrechnung für den Außenhandel

1 Fracht-, Versicherungs-, Verpackungskosten
2 Verpackung, Verpackungseinheiten wie z. B. Container Paletten, Kisten, und Markierungsangaben, damit die Waren problemlos identifiziert werden können
3 Brutto- und Nettogewicht
4 Zahlungsbedingungen und ggf. -fristen
5 Lieferbedingung
6 Transportwege und Transportmittel
7 Transportunternehmen
8 Transportdokumente
9 Warenausfuhren in andere EU-Länder (innergemeinschaftliche Lieferungen) und in Drittländer werden **umsatzsteuerfrei** ausgeführt, darauf **muss** in der Rechnung hingewiesen werden.
10 Bei innergemeinschaftlichen Lieferungen muss die Umsatzsteueridentifikationsnummer (USt-ID-Nr., engl. VAT-Reg. no.) des ausführenden und des einführenden Unternehmens angegeben werden.
11 Die EORI no. (Economic Operators Registration and Identification no.) dient innerhalb der EU zur Identifikation von Unternehmen und soll die automatisierte Zollabwicklung erleichtern.

4.2 Ursprungszeugnis

Unter Warenursprung versteht man vereinfacht ausgedrückt die „ökonomische Staatsangehörigkeit" einer Ware. Grundsätzlich kann jeder Staat selbst entscheiden, nach welchen Regeln er den Warenursprung bestimmt. Würde das allerdings jeder Staat anders machen, gäbe es ein heilloses Durcheinander, das den internationalen Warenaustausch massiv belasten würde. Daher gibt es verschiedene internationale Abkommen, um die Entwicklung und Anwendung von Ursprungsregeln zu harmonisieren. In den EU-Ländern gelten EU-Standards.

Beispiel

Weizen, der in Deutschland angebaut und geerntet wurde, hat eindeutig den Warenursprung „Deutschland". Welchen Warenursprung hat aber eine Herrenhose, die
- im Auftrag eines deutschen Herstellers,
- aus amerikanischer Baumwolle,
- in Tschechien gefärbt,
- in der Ukraine zugeschnitten und genäht,
- in Slowenien mit Reißverschlüssen aus China versehen
- und in Deutschland etikettiert wurde?

Im Wesentlichen unterscheidet man zwischen dem präferenziellen und dem nicht präferenziellen Warenursprung.

4.2.1 Nicht präferenzieller Ursprung

Der nicht präferenzielle Ursprung wird nach den Regeln des Exportlandes bestimmt und gilt damit weltweit. Wie der Name schon ausdrückt, dient er nicht dazu, Zollpräferenzen bei der Einfuhr in das Importland zu erlangen. Seine Bedeutung liegt vor allem im handelspolitischen Bereich. Einige Länder verlangen z. B. bei der Wareneinfuhr Ursprungsnachweise. Sie wollen damit z. B. verhindern, dass Waren in ihr Land eingeführt werden, die ihren Ursprung in einem Land haben, gegen das ein Embargo besteht. Auch für Dokumentenakkreditive muss u. U. der Warenursprung nachgewiesen werden.

Grundlage für die Ursprungsbestimmung in der EU ist der Artikel 60 des Unionszollkodex (UZK) der EU.

Dokumentation

Zum Nachweis des nicht präferenziellen Warenursprungs wird in der Regel ein **amtliches Ursprungszeugnis** verlangt. Für die Ausstellung sind in Deutschland die Industrie- und Handelskammern zuständig. Das Ursprungszeugnis wird vom Antragsteller ausgestellt und von der zuständigen IHK bestätigt. Die jeweilige IHK kann gegebenenfalls entsprechende Nachweise verlangen, die den Ursprung dokumentieren. Ursprungszeugnisse sind öffentliche Urkunden und unterliegen den Bestimmungen des Strafgesetzbuches. Täuschungen zur Erlangung eines Ursprungszeugnisses können mit Freiheits- oder Geldstrafen, gegebenenfalls mit Geldbußen geahndet werden.

4.2.2 Präferenzieller Ursprung

Der präferenzielle Warenursprung dient dazu Zollpräferenzen, d. h. einen geringeren Zollsatz oder eine Zollbefreiung bei der Wareneinfuhr in das Importland, zu erreichen. Der präferenzielle Warenursprung spielt also immer dann eine Rolle, wenn das Importland dem Exportland Zollpräferenzen gewährt. Die Europäische Union gewährt einer großen Anzahl von Staaten Zollpräferenzen bei der Einfuhr von Waren in das Zollgebiet der EU. Vertraglich vereinbarte Präferenzen können zweiseitig oder einseitig sein. Bei den **zweiseitigen Präferenzen** gewähren sich die Vertragspartner gegenseitig Zollvergünstigungen, bei den einseitigen gelten sie nur in eine Richtung.

www.zoll.de
Hier lassen sich unter dem Menüpunkt „WuP online“ die aktuellen Präferenzbeziehungen der EU ermitteln. Dafür steht eine entsprechende Datenbank zur Verfügung. Dort kann man dann auch erfahren, welcher Ursprungsnachweis jeweils erforderlich ist.

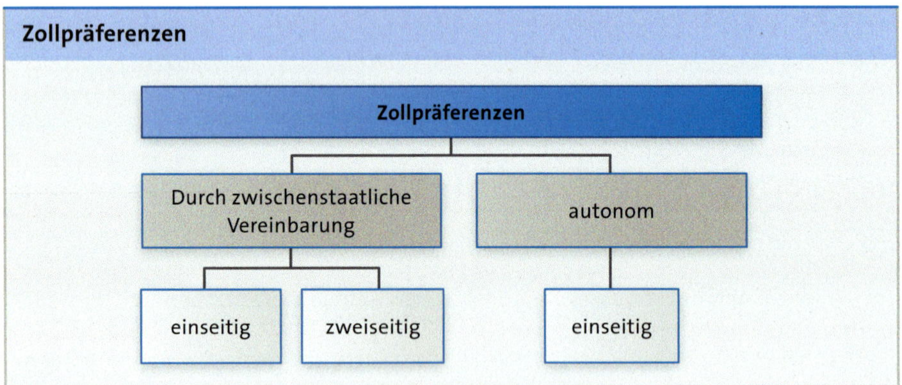

Zollpräferenzen können nur in Anspruch genommen werden, wenn die betreffende Ware ihren Ursprung in dem präferenzberechtigten Partnerland hat. Die Präferenzberechtigung muss durch Ursprungsnachweise belegt werden, die der ausländische Exporteur beschaffen muss. Bei den autonomen Zollpräferenzen legt die EU fest, welche Ursprungsnachweise zur Erlangung der Zollvergünstigungen notwendig sind. Bei den zweiseitigen Vereinbarungen im Rahmen eines Handelsabkommens wird das von den Vertragspartnern gemeinsam bestimmt und in den Vertragsprotokollen niedergelegt.

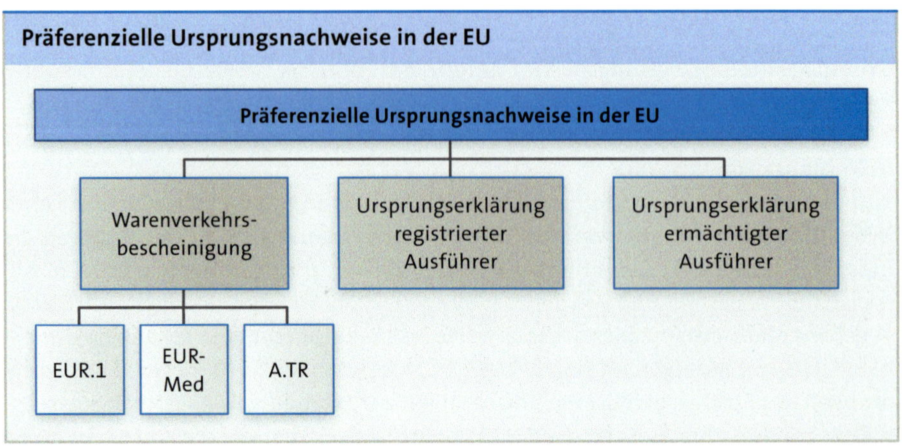

Warenverkehrsbescheinigung EUR.1

Die Warenverkehrsbescheinigung EUR.1 gilt als Ursprungsnachweis für den Warenverkehr zwischen den EU-Mitgliedsstaaten und Staaten, mit denen die EU bilaterale Handelsabkommen abgeschlossen hat (außer der Pan-Euro-Med-Freihandelszone). Sie wird vom Exporteur ausgefüllt und von der zuständigen Zollstelle bestätigt. Bei einigen Ländern ist nur eine Ursprungserklärung durch einen registrierten Ausführer möglich.

Warenverkehrsbescheinigung EUR-Med

Die Pan-Euro-Med-Freihandelszone besteht neben der EU aus den EWR-Staaten (Norwegen, Island, Schweiz, Liechtenstein), fast allen Mittelmeer-Anrainerstaaten, den meisten Staaten des Nahen Ostens und einigen Osteuropäischen Staaten. Ursprungsnachweis für den Warenverkehr zwischen der EU und den übrigen Staaten dieser Zone ist die Warenverkehrsbescheinigung EUR-Med. Sie wird von den Exporteuren ausgefüllt und durch die zuständige Zollstelle bestätigt.

Warenverkehrsbescheinigung A.TR

Dieses Dokument gilt als Ursprungsnachweis für den Warenverkehr zwischen der EU und der Türkei.

Registrierter Ausführer

Unter einem registrieren Ausführer (abgekürzt REX) versteht man ein Unternehmen, das bei der zuständigen Zollstelle auf Antrag registriert und in die entsprechende Datenbank eingegeben wurde. Das Unternehmen erhält dann eine Registrierungsnummer. Der registrierte Ausführer spielt vor allem bei Importen aus Ländern eine Rolle, die im Rahmen des allgemeinen Präferenzsystems der EU (APS) autonome Zollpräferenzen erhalten. Hierbei handelt es sich hauptsächlich um Entwicklungsländer. Exporteure aus Ländern, die im Rahmen des APS begünstigt sind, müssen sich registrieren lassen, wenn sie zollbegünstigt Waren in die EU einführen wollen. Bis zu einem Warenwert von 6.000,00 € kann allerdings jedes Unternehmen eine Erklärung zum Ursprung auf der Rechnung abgeben. Liegt der Warenwert darüber, ist eine Registrierung notwendig.

Außer im Zusammenhang mit dem APS spielt der registrierte Ausführer auch bei einigen bilateralen Handelsabkommen der EU eine Rolle. So ist z. B bei den Handelsabkommen mit Japan (EPA) und Kanada (CETA) der Ursprungsnachweis nicht durch die Warenverkehrsbescheinigung EUR.1, sondern nur durch die Ursprungserklärung eines registrierten Ausführers möglich.

Ermächtigter Ausführer

Bei allen Warenverkehrsbescheinigungen (EUR.1, EUR-MED, A.TR.) kann bis zu einem Warenwert von 6.000,00 € die Warenverkehrsbescheinigung durch eine Ursprungserklärung des Exporteurs auf der Rechnung ersetzt werden. Bei Werten über 6.000,00 € ist das nur für einen ermächtigten Ausführer möglich. Auch bei einigen bilateralen Handelsverträgen der EU ist ein Ursprungsnachweis nur durch die Erklärung eines ermächtigten Ausführers möglich. Ein ermächtigter Ausführer ist ein Unternehmen, dem von der zuständigen Zollbehörde auf Antrag eine entsprechende Bewilligung erteilt wird.

4.3 Konnossement (Bill of Lading)

Das Konnossement (in der englischen Bezeichnung **Bill of Lading** oder kurz B/L) ist das wichtigste Transportdokument im Seefrachtverkehr. Es ist ein Warenwertpapier und dient als Beweisurkunde für den Frachtvertrag und dessen Inhalt.

Funktionen des Konnossements	
Beweisfunktion	Das Konnossement dokumentiert, dass der Verfrachter die im Konnossement benannten Güter an Bord genommen hat.
Beförderungs-/ Ablieferungsversprechen	Der Verfrachter verpflichtet sich, die Ware, wie im Konnossement angegeben, zu transportieren und dem berechtigten Inhaber des Konnossements auszuliefern.
Traditionsfunktion	Die Übergabe des Papiers ersetzt die Übergabe der Ware.
Verfügungsfunktion	Der berechtigte Inhaber eines Originalkonnossements kann über die bezeichnete Ware verfügen.
Wertpapierfunktion	Die Ware wird nur gegen Vorlage eines Originalkonnossements ausgeliefert.
Finanzierungs-/ Sicherungsfunktion	Wegen der Wertpapierfunktion kann das Konnossement als Sicherungsmittel für Finanzierungen verwendet werden.

In der Regel werden **mehrere Originalkonnossemente** ausgestellt. Die Anzahl ist in jedem Original zu vermerken. Zur Entgegennahme der Ware im Bestimmungshafen reicht ein Originalkonnossement aus. Häufig werden zusätzlich auch noch mehrere Kopien ausgestellt. Da die Ware aber nur gegen Vorlage eines Originalkonnossements ausgehändigt wird, werden diese in der Regel in verschiedenen Sendungen per Einschreiben oder Kurier verschickt. Dadurch soll verhindert werden, dass möglicherweise alle Konnossemente in einer gemeinsamen Sendung verloren gehen.

Wenn der Inhaber eines vollen Konnossementsatzes diese per Indossament an verschiedene Personen überträgt, könnte es vorkommen, dass verschiedene berechtigte Personen mit einem Originalkonnossement die Herausgabe der Ware verlangen. Geschieht das zu unterschiedlichen Zeiten, dann gehen die Rechte desjenigen vor, der sich zuerst mit einem Originalkonnossement legitimiert hat.

4.3.1 Beteiligte Parteien bei einem Seefrachtgeschäft

Der **Verfrachter (Carrier)** übernimmt den Seetransport der Waren. Wenn er hierzu ein eigenes Schiff einsetzt, ist er gleichzeitig Reeder. Führt er den Transport mit einem gemieteten (gecharterten) Schiff durch, bezeichnet man ihn als Charterer.

Der **Befrachter (Shipper)** ist der Auftraggeber für den Seetransport. Er ist in der Regel der Vertragspartner des Verfrachters. Häufig handelt es sich dabei um den Exporteur. Das Konnossement wird vom Befrachter oder dem Ablader ausgestellt und vom Verfrachter unterzeichnet.

Eine Partei, die es nur im deutschen Seefrachtrecht gibt, ist der **Ablader (Shipper)**. Er übernimmt im Auftrag des Befrachters die Anlieferung der Güter an das Schiff. Ablader kann z. B. ein Hafenspediteur sein. Da das englische Seerecht die Funktion des Abladers nicht kennt, gibt es hierfür auch keine englische Bezeichnung. Der Ablader wird wie der Befrachter als Shipper bezeichnet.

Wenn der Ablader mit dem Verfrachter den Seefrachtvertrag abschließt und sich im Konnossement als Shipper einträgt, ist er gleichzeitig Befrachter und Ablader. Fügt er dabei den Zusatz „as agent" ein, macht er allerdings seinen Abladerstatus deutlich.

Der **Empfänger (Consignee)** ist der Begünstigte aus dem Seefrachtvertrag. Ihm sind im Bestimmungshafen gegen Vorlage eines Originalkonnossements die Waren auszuhändigen. Voraussetzung ist dabei natürlich, dass das Konnossement nicht vorher an jemand anderen übertragen wurde.

4.3.2 Konnossementarten

Das **Bordkonnossement** bescheinigt, dass die Ware an Bord des Schiffes verladen wurde. Es enthält den Vermerk: „shipped on board the above vessel" oder kürzer „shipped on board" bzw. „actually on board". In Akkreditiven wird fast immer ein Bordkonnossement verlangt.

Im **Übernahmekonnossement** wird lediglich bescheinigt, dass die Ware zur Beförderung angenommen, aber noch nicht an Bord verladen wurde. Die Annahme kann am Kaischuppen oder am Containerterminal erfolgen. Die entsprechende Klausel lautet z. B. „received for shipment". Das Übernahmekonnossement wird zum Bordkonnossement, wenn die spätere Anbordnahme der Waren vom Verfrachter mit Datumsangabe bescheinigt wird.

Beispiel

Die BPK GmbH hat an die Fun & Celebration Ltd. in New York 28 000 Packungen Papierservietten zur Lieferbedingung CIP New York verkauft. Die Servietten sind mit typisch deutschen Motiven bedruckt. Der Transport erfolgt in einem 20-ft-Standardcontainer mit der Markierung TSRU 425165 1. Der CIP-Preis beträgt 35.000,00 €, die Versicherungssumme 38.500,00 €. Die BPK GmbH schließt entsprechend der Lieferbedingung CIP eine Transportversicherung ab. Der Container wird in Hamburg auf das Seeschiff verladen.

Seefrachtgeschäft

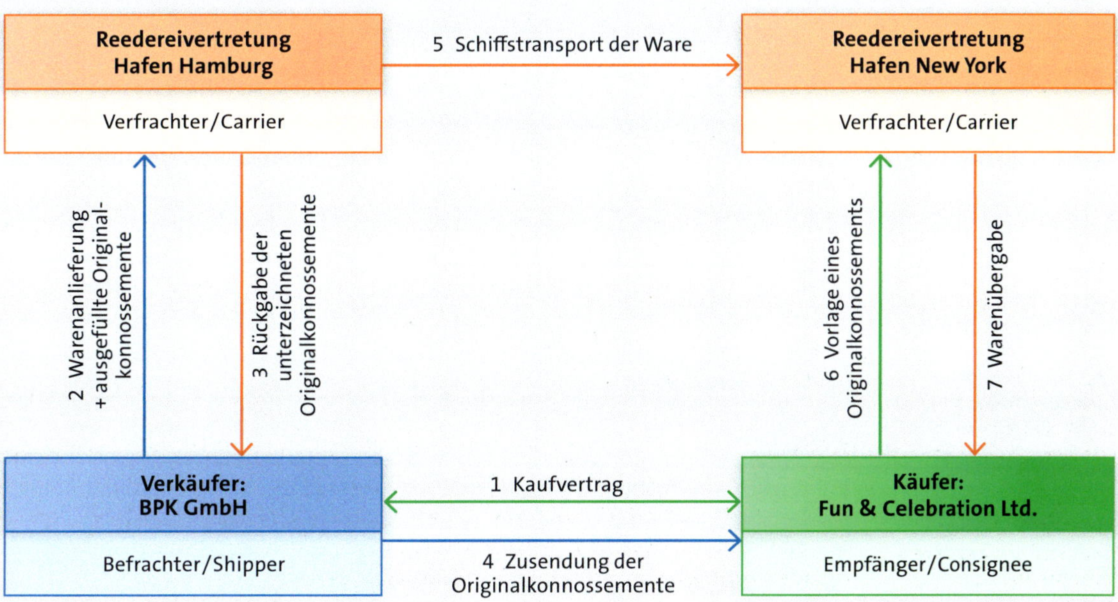

4.3.3 Inhalte des Konnossements

Die Inhalte des Konnossements werden in § 515 HGB als Sollangaben genannt. Fehlen einzelne Angaben, verliert das Dokument dadurch nicht seine Gültigkeit.

§ 515 HGB Inhalt des Konnossements

(1) Das Konnossement soll folgende Angaben enthalten:
1. Ort und Tag der Ausstellung,
2. Name und Anschrift des Abladers,
3. Name des Schiffes,
4. Name und Anschrift des Verfrachters,
5. Abladehafen und Bestimmungsort,
6. Name und Anschrift des Empfängers und eine etwaige Meldeadresse,
7. Art des Gutes und dessen äußerlich erkennbare Verfassung und Beschaffenheit,
8. Maß, Zahl oder Gewicht des Gutes und dauerhafte und lesbare Merkzeichen,
9. die bei Ablieferung geschuldete Fracht, bis zur Ablieferung anfallende Kosten sowie einen Vermerk über die Frachtzahlung,
10. Zahl der Ausfertigungen.

Erläuterungen zu den Inhalten des Bill of lading von Seite 184:

1 **Ort und Tag der Ausstellung:** Durch das Ausstellungsdatum wird dokumentiert, wann die Ware von dem Verfrachter übernommen wurde.

▶ LF 7, Kap. 4.3.1

2 / 4 **Ablader/Befrachter (Shipper)/Verfrachter (Carrier):** siehe vorstehende Erläuterungen zu den Beteiligten eines Seefrachtgeschäftes.

3 Der **Schiffsname** wird in den meisten Konnossementen angegeben.

5 **Abladehafen und Bestimmungsort:** Der Abladehafen (port of loading) ist der Hafen, in dem die Waren an Bord des Schiffes genommen werden. Beim Bestimmungsort handelt es sich in der Regel um den Löschhafen (port of discharge).

Bei einem **Rektapapier** steht das damit verbundene Recht nur dem auf dem Papier namentlich Genannten zu.

Orderpapiere können per Indossament übertragen werden.

▶ LF 7, Kap. 2.1.4

Bei einem **Blankoindossament** unterschreibt der Befrachter das Konnosement auf der Rückseite, ohne den Namen des Empfängers einzutragen. Jeder, der das Konnossement besitzt, kann es benutzen, indem er über der Unterschrift seinen eigenen Namen als Empfänger einsetzt. Man spricht in diesem Zusammenhang von einem Inhaberpapier, weil der jeweilige Inhaber (Besitzer) die mit dem Papier verbundenen Rechte geltend machen kann.

6 **Empfänger/Consignee)/Meldeadresse (Notify Address):** Wird der Name des Empfängers ohne Orderklausel eingetragen, z. B. „BPK GmbH Wuppertal", handelt es sich bei dem Konnossement um ein **Rektapapier**. Durch die Orderklausel (z. B. Name des Empfängers mit dem Zusatz „oder an Order" bzw. „or to order") wird das Konnossement zu einem **Orderpapier**, das per Indossament übertragen werden kann. Wird kein Name, sondern nur die Orderklausel eingetragen, stehen die Rechte aus dem Konnossement dem Befrachter, gegebenenfalls dem Ablader zu.

Durch ein **Blankoindossament** des Befrachters würde das Konnossement zu einem Inhaberpapier. Für den Befrachter hat das den Vorteil, dass er problemlos über die Ware verfügen kann, falls der Kunde z. B. bei einem Dokumenteninkasso die Dokumente nicht aufnimmt und die Ware nicht bezahlt. Im anderen Fall wäre er auf das Indossament des Käufers angewiesen, was evtl. schwierig zu erhalten ist. Vor allem bei lediglich „an order" gestellten und blanko indossierten Konnossamenten ist die Angabe einer Meldeadresse (Notify Address) erforderlich, damit der Verfrachter weiß, an wen er sich wenden kann, falls die Ware im Empfangshafen nicht rechtzeitig abgeholt wird.

7 / 8 **Art der Güter/ Maß, Zahl oder Gewicht, Merkzeichen:** Für die an Bord genommenen Güter muss mindestens eine genau bezeichnete Mengenangabe (Maß oder Zahl oder Gewicht) gemacht werden, damit das Konnossement seine Quittungsfunktion erfüllen kann. Häufig werden hier zwei Mengenangaben gemacht, z.B. Anzahl und Gewicht der Packstücke. In diesem Fall kann der Verfrachter für das Gewicht eine **Unbekanntklausel** hinzufügen, die seine Haftung einschränkt (vgl. **8a** auf der nächsten Seite). Die Unbekanntklausel wird auch angebracht, wenn die Ladung nicht auf dem Schiff gewogen wurde, z.B. „Gewicht unbekannt, da nicht gewogen" bzw. „said to weight".

Kann der Verfrachter die Angaben über die Art der Ware nicht überprüfen, weil sie in Verpackung oder geschlossenen Behältnissen übergeben wurde, kann er ebenfalls seine Haftung durch einen entsprechenden Zusatz einschränken, z.B. „Inhalt unbekannt" bzw. „said to contain". Ohne diesen Zusatz haftet der Verfrachter für den im Konnossement beschriebenen Inhalt. Mit dem Zusatz haftet der Verfrachter nur dafür, dass die Ware an Bord keine Wandlung erfährt.

Enthält das Konnossement keine Vermerke über Schäden an den Gütern oder deren Verpackung, wird es als **reines Konnossement (clean Bill of Lading)** bezeichnet. Durch entsprechende Mängelvermerke wird es zu einem **unreinen Konnossement (foul Bill of Lading)**. Entsprechende Zusätze können z.B. lauten:

- Säcke eingerissen (bags torn)
- Kisten beschädigt (cases damaged)
- Fässer leck (barrels leacking)
- Container beschädigt (container damaged)
- Container stark rostig (container very rusty)

Ein **unreines Konnossement** ist nicht akkreditivkonform. Häufig versucht der Ablader/ Befrachter daher, trotz der Ladungsmängel ein reines Konnossement gegen Zeichnung eines Revers zu erhalten.

Durch das **Revers** stellt der Ablader/Befrachter den Verfrachter gegen etwaige Schadenersatzansprüche späterer Konnossementsinhaber frei.

9 **Bestimmungen über die Frachtkosten:** In der Regel werden hier keine Angaben über die Höhe der Fracht, sondern zum Zahlungsort gemacht. Wer die Frachtkosten zu tragen hat, ergibt sich aus den Vereinbarungen im Kaufvertrag und den entsprechenden Incoterm®-Klauseln. Bei den Incoterms® CFR/CPT und CIF/CIP beispielsweise muss der Verkäufer (Befrachter) die Kosten für den Schiffstransport zahlen. Auf dem Konnossement wird in diesem Fall eingetragen: „Fracht bezahlt" bzw. „freight prepaid". Bei der Lieferbedingung FOB/ FCA trägt der Käufer/Empfänger die Frachtkosten. Der Vermerk auf dem Konnossement lautet dann z.B. „Fracht zahlbar am Bestimmungsort" bzw. „freight payable at destination" oder „freight collect".

Die Seefracht ist grundsätzlich im Verschiffungshafen bei Konnossementsausgabe zu zahlen. Bei dem Frachtzahlungsvermerk „freight collect" wird diese von dem Verfrachter gestundet. Der Befrachter schuldet in diesem Fall also die Fracht, bis sie vom Empfänger im Bestimmungshafen bei Übernahme der Ware gezahlt wird.

10 **Zahl der ausgestellten Ausfertigungen:** Die Anzahl der ausgestellten Originalkonnossemente ist auf jedem Original zu vermerken.

11 **Die Unterschrift des Verfrachters** unter allen gleich lautenden Originalkonnossementen dokumentiert den Empfang der benannten Ware durch den Verfrachter.

Shipper

[2] Bergisches Papierkontor GmbH
Elberfelder Str. 85
42285 Wuppertal

BILL OF LADING

B/L no.
0020 - 411

Carrier [4]

Sea Cargo AG
Hamburg

Consignee

[6] To Order

Notify address

[6] New York Middelbank Inc.
130 W 57Th ST.
New York NY 10019-3303
Tel. 001-221-5289XX-37

Pre-carriage by	**Place of receipt by pre-carrier**
Vessel	**Port of loading** [5]
Marianna [3]	Hamburg
Port of discharge [5]	
New York	

SECOND ORIGINAL

Marks and Nos. [8]	**Number and kind of packages; description of goods** [7] [8]	**Gross weight** [8]
FUC ORDER NR. 1546 1 – 50 PORT NEW YORK COUNTRY OF ORIGIN GERMANY TSRU 425165 1	50 cardboard boxes, printed napkins stowed in 1 container "FREIGHT PREPAID" [9]	4 900 kg

[7] Shipped on board in apparent good order and condition unless otherwise stated and to be discharged at the aforesaid port of discharge or so near thereto as the vessel may safely get and be always afloat.
[8a] Weight, measure, marks, numbers, quality, contents and value, if mentioned in the Bill of Lading, are to be considered unknown unless the contrary has been expressly acknowledged and agreed to. The signing to this Bill of Lading is not to be considered as such an agreement.
In accepting this Bill of Lading the Merchant expressly accepts and agrees to all the stipulations, exceptions and conditions, on both pages, whether written, printed, stamped or otherwise incorporated as fully as if they were all signed by the Merchant. In witness whereof the Master or the agent has signed the number of original Bills of Lading, stated above, all of this tenor and date, one of which being accomplished the others to be void.
One of the Bills of Lading must be surrendered duly endorsed in exchange for the goods or delivery order.

Freight payable at	**Place and date of issue** [1]
[9] Hamburg	Hamburg, 31. Okt. 20XX
Number of original Bs/L [10]	Sea Cargo AG
3/ THREE	**Signed for the Carrier**
	Peter Seemann [11] Master of the Vessel Marianna

Alles klar?

1 Eine Handelsrechnung wird u. a. benötigt:
a) als Liefernachweis für den Importeur,
b) als Ausfuhrnachweis für die deutschen Steuerbehörden,
c) als Unterlage zur Zollwertermittlung für die Zollbehörden des Einfuhrlandes,
d) als Transportdokument für die Frachtführer,
e) als Ursprungsnachweis.

2 Der nicht präferenzielle Ursprung einer Ware ...
a) dient dazu, Zollpräferenzen bei der Einfuhr in das Bestimmungsland zu erhalten.
b) wird durch ein Ursprungszeugnis dokumentiert, das von der jeweils zuständigen IHK bestätigt wird.
c) braucht grundsätzlich nicht nachgewiesen zu werden.
d) wird durch die zuständige Zollstelle des Ausfuhrlandes bestätigt.
e) wird seit Januar 2010 nicht mehr bestätigt.

3 Der präferenzielle Ursprungsnachweis ...
a) wird von Transportunternehmen verlangt.
b) spielt nur bei Importen eine Rolle.
c) dient dazu, Zollvorteile zu erreichen.
d) ist für die Konsumenten gedacht, damit diese wissen, aus welchem Land die Waren kommen.
e) hat eigentlich gar keine wirtschaftliche Bedeutung.

4 Die Warenverkehrsbescheinigung EUR.1
a) dient als Ursprungsnachweis für den unionsinternen Warenverkehr.
b) dient als Ursprungsnachweis für den zollbegünstigen Warenverkehr zwischen den EU-Mitgliedstaaten und Ländern, mit denen die EU bilaterale Handelsabkommen abgeschlossen hat.
c) dient als Ursprungsnachweis für den Warenverkehr innerhalb des Schengenraumes.
d) dient als Ursprungsnachweis zwischen der EU und der Türkei.
e) dient als Ursprungsnachweis für den Warenverkehr zwischen der EU und Entwicklungsländern.

5 Der ermächtigte Ausführer ...
a) darf Waren in Länder ausführen, die von der EU mit einem Embargo belegt sind.
b) darf Waren in andere EU-Länder ohne jegliche Formalitäten ausführen.
c) darf bei der Warenausfuhr anderer Unternehmen Aufgaben der Zollbehörden übernehmen und erhält dafür ein Entgelt.
d) hat von den Zollbehörden die Befugnis, Waren in Entwicklungsländer auszuführen.
e) darf u. a. bei Warenausfuhren, bei denen eine Warenverkehrsbescheinigung (EUR.1, EUR-Med, A.TR) als Ursprungsnachweis erforderlich ist, diese durch eine Ursprungserklärung auf der Rechnung ersetzen.

6 Gemäß § 515 HGB soll ein Konnossement folgende Angaben enthalten (eine Angabe ist falsch):
a) Angaben zur Zahlungsbedingung
b) Ort und Tag der Ausstellung
c) Name und Anschrift des Verfrachters
d) Name und Anschrift des Empfängers
e) Abladehafen und Bestimmungsort

7 Die Unbekanntklausel bedeutet, ...
a) dass der Kapitän den Befrachter nicht kennt.
b) dass der Verfrachter die Lieferbedingung nicht kennt.
c) dass der Befrachter den Kapitän nicht kennt.
d) dass der Verfrachter die Zahlungsbedingung nicht kennt.
e) dass der Verfrachter die Angaben zu den Waren nicht überprüfen konnte und damit auch nicht dafür haftet, dass diese zutreffend sind.

8 Der Verfrachter ...
a) ist der Auftraggeber für den Schiffstransport.
b) ist der Kapitän.
c) führt den Schiffstransport durch.
d) übernimmt den Weitertransport ab Bestimmungshafen.
e) erteilt den Transportauftrag.

AB ▶ LS 77

5 Zollabwicklung bei der Wareneinfuhr

Während die Wareneinfuhr aus einem EU-Land nach Deutschland im Wesentlichen ohne weitere Formalitäten erfolgen kann, sind bei der Einfuhr aus einem Drittland verschiedene Aspekte zu beachten und zu prüfen:
- Zölle und andere Einfuhrabgaben
- evtl. bestehende Einfuhrbeschränkungen oder -verbote
- weitere Formalitäten

Die Europäische Union besteht unter anderem aus einer **Zollunion**. Das bedeutet, dass die Mitgliedstaaten sich auf einen gemeinsamen Zolltarif geeinigt haben, der auf Waren angewendet wird, die von außen, also von Drittstaaten in das Zollgebiet der Union eingeführt werden. Der Warenaustausch zwischen den Mitgliedstaaten ist dagegen zollfrei.

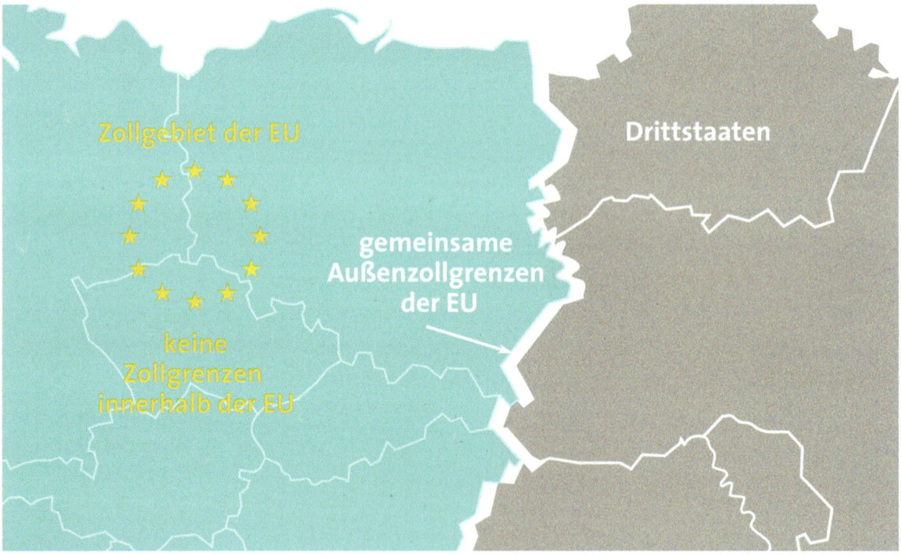

Zollunion der EU

An der polnisch-ukrainischen Grenze (Außenzollgrenze der EU) kommt es häufig zu langen Wartezeiten.

Waren, die in das Zollgebiet der EU eingeführt werden, müssen zollamtlich erfasst werden, unabhängig davon, wo die Einfuhr in das Zollgebiet erfolgt. Unter zollrechtlichen Aspekten versteht man unter „Einfuhr“ das Verbringen von Waren in das Zollgebiet der EU.

Da die einzige Drittlandsgrenze Deutschlands die zur Schweiz ist, werden Waren, die aus Drittländern nach Deutschland eingeführt und per Lkw oder Bahn transportiert werden, in der Regel nicht mehr an der deutschen Grenze, sondern an der Grenze eines anderen EU-Staates zollamtlich erfasst.

5.1 Einfuhr von Waren in das Zollgebiet der EU

Werden Waren aus einem Drittland in die Europäische Union eingeführt, müssen sie zunächst bei der zuständigen Zollstelle angemeldet und anschließend in ein Zollverfahren überführt werden. Die folgende Übersicht zeigt den Ablauf.

Einfuhr von Waren in das Zollgebiet der EU

Summarische Eingangsanmeldung (ESumA)

Vor Eintreffen der Ware an der Eingangszollstelle muss diese durch eine summarische Eingangsmeldung angekündigt werden. Dazu sind bestimmte Fristen einzuhalten. Die ESumA muss elektronisch über ATLAS oder das Internet abgegeben werden.

↓

Verbringung

Die Ware passiert die Außengrenze des europäischen Unionsgebietes. Die Ware wird in das Unionsgebiet verbracht.

↓

Beförderungspflicht

Nach Überschreiten der Grenze muss die Ware unverzüglich auf vorgeschriebenen Verkehrswegen (**Zollstraßen**) zur zuständigen Zollstelle befördert werden.

↓

Gestellung

Die zuständige Zollstelle ist davon zu unterrichten, dass sich Ware auf dem Amtsplatz der Zollbehörde oder einem anderen von der Zollbehörde bestimmten Platz befindet.

↓

Zollkontrolle

Die Mitarbeiter der Zollbehörde haben das Recht, die gestellte Ware und das Beförderungsmittel zu überprüfen. Dadurch soll festgestellt werden, ob alle eingeführten Waren auch gestellt wurden. Ob eine Kontrolle durchgeführt wird, liegt im Ermessen der Zollbehörde.

↓

Anmeldung zur vorübergehenden Verwahrung

Unmittelbar nach der Gestellung muss eine Anmeldung zur vorübergehenden Verwahrung mit Bezug auf eine ESumA auf elektronischem Wege erfolgen. Die vorübergehende Verwahrung findet für maximal 90 Tage statt und überbrückt den Zeitraum zwischen der Gestellung und der Überführung in ein Zollverfahren bzw. der Wiederausfuhr.

↓

Lagerung in einem Verwahrungslager für maximal 90 Tage

→ **Zollanmeldung** (Überführung in ein Zollverfahren)

→ **Wiederausfuhr**

Zollstraßen

Land-, Wasserstraßen, Schienenwege oder auch Rohrleitungen

Im Rahmen der **Zollanmeldung** wird die eingeführte Ware in ein bestimmtes Zollverfahren überführt. Die Anmeldung erfolgt in der Regel elektronisch über **ATLAS**.

ATLAS

Automatisiertes Tarif- und lokales Zoll-Abwicklungssystem

▶ LF 7, Kap. 5.2.1

5.2 Überführung in den zollrechtlich freien Verkehr

Es gibt verschiedene Zollverfahren. Bei der Zollanmeldung muss festgelegt werden, welches Zollverfahren auf die eingeführte Ware angewendet werden soll.

Übersicht Zollverfahren

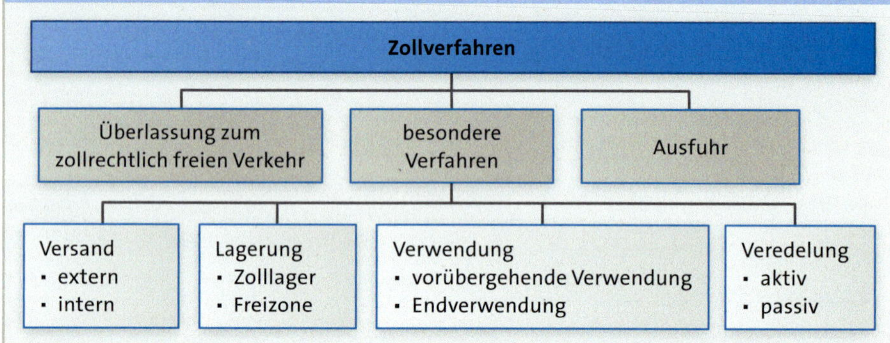

Das wichtigste Verfahren ist die **Überlassung zum zollrechtlich freien Verkehr.** Darum wird dieses Verfahren im Folgenden ausführlich dargestellt. Bei einer Überführung eingeführter Waren in den zollrechtlich freien Verkehr muss zunächst eine Zollanmeldung dafür abgegeben werden.

5.2.1 Zollanmeldung zur Überlassung zum freien Verkehr

Gemäß Art. 6 UZK müssen Zollanmeldungen sowie grundsätzlich jeglicher Informationsaustausch mit den Zollbehörden mit Mitteln der elektronischen Datenverarbeitung durchgeführt werden. In Deutschland steht dafür das Zoll-Abwicklungs-System **ATLAS** (**A**utomatisiertes **T**arif- und **L**okales Zoll-**A**bwicklungs-**S**ystem) zur Verfügung. Bei ATLAS handelt es sich um ein internes EDV-Verfahren der deutschen Zollverwaltung. Unternehmen, die an diesem Verfahren teilnehmen möchten und Daten an ATLAS übermitteln wollen, benötigen dafür eine spezielle Software, die von zertifizierten Softwarehäusern angeboten wird.

Bei der Zollanmeldung über ATLAS brauchen die notwendigen Unterlagen (Rechnungen, Ursprungszeugnisse usw.) nicht zusammen mit der Zollanmeldung eingereicht zu werden, sondern sie müssen lediglich zur Verfügung gehalten werden, d.h. im Unternehmen vorhanden sein, aber nur auf Anforderung bei der zuständigen Zollstelle vorgelegt werden. Die bei einer Zollanmeldung notwendige rechtsverbindliche Unterschrift wird bei ATLAS durch die Verwendung eines entsprechenden Codes (**BIN** = **B**eteiligungs**I**dentifikations**N**ummer) ersetzt. Es sind auch andere Formen der Anmeldung möglich, z.B. über das Internet oder in Ausnahmefällen schriftlich.

Für die Abgabe einer Zollanmeldung benötigt der Anmelder eine sogenannte **EORI-Nummer** (**E**conomic **O**perators **R**egistration and **I**dentification number). Diese dient u.a. zur Identifizierung des Anmelders. Sie wird in Deutschland auf Antrag von der Generalzolldirektion in Dresden vergeben.

Bei einer Anmeldung zur Überführung in den zollrechtlich freien Verkehr sind u.a. Angaben zu machen

- zum Exporteur,
- zum Importeur,
- zum Anmelder (falls der Anmelder nicht der Importeur, sondern z.B. ein Spediteur ist),
- zum Beförderungsmittel an der Zollgrenze,
- zur Lieferbedingung,
- zum Rechnungsbetrag und zur Währung,
- zum Ursprungsland,
- zur Ware: Warenbezeichnung und Warennummer,
- zu Art und Anzahl der Packstücke sowie zum Netto- und Bruttogewicht.

5.2.2 Bestimmung des Einfuhrzolls

Grundlage für die Ermittlung des Einfuhrzolls ist der **Gemeinsame Zolltarif (GZT)** der Europäischen Union. Der GZT beinhaltet

- eine detaillierte Warenliste (Nomenklatur),
- die Angabe der Zollsätze,
- Angaben zu zolltariflichen Vergünstigungen, z.B. Zollpräferenzen,
- Angaben zu möglichen Strafzöllen.

In der Praxis wird in Deutschland in der Regel die elektronische Version „Elektronischer Zolltarif (EZT)“ verwendet, der unter www.zoll.de und dem Menüpunkt „EZT-online“ verfügbar ist.

Warenliste (Nomenklatur)

Die Einfuhr-/Warenliste basiert auf dem „Internationalen Harmonisierten System“ (HS) zur Bezeichnung und Codierung von Waren. Das HS wird von deutlich mehr als 100 Staaten angewendet, auf die etwa 90 % des Welthandels entfällt. Neben der Anwendung im Rahmen der Zolltarifierung ist das HS auch Grundlage für die Außenhandelsstatistik der Länder, die dem HS-Übereinkommen beigetreten sind. Die Nomenklatur besteht aus einem 11-stelligen Zahlencode, bei dem mit zunehmender Ziffernzahl die Ware immer weiter eingegrenzt wird. Die 11. Stelle ist für nationale Besonderheiten, z.B. den Hinweis auf Einfuhrbeschränkungen, reserviert.

Nomenklatur
(lat.) Namensverzeichnis

Beispiel

Warencodierung nach HS – Herrenhemden aus Wolle

Code-Nr.	Abschnitt HS	Warenbezeichnung
61	Kapitel HS	Kleidung und Bekleidungszubehör aus Gewirken und Gestricken
6105	Position HS	Hemden aus Gewirken oder Gestricken für Männer oder Knaben
6105 90	Unterposition HS	aus anderen Spinnstoffen als Baumwolle oder Chemiefasern
6105 9010	NIMEXE (Nomenklatur Import Export Europa)	aus Wolle oder feinen Tierhaaren
6105 9010 00	EU-einheitliche Warennummer für die Einfuhr	Die Ware ist nicht weiter differenziert, sodass bei der Codierung die restlichen Stellen mit Nullen aufgefüllt werden.
6105 9010 00 0	deutsche Zusatzziffer	

GATT (General Agreement on Tariffs and Trade)

Das Allgemeine Zoll- und Handelsabkommen beschäftigt sich mit Zollfragen und staatlichen Handelsbeschränkungen.

WTO Die internationale Welthandelsorganisation verfolgt das Ziel, den Welthandel durch den Abbau von Handelshemmnissen zu fördern.

Externes Unionsversandverfahren

Im Rahmen dieses Verfahren können Drittlandwaren unter Zollaussetzung innerhalb der Union transportiert werden. Dieses Verfahren wird z. B. angewendet, wenn eingeführte Drittlandswaren nicht dort in den freien Verkehr überführt werden sollen, wo sie in die Union eigeführt wurden, sondern z. B. am Geschäftssitz des Einführers.

Höhe des Einfuhrzolls

Basis für die Ermittlung des **Einfuhrzolls** ist der **Wert der Ware.** Da es verschiedene Möglichkeiten gibt, den Warenwert zu definieren, wurden hierzu entsprechende Regeln festgelegt. Den Warenwert, von dem der Einfuhrzoll berechnet wird, bezeichnet man als **Zollwert.** Verfahren zur Ermittlung des Zollwertes sind im Unionszollkodex (UZK) festgelegt, der die Vorgaben des allgemeinen Zoll- und Handelsabkommens (**GATT**) übernommen hat. Der GATT-Zollwertkodex gilt für alle Mitgliedstaaten der **WTO**.

Beispiel

Eine Textilgroßhandlung mit Sitz in Münster importiert aus den USA Herrenhemden aus Baumwolle zu einem Listenpreis von 85.000,00 USD. Der Lieferer gewährt auf den Listenpreis 10 % Rabatt. Die Ware wird per Schiff von New Orleans nach Hamburg und von dort per Lkw nach Münster transportiert. Die Lieferbedingung lautet FOB (New Orleans).
Folgende Kosten sind zu berücksichtigen:

Transportkosten:	New Orleans – Hamburg	1.280,00 €
	Hamburg – Münster	255,00 €
Versicherungskosten:		350,00 €

Dem EZT mit der dazugehörigen Warennomenklatur können folgende Informationen entnommen werden:

- Die Warencodenummer lautet 61051000000.
- Der Drittlandszollsatz beträgt 12 %.
- Zollpräferenzen werden nicht gewährt.
- Bei der Einfuhr ist die Vorlage eines Ursprungszeugnisses erforderlich.
- Einfuhrbeschränkungen bestehen nicht.

Die Waren sollen in Hamburg in ein externes Unionsversandverfahren und in Münster in den freien Verkehr überführt werden.

In 90 % aller Fälle entspricht der Zollwert dem **Transaktionswert** der eingeführten Ware. Das ist der für die Ware tatsächlich gezahlte oder zu zahlende Preis (Art. 70 UZK). Grundlage für die Zollwertermittlung ist hier also der in Rechnung gestellte Nettopreis. Preisnachlässe wie Rabatte oder Skonti dürfen abgezogen werden. Der Barverkaufspreis ist evtl. um Hinzurechnungen zu erhöhen und um Abzüge zu vermindern. Abzüge sind aber nur möglich, wenn die entsprechenden Beträge im Kaufpreis enthalten sind. Das Schema auf der folgenden Seite zeigt grob ein Rechenschema zur Ermittlung des Zollwertes auf der Grundlage des Transaktionswertes.

Andere Verfahren, auf die hier aber nicht weiter eingegangen wird, sind:

- Berücksichtigung des Zollwertes gleicher Waren
- Berücksichtigung des Zollwertes gleichartiger Waren
- Deduktive Methode (Zollwert wird mithilfe des inländischen Verkaufspreises gleicher oder gleichartiger Waren ermittelt, evtl. wird dabei der Zollwert auch erst nachträglich festgesetzt.)
- Methode des errechneten Wertes (Der Zollwert wird hierbei auf der Basis vorgelegter Kalkulationsunterlagen ermittelt.)
- Schlussmethode (Der Zollwert wird auf der Basis von in der EU verfügbaren Daten ermittelt.)

Beginnend mit der Transaktionswertmethode muss der Zollwert in der oben angegebenen Reihenfolge der Methoden ermittelt werden. D.h., die jeweils folgende Methode kommt nur dann zur Anwendung, wenn der Zollwert mit den vorhergehenden Methoden nicht bestimmt werden konnte. Auf Antrag des Einführers dürfen die Methoden des 3. und 4. Anstriches getauscht werden.

Ermittlung des Zollwerts mit der Transaktionswertmethode

	Barverkaufspreis (Nettopreis abzüglich Rabatte und Skonti)
Hinzurechnungen	
+	Kosten, die dem Käufer zusätzlich entstanden sind und gesondert berechnet werden, z. B. Provisionen, Maklergebühren, gesonderte Verpackungskosten
+	Lizenz- oder Nutzungsgebühren, die in direktem Zusammenhang mit der eingeführten Ware stehen
+	Beförderungs- und Versicherungskosten bis zum Ort des Verbringens in das Zollgebiet der EU, z. B. Fracht-, Lade- und Umladekosten
Abzüge	
–	Montage-, Einrichtungskosten im Land des Käufers; müssen in der Rechnung aber gesondert ausgewiesen werden
–	Kreditzinsen für einen Kredit des Verkäufers an den Käufer
–	Lagerkosten, z. B. in Zolllagern oder Freizonen
–	im Rechnungspreis enthaltene Beförderungskosten innerhalb der EU
=	**Zollwert**

Versicherungskosten
werden häufig für die gesamte Transportstrecke bis zum endgültigen Bestimmungsort in der EU berechnet. Sofern der Einführer nicht nachweisen kann, dass die Versicherungskosten bis zum Ort des Verbringens in das Zollgebiet der EU geringer sind, was in der Regel der Fall ist, gehen die Versicherungskosten voll in den Zollwert ein.

Wenn der Rechnungsbetrag nicht in Euro angegeben ist, muss zur Ermittlung des Zollwertes eine **Umrechnung in Euro** erfolgen. Gemäß Art. 146 UZK-Durchführungsverordnung ist dazu der Wechselkurs zu verwenden, der von der Europäischen Zentralbank am vorletzten Mittwoch eines Monats veröffentlicht wurde. Der Wechselkurs gilt dann jeweils ab dem ersten Tag des folgenden Monats für den ganzen Monat. Diese Regelung gilt nur für notierte Währungen. Für nicht notierte Währungen erfolgt die Ermittlung des Umrechnungskurses durch die Generalzolldirektion.

Die von der Bundesfinanzverwaltung festgelegten Kurse (auch nicht notierter Währungen) können unter www.zoll.de abgerufen werden.

Währungsrechnen
▶ LF 3, Kap. 7.2.1

Beispiel

Am Tag der Überführung der Ware in den zollrechtlich freien Verkehr lautet der anzuwendende Umrechnungskurs: 1,00 € = 1,23460 USD.

	Listeneinkaufspreis in USD	85.000,00 USD
	Listeneinkaufspreis in €	68.848,21 €
–	10 % Rabatt	6.884,82 €
=	Zieleinkaufspreis	61.963,39 €
+	Transportkosten (New Orleans – Hamburg)	1.280,00 €
+	Versicherungskosten	350,00 €
=	Zollwert der Hemden	63.593,39 €

Bei einem Zollsatz von 12 % sind bei der Überführung der Hemden in den zollrechtlich freien Verkehr folglich 7.631,21 € Einfuhrzoll zu entrichten.

5.2.3 Steuerrechtliche Aspekte bei der Wareneinfuhr

Neben Zöllen fallen als Einfuhrabgaben auch die **Einfuhrumsatzsteuer** und bei verbrauchssteuerpflichtigen Waren **Verbrauchssteuern** an. Eingeführte Waren werden dabei steuerrechtlich genauso behandelt wie inländische Waren.

Verbrauchssteuer
In Deutschland werden Verbrauchssteuern erhoben auf

- Benzin/Diesel/leichtes Heizöl,
- Erdgas,
- Zigaretten/Tabak,
- Bier/Spirituosen/Alkopops/Schaumwein,
- Kaffee.

Die Einfuhr dieser Waren wird wie inländische Ware mit Verbrauchssteuern belastet. Bemessungsgrundlage ist dabei die Menge oder das Volumen.

Einfuhrumsatzsteuer
Da Waren bei der Ausfuhr aus dem Exportland in aller Regel von der Umsatzsteuer befreit sind, erfolgt bei der Wareneinfuhr eine Belastung mit der deutschen Umsatzsteuer, die dann als **Einfuhrumsatzsteuer (EUSt)** bezeichnet wird. Dadurch soll gewährleistet werden, dass eingeführte und inländische Waren in gleicher Weise mit der Umsatzsteuer belastet werden. Bemessungsgrundlage für die Einfuhrumsatzsteuer ist der **Einfuhrumsatzsteuerwert.**

System der Umsatzsteuer
▶ LF 4, Kap. 6

§ 11 Abs. (1) und Abs.(3) UStG

Grundlage für den Einfuhrumsatzsteuerwert ist der **Zollwert** der eingeführten Ware. Diesem sind der auf die Ware entfallende Zoll und gegebenenfalls Verbrauchssteuern hinzuzurechnen. Außerdem müssen unter bestimmten Voraussetzungen Beförderungskosten und andere „Sonstige Leistungen“ bis zu einem weiteren Bestimmungsort in der Union berücksichtigt werden. Die Beförderungskosten innerhalb des Unionsgebietes müssen auf jeden Fall berücksichtigt werden, wenn die Waren im Rahmen eines externen Versandverfahrens zu dem „weiteren Bestimmungsort innerhalb der Union“ befördert und erst dort in den freien Verkehr überführt werden. Bis zur Überführung in den freien Verkehr gelten die Waren in diesem Fall umsatzsteuerrechtlich als noch nicht eingeführt.

§ 3a Abs. (2) und § 4 Nr. 4b UStG

Um eine Doppelbesteuerung zu vermeiden, sind die Beförderungskosten, die im Rahmen des externen Versandverfahrens anfallen, von der Umsatzsteuer befreit. Werden die eingeführten Waren bereits am Ort des Verbringens in das Unionsgebiet in den freien Verkehr überführt, werden die unionsinternen Beförderungskosten bei dem Einfuhrumsatzsteuerwert nicht berücksichtigt. Sie sind dann aber auch umsatzsteuerpflichtig. Hier sollte allerdings im Einzelfall geprüft werden, ob der Frachtführer in diesem Fall Umsatzsteuer in Rechnung stellt oder nicht. Stellt er eine Rechnung ohne Umsatzsteuer aus, sind die unionsinternen Beförderungskosten in den Einfuhrumsatzsteuerwert einzubeziehen.

Ermittlung des Einfuhrumsatzsteuerwertes

Zollwert
+ Einfuhrzoll
+ gegebenenfalls Verbrauchssteuern
+ gegebenenfalls Beförderungskosten in der EU (vom Ort der Verbringung in das Zollgebiet der EU bis zu einem weiteren Bestimmungsort im Unionsgebiet)
+ gegebenenfalls Einkaufsprovisionen

= **Einfuhrumsatzsteuerwert**

Beispiel

Zur Ermittlung der Einfuhrumsatzsteuer muss zunächst der Einfuhrumsatzsteuerwert der aus den USA eingeführten Herrenhemden ermittelt werden:

	Zollwert	63.593,39 €
+	Einfuhrzoll	7.631,21 €
+	Frachtkosten (Hamburg – Münster)	255,00 €
=	**Einfuhrumsatzsteuerwert**	**71.479.60 €**

Steuersatz: 19 %
Bei Einfuhr der Hemden sind 13.581,12 € Einfuhrumsatzsteuer abzuführen.

Da die Hemden im Rahmen eines externen Versandverfahrens unter Zollaussetzung von Hamburg nach Münster transportiert werden, müssen hier die Transportkosten für die Strecke Hamburg – Münster in den Einfuhrumsatzsteuerwert einbezogen werden. Um eine Doppelbesteuerung zu vermeiden, darf der Frachtführer für diese Strecke aber keine Umsatzsteuer in Rechnung stellen.

Wenn es sich um eine innergemeinschaftliche Beförderungsleistung handelt, bei der der Transport in einem Mitgliedsland beginnt und in einem anderen Mitgliedsland endet, z.B. bei einem Transport von Rotterdam nach Münster, gilt eine entsprechende Regelung. Hierbei muss die Umsatzsteuer in jedem Fall von dem Unternehmen abgeführt werden, das den Transportauftrag erteilt hat, und zwar in dem Land, in dem es seinen Sitz hat. Der Frachtführer stellt eine Rechnung ohne Umsatzsteuer aus.

Alles klar?

1 Bei der Einfuhr von Waren in das Zollgebiet der EU ...
a) brauchen keine Vorgaben beachtet zu werden.
b) muss die Ankunft der Waren den Zollbehörden schriftlich per Fax gemeldet werden.
c) müssen die Waren unverzüglich auf vorgeschriebenen Verkehrswegen zur zuständigen Zollstelle befördert werden.
d) müssen die Zollbehörden nicht von der Einfuhr unterrichtet werden.
e) müssen auf jeden Fall die deutschen Zollbehörden unterrichtet werden.

2 Bei einer Überführung von Waren in den zollrechtlich freien Verkehr ...
a) muss der Einführer warten, bis die zuständige Zollstelle sich bei ihm meldet.
b) muss eine Zollanmeldung in elektronischer Form bei der zuständigen Zollstelle abgegeben werden. Nur in Ausnahmefällen kann die Zollanmeldung auch schriftlich erfolgen.
c) muss eine schriftliche Zollanmeldung unter Verwendung eines speziellen Formulars (Einheitspapier) bei der zuständigen Zollstelle abgegeben werden.
d) muss eine Zollanmeldung bei der zuständigen Zollstelle abgegeben werden. Dabei sind keine Formvorschriften zu beachten.
e) muss eine Zollanmeldung abgegeben werden, bevor die einzuführenden Waren in das Zollgebiet der Gemeinschaft verbracht werden.

3 Die Warenliste gemäß dem internationalen harmonisierten System ...
a) listet alle Waren auf, die nicht in die EU eingeführt werden dürfen.
b) listet alle Waren auf, die international geächtet sind.
c) wird von dem internationalen Institut zur Klassifizierung von Waren herausgegeben.
d) listet alle Waren auf, bei deren Einfuhr in das Zollgebiet der EU Zollpräferenzen gewährt werden.
e) ist Bestandteil des gemeinsamen Zolltarifs der EU.

4 Die BPK GmbH bezieht Papier von dem Unternehmen Ideal Paper Inc. mit Sitz in New York, USA. Geben Sie für die folgenden Lieferbedingungen jeweils an, ob bei der Bestimmung des Zollwertes Transportkosten zum Rechnungsbetrag hinzugerechnet, abgezogen oder **nicht** zusätzlich berücksichtigt werden müssen.
a) FCA (Ideal Paper Inc., New York))
b) CFR (Seaport Hamburg)
c) FOB (Seaport New York)
d) DAP (BPK GmbH, Wuppertal)
e) CIF (Seaport Rotterdam)
f) DPU (Seaport Rotterdam, Containerterminal)

5 Der Einfuhrumsatzsteuerwert ...
a) ist immer identisch mit dem Zollwert.
b) ist häufig niedriger als der Zollwert.
c) ist höher als der Zollwert, wenn Einfuhrzoll zu zahlen ist.
d) kann in der Regel nicht eindeutig bestimmt werden.
e) ist Bemessungsgrundlage für den Einfuhrzoll.

6 Die Fahrradwelt GmbH bezieht von einem Fahrradhersteller aus Indien 200 Fahrräder zu einem Rechnungspreis von 34.000,00 € zur Lieferbedingung CFR (Seaport Rotterdam).

Transport/Versicherungskosten	
Kosten für die Seefracht	3.800,00 €
Kosten für den Lkw-Transport Rotterdam – Düsseldorf	410,00 €
Versicherungskosten New York – Rotterdam Rotterdam – Düsseldorf	 300,00 € 75,00 €

Dem Elektronischen Zolltarif entnehmen Sie, dass der Drittlandzollsatz 14 % beträgt, Präferenzen werden nicht gewährt. Der Einfuhrumsatzsteuersatz beträgt 19 %.
a) Ermitteln Sie den Einfuhrzoll.
b) Ermitteln Sie die Einfuhrumsatzsteuer.

6 Internationales Kaufrecht

AB ▶ LS 78

Wird ein Kaufvertrag abgeschlossen, bei dem die Vertragspartner ihren Sitz in zwei verschiedenen Ländern haben, handelt es sich um einen internationalen Kaufvertrag.

6.1 Rechtswahl

Bei internationalen Kaufverträgen ergibt sich zunächst die Frage, welches Recht auf den Kaufvertrag anzuwenden ist. Diese Problemstellung ist insofern bedeutsam, da das Kaufrecht in den verschiedenen Ländern unterschiedlich ist.

Beispiel

Die BPK GmbH schließt mit ihrem Kunden, der Goed Reclame BV in den Niederlanden, einen Kaufvertrag über 2 000 Bogen Kunstdruckpapier „Phoenix-Ikono-Rex" zum Preis von 92.400,00 €. Es wird ein Zahlungsziel von vier Wochen gewährt.

Angenommen, die Goed Reclame BV verweigert nach vier Wochen die Zahlung mit dem Hinweis, das gelieferte Papier entspreche nicht den erwarteten Anforderungen. Dann ergibt sich für die BPK GmbH die Frage, nach welchem Recht sie Ansprüche gegen die Goed Reclame BV geltend machen kann. Es könnte in diesem Falle sein, dass die BPK GmbH ihre Ansprüche nach deutschem, niederländischem oder nach einem internationalen Recht geltend machen muss.

6.2 Internationales Privatrecht

Im Zusammenhang mit dem Problem des anzuwendenden Rechts bei internationalen Kaufverträgen unterscheidet man zwischen Kollisionsrecht und materiellem Recht. Das **Kollisionsrecht** enthält Bestimmungen, die etwas darüber aussagen, welches Recht bei einem internationalen Kaufvertrag angewendet werden muss. Das **materielle Recht** ist dagegen inhaltliches Recht, es regelt z. B. die Rechtsbeziehungen, Ansprüche und Pflichten zwischen Vertragspartnern. Das materielle Recht ist in den verschiedenen Ländern unterschiedlich geregelt. Bezogen auf Kaufverträge ist in Deutschland das materielle Recht weitgehend im Bürgerlichen Gesetzbuch und im Handelsgesetzbuch niedergelegt.

Die Kollisionsregeln sind im **Internationalen Privatrecht (IPR)** enthalten. Der Begriff Internationales Privatrecht ist insofern irreführend, als er suggeriert, dass es sich hierbei um ein international geltendes Recht handelt. Tatsächlich handelt es sich aber um **nationales Recht,** d. h., jedes Land hat sein eigenes Internationales Privatrecht. Innerhalb der Europäischen Union gilt durch die am 17. Dezember 2009 in Kraft getretene Verordnung Nr. 593/2008 mit der Kurzbezeichnung „Rom I" in allen EU-Staaten außer Dänemark ein einheitliches Internationales Privatrecht für vertragliche Schuldverhältnisse. Die folgenden Ausführungen beziehen sich auf die Regelungen der Rom I.

Art. 3 Rom I

Zunächst ermöglicht das IPR den Vertragsparteien, dass sie vertraglich die Anwendung eines bestimmten Landesrechts vereinbaren können.

Beispiel

Die BPK GmbH und die Goed Reclame BV könnten im Kaufvertrag vereinbaren, dass auf diesen Vertrag deutsches Recht anzuwenden ist. Sie könnten aber auch vereinbaren, dass das Recht eines dritten Staates, z. B. französisches Kaufrecht, angewendet werden soll.

Art. 4 Rom I

Wenn im Vertrag allerdings keine ausdrückliche Rechtswahl getroffen wurde, unterliegt der Vertrag dem Recht des Staates, in dem der Verkäufer seinen Sitz hat.

Beispiel

Wenn sich die BPK GmbH und die Goed Reclame BV vertraglich nicht auf ein bestimmtes Landesrecht geeinigt haben, unterliegt der Kaufvertrag nach den Regeln des IPR deutschem Recht, da die BPK GmbH in diesem Fall die Verkäuferin ist und ihren Sitz in Deutschland hat.

Art. 6 Rom I

Bei einseitigen Handelskäufen, d.h., wenn eine der beiden Vertragsparteien eine Privatperson ist, gelten besondere Regelungen. Hierauf wird in diesem Lehrbuch nicht weiter eingegangen, da bei Groß- und Außenhandelsunternehmen einseitige Handelsgeschäfte kaum vorkommen.

AB ▶ LS 79

6.3 UN-Kaufrecht (CISG)

Mithilfe des IPR lässt sich lediglich feststellen, welches Landesrecht auf einen internationalen Vertrag anzuwenden ist. Es enthält selbst aber keine Regelungen, wie Streitigkeiten zu behandeln sind, die sich aus diesem Vertrag ergeben.

Beispiel

Wenn die BPK GmbH mit der Goed Reclame BV vereinbart, dass auf den Kaufvertrag niederländisches Kaufrecht anzuwenden ist, dann ist die BPK GmbH im Streitfall im Nachteil, da die Goed Reclame BV das niederländische Kaufrecht besser kennt als die BPK GmbH. Umgekehrt wäre die Goed Reclame BV im Nachteil, wenn deutsches Kaufrecht vereinbart würde.

Um bei internationalen Kaufverträgen einen fairen Ausgleich zwischen beiden Vertragsparteien zu schaffen, ist es sinnvoll, sich auf ein länderübergreifendes Kaufrecht zu verständigen. Die 1980 in Wien verabschiedete UN-Konvention über den internationalen Warenkauf (United Nations Convention on **C**ontracts for the **I**nternational **S**ale of **G**oods, abgekürzt **CISG**) ist ein solches internationales Kaufrecht. In Deutschland wird dieses Abkommen üblicherweise als **UN-Kaufrecht** bezeichnet.

Mittlerweile sind mehr als 90 Staaten dem UN-Kaufrechtsabkommen beigetreten, darunter wichtige Handelspartner Deutschlands wie die USA, China und Russland. Außer Irland und Malta haben alle EU-Mitgliedstaaten das Abkommen unterzeichnet. Nachdem das UN-Kaufrecht in Deutschland zunächst nur sehr zögernd angenommen wurde, hat es in den letzten Jahren immer mehr an Bedeutung gewonnen. Da es sich um eine völkerrechtliche Vereinbarung handelt, hat das UN-Kaufrecht bei Fragen des anzuwendenden Kaufrechts **Vorrang** vor den Regelungen des IPR.

Art. 25 Rom I

6.3.1 Anwendungsbereich

Das UN-Kaufrecht gilt nur für Kaufverträge über materielle, bewegliche Sachen (Waren). Ferner müssen die Vertragsparteien ihre Niederlassung in verschiedenen Staaten haben und die Waren dürfen nicht für den persönlichen oder privaten Gebrauch erworben werden. Damit kann das UN-Kaufrecht z. B. nicht auf den Kauf von Immobilien oder Wertpapieren angewendet werden. Ausgeschlossen ist auch die Anwendung auf Verträge, bei denen es sich nicht um Kaufverträge handelt.

Art. 1 und 2 CISG

§ Artikel 1 CISG [Anwendungsbereich]

(1) Dieses Übereinkommen ist auf Kaufverträge über Waren zwischen Parteien anzuwenden, die ihre Niederlassung in verschiedenen Staaten haben,
a) wenn diese Staaten Vertragsstaaten sind oder
b) wenn die Regeln des Internationalen Privatrechts zur Anwendung des Rechts eines Vertragsstaats führen.

Gemäß Art. 95 CISG können Mitgliedstaaten bei der Ratifizierung einen Vorbehalt gegen Art. 1 Abs. 1 b) zum Ausdruck bringen, so dass diese Regelung ggf. nicht zur Anwendung kommt.

Das UN-Kaufrecht **gilt daher häufig automatisch,** auch wenn es nicht vereinbart wurde. Die Anwendung kann dann nur durch ausdrückliche Vereinbarung vollständig oder in Teilen **vertraglich ausgeschlossen** werden.

Art. 6 CISG

Selbst wenn im Kaufvertrag das deutsche oder das niederländische Kaufrecht vereinbart wird, ohne das UN-Kaufrecht ausdrücklich auszuschließen, muss das UN-Kaufrecht angewendet werden.

Beispiel

Die BPK GmbH verkauft an die Goed Reclame BV eine Palette Kopierpapier. Über das anzuwendende Kaufrecht wurde keine Vereinbarung getroffen.
Es handelt sich um einen Kaufvertrag über körperliche, bewegliche Sachen, außerdem haben die Vertragspartner ihre Niederlassung in zwei verschiedenen Staaten. → Die sachlichen Voraussetzungen für die Anwendung des UN-Kaufrechts sind damit gegeben.
Beide Vertragsparteien haben ihren Sitz in einem Vertragsstaat des UN-Kaufrechtsabkommens. → Das UN-Kaufrecht muss auf diesen Vertrag angewendet werden, da es nicht ausdrücklich ausgeschlossen wurde.

Beispiel

Angenommen, die beiden Vertragspartner vereinbaren die Anwendung des deutschen Kaufrechts, schließen aber das UN-Kaufrecht nicht ausdrücklich aus. Die Regeln des IPR besagen, dass deutsches Recht anzuwenden ist, da gemäß IPR das anzuwendende Kaufrecht frei vereinbart werden kann. Da Deutschland aber Vertragsstaat des UN-Kaufrechtsabkommens ist, muss folglich nach Art. 1b) CISG das UN-Kaufrecht angewendet werden.

Mithilfe der folgenden Übersicht lässt sich für viele Fälle bestimmen, welches Kaufrecht auf den jeweiligen Kaufvertrag anzuwenden ist. Voraussetzung ist dabei in jedem Fall, dass es sich um einen Kaufvertrag über Waren handelt und die Vertragsparteien ihre Niederlassung in zwei verschiedenen Staaten haben.

Bestimmung des anzuwendenden Kaufrechts unter Berücksichtigung des UN-Kaufrechts

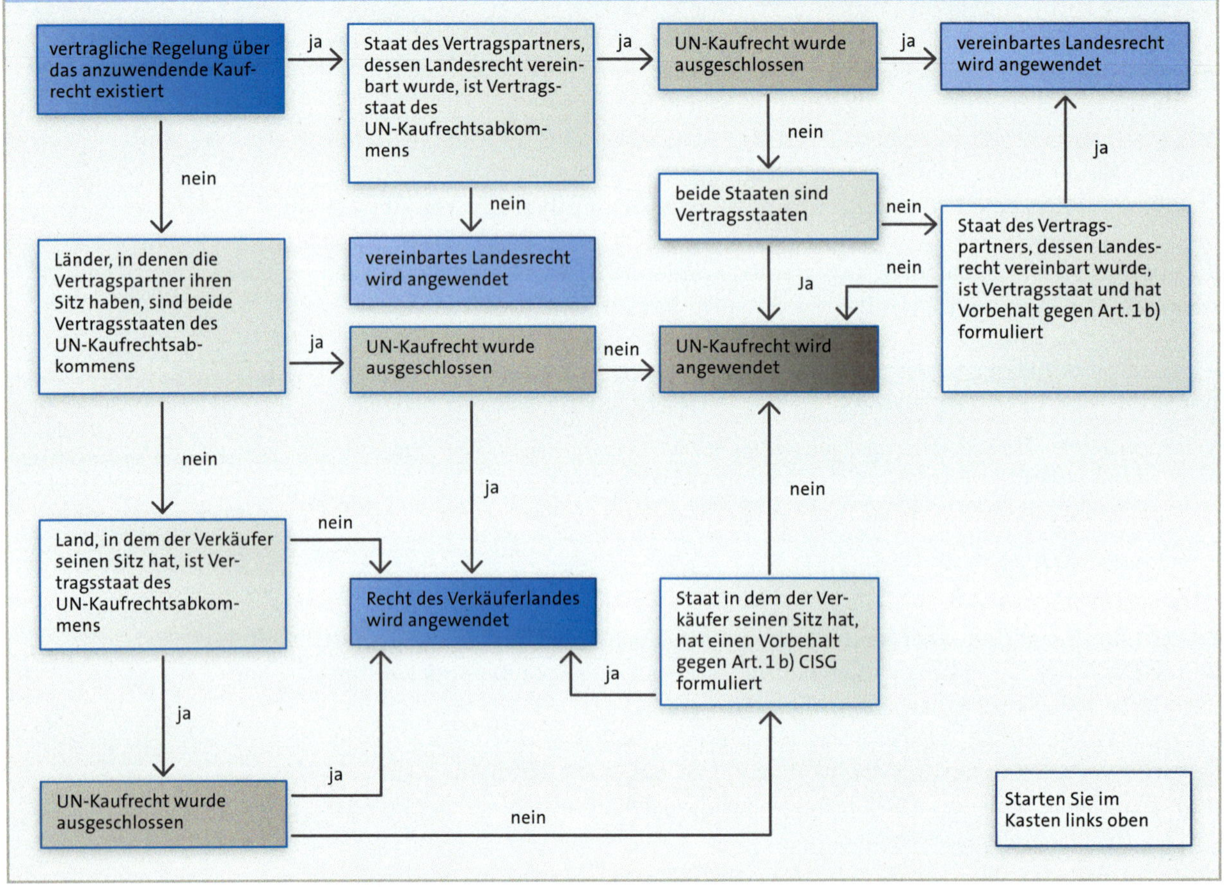

6.3.2 Vertragsabschluss

Art. 23 CISG
Art. 14 CISG

Gemäß CISG kommt ein Vertrag dadurch zustande, dass ein Angebot **wirksam** angenommen wird. Das Angebot muss sich an eine oder mehrere bestimmte Personen richten und auf eine bestimmte Ware beziehen. Ferner müssen Preis und Menge angegeben oder zumindest bestimmbar sein. Richtet sich der Vorschlag nicht an bestimmte Personen, gilt er nur als Aufforderung zur Abgabe eines Angebotes.

Art. 15 Abs. 2 CISG
Art. 16 Abs. 1 CISG
Art. 17 CISG

Ein Angebot kann befristet oder unbefristet sein. Bei einem **befristeten Angebot** ist der Anbietende bis zum Ende der Frist an das Angebot gebunden. Eine Rücknahme des Angebotes ist nur möglich, wenn die Rücknahmeerklärung dem Empfänger vor oder spätestens gleichzeitig mit dem Angebot zugeht. Ein **unbefristetes Angebot** kann zurückgenommen werden, wenn der Widerruf dem Adressaten zugeht, bevor dieser eine Annahmeerklärung abgeschickt hat. Lehnt der Adressat ein Angebot ab, erlischt es.

Die **Annahme eines Angebotes** erfolgt durch ausdrückliche Zustimmung oder durch ein Verhalten, das Zustimmung ausdrückt. Schweigen oder Untätigkeit gelten nicht als Annahme. Die Annahme wird wirksam, sobald sie dem Anbieter zugeht. Die **Rücknahme einer Annahme** ist möglich, wenn die Rücknahmeerklärung den Anbieter vor oder spätestens gleichzeitig mit der Annahmeerklärung erreicht.

Art. 18 Abs. 1 CISG

Art. 22 CISG

Enthält die Annahmeerklärung wesentliche Änderungen des ursprünglichen Angebotes, so gilt das als Ablehnung und **Abgabe eines Gegenangebotes**. Eine Änderung ist als wesentlich anzusehen, wenn sie sich auf

Art. 19 CISG

- den Preis,
- die Bezahlung,
- die Qualität und Menge der Ware,
- den Ort oder die Zeit der Lieferung,
- den Umfang der Haftung oder
- die Beilegung von Streitigkeiten

bezieht.

Liegt keine wesentliche Änderung vor, kommt der Kaufvertrag trotz abweichender Annahmeerklärung zustande. Ist der Verkäufer damit nicht einverstanden, muss er die Abweichungen unverzüglich nach Erhalt beanstanden.

6.3.3 Erfüllungsort und Gefahrenübergang

Nach UN-Kaufrecht kann der jeweilige Erfüllungsort frei vereinbart werden. Fehlt eine vertragliche Vereinbarung, kommt die gesetzliche Regelung zur Anwendung.

Erfüllungsort, Gefahrenübergang
▶ LF 2, Kap. 5.1.2

Erfüllungsort für die Warenlieferung
Hier unterscheidet das UN-Kaufrecht danach, ob die Ware befördert werden muss oder nicht. Erfordert der Kaufvertrag eine Beförderung der Ware, so hat der Verkäufer diese dem ersten Beförderer zur Übermittlung an den Käufer zu übergeben. Da beim internationalen Handelsverkehr meist eine Beförderung notwendig ist, ergibt sich daraus in der Regel der Erfüllungsort.

Art. 31 CISG

Muss die Ware nicht befördert werden und war bei Vertragsabschluss klar, dass die Ware an einem bestimmten Ort gelagert oder hergestellt wird, so ist die Ware an diesem Ort zu übergeben. In allen anderen Fällen ist der Erfüllungsort die Niederlassung des Verkäufers.

Erfüllungsort für die Geldschuld
Bestehen keine vertraglichen Vereinbarungen, ist der Erfüllungsort für die Zahlung der Ort der Niederlassung des Verkäufers. Soll die Zahlung gegen Übergabe der Ware oder von Dokumenten erfolgen, ist der Erfüllungsort der Ort der Übergabe.

Art. 57 Abs. 1 CISG

Mit Lieferung bzw. Übergabe der Ware an dem jeweiligen Erfüllungsort geht die Gefahr der Beschädigung oder des Untergangs der Ware vom Verkäufer auf den Käufer über. Wird Ware verkauft, die sich auf dem Transport befindet, geht die Gefahr grundsätzlich zum Zeitpunkt des Vertragsabschlusses auf den Käufer über.

Art. 67, 68 CISG

Alles klar?

1 Das internationale Privatrecht ...
- a) ist internationales Recht, das z. B. zur Lösung von Streitigkeiten im Zusammenhang mit der Vertragserfüllung bei internationalen Kaufverträgen helfen kann.
- b) ist bei Kaufverträgen, bei denen die Vertragspartner ihren Sitz in verschiedenen EU-Staaten haben, nicht anwendbar.
- c) ist internationales materielles Recht.
- d) gehört zum nationalen Kollisionsrecht, ist aber innerhalb der EU vereinheitlicht.
- e) ist in allen Staaten der Welt gleich.

2 Nach dem internationalen Privatrecht ...
- a) muss bei internationalen Kaufverträgen vereinbart werden, welches Landesrecht auf den Kaufvertrag anzuwenden ist.
- b) muss zum fairen Interessenausgleich zwischen den Vertragspartnern vereinbart werden, dass das Kaufrecht eines dritten Staates auf den Vertrag angewendet wird.
- c) kann bei internationalen Kaufverträgen zwischen in der EU ansässigen Vertragspartnern ein beliebiges Kaufrecht vereinbart werden.
- d) gilt für internationale Kaufverträge immer das Kaufrecht des Landes, in dem der Käufer seinen Sitz hat.
- e) darf bei internationalen Kaufverträgen immer der Verkäufer entscheiden, welches Landesrecht auf den Kaufvertrag anzuwenden ist.

3 Das UN-Kaufrecht (CISG) ...
- a) kann bei allen Verträgen angewendet werden, bei dem die Vertragspartner ihren Sitz in verschiedenen Staaten haben.
- b) kann auch auf Kaufverträge angewendet werden, bei dem die Vertragspartner ihren Sitz im gleichen Land haben.
- c) kann bei internationalen Privatkäufen angewendet werden.
- d) muss bei internationalen Käufen/Verkäufen von Immobilien angewendet werden.
- e) kann in seiner Anwendung von den Vertragspartnern ausgeschlossen werden.

4 Unternehmen A aus Frankreich verkauft Waren an Unternehmen B in Deutschland. Geben Sie für die folgenden Fälle jeweils an, welches Kaufrecht auf den Vertrag anzuwenden ist.
Hinweis: Beide Länder sind Vertragsstaaten des CISG und beide Länder haben keinen Vorbehalt gegen Art. 1 Abs. (1) b) formuliert.
- a) Es wird keine Rechtswahl getroffen, das UN-Kaufrecht wird nicht ausgeschlossen.
- b) Es wird keine Rechtswahl getroffen, das UN-Kaufrecht wird ausgeschlossen.
- c) Es wird französisches Kaufrecht vereinbart, das UN-Kaufrecht wird nicht ausgeschlossen.
- d) Es wird französisches Kaufrecht vereinbart, das UN-Kaufrecht wird ausgeschlossen.

5 Unternehmen B aus Deutschland verkauft Waren an Unternehmen C in Irland. Geben Sie für die folgenden Fälle jeweils an, welches Kaufrecht auf den Vertrag anzuwenden ist.
Hinweis: Irland ist kein Mitgliedstaat des CISG.
- a) Es wird keine Rechtswahl getroffen, das UN-Kaufrecht wird nicht ausgeschlossen.
- b) Es wird keine Rechtswahl getroffen, das UN-Kaufrecht wird ausgeschlossen.
- c) Es wird deutsches Kaufrecht vereinbart, das UN-Kaufrecht wird nicht ausgeschlossen.
- d) Es wird deutsches Kaufrecht vereinbart, das UN-Kaufrecht wird ausgeschlossen.
- e) Es wird irisches Kaufrecht vereinbart, das UN-Kaufrecht wird nicht ausgeschlossen.
- f) Es wird irisches Kaufrecht vereinbart, das UN-Kaufrecht wird ausgeschlossen.

LERNFELD 8

Werteströme auswerten

AB ▶ LS 80

1 Ergebnisse der Finanzbuchhaltung als Grundlage für den Jahresabschluss

1.1 Inventurdifferenzen klären und buchen

Inventur
▶ LF 4, Kap. 2.3.1

Ist zum Ende eines Geschäftsjahres die Inventur z. B. im Warenlager „gelaufen", stehen notwendige Ist-Werte für die Bilanz fest. Die Salden der Buchhaltung als Soll-Werte müssen jetzt überprüft und ggf. korrigiert werden.

Soll-Werte	Rechnerische Ergebnisse (Werte) des vorläufigen Kontenabschlusses der Buchführung.
Ist-Werte	Tatsächliche Werte der in der Inventur aufgenommenen Vermögens- und Schuldenposten.

Wertunterschiede zwischen Soll-(Buch-)Werten und Ist-Werten (Inventurwerten) haben ihre Ursache in

- unterlassenen, doppelten oder fehlerhaften Buchungen,
- nicht erfassten Mengenveränderungen (z. B. Schwund, Diebstahl),
- nicht erfassten Werteveränderungen (z. B. gesunkene Wiederbeschaffungskosten, Beschädigungen).

Unterlassene Buchungen müssen nachgeholt, doppelte und fehlerhafte Buchungen müssen storniert werden. Bei fehlerhaften Buchungen muss anschließend eine neue, richtige Buchung vorgenommen werden. Nicht erfasste Mengen- und Werteveränderungen müssen nachträglich erfolgswirksam berücksichtigt werden. Sind alle Inventurdifferenzen geklärt und gebucht, muss **der Jahresabschluss** vorbereitet werden. Bevor jedoch eine endgültige Bilanz und eine Gewinn- und Verlustrechnung aufgestellt werden können, sind noch vielfältige Abgrenzungs- und Bewertungsentscheidungen zu treffen, zu dokumentieren und ggf. als vorbereitende Abschlussbuchungen (Umbuchungen) zu erfassen.

1.2 Zeitliche Erfolgsabgrenzung

Die zeitliche Erfolgsabgrenzung ermöglicht die buchhalterische Erfassung von Aufwendungen und Erträgen – unabhängig vom Zahlungstermin – in dem Geschäftsjahr, in das sie wirtschaftlich gesehen gehören.

Beispiel

In der Finanzbuchhaltung der BPK GmbH fehlt am 31.12. noch eine Einzahlung für Zinsen des letzten Kalendermonats und die Dezembermiete für die Büroflächen ist noch nicht an den Vermieter überwiesen worden. Andererseits wurden aber schon Versicherungsprämien für das Folgejahr gezahlt und der Untermieter der Lagerhalle hat die Miete bereits im Dezember im Voraus für das gesamte nächste Jahr überwiesen.

Zeitliche Erfolgsabgrenzung

Zeitliche Erfolgsabgrenzung

Nachträgliche Zahlungen	Vorauszahlungen
antizipative (vorweggenommene) Aufwendungen und Erträge des alten Jahres mit Aus- oder Einzahlung im neuen Jahr	transitorische (übertragene) Aufwendungen und Erträge des neuen Jahres mit Aus- oder Einzahlung im alten Jahr

Abgrenzungskonten für

nachzuzahlende		vorausbezahlte	
Erträge	Aufwendungen	Aufwendungen	Erträge
113 Sonstige Forderungen	194 Sonstige Verbindlichkeiten	091 Aktive Rechnungsabgrenzung	093 Passive Rechnungsabgrenzung

1.2.1 Sonstige Forderungen

Beispiel

Die Zinsen eines Arbeitnehmerdarlehens für das 4. Quartal des Jahres 20X1 (altes Jahr) in Höhe von 350,00 € werden erst am 02.01.20X2 (neues Jahr) dem Bankkonto der BPK GmbH gutgeschrieben. Die Zinsen müssen jedoch bereits im Jahr 20X1 als Ertrag gebucht werden, obwohl sie der BPK erst im Jahr 20X2 als Finanzmittel zur Verfügung stehen. Die Leistung der BPK (Kreditgewährung) und die Gegenleistung des Schuldners (Zinsen) sind wirtschaftlich dem Jahr 20X1 zuzuordnen.

31.12.	
Ertrag entsteht im alten Jahr	**Einzahlung erfolgt im neuen Jahr**
Abgrenzungskonto: 113 Sonstige Forderungen	

Nachträgliche Einzahlungen: Sonstige Forderungen

Buchungen im alten Jahr (31.12.20X1)
Grundbuch

1. Buchung des Zinsertrages
2. Abschluss Konto 260 Zinserträge
3. Abschluss Konto 113 Sonstige Forderungen

Nr.	Soll	€	Haben	€
1	113 Sonstige Forderungen	350,00	260 Zinserträge	350,00
2	260 Zinserträge	350,00	930 GuV-Konto	350,00
3	940 SBK	350,00	113 Sonstige Forderungen	350,00

Hauptbuch

S	113 Sonstige Forderungen		H
1) 260	350,00	3) 940	350,00

S	260 Zinserträge		H
2) 930	350,00	1) 113	350,00

S	940 SBK		H
3) 113	350,00		

S	930 GuV-Konto		H
		2) 260	350,00

Grundbuch: Buchungen im neuen Jahr (20X2)
1. Eröffnung Konto 113 Sonstige Forderungen (01.01.20X2)
2. Bankgutschrift des Zinsertrages (02.01.20X2)

Nr.	Soll	€	Haben	€
1	113 Sonstige Forderungen	350,00	910 EBK	350,00
2	131 Kreditinstitute	350,00	113 Sonstige Forderungen	350,00

Hauptbuch

S	113 Sonstige Forderungen		H
1) 910	350,00	2) 131	350,00

S	131 Kreditinstitute		H
910	50.000,00		
2) 113	350,00		

Die zeitliche Erfolgsabgrenzung mit der Buchung „Sonstige Forderungen an ein Ertragskonto" erhöht für das alte Jahr das Vermögen in der Bilanz und die Erträge im GuV-Konto. Es handelt sich immer um **Geldforderungen**; der Gewinn steigt.

1.2.2 Sonstige Verbindlichkeiten

Beispiel

Die BPK GmbH hat im Jahr 20X1 Flächen in einem fremden Bürogebäude angemietet. Die Miete in Höhe von 600,00 € ist immer nachträglich zum 2. Werktag des Folgemonats an den Vermieter zu überweisen. Die Dezembermiete wird vertragsgemäß am 03.01.20X2 überwiesen. Dieser Mietaufwand muss aber bereits im Dezember 20X1 gebucht werden. Die Nutzung der Büroräume und die damit verbundenen Mietaufwendungen sind wirtschaftlich dem Jahr 20X1 zuzuordnen.

Nachträgliche Auszahlungen: Sonstige Verbindlichkeiten

31.12.	
Aufwand entsteht im alten Jahr	**Auszahlung erfolgt im neuen Jahr**
Abgrenzungskonto: 194 Sonstige Verbindlichkeiten	

Grundbuch: Buchungen im alten Jahr (31.12.20X1)
1. Buchung des Mietaufwandes, 2. Abschluss Konto 410 Mieten, Pachten, Leasing
3. Abschluss Konto 194 Sonstige Verbindlichkeiten

Nr.	Soll	€	Haben	€
1	410 Mieten, Pachten, Leasing	600,00	194 Sonstige Verbindlichkeiten	600,00
2	930 GuV-Konto	600,00	410 Mieten, Pachten, Leasing	600,00
3	194 Sonstige Verbindlichkeiten	600,00	940 SBK	600,00

Hauptbuch

S	410 Mieten, Pachten, Leasing		H
1) 194	600,00	2) 930	600,00

S	194 Sonstige Verbindlichkeiten		H
3) 940	600,00	1) 410	600,00

S	930 GuV-Konto		H
2) 410	600,00		

S	940 SBK		H
		3) 194	600,00

Buchungen im neuen Jahr (20X2)
Grundbuch
1. Eröffnung Konto 194 Sonstige Verbindlichkeiten (01.01.20X2)
2. Banküberweisung der Dezembermiete (03.01.20X2)

Nr.	Soll	€	Haben	€
1	910 EBK	600,00	194 Sonstige Verbindlichkeiten	600,00
2	194 Sonstige Verbindlichkeiten	600,00	131 Kreditinstitute	600,00

Hauptbuch

S	194 Sonstige Verbindlichkeiten		H
2) 131	600,00	1) 910	600,00

S	131 Kreditinstitute		H
910	50.000,00	2) 194	600,00

Die zeitliche Erfolgsabgrenzung mit der Buchung „Aufwandskonto an Sonstige Verbindlichkeiten" erhöht für das alte Jahr die Schulden in der Bilanz und die Aufwendungen im GuV-Konto. Es handelt sich immer um **Geldverbindlichkeiten**; der Gewinn sinkt.

1.2.3 Aktive Rechnungsabgrenzung

Beispiel

Die BPK hat am 01.10.20X1 die Versicherungsprämie für ihr Bürogebäude in Höhe von 900,00 € für 12 Monate im Voraus an die Versicherungsgesellschaft überwiesen. Wirtschaftlich gesehen sind aber nur 225,00 € (3/12 der Jahresprämie) dem Jahr 20X1 zuzurechnen. Für 9 Monate des Folgejahres wird die Versicherungsprämie in Höhe von 675,00 € (9/12 der Jahresprämie) im Voraus bezahlt und darf den Erfolg der BPK auch erst im Jahr 20X2 mindern.

31.12.	
Auszahlung erfolgt im alten Jahr	**Aufwand entsteht im neuen Jahr**
Abgrenzungskonto: 091 Aktive Rechnungsabgrenzungsposten	

Auszahlungen im Voraus: Aktive Rechnungsabgrenzung

Buchungen im alten Jahr (20X1)
Grundbuch
1. Buchung der Überweisung der Versicherungsprämie (01.10.20X1)
2. Abgrenzung der auf das Folgejahr entfallenden Versicherungsprämie (31.12.20X1)
3. Abschluss Konto 426 Versicherungen (31.12.20X1)
4. Abschluss Konto 091 Aktive Rechnungsabgrenzungsposten (31.12.20X1)

Nr.	Soll	€	Haben	€
1	426 Versicherungen	900,00	131 Kreditinstitute	900,00
2	091 Aktive Rechnungsabgrenzungsposten	675,00	426 Versicherungen	675,00
3	930 GuV-Konto	225,00	426 Versicherungen	225,00
4	940 SBK	675,00	091 Aktive Rechnungsabgrenzungsposten	675,00

Hauptbuch

S 426 Versicherungen H

1) 131	900,00	2) 091	675,00
		3) 930	225,00
	900,00		900,00

S 131 Kreditinstitute H

910	50.000,00	1) 426	900,00

S 940 SBK H

4) 091	675,00		

S 091 Aktive Rechnungsabgenzungsposten H

2) 426	675,00	4) 940	675,00

S 930 GuV-Konto H

3) 426	225,00		

Buchungen im neuen Jahr (01.01.20X2)
Grundbuch

1. Eröffnung Konto 091 Aktive Rechnungsabgrenzungsposten
2. Auflösung des Rechnungsabgrenzungspostens

Nr.	Soll	€	Haben	€
1	091 Aktive Rechnungsabgrenzungsposten	675,00	910 EBK	675,00
2	426 Versicherungen	675,00	091 Aktive Rechnungsabgrenzungsposten	675,00

Hauptbuch

S 091 Aktive Rechnungsabgenzungsposten H

1) 910	675,00	2) 426	675,00

S 426 Versicherungen H

2) 091	675,00		

Vereinfachte Buchung

Die Bildung von Aktiven Rechnungsabgrenzungsposten kann vereinfacht werden, wenn bereits in alten Jahr bei der Buchung des Aufwandes sofort die Erfolgsabgrenzung durchgeführt wird.

Grundbuch

1. Überweisung der Versicherungsprämie am 01.10.20X1 mit sofortiger Erfolgsabgrenzung

Nr.	Soll	€	Haben	€
1	426 Versicherungen 091 Aktive Rechnungsabgrenzungsposten	225,00 675,00	131 Kreditinstitute	900,00

Die zeitliche Erfolgsabgrenzung mit der Buchung „Aktive Rechnungsabgrenzungsposten an ein Aufwandskonto“ erhöht für das alte Jahr das Vermögen in der Bilanz und mindert die Aufwendungen im GuV-Konto. Es handelt sich immer um **Leistungsforderungen**; der Gewinn steigt.

1.2.4 Passive Rechnungsabgrenzung

Beispiel

Am 01. 12. 20X1 hat ein Untermieter der Lagerhalle der BPK GmbH bereits die Miete für die Monate Dezember 20X1 bis Februar 20X2 in Höhe von 1.200,00 € auf das Bankkonto der BPK überwiesen. Für die Monate Januar und Februar 20X2 (2/3 der Mieteinzahlung = 800,00 €) wird also eine Vorauszahlung getätigt, deren Ertragswirksamkeit aus Sicht der BPK GmbH dem Folgejahr zugerechnet werden muss.

31. 12.	
Einzahlung erfolgt im alten Jahr	**Ertrag entsteht im neuen Jahr**
Abgrenzungskonto: 093 Passive Rechnungsabgrenzungsposten	

Einzahlungen im Voraus: Passive Rechnungsabgrenzung

Buchungen im alten Jahr

Grundbuch

1. Buchung der Bankgutschrift der Mieteinzahlung (01. 12. 20X1)
2. Abgrenzung der auf das Folgejahr entfallenden Mieterträge (31. 12. 20X1)
3. Abschluss Konto 242 Betriebsfremde Erträge (31. 12. 20X1)
4. Abschluss Konto 093 Passive Rechnungsabgrenzungsposten (31. 12. 20X1)

Betriebsfremde Erträge hier = Mieterträge

Nr.	Soll	€	Haben	€
1	131 Kreditinstitute	1.200,00	242 Betriebsfremde Erträge	1.200,00
2	242 Betriebsfremde Erträge	800,00	093 Passive Rechnungsabgrenzungsposten	800,00
3	242 Betriebsfremde Erträge	400,00	930 GuV-Konto	400,00
4	093 Passive Rechnungsabgrenzungsposten	800,00	940 SBK	800,00

Hauptbuch

S 242 Betriebsfremde Erträge H

S		H	
2) 093	800,00	1) 131	1.200,00
3) 930	400,00		
	1.200,00		1.200,00

S 093 Passive Rechnungsabgenzungsposten H

S		H	
4) 940	800,00	2) 242	800,00

S 131 Kreditinstitute H

S		H	
910	50.000,00		
1) 242	1.200,00		

S 940 SBK H

S		H	
		4) 093	800,00

S 930 GuV-Konto H

S		H	
		3) 242	400,00

Buchungen im neuen Jahr (01. 01. 20X2)

Grundbuch

1. Eröffnung Konto 093 Passive Rechnungsabgrenzungsposten
2. Auflösung des Rechnungsabgrenzungspostens

Nr.	Soll	€	Haben	€
1	910 EBK	800,00	093 Passive Rechnungsabgrenzungsposten	800,00
2	093 Passive Rechnungsabgrenzungsposten	800,00	242 Betriebsfremde Erträge	800,00

Hauptbuch

S	242 Betriebsfremde Erträge		H
		2) 093	800,00

S	093 Passive Rechnungsabgrenzungsposten		H
2) 242	800,00	1) 910	800,00

Vereinfachte Buchung

Die Bildung von Passiven Rechnungsabgrenzungsposten kann ebenfalls vereinfacht werden, wenn bereits bei der Buchung des Ertrages sofort die Erfolgsabgrenzung durchgeführt wird.

Grundbuch

1. Bankgutschrift der Mieteinzahlung am 01.12.20X1 mit sofortiger Erfolgsabgrenzung

Nr.	Soll	€	Haben	€
1	131 Kreditinstitute	1.200,00	242 Betriebsfremde Erträge 093 Passive Rechnungsabgrenzungsposten	400,00 800,00

Die zeitliche Erfolgsabgrenzung mit der Buchung „Ertragskonto an Passive Rechnungsabgrenzungsposten" erhöht für das alte Jahr die Schulden in der Bilanz und mindert die Erträge im GuV-Konto. Es handelt sich immer um **Leistungsverbindlichkeiten**; der Gewinn sinkt.

Zeitliche Erfolgsabgrenzung und Umsatzsteuer

Eine Buchung der Umsatzsteuer im Rahmen von umsatzsteuerpflichtigen Aufwendungen oder Erträgen ist immer nur dann notwendig, wenn die Leistung bereits erbracht ist. Zum Buchungszeitpunkt (altes oder neues Jahr) muss ein Beleg vorhanden sein. Anderenfalls darf keine Buchung der Umsatzsteuer im Rahmen der Erfolgsabgrenzung vorgenommen werden, es ist der Nettobetrag abzugrenzen.

Zeitliche Erfolgsabgrenzung

	Antizipative Erfolgsabgrenzung		Transitorische Erfolgsabgrenzung	
Buchungssatz	Sonstige Forderungen an Ertragskonto	Aufwandskonto an Sonstige Verbindlichkeiten	Aktive Rechnungsabgrenzungsposten an Aufwandskonto	Ertragskonto an Passive Rechnungsabgrenzungsposten
es handelt sich um	Geldforderungen	Geldverbindlichkeiten	Leistungsforderungen	Leistungsverbindlichkeiten
Werteveränderungen	Vermögen steigt	Schulden steigen	Vermögen steigt	Schulden steigen
	Erträge steigen	Aufwendungen steigen	Aufwendungen sinken	Erträge sinken
	Gewinn steigt	Gewinn sinkt	Gewinn steigt	Gewinn sinkt

Alles klar?

1 Unterscheiden Sie Soll- und Istwerte in der Buchhaltung.

2 Nennen Sie drei mögliche Ursachen für Abweichungen zwischen den Soll- und Istwerten.

3 Wie können Abweichungen zwischen Soll- und Istwerten korrigiert werden?

4 Was versteht man unter „Zeitlicher Erfolgsabgrenzung“?

5 Nennen Sie die vier Abgrenzungskonten für die zeitliche Erfolgsabgrenzung.

6 Unterscheiden Sie die antizipative und die transitorische Erfolgsabgrenzung.

7 Vor dem Jahresabschluss bucht ein Großhandelsunternehmen:

> 091 Aktive Rechnungsabgrenzungsposten 1.200,00 €
> an 426 Versicherungen 1.200,00 €

Welche der nachfolgenden Aussagen zu dieser zeitlichen Erfolgsabgrenzung ist **nicht** richtig?
- a) Es handelt sich um eine Leistungsforderung.
- b) Das Vermögen des Unternehmens sinkt.
- c) Die Aufwendungen des alten Jahres sinken.
- d) Der Gewinn steigt.

8 Vor dem Jahresabschluss bucht ein Großhandelsunternehmen:

> 410 Mieten, Pachten, Leasing 850,00 €
> an 194 Sonstige Verbindlichkeiten 850,00 €

Welche der nachfolgenden Aussagen zu dieser zeitlichen Erfolgsabgrenzung ist **nicht** richtig?
- a) Es handelt sich um eine Geldverbindlichkeit.
- b) Die Schulden des Unternehmens steigen.
- c) Die Aufwendungen des alten Jahres sinken.
- d) Der Gewinn sinkt.

9 Vor dem Jahresabschluss bucht ein Großhandelsunternehmen:

> 242 Betriebsfremde Erträge 2.200,00 € an
> 093 Passive Rechnungsabgrenzungsposten 2.200,00 €

Welche der nachfolgenden Aussagen zu dieser zeitlichen Erfolgsabgrenzung ist richtig?
- a) Es handelt sich um eine Leistungsforderung.
- b) Das Vermögen des Unternehmens sinkt.
- c) Die Aufwendungen des alten Jahres sinken.
- d) Der Gewinn sinkt.

10 Am 28.12.20XX wird eine Ausgangsrechnung für einen Warenverkauf auf Ziel (30 Tage) über 12.000,00 € netto zzgl. 2.280 € Umsatzsteuer erstellt und verschickt.
- a) Wie ist dieser Geschäftsvorfall zu buchen, wenn bis zum 31.12.20XX nicht mit einer Zahlung gerechnet wird?
- b) Ist für diesen Geschäftsvorfall eine zeitliche Erfolgsabgrenzung notwendig?

11 Welche Aussage zur Umsatzsteuerpflicht ist im Rahmen der zeitlichen Erfolgsabgrenzung richtig?
- a) In jedem Abgrenzungsfall ist zusätzlich die Umsatzsteuer zu buchen.
- b) Die Umsatzsteuer spielt im Rahmen der zeitlichen Erfolgsabgrenzung gar keine Rolle.
- c) Bei allen umsatzsteuerpflichtigen Aufwands- und Ertragsbuchungen ist die Umsatzsteuer sofort zu buchen.
- d) Die Umsatzsteuerbuchungen im Rahmen der zeitlichen Erfolgsabgrenzung sind immer dann notwendig, wenn die Leistung bereits erbracht ist und ein Beleg mit ausgewiesener Umsatzsteuer vorliegt.

2 Bewertung von Vermögen und Schulden

Sind alle Aufwendungen und Erträge dem Geschäftsjahr zugeordnet, in das sie wirtschaftlich tatsächlich gehören (zeitliche Erfolgsabgrenzung), beginnt der zweite Teil der vorbereitenden Abschlussarbeiten: die Bewertung. Zu unterscheiden sind hier Bewertungen nach Handelsrecht (HGB) und nach Steuerrecht (EStG).

Bewertung von Vermögen und Schulden – rechtliche Grundlagen

Rechtliche Grundlagen

Handelsrecht	**Steuerrecht**
§ § 252 – 256 HGB für Kaufleute § § 279 – 283 HGB für Kapitalgesellschaften § § 308 – 309 HGB für Konzerne	§ § 5 – 7 EStG
Zielsetzung	**Zielsetzung**
Substanzerhaltung, Gläubigerschutz	Ermittlung des Gewinns zur Besteuerung nach einheitlichen Maßstäben (Steuergerechtigkeit)
Handelsbilanz	**Steuerbilanz**

Offenlegungspflichten
▶ LF 8, Kap. 3.1

Die Handelsbilanz, die einer Bewertung nach dem Prinzip der Vorsicht folgt und ggf. veröffentlicht werden muss, zeigt oft ein „anderes Bild“ als die Steuerbilanz, die nur dem Finanzamt zur Verfügung gestellt werden muss.

2.1 Bewertungsgrundsätze und -prinzipien

Bei der Bewertung der im Jahresabschluss ausgewiesenen Vermögensgegenstände und Schulden gelten nach § 252 HGB folgende allgemeine Grundsätze, von denen nur in begründeten Ausnahmefällen abgewichen werden darf.

Bewertungsgrundsätze	
Bilanzidentität	Die Wertansätze in der Eröffnungsbilanz des Geschäftsjahrs müssen mit denen der Schlussbilanz des vorhergehenden Geschäftsjahrs übereinstimmen.
Unternehmensfortführung	Bei der Bewertung ist von der Fortführung der Unternehmenstätigkeit auszugehen, sofern dem nicht tatsächliche oder rechtliche Gegebenheiten entgegenstehen.
Einzelbewertung	Die Vermögensgegenstände und Schulden sind zum Abschlussstichtag einzeln zu bewerten.
Prinzip der Vorsicht	Es ist vorsichtig zu bewerten. Alle vorhersehbaren Risiken und Verluste, die bis zum Abschlussstichtag entstanden sind, sind zu berücksichtigen, selbst wenn diese erst zwischen dem Abschlussstichtag und dem Tag der Aufstellung des Jahresabschlusses bekannt geworden sind. Gewinne sind nur zu berücksichtigen, wenn sie bis zum Abschlussstichtag realisiert sind.
Periodenabgrenzung	Aufwendungen und Erträge des Geschäftsjahrs sind unabhängig von den Zeitpunkten der entsprechenden Zahlungen im Jahresabschluss zu berücksichtigen.
Bewertungskontinuiät	Die auf den vorhergehenden Jahresabschluss angewandten Bewertungsmethoden sind beizubehalten.

Der Gesetzgeber konkretisiert das **Prinzip der Vorsicht** durch das Anschaffungskostenprinzip, das Niederstwertprinzip und das Höchstwertprinzip für Vermögens- und Schuldenposten. In bestimmten Fällen werden auch **Bewertungsalternativen** zugelassen. Unternehmen können im Rahmen dieser gesetzlich zugelassenen Bewertungswahlrechte ihren Gewinn beeinflussen. Bewertungen außerhalb der gesetzlichen Vorschriften sind Bilanzfälschungen und damit strafrechtlich relevant!

2.1.1 Anschaffungskostenprinzip

Für das Anlage- und Umlaufvermögen gilt das sogenannte Anschaffungskostenprinzip. Danach sind Vermögensgegenstände **höchstens mit den Anschaffungskosten** – vermindert um planmäßige Abschreibungen, soweit vorgeschrieben – anzusetzen.

Anschaffungskosten sind Aufwendungen, die geleistet werden, um einen Vermögensgegenstand zu erwerben und ihn in einen betriebsbereiten Zustand zu versetzen, soweit sie dem Vermögensgegenstand einzeln zugeordnet werden können. Zu den Anschaffungskosten gehören auch die Nebenkosten sowie die nachträglichen Anschaffungskosten. Anschaffungspreisminderungen sind abzuziehen. § 255 Abs. 1 HGB

Anschaffungskosten

	Begriffe laut HGB	Beispiele
	Anschaffungspreis	Preise aus Preislisten, Katalogen oder individuellen Angeboten
–	Anschaffungspreisminderungen	Rabatte, Skonto, Boni, Preisnachlässe aufgrund von Mängelrügen
+	Anschaffungsnebenkosten	Bezugskosten aller Art (Transportkosten, Verpackungskosten, Einfuhrzölle), aber auch je nach Art des Vermögensgegenstandes Montage- (bei Maschinen) oder Zulassungskosten (bei Fahrzeugen), ebenso Gebühren (z. B. Makler- oder Notargebühren)
+	nachträgliche Anschaffungskosten	nachträgliche, werterhöhende Veränderungen des Vermögensgegenstandes (Aufrüstungen als An-, Ein- oder Umbauten usw.)

Beispiel

Kauf eines Schreibtisches für den Geschäftsführer

	Anschaffungspreis	Preis laut Preisliste	2.800,00 €
–	Anschaffungspreisminderung	15 % Rabatt	420,00 €
+	Anschaffungsnebenkosten	Kosten der Lieferung	250,00 €
+	Anschaffungsnebenkosten	Aufstellungskosten	100,00 €
=	**Anschaffungskosten**	**Nettorechnungsbetrag**	**2.730,00 €**
+	keine Anschaffungskosten	19 % Umsatzsteuer	518,70 €
=	Zahlungsbetrag	Bruttorechnungsbetrag	3.248,70 €

Die bezahlte Umsatzsteuer gehört nie zu den Anschaffungskosten! Kosten für die Finanzierung der Anschaffung wie z. B. Kreditzinsen sind ebenfalls kein Bestandteil der Anschaffungskosten. Skontovereinbarungen oder Gutschriften für Mängelrügen können die Anschaffungskosten nachträglich reduzieren. Der spätere Kauf von Anbauteilen (z. B. eine PC-Halterung oder ein Kabelkanal für den Schreibtisch) können sie nachträglich erhöhen.

2.1.2 Niederstwertprinzip

Für das Anlage- und Umlaufvermögen eines Unternehmens gilt hinsichtlich der Bewertung das sogenannte Niederstwertprinzip. Es muss bei zwei möglichen Bilanzwerten **stets der niedrigere Wert** angesetzt werden.

Gemildertes Niederstwertprinzip im Anlagevermögen

Bei Finanzanlagen können gemäß § 253 Abs. 3 Satz 4 HGB außerplanmäßige Abschreibungen auch bei voraussichtlich nicht dauernder Wertminderung vorgenommen werden (Wahlrecht).

Beispiel

Eine Verpackungsmaschine, die nach planmäßiger Abschreibung noch fortgeführte Anschaffungskosten in Höhe von 1.200,00 € aufweist, ist aufgrund eines Schadenfalls unbrauchbar geworden. Eine Reparatur ist wirtschaftlich nicht mehr sinnvoll. Ein Schrotthändler erklärt sich bereit, die Maschine für einen Materialwert in Höhe von 250,00 € (Zeitwert) zu übernehmen. Zum Bilanzstichtag befindet sich die Maschine noch im Unternehmensvermögen und muss deshalb neu bewertet werden.

Das gemilderte Niederstwertprinzip besagt, dass ein Anlagegut bei nicht kurzfristigen, also **voraussichtlich dauernden Wertminderungen** am Bilanzstichtag außerplanmäßig auf den niedrigeren Zeitwert abgeschrieben werden muss.

Anschaffungskosten > dauerhafter Zeitwert → **Bilanzwert ist der Zeitwert**

außerplanmäßige Abschreibungen
► LF 8, Kap. 2.2.2

Da die Verpackungsmaschine nicht mehr repariert wird, ist die Wertminderung dauerhaft und eine **außerplanmäßige Abschreibung** notwendig. Der Zeitwert entspricht in diesem Fall nur noch dem Schrottwert der Maschine.

	Von den Anschaffungskosten zum Zeitwert eines Anlagegutes
	Anschaffungskosten
–	planmäßige Abschreibungen
=	fortgeführte Anschaffungskosten
–	außerplanmäßige Abschreibung
=	dauerhaft niedrigerer Zeitwert

Beispiel

Ein Reservegrundstück (Anschaffungskosten vor Jahren: 25.000,00 €) wird durch eine Bebauungsplanänderung der Gemeinde zum Bauland. Der heutige Marktpreis gemäß Gutachten eines Sachverständigen beträgt aktuell 250.000,00 € (Zeitwert).

In diesem Fall liegt der Zeitwert des Grundstückes dauerhaft über den Anschaffungskosten. Der höhere Zeitwert bleibt jedoch in der Bilanz und damit auch in der Gewinn- und Verlustrechnung unberücksichtigt. Das Grundstück ist trotz der Wertsteigerung mit seinen Anschaffungskosten zu bewerten.

Anschaffungskosten < dauerhafter Zeitwert → **Bilanzwert sind die Anschaffungskosten**

Der Zeitwert eines Anlagegutes kann höher oder niedriger liegen als die (fortgeführten) Anschaffungskosten. Für die Bewertung des Anlagegutes in der Bilanz ist bei einem Vergleich **immer der niedrigere Wert** anzusetzen.

Strenges Niederstwertprinzip im Umlaufvermögen

§ 253 HGB Wertansätze der Vermögensgegenstände und Schulden

(...) (4) Bei Vermögensgegenständen des Umlaufvermögens sind Abschreibungen vorzunehmen, um diese mit einem niedrigeren Wert anzusetzen, der sich aus einem Börsen- oder Marktpreis am Abschlussstichtag ergibt. Ist ein Börsen- oder Marktpreis nicht festzustellen und übersteigen die Anschaffungs- oder Herstellungskosten den Wert, der den Vermögensgegenständen am Abschlussstichtag beizulegen ist, so ist auf diesen Wert abzuschreiben. (...)

Gemäß § 255 (4) HGB entspricht der beizulegende Zeitwert dem Marktpreis. Soweit zur Ermittlung des Marktpreises kein aktiver Markt besteht, ist der beizulegende Zeitwert mithilfe allgemein anerkannter Bewertungsmethoden zu bestimmen. Lässt sich der beizulegende Zeitwert nicht ermitteln, sind die Anschaffungs- oder Herstellungskosten fortzuführen. Beim Umlaufvermögen sind **Abschreibungen in jedem Fall notwendig**, sobald der Zeitwert unter die Anschaffungskosten fällt. Dabei spielt es – anders als beim Anlagevermögen – keine Rolle, ob eine Wertminderung von Dauer ist oder nicht. Es gilt immer das (strenge) Niederstwertprinzip.

Bewertung im Umlaufvermögen
▶ LF 8, Kap. 2.3

Anschaffungskosten > Zeitwert → **Bilanzwert ist der Zeitwert**
oder
Anschaffungskosten < Zeitwert → **Bilanzwert sind die Anschaffungskosten**

Der **Zeitwert** beim Umlaufvermögen ist entweder
- ein Börsen- oder Marktpreis (z. B. aktueller Bezugspreis des Lieferanten) oder
- ein beizulegender Zeitwert (z. B. auch bei Beschädigungen von Waren).

Ein **höherer Zeitwert** bleibt in der Bilanz unberücksichtigt, d. h. Werterhöhungen führen nach HGB nicht zu Ertragsbuchungen.

Beispiel

Der Stammlieferant für Feinpapier hat aufgrund gestiegener Energie- und Rohstoffkosten die Verkaufspreise um 16 % erhöht. Ein Warenvorrat der BPK, der mit einem Einstandspreis von 12.000,00 € bewertet ist (Anschaffungskosten), würde nun bei einer Wiederbeschaffung 13.920,00 € kosten. Trotzdem muss die BPK diesen Warenvorrat mit einem Bilanzwert von 12.000,00 € ausweisen. Wäre der Wiederbeschaffungspreis zum Zeitpunkt der Bilanzerstellung dagegen auf 10.500,00 € gefallen, so müsste die BPK ihren Warenvorrat um 1.500,00 € niedriger bewerten (strenges Niederstwertprinzip).

Im Ergebnis behandelt das HGB damit mögliche Verluste beim Anlage- und Umlaufvermögen anders als mögliche Gewinne. Diese Ungleichbehandlung nennt man auch das **Imparitätsprinzip**. Wertminderungen müssen nach Abschreibungen ausgewiesen werden, Wertsteigerungen dürfen dagegen nur dann ausgewiesen werden, wenn sie realisiert wurden, z. B. bei einem Verkauf (**Realisationsprinzip**).

Imparität
Ungleichheit

2.1.3 Höchstwertprinzip

Für die **Bewertung der Schulden** eines Unternehmens gilt das sogenannte Höchstwertprinzip, aus Sicht des Vermögens eine Umkehr des Niederstwertprinzips. Hier muss bei zwei möglichen Bilanzwerten nicht der niedrigere, sondern **stets der höhere Wert** angesetzt werden. Verbindlichkeiten sind zu ihrem Erfüllungsbetrag und Rückstellungen nur in Höhe des nach vernünftiger kaufmännischer Beurteilung notwendigen Erfüllungsbetrages anzusetzen.

§ 253 Abs. 1 HGB
Rückstellungen
▶ LF 8, Kap. 2.5

Beispiel

Bei der Aufnahme eines Darlehens über 200.000,00 € wird ein Disagio in Höhe von 6 % vereinbart. Das Disagio (Abgeld) vermindert während der Kreditlaufzeit die regelmäßig zu zahlenden Zinsen. „Erkauft" werden diese günstigeren Zinsen mit einem im Vergleich zum Darlehensbetrag, der zurückbezahlt und damit in der Bilanz ausgewiesen werden muss, verringerten Auszahlungsbetrag:

Darlehensbetrag	200.000,00 €
– 6 % Disagio	12.000,00 €
= Auszahlungsbetrag	188.000,00 €

Buchungen für dieses Beispiel
▶ LF 8, Kap. 2.4

Für dieses Beispiel gilt:

Erfüllungsbetrag > Auszahlungsbetrag → **Bilanzwert ist der Erfüllungsbetrag**

Sonderregelung für Fremdwährungsverbindlichkeiten

§ 256a HGB Währungsumrechnung

Auf fremde Währung lautende Vermögensgegenstände und Verbindlichkeiten sind zum Devisenkassamittelkurs am Abschlussstichtag umzurechnen. Bei einer Restlaufzeit von einem Jahr oder weniger sind § 253 Abs. 1 Satz 1 und § 252 Abs. 1 Nr. 4 Halbsatz 2 **nicht** anzuwenden.

Daraus folgt, dass für Forderungen und **Verbindlichkeiten in Fremdwährungen, deren Restlaufzeiten bis zu einem Jahr betragen,** zu beachten ist, dass das Realisationsprinzip nicht anzuwenden ist. In diesen Fällen sind in der Handelsbilanz (nicht in der Steuerbilanz!) ggf. auch am Bilanzstichtag noch nicht realisierte Gewinne auszuweisen. Der Bilanzwert kann im Fall von Fremdwährungs-verbindlichkeiten damit über oder auch unterhalb des Zugangswerts liegen. Abweichungen sind entsprechend immer erfolgswirksam zu buchen. Das Höchstwertprinzip (kein Ausweis von nicht realisierten Gewinnen bei Verbindlichkeiten) gilt damit nur für Währungsverbindlichkeiten, die eine Restlaufzeit von über einem Jahr aufweisen.

Bewertungsprinzipien nach dem HGB

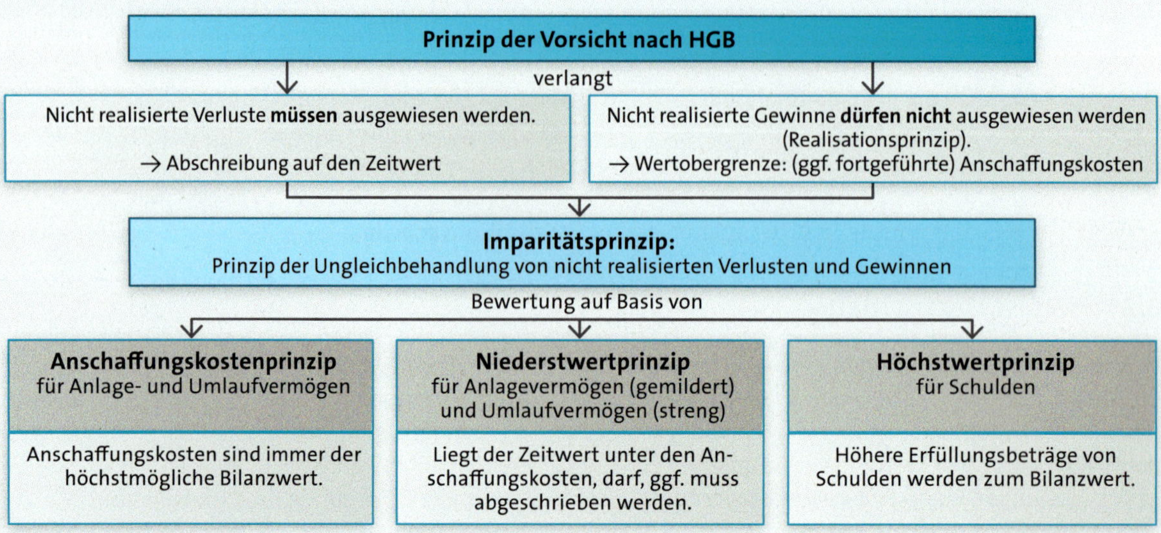

2.2 Bewertung des Anlagevermögens

AB ▶ LS 81

Unter Anlagevermögen sind laut HGB immaterielle Vermögenswerte, Sachanlagen und Finanzanlagen auszuweisen. Im Anlagevermögen sind nur die Vermögenswerte auszuweisen, die bestimmt sind, **dauernd dem Geschäftsbetrieb zu dienen**.

§ 247 Abs. 2 HGB

Anlagevermögen	
immaterielle Werte	nicht stoffliche, aber werthaltige Vermögensgegenstände eines Unternehmens wie z. B. Konzessionen, gewerbliche Schutzrechte und ähnliche Rechte und Werte, Lizenzen an solchen Rechten und Werten sowie ein Geschäfts- oder Firmenwert
Sachanlagen	Grundstücke und Bauten, technische Anlagen und Maschinen, Betriebs- und Geschäftsausstattung einschließlich Fuhrpark
Finanzanlagen	Anteile oder Ausleihungen an verbundenen Unternehmen, Beteiligungen, Ausleihungen an Unternehmen, mit denen ein Beteiligungsverhältnis besteht, Wertpapiere des Anlagevermögens und sonstige Ausleihungen

2.2.1 Bewertung des Anlagevermögens bei der Anschaffung

Alle Vermögensgegenstände müssen beim Kauf mit ihren **Anschaffungskosten aktiviert** werden. Selbst geschaffene, d.h. nicht gekaufte immaterielle Vermögensgegenstände können in die HGB-Bilanz aufgenommen werden. Selbst hergestellte Sachanlagen müssen mit ihren Herstellungskosten bewertet werden. Diese, für Großhandelsunternehmen eher unbedeutende gesetzliche Vorgabe gilt für alle nachfolgenden Ausführungen, die sich auf Anschaffungskosten beziehen.

aktivieren
Aufnahme als Vermögensgegenstand auf der Aktiva-Seite der Bilanz

Erfassung der Anschaffungskosten in einem Schritt

Beispiel

Die BPK GmbH kauft am 9. Januar 20X1 einen Lkw. Das Fahrzeug wird vom Händler am 12. Januar 20X1 zugelassen und an einen Mitarbeiter der BPK übergeben.

Listenpreis		65.000,00 €
+ Sonderausstattungen	+	2.500,00 €
– Firmenkundenrabatt 10 %	–	6.750,00 €
+ Überführungskosten	+	520,00 €
+ Zulassungskosten	+	200,00 €
= Nettorechnungsbetrag	=	61.470,00 €
+ 19 % Umsatzsteuer	+	11.679,30 €
= Bruttorechnungsbetrag	**=**	**73.149,30 €**

Grundbuch: Buchung der Lkw-Anschaffung auf Ziel bei Rechnungseingang

Nr.	Soll	€	Haben	€
1	034 Fuhrpark 140 Vorsteuer	61.470,00 11.679,30	171 Verbindlichkeiten a.L.L.	73.149,30

Hauptbuch

S	034 Fuhrpark	H
1) 171	61.470,00	
= Anschaffungskosten		

Die Anschaffungskosten werden in diesem Beispiel abschließend erfasst. Anschaffungspreisminderungen oder nachträgliche Anschaffungskosten liegen nicht vor.

Erfassung der Anschaffungskosten in mehreren Schritten

Alle Rechnungsbeträge beinhalten 19 % Umsatzsteuer.

Die in Rechnungsbeträgen enthaltene Umsatzsteuer gehört nicht zu den Anschaffungskosten.

Beispiel

Für den Geschäftsführer eines Großhandelsunternehmens wird ein neuer Schreibtisch erworben.

Nettoskonto: $\frac{\text{Bruttoskonto}}{(1 + \text{Steuersatz})}$

$\frac{89{,}25}{(1 + 0{,}19)} = 75{,}00\ €$

Grundbuch

1. Eingangsrechnung des Möbelhauses, Bruttorechnungsbetrag 2.975,00 €
2. Eingangsrechnung der Spedition für die Anlieferung und Aufstellung des Schreibtisches, Bruttorechnungsbetrag 119,00 € (Fracht und Aufstellung = Anschaffungsnebenkosten)
3. Kontoauszug mit Lastschrift, Überweisung des Rechnungsbetrages an das Möbelhaus unter Abzug von 3 % Skonto, Überweisungsbetrag 2.885,75 € (Nettoskonto = nachträgliche Anschaffungspreisminderung)

Nr.	Soll	€	Haben	€
1	033 BGA 140 Vorsteuer	2.500,00 475,00	171 Verbindlichkeiten a.L.L.	2.975,00
2	033 BGA 140 Vorsteuer	100,00 19,00	171 Verbindlichkeiten a.L.L.	119,00
3	171 Verbindlichkeiten a.L.L.	2.975,00	033 BGA 140 Vorsteuer 131 Kreditinstitute	75,00 14,25 2.885,75

Hauptbuch

S	033 BGA		H
1) 171	2.500,00	3) 171	75,00
2) 171	100,00	**Saldo**	**2.525,00**
			= Anschaffungskosten

Buchungstechnik beim Wareneinkauf mit Unterkonten und Vorsteuerkorrekturen
▶ LF 4, Kap. 7

Wie beim Wareneinkauf (Umlaufvermögen) ist bei nachträglichen Preisminderungen (hier Skonto) die Vorsteuer entsprechend zu korrigieren. Unterkonten gibt es im Anlagevermögen allerdings nicht. Alle Anschaffungsnebenkosten, nachträgliche Anschaffungskosten oder Anschaffungspreisminderungen werden direkt auf dem Anlagekonto gebucht.

Hauptbuch für Anlagekonten

S	Anlagekonto H
Anschaffungspreis + Anschaffungsnebenkosten + nachträgliche Anschaffungskosten	– nachträgliche Anschaffungspreisminderungen **= Saldo (Anschaffungskosten)**

Beispiel

Ein Großhandelsunternehmen erwirbt eine Lagerhalle mit Grundstück zu einem Anschaffungspreis von 100.000,00 €. Die Anschaffungskosten und alle Anschaffungsnebenkosten sind dabei auf Grundstück und Gebäude aufzuteilen.

Anschaffungskosten für ein Grundstück mit Gebäude[1] in €	Grundstück Wertanteil 20 %	Lagerhalle Wertanteil 80 %	Summen
Anschaffungspreis	20.000,00	80.000,00	100.000,00
Anschaffungsnebenkosten:			
Grunderwerbsteuer[2] (3,5 %)	700,00	2.800,00	3.500,00
Maklergebühr (3,0 %)	600,00	2.400,00	3.000,00
Grundbuchkosten	120,00	480,00	600,00
Notarkosten für die Eigentumsübertragung (2,0 %)	400,00	1.600,00	2.000,00
nachträgliche Anschaffungskosten: Einbauten in der Lagerhalle	0,00	12.000,00	12.000,00
Summe Anschaffungskosten	21.820,00	99.280,00	121.100,00

1) Alle Beträge – soweit umsatzsteuerpflichtig – sind ohne Umsatzsteuer anzugeben. Die Umsatzsteuer gehört nicht zu den Anschaffungskosten.
2) länderspezifischer Steuersatz! (zurzeit bis zu 6,5 %)

2.2.2 Abschreibung von Anlagevermögen

Lernvideo
Lineare Abschreibung

§ 253 HGB Wertansätze der Vermögensgegenstände und Schulden

(...)
(3) Bei Vermögensgegenständen des Anlagevermögens, deren Nutzung zeitlich begrenzt ist, sind die Anschaffungs- oder die Herstellungskosten um planmäßige Abschreibungen zu vermindern. Der Plan muss die Anschaffungs- oder Herstellungskosten auf die Geschäftsjahre verteilen, in denen der Vermögensgegenstand voraussichtlich genutzt werden kann. Ohne Rücksicht darauf, ob ihre Nutzung zeitlich begrenzt ist, sind bei Vermögensgegenständen des Anlagevermögens bei voraussichtlich dauernder Wertminderung außerplanmäßige Abschreibungen vorzunehmen, um diese mit dem niedrigeren Wert anzusetzen, der ihnen am Abschlussstichtag beizulegen ist. Bei Finanzanlagen können außerplanmäßige Abschreibungen auch bei voraussichtlich nicht dauernder Wertminderung vorgenommen werden.

Planmäßige und außerplanmäßige Abschreibung

Abnutzbare Anlagegüter → Nutzung zeitlich begrenzt	Nicht abnutzbare Anlagegüter → Nutzung zeitlich nicht begrenzt
Beispiele: immaterielle Vermögensgegenstände und Sachanlagen (ohne Grundstücke) wie Gebäude, technische Anlagen und Maschinen, Betriebs- und Geschäftsausstattung mit Fuhrpark	Beispiele: Grundstücke und alle Finanzanlagen
↓	↓
planmäßige Abschreibung gemäß § 253 HGB und §§ 6, 7 EStG	keine planmäßige Abschreibung möglich!

↓

(Zusätzliche) Außerplanmäßige Abschreibungen gemäß § 253 HGB und §§ 6, 7 EStG sind bei allen Anlagegütern möglich.

Planmäßige Abschreibung auf Sachanlagen

Beispiel

Die BPK GmbH hat im Rahmen der Anlagenverwaltung folgenden Abschreibungsplan für den neuen Lkw erstellt. Die Abschreibungspläne werden von dem in der Anlagenbuchhaltung eingesetzten EDV-System automatisch erstellt.

Abschreibungsplan (Beispiel bei linearer Abschreibung)

Inv.-Nr. 1000	Lastkraftwagen MB 232					
	Anschaffungsdatum 09. 01. X1				Anschaffungskosten 61.470,00 €	
Konto-Nr. 034	Kostenstelle: 10	Standort: Fuhrpark	Nutzungsdauer: 9 Jahre	Abschreibung in %: 11,11	lineare Abschreibung	
Datum	**Vorgang**	**Buchungstext**	**Anschaffungskosten (AK) in €**	**planmäßige Abschreibung in €**	**außerplanmäßige Abschreibung in €**	**Buchwert in €**
09.01.X1		Lkw MB 232	61.470,00	0,00	0,00	61.470,00
31.12.X1	Zugang		0,00	6.830,00	0,00	− 6.830,00
31.12.X1	Summe		61.470,00	6.830,00	0,00	54.640,00
Jahr	**Historische AK in €**	**Zugang in €**	**Abgang in €**	**Umbuchung in €**	**Abschreibung/ Geschäftsjahr in €**	**Buchwert in €**
20X1	0,00	61.470,00	0,00	0,00	6.830,00	54.640,00
20X2	61.470,00	0,00	0,00	0,00	6.830,00	47.810,00
20X3	61.470,00	0,00	0,00	0,00	6.830,00	40.980,00
20X4	61.470,00	0,00	0,00	0,00	6.830,00	34.150,00
20X5	61.470,00	0,00	0,00	0,00	6.830,00	27.320,00
20X6	61.470,00	0,00	0,00	0,00	6.830,00	20.490,00
20X7	61.470,00	0,00	0,00	0,00	6.830,00	13.660,00
20X8	61.470,00	0,00	0,00	0,00	6.830,00	6.830,00
20X9	61.470,00	0,00	0,00	0,00	6.829,00	1,00[1]

[1] Verbleibt das Anlagegut im Unternehmen, kann ein "Erinnerungswert" in Höhe von 1,00 € angesetzt werden.

vgl. Beispiel in Kap. 2.2.1

Gründe für die planmäßige Abschreibung sind der normale technische Verschleiß, der sowohl durch die Nutzung als auch als natürlicher (ruhender) Verschleiß (z. B. Qualitätsverminderung) entstehen kann, der Ablauf der Nutzungsdauer und in besonderen Fällen die Substanzverringerung (z. B. bei Kiesgruben).

Berechnung:

$$\textbf{jährlicher Abschreibungsbetrag: } \frac{\text{Anschaffungskosten}}{\text{Nutzungsdauer}} = \frac{61.470{,}00\,€}{9 \text{ Jahre}} = \mathbf{6.830{,}00\,€/Jahr}$$

$$\textbf{Abschreibungssatz in Prozent: } \frac{100}{\text{Nutzungsdauer}} = \frac{100}{9} = \mathbf{11{,}11\,\%}$$

§ 7 Abs. 1 Satz 2 EStG

Das Bundesfinanzministerium hat **betriebsgewöhnliche Nutzungsdauern** für verschiedenste Anlagegüter in den sogenannten AfA-Tabellen zusammengestellt. In der Abschreibungstabelle für **a**llgemein **v**erwendbare Anlagegüter (kurz: AfA-Tabelle AV) ist die betriebsgewöhnliche Nutzungsdauer für Anlagegüter ausgewiesen, die nicht branchenspezifisch genutzt werden. Diese Tabelle gilt steuerrechtlich nach wie vor auch für den Groß- und Außenhandel.

Auszug aus der amtlichen AfA-Tabelle AV		
Fundstelle	**Anlagegüter**	**Nutzungsdauer in Jahren**
4.2.1	Personenkraftwagen und Kombiwagen	6
4.2.2	Motorräder, Motorroller, Fahrräder u. Ä.	7
4.2.3	Lastkraftwagen, Sattelschlepper, Kipper	9
3.5	Hochregallager	15
5.23	Verpackungsmaschinen, Folienschweißgeräte	13
6.1	Wirtschaftsgüter der Werkstätten-, Labor- und Lagereinrichtungen	14
6.13.2.2	Mobilfunkendgeräte	5
6.14.3.1	Großrechner	7
6.14.4	Foto-, Film-, Video- und Audiogeräte (Fernseher, CD-Player, Recorder, Lautsprecher, Radios, Verstärker, Kameras, Monitore u. Ä.)	7
6.15	Büromöbel	13

Hinsichtlich möglicher Abschreibungsmethoden enthält das HGB keine Vorgaben. Durch das BilMoG sind handelsrechtlich alle Abschreibungsmethoden erlaubt. Unabhängig von steuerrechtlichen Vorgaben müssen die Anschaffungskosten nur planmäßig auf die Geschäftsjahre verteilt werden, in denen das Anlagegut voraussichtlich genutzt werden kann. Damit haben auch die betriebsgewöhnlichen Nutzungsdauern nach AfA-Tabelle handelsrechtlich keine bindende Bedeutung mehr. Steuerrechtlich sind zurzeit die lineare Abschreibungsmethode und die Abschreibung nach Leistungseinheiten erlaubt.

Die AfA-Tabellen sind unter www.bundesfinanzministerium.de abrufbar.

Mit dem zweiten Corona-Steuerhilfegesetz wurde 2020 die **degressive Abschreibung** in Höhe von 25 %, maximal dem 2,5-fachen der linearen Abschreibung, für bewegliche Wirtschaftsgüter des Anlagevermögens wieder eingeführt, die in den Jahren 2020 und 2021 angeschafft oder hergestellt wurden.

Buchung von planmäßigen Abschreibungen auf Sachanlagen

Für das erste Nutzungsjahr des Lkw durch die BPK GmbH ergeben sich folgende Abschreibungs- und Abschlussbuchungen.

Grundbuch

1. Erfassung der Abschreibung am Geschäftsjahresende
2. Abschluss Konto Fuhrpark, 3. Abschluss Konto Abschreibungen auf Sachanlagen

Nr.	Soll	€	Haben	€
1	491 Abschreibungen auf Sachanlagen	6.830,00	034 Fuhrpark	6.830,00
2	940 SBK	54.640,00	034 Fuhrpark	54.640,00
3	930 GuV-Konto	6.830,00	491 Abschreibungen auf Sachanlagen	6.830,00

Hauptbuch

S	034 Fuhrpark		H
171	61.470,00	1) 491	6.830,00
		2) 940	54.640,00
	61.470,00		61.470,00

S	491 Abschreibungen auf Sachanlagen		H
1) 034	6.830,00	3) 930	6.830,00

S	930 GuV-Konto		H
3) 491	6.830,00		

S	940 SBK		H
2) 034	54.640,00		

Zeitanteilige planmäßige Abschreibung auf Sachanlagen

§ 7 Abs. 1 Satz 4 EStG

Bei der Berechnung der planmäßigen Abschreibungen für ein bestimmtes Geschäftsjahr ist jedoch nicht nur die Höhe der Anschaffungskosten, sondern auch das **Anschaffungsdatum** zu berücksichtigen. Abnutzbare Anlagegüter dürfen beim Kauf oder Verkauf im Laufe eines Geschäftsjahres nämlich nur zeitanteilig – auf volle Monate aufgerundet – abgeschrieben werden.

Beispiel

Die Anschaffungskosten für einen Pkw betragen 60.000,00 € bei sechs Jahren betriebsgewöhnlicher Nutzungsdauer lt. AfA-Tabelle. Die Jahresabschreibung beträgt somit 10.000,00 €. Bei Anschaffung im April dürfen davon im Kaufjahr aber nur 9/12 = 7.500,00 € abgeschrieben werden.

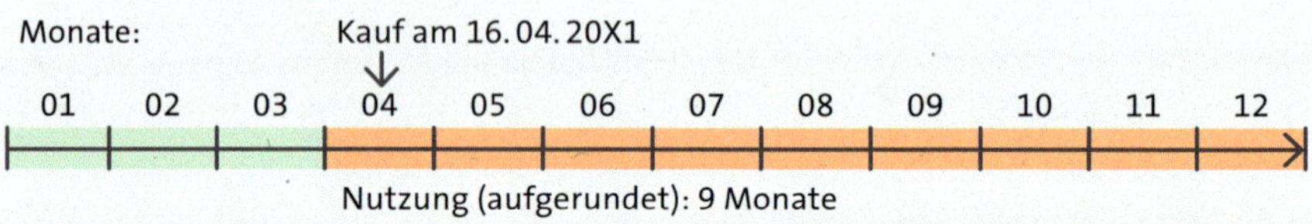

Im April des übernächsten Nutzungsjahres wird der Pkw wieder verkauft. Bei einer Jahresabschreibung von 10.000,00 € müssen im Verkaufsjahr noch 4/12 = 3.333,33 € gebucht werden.

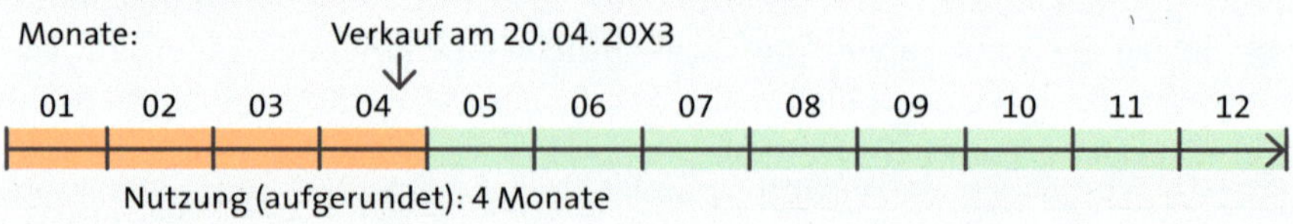

Außerplanmäßige Abschreibung

Beispiel

Ein Pkw mit einer betriebsgewöhnlichen Nutzungsdauer von sechs Jahren laut AfA-Tabelle ist drei Jahre lang linear abgeschrieben worden. Der Buchwert zu Beginn des vierten Nutzungsjahres betrug 17.400,00 €. Da andere Fahrzeuge des Fuhrparks häufig nicht zur Verfügung standen, ist das Fahrzeug weit über das geplante Maß hinaus genutzt worden. Durch diese außergewöhnliche technische Abnutzung verringert sich im vierten Nutzungsjahr nicht nur der Wert über die planmäßige Abschreibung hinaus erheblich, sondern auch die Nutzungsdauer sinkt um ein Jahr. Die Gesamtnutzungsdauer für das Fahrzeug verkürzt sich damit auf fünf Jahre. Ein Gutachten des TÜV bescheinigt dem Fahrzeug einen aktuellen Wert von 2.500,00 €. Damit ergibt sich die Notwendigkeit, am Ende des vierten Nutzungsjahres eine außerplanmäßige Abschreibung vorzunehmen. Im fünften Nutzungsjahr wird der Restbuchwert dann vollständig abgeschrieben.

Planmäßige und außerplanmäßige Abschreibung eines Fahrzeugs im vierten Nutzungsjahr auf einen Restwert von 2.500,00 €:

Abschreibungstabelle			
	Anschaffungskosten		34.800,00 €
–	Abschreibungsbetrag 1. Jahr	–	5.800,00 €
=	Buchwert Ende 1. Nutzungsjahr	=	29.000,00 €
–	Abschreibungsbetrag 2. Jahr	–	5.800,00 €
=	Buchwert Ende 2. Nutzungsjahr	=	23.200,00 €
–	Abschreibungsbetrag 3. Jahr	–	5.800,00 €
=	Buchwert Ende 3. Nutzungsjahr	=	17.400,00 €
–	Abschreibungsbetrag 4. Jahr (planmäßig)	–	5.800,00 €
–	außerplanmäßige Abschreibung	–	9.100,00 €
=	Buchwert Ende 4. Nutzungsjahr (nach planmäßiger und außerplanmäßiger Abschreibung)	=	2.500,00 €
–	Abschreibungsbetrag 5. Jahr	–	2.500,00 €
=	Buchwert Ende 5. Nutzungsjahr	=	0,00 €

Buchung von außerplanmäßigen Abschreibungen auf Sachanlagen
Grundbuch (viertes Nutzungsjahr)

1. Planmäßige Abschreibung im vierten Nutzungsjahr
2. Außerplanmäßige Abschreibung im vierten Nutzungsjahr

Nr.	Soll	€	Haben	€
1	491 Abschreibungen auf Sachanlagen	5.800,00	034 Fuhrpark	5.800,00
2	492 Außerplanmäßige Abschreibungen auf Sachanlagen	9.100,00	034 Fuhrpark	9.100,00

Hauptbuch (viertes Nutzungsjahr)

S	034 Fuhrpark		H
910	17.400,00	1) 491	5.800,00
		2) 492	9.100,00
		Saldo	**2.500,00**
			= Restbuchwert

S	491 Abschreibungen auf Sachanlagen		H
1) 034	5.800,00		

S	492 Außerplanmäßige Abschr. auf Sachanlagen		H
2) 034	9.100,00		

Nach der planmäßigen und der außerplanmäßigen Abschreibung ergibt sich auf dem Konto 034 Fuhrpark am Ende des vierten Nutzungsjahres als Saldo der Restwert von 2.500,00 €, der im fünften Nutzungsjahr vollständig abgeschrieben werden kann.

Außerplanmäßige Abschreibungen sind allerdings nicht „endgültig". Sollte der Grund für die außerplanmäßige Abschreibung in einem späteren Geschäftsjahr wegfallen (eine Maschine wird z. B. doch repariert und wieder genutzt), gilt das **Wertaufholungsgebot**. Wertaufholung bedeutet hier, dass gewinnerhöhende Zuschreibungen vorgenommen werden müssen.

§ 253 Abs. 5 Satz 1 HGB

§ 253 Abs. 5 HGB

Zuschreibungen

Gemäß § 253 Abs. 5 HGB darf ein niedrigerer Wertansatz nach außerplanmäßigen Abschreibungen im Anlagevermögen (auch bei Finanzanlagen) und nach Abschreibungen im Umlaufvermögen nicht mehr beibehalten werden, wenn die Gründe dafür nicht mehr bestehen.

Abschreibung = Aufwand
Zuschreibung = Ertrag

Zuschreibungen, das Gegenteil von Abschreibungen, erhöhen den Wert des Vermögensgegenstandes bis maximal zum Buchwert nach planmäßiger Abschreibung. Sie erhöhen damit den Gewinn.

Wertverlust eines Pkw nach plan- und außerplanmäßiger Abschreibung (siehe Abschreibungstabelle auf Seite 221)

	Buchwert Ende 3. Nutzungsjahr	17.400,00 €
–	Abschreibungsbetrag 4. Jahr (planmäßig)	5.800,00 €
–	außerplanmäßige Abschreibung	9.100,00 €
=	Buchwert Ende 4. Nutzungsjahr	2.500,00 €
+	Zuschreibung 5. Nutzungsjahr	9.100,00 €
–	Abschreibung 5. Nutzungsjahr (planmäßig)	5.800,00 €
=	Buchwert Ende 5. Nutzungsjahr	5.800,00 €

Wird der Pkw im 5. Nutzungsjahr wieder instand gesetzt (z. B. durch Austauschmotor und sonstige wertsteigernde Reparaturen) so muss (nur) die außerplanmäßige Abschreibung durch eine Zuschreibung zurückgenommen werden.

Finanzierung durch Abschreibungen

Auswirkungen von Abschreibungen

Nur planmäßige Abschreibungen, die bei der Ermittlung der Selbstkosten in der Verkaufspreiskalkulation berücksichtigt werden, ermöglichen einen Neukauf verbrauchter Anlagen.

2.2.3 Geringwertige Wirtschaftsgüter

Für geringwertige Wirtschaftsgüter (GWG) gelten bestimmte Abschreibungs-Sonderregelungen. Das Einkommensteuergesetz umschreibt geringwertige Wirtschaftsgüter wie folgt:

Obwohl steuerrechtliche Sonderabschreibungen, z. B. zur Konjunkturförderung, in der Handelsbilanz nicht mehr berücksichtigt werden dürfen, können geringwertige Wirtschaftsgüter auch handelsrechtlich nach Steuerrecht abgeschrieben werden.

Geringwertige Wirtschaftsgüter (Definition nach EStG)

Begriff des EStG	Erläuterung
Anlagevermögen	Wirtschaftsgüter, die dazu bestimmt sind, dauerhaft dem Geschäftsbetrieb zu dienen. Damit sind Wirtschaftsgüter des Umlaufvermögens, z. B. Rohstoffe, Waren, Erzeugnisse, **niemals** ein GWG.
abnutzbar	Die Nutzung des Wirtschaftsgutes ist zeitlich begrenzt und deshalb verringert sich sein Wert mit der Zeit. Dies gilt z. B. nicht für Wertpapiere und Finanzanlagen innerhalb des Anlagevermögens.
beweglich	Beweglich sind Wirtschaftsgüter des Sachanlagevermögens, die nicht mit einem Grundstück fest verbunden sind (z. B. Gebäude mit allen festen Einbauten).
selbstständig nutzbar	Die betriebliche Zweckbestimmung des Wirtschaftsgutes kann unabhängig von anderen Wirtschaftsgütern erfolgen (keine An- oder Einbauteile usw.).

Betragen die **Anschaffungskosten oder Herstellungskosten (AK/HK) bis maximal 1.000,00 €**, so dürfen diese geringwertigen Wirtschaftsgüter besonders bewertet werden. Natürlich **darf** auch auf diese besondere Bewertung verzichtet werden. Dann ist die Abschreibung nach der betriebsgewöhnlichen Nutzungsdauer Pflicht.

Geringwertige Wirtschaftsgüter mit AK/HK bis 250,00 Euro

Sofortabzug = Erfassung direkt auf einem Aufwandskonto (z. B. Büromaterial). Diese Bewertungsmöglichkeit besteht für jedes einzelne Wirtschaftsgut und ist damit unabhängig von der Auswahl einer anderen Bewertungsalternative.

Geringwertige Wirtschaftsgüter mit AK/HK von über 250,00 Euro bis 800,00 Euro

Aktivierung als GWG mit Vollabschreibung am Ende des Anschaffungsjahres. Wichtig: Alle Wirtschaftsgüter über 800,00 € müssen dann planmäßig in ihrer betriebsgewöhnlichen Nutzungsdauer abgeschrieben werden.

ODER: Geringwertige Wirtschaftsgüter mit AK/HK von über 250,00 Euro bis 1.000,00 Euro

Einstellung in einen Sammelposten **für alle Wirtschaftsgüter** von über 250,00 Euro bis 1.000,00 Euro eines Geschäftsjahres.
Lineare Abschreibung über 5 Jahre (= 20 % je Jahr) – unabhängig von Veränderungen (Verkauf, Entnahme, Verlust) im Sammelposten!

Buchung von GWG bis 250,00 €

Wichtig: Zeitanteilige Abschreibungen gibt es für GWG nicht!

Beispiel

Im Juni 20X1 wird ein preisgünstiges Handy für 99,00 € einschließlich 19 % Umsatzsteuer ohne Vertrag in bar gekauft. Sofortige Aufwandsbuchung:

Grundbuch

Nr.	Soll	€	Haben	€
1	481 Bürobedarf 140 Vorsteuer	83,19 15,81	 151 Kasse	 99,00

Buchung von GWG über 250,00 € bis 800,00 € (Alternative 1 ohne Sammelposten)

> **Beispiel**
>
> Im Jahr 20X1 wird ein Rollcontainer für 370,00 € zzgl. 19 % Umsatzsteuer auf Ziel eingekauft. In diesem Geschäftsjahr soll kein Sammelposten gebildet werden.

Grundbuch

1. Buchung des Zielkaufs als GWG
2. Buchung der Vollabschreibung am Jahresende

Nr.	Soll	€	Haben	€
1	037 Geringwertige Wirtschaftsgüter 140 Vorsteuer	370,00 70,30	171 Verbindlichkeiten a.L.L.	440,30
2	491 Abschreibungen auf SA (GWG)	370,00	037 Geringwertige Wirtschaftsgüter	370,00

Buchung von GWG über 250,00 € bis 1.000,00 € (Alternative 2 mit Sammelposten)

> **Beispiel**
>
> Im Jahr 20X2 werden zehn Bürodrehstühle mit Anschaffungskosten in Höhe von 3.600,00 € (je Stuhl 360,00 € = GWG) gegen Barzahlung angeschafft, in diesem Geschäftsjahr soll ein Sammelposten gebildet werden.

Grundbuch

1. Buchung der Anschaffung als GWG
2. Buchung der Abschreibung (linear, Abschreibungszeitraum 5 Jahre)

Nr.	Soll		€	Haben		€
1	037X2 140	Geringwertige Wirtschaftgüter (20X2) Vorsteuer	3.600,00 684,00	 151	 Kasse	 4.284,00
2	491X2	Abschreibungen auf SA (GWG) (20X2)	720,00	037X2	Geringwertige Wirtschaftgüter (20X2)	720,00

Hinweis: Die GWG- und Abschreibungskonten müssen für Sammelposten zwangsläufig mit Jahresangaben versehen werden. Nur so ist eine „steuersichere“ Abschreibung nachweisbar. Ein Großhandelsunternehmen wie die BPK GmbH muss in seinem Kontenplan entsprechende Erweiterungen vornehmen.

Sofortabschreibung digitaler Wirtschaftsgüter

Mit Schreiben vom 26. Februar 2021 hat das Bundesministerium für Finanzen an die obersten Finanzbehörden der Länder die Nutzungsdauer von Computerhardware (einschließlich der dazu gehörenden Peripheriegeräte) sowie für die Dateneingabe und -verarbeitung erforderliche Betriebs- und Anwendersoftware eine betriebsgewöhnliche Nutzungsdauer von einem Jahr zugrunde gelegt. Dies gilt für Gewinnermittlungen für Wirtschaftsjahre, die nach dem 31. Dezember 2020 enden.

Alles klar?

1 Welche unterschiedlichen Zielsetzungen verfolgen jeweils das Handelsrecht und das Steuerrecht mit ihren Bewertungsvorschriften für das Vermögen und die Schulden der Unternehmen?

2 Welcher Bewertungsgrundsatz wird nachfolgend beschrieben? Aufwendungen und Erträge des Geschäftsjahres sind unabhängig von den Zahlungszeitpunkten im Jahresabschluss zu berücksichtigen.

3 Was versteht man generell unter Anschaffungskosten?

4 Beschreiben Sie das Berechnungsschema für Anschaffungskosten und geben Sie jeweils ein Beispiel an.

5 Welche zwei Aufwendungen im Zusammenhang mit einem Maschineneinkauf (Import) sind bei der Ermittlung der Anschaffungskosten **nicht** zu berücksichtigen?
- a) Angebotspreis
- b) zusätzliche Sonderausstattungen
- c) Umsatzsteuer im Rechnungsbetrag
- d) Einfuhrzoll
- e) Montagekosten
- f) Finanzierungskosten für die Maschine
- g) Skontoabzug
- h) Transportkosten

6 Alle Anlagegüter mit Anschaffungskosten bis 1.000,00 € dürfen als geringwertige Wirtschaftsgüter betrachtet werden. Nehmen Sie kritisch Stellung zu dieser Aussage.

7 Ein Hersteller für Feinpapiere hat seine Verkaufspreise ab 01.12.20XX um 10 % gesenkt.
- a) Welche Bedeutung hat diese Preissenkung für die Bewertung der im Lager des Kunden vorhandenen, entsprechend teurer eingekauften Waren?
- b) Welches Bewertungsprinzip kommt hier zur Anwendung?

8 Ein Lkw mit Anschaffungskosten in Höhe von 220.000,00 € wurde am 07.09.20XX angeschafft. Ermitteln Sie ...
- a) den linearen Abschreibungsbetrag für das Jahr 20XX.
- b) den Buchwert des Lkw am 31.12.20XX.

9 Welche drei Aussagen zu Abschreibungen im Anlagevermögen sind richtig?
- a) Alle Anlagegüter müssen planmäßig abgeschrieben werden.
- b) Außerplanmäßige Abschreibungen sind bei allen Anlagegütern möglich.
- c) Berechnungsbasis für die planmäßigen Abschreibungen sind immer die Anschaffungskosten und das Anschaffungsdatum.
- d) Abschreibungen verändern den Wert von Anlagegütern nicht.
- e) Nach jeder Abschreibung sind auch Zuschreibungen möglich.
- f) Planmäßige Abschreibungen sind in der Kalkulation der Verkaufspreise als Kostenfaktor zu berücksichtigen.

10 Für folgende Anlagegüter sind im Jahr 20XX die Abschreibungsbeträge zu ermitteln und zu buchen:

	Anlagegut		
	Verpackungsmaschine	**Personalcomputer**	**Pkw**
Anschaffungsdatum	01.03.20XX	01.06.20XX	01.09.20XX
Nutzungsdauer	13 Jahre	1 Jahr	6 Jahre
Anschaffungskosten	20.000,00 €	3.000,00 €	30.000,00 €

AB ▶ LS 82

2.3 Bewertung des Umlaufvermögens

Zum **Umlaufvermögen** eines Großhandelsunternehmens gehören:

Umlaufvermögen

- Vorräte, insbesondere Warenbestände
- Forderungen und sonstige Vermögensgegenstände
- Wertpapiere des Umlaufvermögens
- Flüssige Mittel, z. B. Schecks, Kassenbestand, Guthaben bei Kreditinstituten

2.3.1 Bewertung der Warenvorräte

Für ein Großhandelsunternehmen ist die **Bewertung der Warenvorräte** von besonderer Bedeutung. Grundsätzlich gilt hier die **Einzelbewertung**.

Dresdener Papiermanufaktur AG

Dresdener Papiermanufaktur AG | Hauptallee 50 | 01069 Dresden

Bergisches Papierkontor GmbH
Elberfelder Straße 85
42285 Wuppertal

Rechnung Nr. 512

Kundennummer:	Rechnungs-Nr.:	Bei Zahlung bitte angeben!	Rechnungsdatum
K 11	512		20. 11. 20XX
Ihre Bestellung Nr.:		**Lieferschein:**	**Lieferdatum:**
69	vom 10. 11. 20XX	410	20. 11. 20XX

Pos.-Nr.	Artikel-Nr.	Warenbezeichnung	Menge	Preis/Einheit	Mengeneinheit	Rabatt	Gesamtbetrag
1	44300	Büro-Offsetpapier, umweltfreundlich	680 000	12,00 €	1 000 Blatt	25 %	6.120,00 €
2	45100	Computerpapier, Recycling	630 000	8,14 €	1 000 Blatt	25 %	3.846,15 €

Warenwert	Versandkosten	Nettobetrag	MwSt-Satz	MwSt-Betrag	Rechnungsbetrag
9.966,15 €	131,00 €	10.097,15 €	19 %	1.918,46 €	12.015,61 €

Zahlungsziel: 30 Tage. Bei Zahlung innerhalb von 7 Tagen 2 % Skonto.

Wurde die Rechnung innerhalb der Skontofrist bezahlt, so müssen nach dem Prinzip der Einzelbewertung am 31. 12. 20XX die Restbestände, die dieser Lieferung zuzuordnen sind, wie folgt bewertet werden:

Einzelbewertung

Bewertung	Büro-Offsetpapier	Computerpapier
Inventurmenge (Restbestand) am 31. 12.	180 000 Blatt	230 000 Blatt
Listenpreis je 1000 Blatt	12,00 €	8,14 €
Listenpreis der Inventurmenge	2.160,00 €	1.872,20 €
– 25 % Rabatt	– 540,00 €	– 468,05 €
+ 0,10 Euro Versandkosten je 1000 Blatt	+ 18,00 €	+ 23,00 €
– 2 % Skonto	– 32,76 €	– 28,54 €
= Anschaffungskosten der Inventurmenge	= 1.605,24 €	= 1.398,61 €
Anschaffungskosten je 1000 Blatt	**8,92 €**	**6,08 €**

Das Prinzip der Einzelbewertung für den gesamten Warenbestand einzuhalten, wäre allerdings sehr zeit- und damit auch sehr kostenaufwendig, wenn der am Jahresende zu bewertende Warenvorrat aus verschiedenen Lieferungen mit unterschiedlichen Anschaffungskosten stammt. Zur Vereinfachung des Bewertungsverfahrens sind deshalb auch **Sammel- bzw. Gruppenbewertungen** möglich.

Durchschnittsbewertung

§ 240 Abs. 4 HGB Inventar

(...)
(4) Gleichartige Vermögensgegenstände des Vorratsvermögens sowie andere gleichartige oder annähernd gleichwertige bewegliche Vermögensgegenstände und Schulden können jeweils zu einer Gruppe zusammengefasst und mit dem gewogenen Durchschnittswert angesetzt werden.

Beispiel

Für die „Classic"-Briefkassetten wird laut Inventur am 31.12.20XX ein Endbestand von 650 Stück ermittelt. Bei diesem Artikel ist eine Zuordnung zu bestimmten Lieferungen nicht möglich bzw. wirtschaftlich nicht sinnvoll.

Bewertung der Classic-Briefkassetten nach der jährlichen Durchschnittswertermittlung

Bestände/Einkäufe	Menge in Stück	Anschaffungskosten je Stück (€)	Anschaffungskosten gesamt (€)
Anfangsbestand am 01.01.20XX	520	20,16	10.483,20
Einkauf 02.02.20XX	1900	21,10	40.090,00
Einkauf 16.05.20XX	1750	20,70	36.225,00
Einkauf 01.08.20XX	2000	21,10	42.200,00
Einkauf 30.11.20XX	1500	21,80	32.700,00
Summe	7670	Ø 21,08	161.698,20
Endbestand am 31.12.20XX	**650**	**Ø 21,08**	**13.702,00**

Bei der **gewogenen Durchschnittsberechnung** werden dem Wert des Jahresanfangsbestands die Werte aller Einkäufe hinzuaddiert und durch die Gesamtmenge (Anfangsbestand + Einkäufe in Stück) dividiert. Das Ergebnis sind die durchschnittlichen Anschaffungskosten je Stück, die mit der Inventurmenge (Endbestand am 31.12.20XX) multipliziert werden.

Gewogene Durchschnittswertermittlung

durchschnittliche Anschaffungskosten je Stück:

$$\frac{\text{Summe der Anschaffungskosten}}{\text{Gesamtmenge in Stück}} = \frac{161.689{,}20}{7670} = 21{,}08\,€$$

Die Anschaffungskosten der Briefkassetten (Endbestand laut Inventur) betragen damit 650 Stück · 21,08 € = 13.702,00 €.

Bei schwankenden Anschaffungskosten führt eine **permanente (gleitende) Durchschnittswertermittlung** zu genaueren Ergebnissen. Bei diesem Verfahren werden die Durchschnittswerte der Bestände nach jeder Bestandsveränderung neu ermittelt.

Permanente (gleitende) Durchschnittswertermittlung

Durchschnittswerte der Bestände: $\frac{\text{Anschaffungskosten des Bestandes}}{\text{Menge des Bestandes}}$

Alle Durchschnittswerte der Bestände werden hier auf zwei Nachkommastellen kaufmännisch gerundet. Die Verkäufe werden dann mit diesem gerundeten Wert je Stück bewertet.

Beispielrechnungen:

Durchschnittswert des Bestandes am 01.02.20XX:

$\frac{403{,}20\,€}{20\text{ Stück}} = 20{,}16\,€/\text{Stück}$

Durchschnittswert des Bestandes am 02.02.20XX:

$\frac{40.493{,}20\,€}{1920\text{ Stück}} = 21{,}09\,€/\text{Stück}$

usw.

Bewertung der Classic-Briefkassetten nach der permanenten Durchschnittsberechnung

Bestände/ Einkäufe/ Verkäufe/	Menge in Stück	Anschaffungskosten je Stück (€)	Anschaffungskosten gesamt (€)
Bestand am 01. 01. 20XX	520	20,16	10.483,20
Verkäufe bis 01. 02. 20XX	– 500	20,16	– 10.080,00
Bestand am 01. 02. 20XX	= 20	Ø 20,16	= 403,20
Einkauf 02. 02. 20XX	+ 1900	21,10	+ 40.090,00
Bestand am 02. 02. 20XX	= 1920	Ø 21,09	= 40.493,20
Verkäufe bis 15. 05. 20XX	– 1600	21,09	– 33.744,00
Bestand am 15. 05. 20XX	= 320	Ø 21,09	= 6.749,20
Einkauf 16. 05. 20XX	+ 1750	20,70	+ 36.225,00
Bestand am 16. 05. 20XX	= 2070	Ø 20,76	= 42.974,20
Verkäufe bis 31. 07. 20XX	– 2050	20,76	– 42.558,00
Bestand am 31. 07. 20XX	= 20	Ø 20,81	= 416,20
Einkauf 01. 08. 20XX	+ 2000	21,10	+ 42.200,00
Bestand am 01. 08. 20XX	= 2020	Ø 21,10	= 42.616,20
Verkäufe bis 29 .11. 20XX	– 1800	21,10	– 37.980,00
Bestand am 29. 11. 20XX	= 220	Ø 21,07	= 4.636,20
Einkauf 30. 11. 20XX	+ 1500	21,80	+ 32.700,00
Bestand am 30. 11. 20XX	= 1720	Ø 21,71	= 37.336,20
Verkäufe bis 31. 12. 20XX	– 1070	21,71	– 23.229,70
Bestand am 31. 12. 20XX	650	Ø 21,70	= 14.106,50

Da die Bezugspreise in diesem Beispiel ab Mai 20XX ständig gestiegen sind, führt diese Bewertung mit permanenter Durchschnittswertermittlung zu einem höheren Bilanzwert im Vergleich zur gewogenen Durchschnittswertermittlung.

Verbrauchsfolgebewertung

In AKA-Prüfungen kann bei Verbrauchsfolgeverfahren auch eine gesetzlich erlaubte **fiktive (erdachte, angenommene) Verbrauchsfolge** unterstellt werden. Dann sind die in den folgenden Tabellen angegebenen Einkaufs- und Verbrauchszeitpunkte nicht mehr bewertungsrelevant.

§ 256 HGB Bewertungsvereinfachungsverfahren

Soweit es den Grundsätzen ordnungsmäßiger Buchführung entspricht, kann für den Wertansatz gleichartiger Vermögensgegenstände des Vorratsvermögens unterstellt werden, dass die zuerst oder dass die zuletzt angeschafften zuerst veräußert worden sind.

Grundsätzlich könnten folgende, nach HGB zulässige Verbrauchsfolgen unterschieden werden:

- **Last in first out (Lifo)**: die zuletzt eingekaufte Ware wird zuerst verkauft
- **First in first out (Fifo)**: die zuerst eingekaufte Ware wird zuerst verkauft

Steuerrechtlich ist in der Regel zurzeit nur das Lifo-Verfahren erlaubt. Die Einzelbewertung (tatsächliche und nachweisbare Verbrauchsfolge für eine bestimmte Ware) wird von diesen Regelungen natürlich nicht berührt. Für Unternehmen, die nach internationalen Rechnungslegungsvorschriften bewerten, ist allerdings neben der Durchschnittsbewertung auch die Fifo-Methode erlaubt (IAS 2.25).

Beispiel

In einem Geschäftsjahr werden von einer Ware folgende Werte erfasst:

Bestände/Verkäufe/Einkäufe	Menge in Stück	Anschaffungskosten je Stück (€)	Wert (€)
Anfangsbestand	100	8,00	800,00
Verkauf 1	60	?	?
Einkauf 1	160	7,00	1.120,00
Einkauf 2	200	9,50	1.900,00
Verkauf 2	250	?	?
Endbestand	150	?	?

Bei der Fifo-Methode wird davon ausgegangen, dass die zuerst eingekauften Waren auch zuerst entnommen und verkauft werden. Bei verderblichen Waren ist das eigentlich ein „Muss“, bei Silo-Lagerung (Befüllung von oben, Entnahme von unten) technisch auch unvermeidlich. In diesem Fall muss wie folgt gerechnet werden:

Beispiel

Bestände/Verkäufe/Einkäufe	Menge in Stück	Anschaffungskosten je Stück (€)	Wert (€)
Anfangsbestand (AB)	100	8,00	800,00
Verkauf 1	60	60 Stück zu 8,00	480,00
Einkauf 1	160	7,00	1.120,00
Einkauf 2	200	9,50	1.900,00
Verkauf 2	250	40 Stück zu 8,00 (aus AB) + 160 Stück zu 7,00 (aus Einkauf 1) + 50 Stück zu 9,50 (aus Einkauf 2)	1.915,00
Endbestand	150	150 Stück zu 9,50 (aus Einkauf 2)	**1.425,00**

fiktiver Wert = letzter Einkauf:
150 Stück zu 9,50 € = (ebenfalls) 1.425,00 €

Bei der Lifo-Methode wird davon ausgegangen, dass die zuletzt eingekauften Waren zuerst verkauft werden. Bei einer Lagerung in Behältnissen, die von oben befüllt und auch von oben wieder geleert werden (z. B. Kisten, Schütten, Kartons), ist dies auch technisch nachvollziehbar, wenn sich die eingelagerten Waren nicht vermischen (also z. B. keine Flüssigkeiten). In diesem Fall muss wie folgt gerechnet werden:

Beispiel

Bestände/Verkäufe/Einkäufe	Menge in Stück	Anschaffungskosten je Stück (€)	Wert (€)
Anfangsbestand (AB)	100	8,00	800,00
Verkauf 1	60	60 Stück zu 8,00	480,00
Einkauf 1	160	7,00	1.120,00
Einkauf 2	200	9,50	1.900,00
Verkauf 2	250	200 Stück zu 9,50 (aus Einkauf 2) + 50 Stück zu 7,00 (aus Einkauf 1)	2.250,00
Endbestand	150	110 Stück zu 7,00 (aus Einkauf 1) + 40 Stück zu 8,00 (aus AB)	**1.090,00**

fiktiver Wert = Anfangsbestand und 1. Einkauf:
100 Stück zu 8,00 €
+ 50 Stück zu 7,00 € =
1.150,00 €

strenges Niederstwertprinzip
▶ LF 8, Kap. 2.1.2

Liegen die Anschaffungskosten von gelagerten Waren am Bilanzstichtag über deren Zeitwert, so sind diese Bestände bei üblichen Wertminderungen mit der Buchung: „301 Wareneingang an 390 Warenbestände" aufwandswirksam abzuwerten (strenges Niederstwertprinzip).

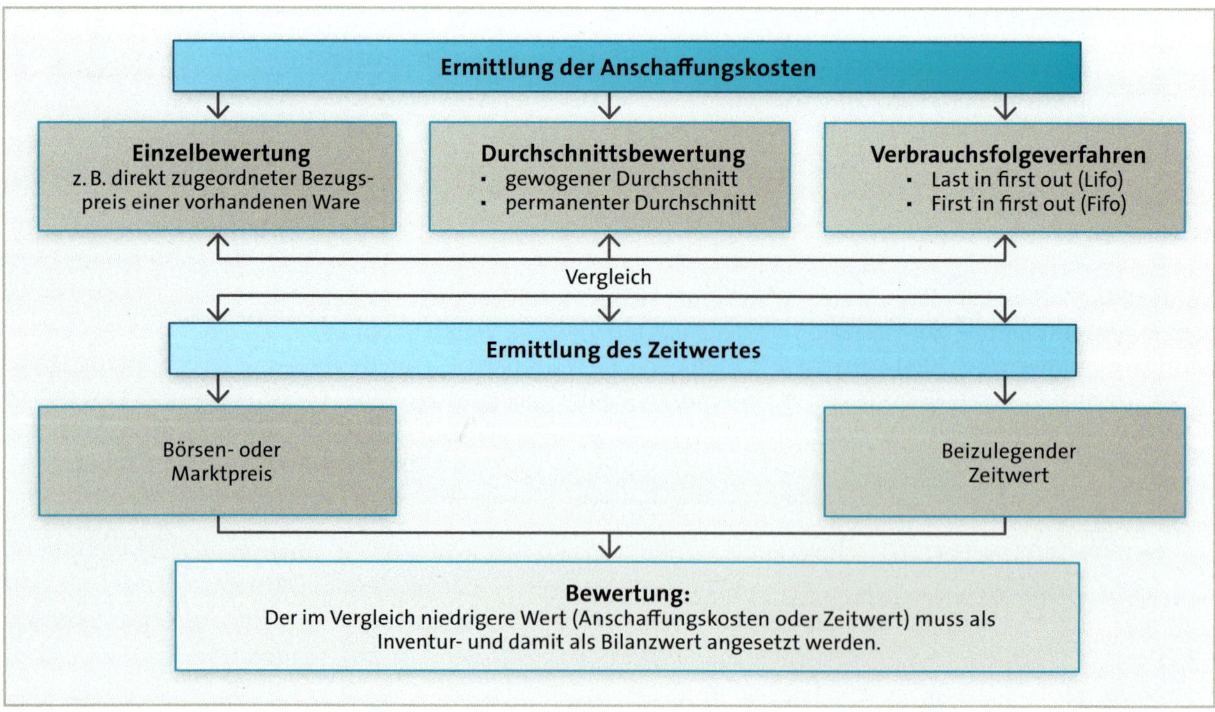

2.3.2 Bewertung von Forderungen

Gerade heutzutage ist auch die Bewertung der Forderungen oft mit Problemen verbunden. Nicht alle Kunden, die auf Ziel kaufen, bezahlen ihre Eingangsrechnungen rechtzeitig und vollständig. Einige Kunden zahlen leider auch nie.

Obwohl der Großhandel allgemein nicht zu den besonders gefährdeten Branchen zählt, sind auch hier oft **Wertkorrekturen** notwendig. Forderungen, deren vollständiger Ausgleich gefährdet (unwahrscheinlich) ist, sind in der Buchführung von den einwandfreien Forderungen zu trennen und auf das Konto 102 Zweifelhafte Forderungen umzubuchen. Stellt sich heraus, dass eine Forderung ganz oder teilweise uneinbringlich wird, so muss diese durch eine Aufwandsbuchung auf dem Konto 231 Abschreibung auf Forderungen auf ihren wahrscheinlichen Wert abgeschrieben werden.

Zweifelhafte Forderungen: Drohende Verluste – also auch Forderungen, die ggf. nicht mehr vollständig zu Einzahlungen führen werden – müssen im Umlaufvermögen ausgewiesen werden. Auch hier sind Abschreibungen vorzunehmen, wenn die zu erwartenden Einzahlungen unter dem ursprünglichen Forderungsbetrag liegen. Die Umsatzsteuer, die in den zweifelhaften Forderungen enthalten ist, darf noch nicht korrigiert werden. Erst wenn die Forderungen uneinbringlich geworden sind, darf die Umsatzsteuer berichtigt werden.

Gründe für die Erfassung als zweifelhafte Forderung:

- Der Kunde befindet sich in Zahlungsverzug. Trotz mehrerer Mahnungen (kaufmännisches Mahnverfahren, Einstieg in das gerichtliche Mahnverfahren, Zahlungsaufforderung durch einen Rechtsanwalt) erfolgt keine Zahlung.
- Zahlungsverweigerung des Kunden

Gründe für die Abschreibung uneinbringlicher Forderungen:

- Eröffnung eines Insolvenzverfahrens
- Die Forderung ist verjährt.
- Der Schuldner ist unauffindbar, Vermögenswerte sind nicht feststellbar.
- Der Schuldner besitzt keine pfändbaren Vermögenswerte.

Anteil verspäteter oder uneinbringlicher Zahlungseingänge bei Unternehmen aus ausgewählten Ländern Westeuropas im Jahr 2019

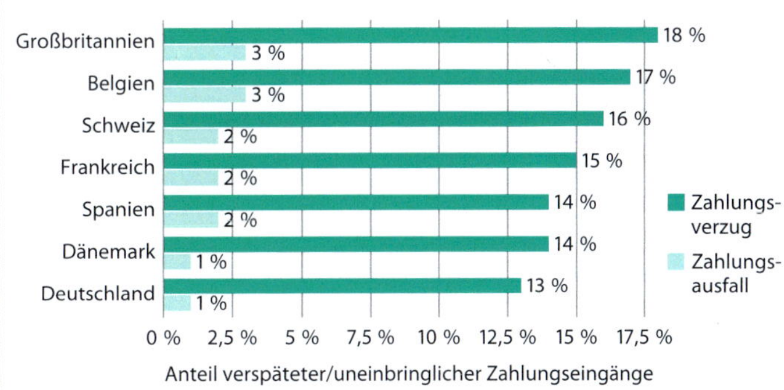

Quellen: EOS Gruppe © Statista 2021

Weitere Informationen: Europa; Kantar TNS; Frühjahr 2019; 3.400 Unternehmen*; Entscheiderinnen und Entscheider aus dem Bereich Forderungsmanagement
* Befragt wurden Unternehmen aus 17 europäischen Ländern, jeweils 200 Unternehmen pro Land.

Entstehen und Ausfall einer Forderung in einem Geschäftsjahr

Beispiel

Ein Kunde der BPK befindet sich mit einer offenen Forderung in Höhe von 11.900,00 € im Zahlungsverzug. Alle Mahnungen der BPK bleiben ohne Rückmeldung. Die BPK muss diese Forderung als „zweifelhaft" betrachten.

Grundbuch

1. Ausstellung der Ausgangsrechung (Erfassung der Forderung)
2. Umbuchung einer ehemals einwandfreien Forderung auf das Konto „Zweifelhafte Forderungen“

Nr.	Soll	€	Haben	€
1	101 Forderungen a.L.L.	11.900,00	801 Warenverkauf 180 Umsatzsteuer	10.000,00 1.900,00
2	102 Zweifelhafte Forderungen	11.900,00	101 Forderungen a.L.L.	11.900,00

Beispiel

Noch im selben Geschäftsjahr wird ein Insolvenzverfahren gegen diesen Kunden eröffnet. Die Forderung der BPK GmbH wird damit zu 100 % uneinbringlich und muss vollständig abgeschrieben werden. Dabei ist es zunächst unerheblich, ob der Insolvenzverwalter später noch Zahlungen aus der Insolvenzmasse an die Gläubiger leisten kann oder nicht.

Bereits mit der Eröffnung des Insolvenzverfahrens darf die Umsatzsteuer vollständig korrigiert werden. Das vereinnahmte Entgelt für die BPK aus diesem Verkauf beträgt 0,00 Euro, die Umsatzsteuer darauf beträgt dann selbstverständlich auch 0,00 Euro. Falls nach Abschluss des Insolvenzverfahrens doch noch eine Zahlung erfolgt (Insolvenzquote), ist eine Ertragsbuchung notwendig. Die im Zahlungsbetrag enthaltene Umsatzsteuer lebt wieder auf.

Grundbuch

3. Vollständige Abschreibung der zuletzt zweifelhaften Forderung bei Eröffnung des Insolvenzverfahrens
4. Eingang einer Teilzahlung aus der Insolvenzmasse (Insolvenzquote 20 %) nach Abschluss des Insolvenzverfahrens

Nr.	Soll	€	Haben	€
3	231 Abschreibungen auf Forderungen 180 Umsatzsteuer	10.000,00 1.900,00	102 Zweifelhafte Forderungen	11.900,00
4	131 Kreditinstitute	2.380,00	274 Erträge aus abgeschriebenen Forderungen 180 Umsatzsteuer	2.000,00 380,00

Entstehen und Ausfall einer Forderung in zwei verschiedenen Geschäftsjahren

Beispiel

Im Geschäftsjahr 20X1 verkauft die BPK GmbH an einen Neukunden Waren im Wert von 5.950,00 € brutto auf Ziel. Da der Kunde auch im Ablauf des kaufmännischen Mahnverfahrens keine Zahlung leistet, muss die ehemals einwandfreie Forderung auf das Konto 102 Zweifelhafte Forderungen umgebucht werden. Die BPK GmbH geht zum Jahresende 20X1 davon aus, dass der mögliche Forderungsausfall 70 % betragen könnte (Schätzung). Im Folgejahr kann der Kunde dann allerdings nur 20 % der Forderungssumme an die BPK GmbH überweisen (Forderungsausfall 80 %).

Bei der Schätzung eines Forderungsausfalls darf **nur vom Nettowert** der Forderung abgeschrieben werden und **keine Umsatzsteuerkorrektur** erfolgen. Diese erfolgt erst im Folgejahr nach dem Zahlungseingang bzw. dem endgültigen Ausfall der Forderung.

Grundbuch im Jahr 20X1

1. Warenverkauf auf Ziel (Erfassung der Forderung)
2. Die Forderung wird für die BPK GmbH zweifelhaft
3. Teilweise Abschreibung der Forderung (70 % vom Nettoforderungswert) nach Schätzung

Nr.	Soll	€	Haben	€
1	101 Forderungen a.L.L.	5.950,00	801 Warenverkauf 180 Umsatzsteuer	5.000,00 950,00
2	102 Zweifelhafte Forderungen	5.950,00	101 Forderungen a.L.L.	5.950,00
3	231 Abschreibungen auf Forderungen	3.500,00	102 Zweifelhafte Forderungen	3.500,00

Grundbuch im Jahr 20X2

1. Zahlungseingang bei der BPK GmbH durch Überweisung des Schuldners (20 % der Forderungssumme = 1.190,00 €)

Nr.	Soll	€	Haben	€
1	131 Kreditinstitute 203 Periodenfremde Aufwendungen 180 Umsatzsteuer	1.190,00 500,00 760,00	102 Zweifelhafte Forderungen	2.450,00

Der niedrigere Zahlungseingang im Vergleich zum Schätzwert führt im Folgejahr zu **periodenfremden Aufwendungen**, da das Konto 231 Abschreibungen auf Forderungen – auch bei Schätzungen – nur für ausfallende Forderungen des laufenden Geschäftsjahres verwendet werden soll.

Zweifelhafte Forderungen – Berechnungen			
	Nettowert	Umsatzsteuer	Bruttowert
Ausgangsrechnung	5.000,00 €	950,00 €	5.950,00 €
Abschreibung am Jahresende: 70 % auf den Nettowert	3.500,00 €	nach Schätzungen keine Korrektur erlaubt	–
zweifelhafte Forderung	1.500,00 €	950,00 €	2.450,00 €
Zahlungseingang im Folgejahr Steuerberichtigung periodenfremder Aufwand	1.000,00 € 500,00 €	190,00 € 760,00 €	1.190,00 € –

Höhere Forderungseingänge als erwartet sollen als **periodenfremde Erträge** (Konto 243) erfasst werden. Betreffen derartige Forderungseingänge das laufende Geschäftsjahr, so ist auf das Konto 274 Erträge aus abgeschriebenen Forderungen zu buchen.

Unerwartete Zahlungseingänge auf bereits abgeschriebene Forderungen führen zu einem „Aufleben" der bereits korrigierten Umsatzsteuer. Aus dem Zahlungsbetrag ist der Umsatzsteueranteil herauszurechnen und auf dem Umsatzsteuerkonto zu buchen.

Wertkorrekturen bei Forderungen

Forderungsart	Buchung auf Konto	Ablauf
einwandfreie Forderungen nach Warenverkauf auf Ziel	101 Forderungen a.L.L	↓
zweifelhafte Forderungen bei vermuteten Zahlungsausfällen	102 Zweifelhafte Forderungen	
Uneinbringliche Forderungen sind abzuschreiben. Die Umsatzsteuer ist zu korrigieren (nicht nach Schätzungen).	231 Abschreibungen auf Forderungen	
Zahlungseingänge auf bereits abgeschriebene Forderungen des laufenden Jahres	274 Erträge aus abgeschriebenen Forderungen	
notwendige zusätzliche Abschreibungen auf Forderungen aus Vorjahren	203 Periodenfremde Aufwendungen	
Zahlungseingänge auf bereits abgeschriebene Forderungen aus Vorjahren	243 Periodenfremde Erträge	

2.3.3 Bewertung von Wertpapieren des Umlaufvermögens

strenges Niederstwertprinzip
▶ LF 8, Kap. 2.1.2

Wertpapiere des Umlaufvermögens gehören zu den **nicht abnutzbaren Vermögensgegenständen** eines Unternehmens. Die „Nutzung" ist zeitlich nicht begrenzt, damit ist auch eine planmäßige Abschreibung nicht möglich. Eine außerplanmäßige Abschreibung ist allerdings Pflicht, wenn der Zeitwert unter die Anschaffungskosten sinkt.

Beispiel

Um kurzfristig nicht benötigte flüssige Mittel ertragreich anzulegen, hat die BPK am 24. 11. 20XX 100 Aktien eines Telekommunikations-Unternehmens mit guten Zukunftsaussichten gekauft. Die Anschaffungskosten betrugen je Aktie 54,00 €, das Aktienpaket steht mit 5.400,00 € „in den Büchern". Die Wiederbeschaffungskosten zum Bilanzstichtag am 31. 12. 20XX betragen wegen eines plötzlichen Kurssturzes aber nur noch 3.500,00 €. Der Wertverlust in Höhe von 1.900,00 € muss abgeschrieben werden.

Grundbuch

1. Abschreibung des Wertverlustes der Aktien

Nr.	Soll	€	Haben	€
1	494 Abschreibungen auf Wertpapiere des Umlaufvermögens	1.900,00	120 Wertpapiere des Umlaufvermögens	1.900,00

Alles klar?

1 Welche Vermögensgegenstände gehören zum Umlaufvermögen?

2 Das Prinzip der Einzelbewertung gilt für das Vorratsvermögen nicht. Welche Alternativbewertungen sind möglich?

3 Wie ermittelt man den gewogenen Durchschnitt für einen Warenvorrat, der aus verschiedenen Lieferungen zu unterschiedlichen Preisen besteht?

4 Was versteht man unter einer Lifo-Bewertung im Vorratsvermögen?

5 Wie kann der Zeitwert eines Warenvorrats ermittelt werden?

6 Welche drei der nachfolgend beschriebenen Forderungen können als uneinbringlich gelten?
- a) Der Kunde zahlt nicht rechtzeitig.
- b) Die Forderung ist verjährt.
- c) Für eine Forderung ist das gerichtliche Mahnverfahren beantragt worden.
- d) Ein Schuldner hat das Insolvenzverfahren beantragt.
- e) Ein Schuldner ist unauffindbar, Vermögenswerte sind nicht bekannt.

7 Ein Kunde verweigert die Zahlung einer Forderung, weil er die gelieferten Waren nicht mehr benötigt. Wie muss dieser Vorgang in der Buchführung berücksichtigt werden.

8 Welche der nachfolgenden Aussagen zur Umsatzsteuer gilt bei der Bewertung von Forderungen **nicht**?
- a) Wird eine Forderung nicht pünktlich bezahlt, muss trotzdem rechtzeitig die Umsatzsteuer an das Finanzamt abgeführt werden.
- b) Wird ein möglicher Forderungsausfall (keine Insolvenz des Schuldners) nur geschätzt, darf die bereits erfasste Umsatzsteuer nicht korrigiert werden.
- c) Wird über das Vermögen eines Schuldners das Insolvenzverfahren eröffnet, darf der Gläubiger die in seiner Forderung enthaltene Umsatzsteuer vollständig korrigieren (vom Finanzamt zurückfordern).
- d) Unerwartete Zahlungseingänge auf bereits vollständig abgeschriebene Forderungen mit Umsatzsteuerkorrektur führen zu keiner erneuten Umsatzsteuerschuld gegenüber dem Finanzamt.

9 Eine Forderung über 5.950,00 € einschließlich 19 % Umsatzsteuer besteht im Jahr 20XX gegenüber einem insolventen Unternehmen. Der Insolvenzverwalter überweist im Jahr 20XY eine Insolvenzquote in Höhe von 5 %. Welcher Umsatzsteuerbetrag für das Jahr 20XY muss aus diesem Geschäftsvorfall an das Finanzamt abgeführt werden?

10 Ein zur Geldanlage angeschafftes Aktienpaket hat im Jahr 20XX 210.000,00 € Anschaffungskosten verursacht. Welche Aussage zu diesem Aktienpaket ist **nicht** richtig?
- a) Aktien als Wertpapiere des Umlaufvermögens sind nicht abnutzbare Vermögensgegenstände, die planmäßig nicht abgeschrieben werden können.
- b) Die Nutzungsdauer für Aktien als Wertpapiere des Umlaufvermögens ist zeitlich nicht begrenzt.
- c) Kurssteigerungen von Aktien im Umlaufvermögen bleiben bei der Ermittlung des Bilanzwertes im Kaufjahr unberücksichtigt, wenn der Wert der Aktien über deren Anschaffungskosten steigt.
- d) Sinkt der Kurswert von Aktien unter deren Anschaffungskosten, muss außerplanmäßig abgeschrieben werden.
- e) Kursveränderungen von Aktien im Umlaufvermögen bleiben bei der Bewertung für den Jahresabschluss immer unberücksichtigt.

AB ▶ LS 83

Höchstwertprinzip
▶ LF 8, Kap. 2.1.3

Abzahlungsdarlehen
Tilgung in gleichmäßigen Jahresraten; Zinsen werden berechnet von der jeweiligen Restschuld

Das Disagio (Abgeld) vermindert während der Kreditlaufzeit die regelmäßig zu zahlenden Zinsen. „Erkauft" werden diese günstigeren Zinsen mit einem verringerten Auszahlungsbetrag im Vergleich zum Darlehensbetrag, der zurückbezahlt und gebucht werden muss.

2.4 Bewertung von Schulden

Die Bewertung der Schulden nach dem Höchstwertprinzip verlangt unter anderem, dass Verbindlichkeiten **mit ihrem Erfüllungsbetrag** zu bewerten sind.

Beispiel

Bei der Aufnahme eines Abzahlungsdarlehens über 200.000,00 € zu 4 % jährlichen Zinsen und mit 10 Jahren Laufzeit wird ein Disagio in Höhe von 6 % vereinbart.

Darlehensbetrag	200.000,00 €
– 6 % Disagio	12.000,00 €
= Auszahlungsbetrag	188.000,00 €

Grundbuch

1. Buchung einer Darlehensaufnahme mit Disagio gegen Bankgutschrift

Nr.	Soll	€	Haben	€
1	131 Kreditinstitute 091 Aktive Rechnungsabgrenzung	188.000,00 12.000,00	082 Verbindlichkeiten gegenüber Kreditinstituten (Darlehensschulden)	200.000,00

Die Aktive Rechnungsabgrenzung (Disagio) ist innerhalb der Darlehenslaufzeit von zehn Jahren aufzulösen. Das anteilige Disagio beträgt 12.000,00 €/10 Jahre = 1.200,00 € pro Jahr.

Ermittlung des Gesamtaufwandes: Abzahlungsdarlehen, 4 % Zinsen, 6 % Disagio

Jahr	Schuld am Jahresanfang	Tilgung	Zinsen	Auflösung Disagio (RAP)	jährlicher Gesamtaufwand	Schuld am Jahresende
1	200.000,00	20.000,00	8.000,00	1.200,00	9.200,00	180.000,00
2	180.000,00	20.000,00	7.200,00	1.200,00	8.400,00	160.000,00
3	160.000,00	20.000,00	6.400,00	1.200,00	7.600,00	140.000,00
4	140.000,00	20.000,00	5.600,00	1.200,00	6.800,00	120.000,00
5	120.000,00	20.000,00	4.800,00	1.200,00	6.000,00	100.000,00
6	100.000,00	20.000,00	4.000,00	1.200,00	5.200,00	80.000,00
7	80.000,00	20.000,00	3.200,00	1.200,00	4.400,00	60.000,00
8	60.000,00	20.000,00	2.400,00	1.200,00	3.600,00	40.000,00
9	40.000,00	20.000,00	1.600,00	1.200,00	2.800,00	20.000,00
10	20.000,00	20.000,00	800,00	1.200,00	2.000,00	–
Summen		**200.000,00**	**44.000,00**	**12.000,00**	**56.000,00**	

Grundbuch

1. Auflösung des aktiven Rechnungsabgrenzungspostens für ein Jahr

Nr.	Soll	€	Haben	€
1	210 Zinsen und ähnliche Aufwendungen	1.200,00	091 Aktive Rechnungsabgrenzung	1.200,00

Ausnahme: Bei Verbindlichkeiten in **Fremdwährungen** kommt dieses Höchstwertprinzip nur dann zur Anwendung, wenn die Restlaufzeit der Verbindlichkeit **über einem Jahr** liegt. Bei Währungsverbindlichkeiten **bis zu einem Jahr** wird gemäß § 256 a HGB stets mit dem **Devisenkassamittelkurs** gerechnet.

Devisenkassamittelkurs

$$\frac{\text{Devisengeldkurs} + \text{Devisenbriefkurs}}{2}$$

Geldkurs = Verkaufskurs der Bank

Briefkurs = Ankaufkurs der Bank

Beispiel

Beim Einkauf von Waren auf Ziel (90 Tage Zahlungsziel, Lieferung frei Haus) in den USA entsteht eine Verbindlichkeit in Höhe von 120.000 US-Dollar. Der Devisenkassamittelkurs bei Rechnungseingang beträgt 1,20 USD/Euro. Dem deutschen Unternehmen entsteht bei Rechnungseingang in Euro also eine Verbindlichkeit in Höhe von 120.000 US-Dollar : 1,20 US-Dollar/Euro = 100.000 Euro (ursprüngliche Verbindlichkeit in Euro).
Bis zum Ende des Jahres (während des Zahlungsziels) sinkt der Devisenkassamittelkurs auf 1,18 USD/Euro ab. In der Bilanz muss der höhere Wert der Fremdwährungsverbindlichkeit mit 101.694,91 Euro ausgewiesen werden. 120.000 US-Dollar : 1,18 US-Dollar/Euro = 101.694,91 Euro (Erfüllungsbetrag am 31.12.).

Grundbuch:

1. Buchung bei Rechnungseingang in Fremdwährung auf Ziel in Euro
2. Kursverlust bis zum 31.12.XX

Nr.	Soll	€	Haben	€
1	382 Wareneingang – Drittland	100.000,00	171 Verbindlichkeiten a. L. L.	100.000,00
2	382 Wareneingang – Drittland	1.694,91	171 Verbindlichkeiten a. L. L.	1.694,91

Der Kursverlust erhöht den Wert für die Ware. Die Ware wird durch den Kursverlust also teurer.

Steigt der Devisenkassamittelkurs hingegen zum Ende des Jahres auf 1,22 USD/Euro, so ist diese Verbindlichkeit in der Bilanz nur noch mit 98.360,66 Euro zu bewerten.

Grundbuch:

3. Kursgewinn bis zum 31.12.XX

Nr.	Soll	€	Haben	€
3	171 Verbindlichkeiten a. L. L.	1.639,34	382 Wareneingang – Drittland	1.639,34

Der Kursgewinn vermindert in diesem Fall den Wert der Ware. Würde die Verbindlichkeit eine Restlaufzeit von über einem Jahr aufweisen, wäre diese gewinnerhöhende Buchung nicht erlaubt!

Hinweis: Für Kursveränderungen von Fremdwährungsverbindlichkeiten können auch je ein separates Aufwands- und Ertragskonto eingerichtet werden.

AB ► LS 84

2.5 Rückstellungen

Beispiel

Hartmut Pohl GmbH
Dachdecker und Fassadenarbeiten

POHL

Kostenvoranschlag Datum: 22.12.20XX

Behebung von Fassadenschäden am Gebäude der BPK GmbH, Elberfelder Str. 85, 42285 Wuppertal:

Lohnkosten	32.000,00 €
Materialkosten	22.000,00 €
Summe	54.000,00 €
+ 19 % Umsatzsteuer	10.260,00 €

gez. Hartmut Pohl
Dachdeckermeister

Im November 20X1 sind Schäden an der Fassade des BPK-Bürogebäudes festgestellt worden (kein versicherter Schadensfall). Die BPK beauftragt einen Bauunternehmer, für die notwendige Fassadenreparatur einen Kostenvoranschlag zu erstellen, der die wahrscheinlichen Reparaturkosten beziffert. Die Reparatur ist für das Folgejahr fest eingeplant.

Auszahlungshöhe oder -zeit unsicher: Rückstellung

31.12.	
Aufwand entsteht im alten Jahr	**Auszahlungshöhe unbekannt und/oder Auszahlungszeitpunkt unbekannt (Schätzung)**
Abgrenzungskonto: 072 Rückstellungen	

Für Aufwendungen oder Schulden, die wirtschaftlich einem bestimmten Geschäftsjahr zugeordnet werden können (der Fassadenschaden im Beispiel dem Jahr 20X1), **müssen** Unternehmen Rückstellungen bilden, wenn deren Höhe noch nicht sicher feststeht und/oder der Zahlungszeitpunkt erst in späteren Geschäftsjahren liegt. Bei Instandhaltungsaufwendungen (Fassadenschaden) gilt das allerdings nur dann, wenn die Reparatur innerhalb von drei Monaten im Folgejahr nachgeholt wird. Mit einer Aufwandsbuchung „Aufwandskonto an Rückstellungen“ wird jedoch schon im aktuellen, den Aufwand begründenden Geschäftsjahr der Gewinn gemindert und als durchaus gewünschter „Nebeneffekt“ auch die aktuelle Steuerlast des Unternehmens gesenkt. Dementsprechend gibt es für derartige Rückstellungen **beschränkende gesetzliche Regelungen.**

Abraum
Bergwerke, taubes Gestein

§ 249 HGB Rückstellungen

(1) Rückstellungen sind für ungewisse Verbindlichkeiten und für drohende Verluste aus schwebenden Geschäften zu bilden. Ferner sind Rückstellungen zu bilden für
   1. im Geschäftsjahr unterlassene Aufwendungen für Instandhaltung, die im folgenden Geschäftsjahr innerhalb von drei Monaten, oder für **Abraumbeseitigung**, die im folgenden Geschäftsjahr nachgeholt werden,
   2. Gewährleistungen, die ohne rechtliche Verpflichtung erbracht werden.

(2) Für andere als die in Absatz 1 bezeichneten Zwecke dürfen Rückstellungen nicht gebildet werden. Rückstellungen dürfen nur aufgelöst werden, soweit der Grund hierfür entfallen ist.

Für alle Rückstellungen gilt, dass die Begründung für ihre wirtschaftliche Ursache in einem Geschäftsjahr liegt, in dem noch keine Zahlung erfolgt. Im Unterschied zu normalen Verbindlichkeiten stehen aber die Höhe und/oder der tatsächliche Zeitpunkt der Zahlung noch nicht mit Gewissheit fest. Der Rückstellungsbetrag muss daher geschätzt werden. Die Schätzung muss einer vernünftigen kaufmännischen Beurteilung entsprechen.

Bewertung von Rückstellungen gemäß § 253 HGB
Gemäß § 253 HGB sind Rückstellungen in Höhe des nach vernünftiger kaufmännischer Beurteilung notwendigen Erfüllungsbetrages anzusetzen. Rückstellungen mit einer Restlaufzeit von mehr als einem Jahr werden mit dem ihrer Restlaufzeit entsprechenden durchschnittlichen Marktzinssatz der vergangenen sieben Geschäftsjahre abgezinst (bei Altersversorgungsverpflichtungen: durchschnittlicher Marktzinssatz von 15 Jahren).

Der anzuwendende Abzinsungszinssatz wird von der Deutschen Bundesbank ermittelt und monatlich bekannt gegeben. In der Rechtsverordnung, die nicht der Zustimmung des Bundesrates bedarf, bestimmt das Bundesministerium der Justiz mit der Deutschen Bundesbank genaueres zur Ermittlung der Abzinsungszinssätze. Das gilt insbesondere für die Ermittlungsmethodik und deren Grundlagen, sowie die Form der Bekanntgabe.

Rückstellungsarten	
Schuldrückstellungen	**Aufwandsrückstellungen**
entstehen aufgrund von Verpflichtungen gegenüber Dritten	entstehen für notwendige Aufwendungen
• Pensionsrückstellungen • Prozessrückstellungen • Steuerrückstellungen • Gewährleistungsrückstellungen mit und ohne rechtlichen Anspruch (z. B. Kaufpreisminderung)	• Gewährleistungsrückstellungen mit und ohne rechtlichen Anspruch (z. B. Nachbesserung) • Rückstellungen für Instandhaltungen, Großreparaturen oder Generalüberholungen innerhalb von drei Monaten im Folgejahr • Rückstellungen für Abraumbeseitigung

2.5.1 Bildung einer Rückstellung

Beispiel

Dr. Schönhauser plant, den Fassadenschaden im Jahr 20X2 bis Monat März beheben zu lassen. In der Finanzbuchhaltung soll deshalb in Höhe des Kostenvoranschlages eine Rückstellung gebildet werden. Dabei muss die im Kostenvoranschlag angegebene Umsatzsteuer unberücksichtigt bleiben, da die Leistung ja noch nicht erbracht wurde und eine Rechnung natürlich nicht vorliegt.

Buchungen im alten Jahr (31.12.20X1)
Grundbuch
1. Rückstellungsbildung für die Fassadenreparatur (Instandhaltungskosten)
2. Abschluss Konto 470 Instandhaltung
3. Abschluss Konto 072 Rückstellungen

Nr.	Soll	€	Haben	€
1	470 Instandhaltung	54.000,00	072 Rückstellungen	54.000,00
2	930 GuV-Konto	54.000,00	470 Instandhaltung	54.000,00
3	072 Rückstellungen	54.000,00	940 SBK	54.000,00

Hauptbuch

S	470 Instandhaltung		H
1) 072	54.000,00	2) 930	54.000,00

S	072 Rückstellungen		H
3) 940	54.000,00	1) 470	54.000,00

S	930 GuV-Konto		H
2) 470	54.000,00		

S	940 SBK		H
		3) 072	54.000,00

Die Bildung einer Rückstellung mit der Buchung „Aufwandskonto an 072 Rückstellungen" erhöht die Schulden in der Bilanz und die Aufwendungen in der Gewinn- und Verlustrechnung. Es handelt sich immer um **ungewisse Verbindlichkeiten**, d.h., die Höhe des Betrages und/oder der Zahlungszeitpunkt sind Schätzwerte, der Gewinn sinkt.

2.5.2 Auflösung einer Rückstellung

Rückstellungen müssen aufgelöst werden, wenn die geplante Maßnahme (hier die Fassadenreparatur) durchgeführt oder die Verpflichtung erfüllt wurde oder wenn der Grund für die Rückstellungsbildung weggefallen ist.

Bei der Schätzung von zukünftigen Aufwandsbeträgen ist es immer möglich, dass der Schätzwert auch tatsächlich eingehalten wird. In diesem Fall wird die Rückstellung im Folgejahr – hier nach Durchführung der Reparatur – „erfolgsneutral" aufgelöst.

Tatsächliche Reparaturkosten entsprechen dem Kostenvoranschlag
tatsächliche Aufwandshöhe = Rückstellungsbetrag 54.000,00 € = 54.000,00 €

Buchungen im neuen Jahr (20X2) bei Einhaltung des Rückstellungsbetrages
Grundbuch

1. Buchung der Reparaturkosten (Lohn- und Materialkosten) bei Rechnungseingang zzgl. 19 % Umsatzsteuer
2. Banküberweisung des Rechnungsbetrages ohne Abzüge

Nr.	Soll	€	Haben	€
1	072 Rückstellungen 140 Vorsteuer	54.000,00 10.260,00	171 Verbindlichkeiten a.L.L.	64.260,00
2	171 Verbindlichkeiten a.L.L.	64.260,00	131 Kreditinstitute	64.260,00

Natürlich kann die tatsächliche Aufwandshöhe den Rückstellungsbetrag auch unter- oder überschreiten.

Buchungen im neuen Jahr (20X2) bei Unterschreiten des Rückstellungsbetrages

Tatsächliche Reparaturkosten unterschreiten den Kostenvoranschlag um 10 %
tatsächliche Aufwandshöhe < Rückstellungsbetrag 48.600,00 € < 54.000,00 €

Wird der Rückstellungsbetrag für die im Folgejahr abgerechnete Reparatur nicht voll in Anspruch genommen, ist der Unterschreitungsbetrag im Folgejahr als **Ertrag aus der Auflösung von Rückstellungen** gewinnerhöhend zu buchen.

Grundbuch

1. Buchung der Reparaturkosten (Lohn- und Materialkosten) bei Rechnungseingang zzgl. 19 % Umsatzsteuer
2. Banküberweisung des Rechnungsbetrages ohne Abzüge

Netto-rechnungsbetrag	48.600,00
+ 19 % Umsatzsteuer	9.234,00
= Brutto-rechnungsbetrag	57.834,00

Nr.	Soll	€	Haben	€
1	072 Rückstellungen 140 Vorsteuer	54.000,00 9.234,00	171 Verbindlichkeiten a.L.L. 276 Erträge aus der Auflösung von Rückstellungen	57.834,00 5.400,00
2	171 Verbindlichkeiten a.L.L.	57.834,00	131 Kreditinstitute	57.834,00

Buchungen im neuen Jahr (20X2) bei Überschreiten des Rückstellungsbetrages

Tatsächliche Reparaturkosten überschreiten den Kostenvoranschlag um 10 %

tatsächliche Aufwandshöhe > Rückstellungsbetrag
59.400,00 € > 54.000,00 €

Grundbuch

1. Buchung der Reparaturkosten (Lohn- und Materialkosten) bei Rechnungseingang zzgl. 19 % Umsatzsteuer
2. Banküberweisung des Rechnungsbetrages ohne Abzüge

Netto-rechnungsbetrag	59.400,00
+ 19 % Umsatzsteuer	11.286,00
= Brutto-rechnungsbetrag	70.686,00

Nr.	Soll	€	Haben	€
1	072 Rückstellungen 140 Vorsteuer 203 Periodenfremde Aufwendungen	54.000,00 11.286,00 5.400,00	171 Verbindlichkeiten a.L.L.	70.686,00
2	171 Verbindlichkeiten a.L.L.	70.686,00	131 Kreditinstitute	70.686,00

Reicht der Rückstellungsbetrag für den im Folgejahr abgerechneten Reparaturauftrag nicht aus, ist der Überschreitungsbetrag im Folgejahr als **periodenfremder Aufwand** gewinnmindernd zu buchen. Eine Buchung auf dem Konto Instandhaltung ist im Folgejahr nicht mehr möglich, da der Fassadenschaden bereits im Vorjahr entstanden ist.

Schätzfehler erhöhen oder vermindern durch die Buchung von periodenfremden Erträgen oder Aufwendungen den Gewinn in Folgejahren. In allen Fällen ist das Konto Rückstellungen nach Abschluss der Fassadenreparatur ausgeglichen.

S	072 Rückstellungen		H
171	54.000,00	910	54.000,00

Rückstellungsbetrag (EBK) = Auflösungsbetrag

2.6 Stille Rücklagen (stille Reserven)

Grundsätzlich sind in Bilanzen deutscher Unternehmen – oft erhebliche – stille Rücklagen „versteckt". Sie entstehen durch Unterbewertung von Vermögensgegenständen oder durch Überbewertung von Schulden.

Die willkürliche Bildung stiller Rücklagen durch Bewertungen außerhalb der gesetzlichen Vorgaben ist verboten. Die **Ursache** für stille Rücklagen sind oft zwangsläufig die Bewertungsgrundlagen des HGB.

Das **Anschaffungskostenprinzip** z.B. verhindert den Ansatz realistischer Zeitwerte von Grundstücken oder Wertpapieren, wenn diese Werte über den Anschaffungskosten liegen.

Beispiel

Ein unternehmenseigenes Grundstück mit einer Fläche von 2000 qm, das 1980 als Wiese zu einem Preis von umgerechnet 10.000,00 € erworben wurde, steht im Jahr 20XX (Bauland) immer noch mit diesen 10.000,00 € Anschaffungskosten in einer Unternehmensbilanz. Hat das Grundstück laut Gutachten aktuell einen Zeitwert von 250.000,00 €, so hat das Unternehmen eine stille Rücklage in Höhe von 240.000,00 € allein in diesem Grundstück.

Auch **Mindestabschreibungsbeträge** (z.B. bei linearer Abschreibung) führen oft dazu, dass der tatsächliche Wert einer abnutzbaren Sachanlage höher liegt, als er in der Bilanz ausgewiesen werden muss.

Entsprechend führen **Überbewertungen bei den Schulden** zu stillen Rücklagen, wenn im Rahmen von gesetzlich möglichen Bewertungsspielräumen immer ein möglichst hoher Wert (Prinzip der Vorsicht) angesetzt wird.

Entstehung stiller Rücklagen

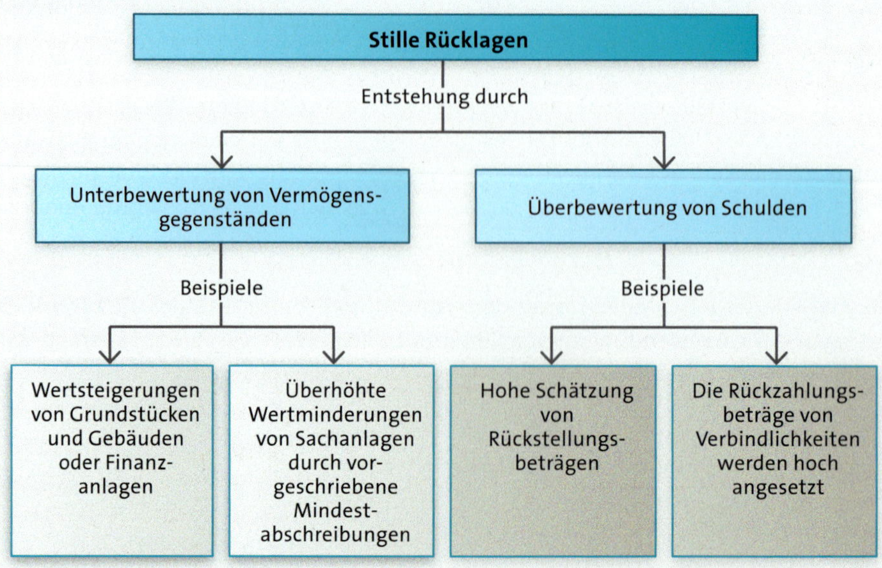

2.7 Bedeutung von Bewertungsentscheidungen

Bewertungsentscheidungen im Rahmen des gesetzlich Möglichen (erlaubte Bewertungsalternativen) sind immer im Hinblick auf ihre Auswirkungen auf die Erfolgsrechnung (GuV-Rechnung) und auch auf die Bilanz zu treffen. Abschreibungen oder Zuschreibungen als Ergebnis dieser Bewertungsentscheidungen haben weitreichende Konsequenzen und müssen den Interessen (Zielen) des Unternehmens entsprechen. Letztlich entscheidet die Unternehmensleitung im Rahmen ihrer Bilanzpolitik. Die Interessen der **Anteilseigner** dürfen dabei nicht unberücksichtigt bleiben.

Anteilseigner
Inhaber von Aktien oder Stammeinlagen einer Kapitalgesellschaft

Auswirkungen von Bewertungsentscheidungen

Abschreibungen = Wertminderungen	**Zuschreibungen = Werterhöhung**

↓

Erfolgsauswirkungen

• Aufwand in der GuV-Rechnung • Verminderung des Gewinnes • Minderung der vom Gewinn abhängigen Steuern • ggf. Minderung der Gewinnausschüttung an die Anteilseigner	• Ertrag in der GuV-Rechnung • Erhöhung des Gewinnes • Erhöhung der vom Gewinn abhängigen Steuern • ggf. Erhöhung der Gewinnausschüttung an die Anteilseigner

↓

Bilanzauswirkungen

• Vermögensminderung in der Bilanz • geringere Kreditwürdigkeit durch im Wert sinkende Vermögensgegenstände und sinkende Gewinne • höhere Liquidität durch geringeren Abfluss von flüssigen Mitteln für Steuern und ggf. für Gewinnausschüttungen	• Vermögenserhöhung in der Bilanz • erhöhte Kreditwürdigkeit durch im Wert steigende Vermögensgegenstände und steigende Gewinne • sinkende Liquidität durch höheren Abfluss von flüssigen Mitteln für Steuern und ggf. Gewinnausschüttungen

Alles klar?

1 Was versteht man unter dem Erfüllungsbetrag für ein Darlehen?

2 Bei Fremdwährungsverbindlichkeiten mit einer Rückzahlungsfrist bis zu einem Jahr gilt der Devisenkassamittelkurs als Bewertungsgrundlage. Wie wird dieser Kurs berechnet?

3 Welche Auswirkungen hat eine Disagio-Vereinbarung bei einer Darlehensaufnahme?

4 Wie entstehen grundsätzlich stille Reserven in Bilanzen deutscher Unternehmen?

5 Warum entstehen insbesondere bei der Bewertung von Grundstücken und Gebäuden oft hohe stille Reserven?

6 Beschreiben Sie für die Entstehung von Rückstellungen die wirtschaftlichen Ursachen.

7 Für welchen der nachfolgend genannten Fälle ist keine Rückstellung zu bilden?
- a) ungewisse Verbindlichkeiten
- b) drohende Verluste aus schwebenden Geschäften
- c) Totalschaden an einem Fahrzeug, das verschrottet werden soll
- d) unterlassene Instandhaltungsaufwendungen, die in den ersten drei Monaten des Folgejahres nachgeholt werden sollen

8 Wann muss eine Rückstellung aufgelöst werden?

9 Welche drei Auswirkungen von Bewertungsentscheidungen betreffen nur die Zuschreibungen?
- a) Aufwand in der GuV-Rechnung
- b) Erhöhung des Gewinns
- c) Minderung der vom Gewinn abhängigen Steuern
- d) Vermögenserhöhung in der Bilanz
- e) erhöhte Kreditwürdigkeit

10 Was muss bei der Bewertung von aufgenommenen Darlehen berücksichtigt werden? Finden Sie die falsche Aussage.
- a) Wird ein Disagio vereinbart, ist der Auszahlungsbetrag kleiner als der Darlehensbetrag.
- b) Der Darlehnsnehmer muss immer den Darlehensbetrag und nicht den Auszahlungsbetrag zurückzahlen.
- c) Ein Disagio wird als aktiver Rechnungsabgrenzungsposten während der Darlehenslaufzeit aufwandswirksam als Zinsaufwendungen aufgelöst.
- d) Zusätzlich zu einem Disagio fallen während er Darlehenslaufzeit keine weiteren Zinsaufwendungen an.

11 Welche Aussage zur Entstehung von stillen Rücklagen ist **nicht** richtig?
- a) Stille Rücklagen entstehen zwangsläufig, wenn die lineare Pflichtabschreibung bei abnutzbaren Wirtschaftsgütern höher ist als der tatsächliche Wertverlust.
- b) Wenn der Grundstückswert im Vermögen eines Unternehmens stark steigt, müssen die Gewinne ausgewiesen und damit versteuert werden, damit keine zu hohen stille Reserven entstehen.
- c) Bei pessimistischer Schätzung der Höhe von notwendigen Rückstellungen steigen tendenziell die stillen Reserven.
- d) Die willkürliche Bildung von stillen Rücklagen durch Bewertungen außerhalb der gesetzlichen Regelungen ist verboten.
- e) Stille Rücklagen werden in der Bilanz nicht ausgewiesen.

3 Erstellung des Jahresabschlusses

AB ▶ LS 85

Nach der zeitlichen Erfolgsabgrenzung und den notwendigen Bewertungsentscheidungen kann der Jahresabschluss aufgestellt werden. Art, Inhalt und Umfang der zu erstellenden Bestandteile des Jahresabschlusses sind abhängig von den Offenlegungspflichten des jeweiligen Unternehmens.

3.1 Offenlegungs- und Prüfungspflichten

Je nach Unternehmensform, Branche oder Unternehmensgröße in Abhängigkeit von bestimmten Größenmerkmalen sind folgende Bestandteile eines Jahresabschlusses, ggf. ergänzt um einen Lagebericht, aufzustellen und zu veröffentlichen.

Bestandteile und Informationsgehalt der Rechenschaftslegung

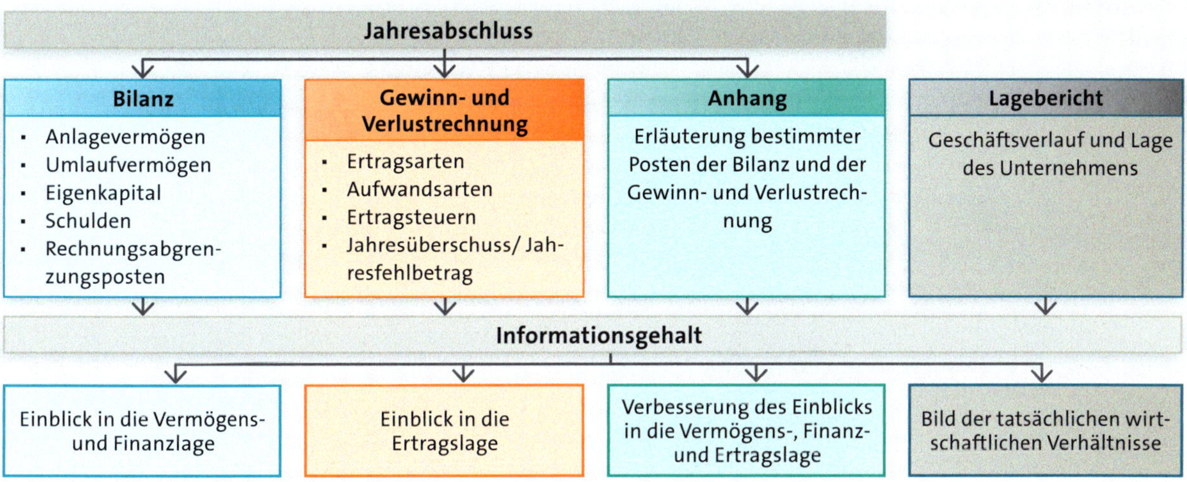

Empfänger von Jahresabschlüssen
▶ LF 8, Kap. 4

Erster **Empfänger des Jahresabschlusses** ist die Geschäftsleitung des Unternehmens selbst. An den ermittelten Daten wird der unternehmerische Erfolg ihrer Tätigkeit gemessen. Die Veröffentlichung der Jahresabschlüsse soll aber auch allen Interessierten wie den Anteilseignern, Finanzbehörden, Gläubigern, Konkurrenten, Lieferern, Kunden, Gewerkschaften, Mitarbeitern usw. ermöglichen, sich einen Überblick über die wirtschaftlichen Verhältnisse des Unternehmens zu verschaffen.

Großunternehmen gemäß § 1 Publizitätsgesetz
▶ LF 8, Kap. 3.1.1

Das ist insbesondere dann dringend erforderlich, wenn z. B. den Gläubigern gegenüber nur das Gesellschaftsvermögen haftet. Die Veröffentlichungspflichten sind hier die Kehrseite der Haftungsbeschränkung. Besonders bei großen Unternehmen ist die „Öffentlichkeit“ allgemein an den Zahlen dieser Unternehmen interessiert.

Da Banken und Versicherungen viel Geld „verwalten“, das anderen gehört, sind die Unternehmensdaten für viele interessant. Sie müssen deshalb unabhängig von ihrer Größe immer einen Jahresabschluss veröffentlichen.

3.1.1 Offenlegungspflichtige Unternehmen

Nach § 1 Publizitätsgesetz (PublG) haben **alle Großunternehmen** – unabhängig von Branche und Unternehmensform – ihren Jahresabschluss zu veröffentlichen, wenn in einem Jahresabschluss der Vergangenheit und für die zwei darauf folgenden Abschlussstichtage jeweils **mindestens zwei** der drei nachstehenden Merkmale zutreffen:

Merkmale von offenlegungspflichtigen Großunternehmen nach § 1 PublG
1. Die Bilanzsumme übersteigt 65 Millionen Euro
2. Die Umsatzerlöse übersteigen 130 Millionen Euro
3. Das Unternehmen beschäftigt durchschnittlich mehr als 5000 Arbeitnehmer

Rechtsformen von Unternehmen
▶ LF 1, Kap. 6

Dies gilt für auch für alle Einzel- oder Personengesellschaften sowie für wirtschaftliche Vereine und öffentlich-rechtliche Rechtsträger als Kaufleute. Darüber hinaus umfasst der Kreis der offenlegungspflichtigen Unternehmen grundsätzlich (d.h. **auch bei Unterschreiten** obiger Merkmale)

- alle Kapitalgesellschaften (AG, GmbH, KGaA),
- eingetragene Genossenschaften,
- Personengesellschaften ohne eine natürliche Person als persönlich haftender Gesellschafter (z.B. GmbH & Co. KG),
- Banken und Versicherungsunternehmen.

3.1.2 Rechnungslegungspflichten der Kapitalgesellschaften

Die gesetzlichen Vertreter einer Kapitalgesellschaft haben den Jahresabschluss, bestehend aus Bilanz, Gewinn- und Verlustrechnung und Anhang, aufzustellen. Daneben ist ein Lagebericht zu erstellen. Der Jahresabschluss hat ein den tatsächlichen Verhältnissen entsprechendes Bild der Vermögens-, Finanz- und Ertragslage der Kapitalgesellschaft zu vermitteln.

Seit Jahresbeginn 2007 müssen die offenlegungspflichtigen Unternehmen ihre Jahresabschlussunterlagen **elektronisch** beim Betreiber des Bundesanzeigers, dem Bundesanzeiger-Verlag in Köln, einreichen – nicht mehr wie zuvor auf Papier bei den Registergerichten.

§ 329 Abs. 1 HGB

Der Betreiber des Bundesanzeigers prüft, ob alle Unterlagen fristgemäß und vollzählig eingereicht worden sind. Fällt die Prüfung negativ aus, wird das für die Durchführung von Ordnungsgeldverfahren zuständige Bundesamt für Justiz unterrichtet. Ordnungsstrafen bis zu 25.000,00 € sind möglich.

www.bundesanzeiger.de
www.unternehmensregister.de

Nach der Einreichung und Bekanntmachung der Jahresabschlüsse im Bundesanzeiger werden die Unterlagen an das Unternehmensregister weitergeleitet. Sie sind dann im Internet für jedermann einsehbar. Auch im Bundesanzeiger können die Daten kostenlos eingesehen werden.

Aufstellungs- und Veröffentlichungspflichten nach Größenklassen[1]

	Größe der Kapitalgesellschaft[2]	Kleinstkapitalgesellschaft § 267a HGB	kleine Kapitalgesellschaft § 267 Abs. 1 HGB	mittelgroße Kapitalgesellschaft § 267 Abs. 2 HGB	große Kapitalgesellschaft § 267 Abs. 3 HGB
Merkmale	Bilanzsumme	350.000,00 €	0,35 – 6 Mio. €	6 – 20 Mio. €	> 20 Mio. €
	Umsatzerlöse	700.000,00 €	0,7 – 12 Mio. €	12 – 40 Mio. €	> 40 Mio. €
	durchschnittliche Arbeitnehmerzahl	bis 10 Arbeitnehmer	bis 50 Arbeitnehmer	bis 250 Arbeitnehmer	über 250 Arbeitnehmer
Jahresabschluss	Fristen § 264 HGB	6 Monate	6 Monate	3 Monate	3 Monate
	Bilanz § 266 HGB	ja, stark verkürzt § 266 Abs. 1 HGB	ja, verkürzt § 266 (1) HGB	ja, vollständig	ja, vollständig
	Gewinn- und Verlustrechung § 275 HGB	ja, stark verkürzt § 275 Abs. 5 HGB	ja, verkürzt § 276 (1) HGB	ja, verkürzt § 276 (1) HGB	ja, vollständig
	Anhang §§ 284 ff. HGB (Erläuterung)	nein, Angaben unter der Bilanz ggf. notwendig	ja	ja	ja
Lagebericht § 289 HGB		nein	nein § 264 (1) HGB	ja	ja
Offenlegung und Prüfung	Offenlegung §§ 325 ff. HGB	ja, nur Bilanz	ja, Bilanz und Anhang (keine GuV-Rechnung)	ja, auch Bilanz und Anhang in verkürzter Form möglich	ja
	Art	nur Hinterlegung beim Bundesanzeiger	Einreichung und Bekanntmachung im elektronischen Bundesanzeiger		
	Fristen	spätestens 12 Monate nach dem Jahresabschluss[3]			
	externe Abschlussprüfer § 316 HGB	keine	keine	ja	ja

[1] Größenklassen nach Bilanzrichtlinien-Umsetzungsgesetz vom 07.01.2015

[2] § 267 Abs. 3 und 4 HGB: Mittelgroße und große Kapitalgesellschaften sind solche, die mindestens zwei der drei Merkmale überschreiten. Die Rechtsfolgen treten nur ein, wenn die Merkmale an den Abschlussstichtagen von zwei aufeinanderfolgenden Geschäftsjahren über- oder unterschritten werden.

[3] Für kapitalmarktorientierte Kapitalgesellschaften (z. B. börsennotierte Aktiengesellschaften) gilt eine Einreichungsfrist zur Offenlegung von vier Monaten (§ 325 Abs. 4 S. 1 HGB).

3.2 Bilanz

3.2.1 Gliederung der Bilanz

Inhalt der Bilanz für alle Kaufleute

§ 247 HGB Inhalt der Bilanz

In der Bilanz sind das Anlage- und das Umlaufvermögen, das Eigenkapital, die Schulden sowie die Rechnungsabgrenzungsposten gesondert auszuweisen und hinreichend zu gliedern.

Ergänzende Vorschriften für Kapitalgesellschaften

§ 266 HGB Gliederung der Bilanz

Die Bilanz ist in Kontoform aufzustellen. Große und mittelgroße Kapitalgesellschaften haben auf der Aktivseite und auf der Passivseite die in § 266 HGB bezeichneten Posten gesondert und in der vorgeschriebenen Reihenfolge auszuweisen. Kleine Kapitalgesellschaften brauchen nur eine verkürzte Bilanz aufzustellen, in welche lediglich die mit Buchstaben und römischen Zahlen bezeichneten Posten gesondert und in der vorgeschriebenen Reihenfolge aufzunehmen sind.

Aktiva — Verkürzte Bilanz einer kleinen Kapitalgesellschaft — Passiva

Aktiva	Passiva
A. Anlagevermögen	**A. Eigenkapital**
I. Immaterielle Vermögensgegenstände	I. gezeichnetes Kapital
II. Sachanlagen	II. Kapitalrücklage
III. Finanzanlagen	III. Gewinnrücklagen
B. Umlaufvermögen	IV. Gewinnvortrag/Verlustvortrag
I. Vorräte	V. Jahresüberschuss/ Jahresfehlbetrag
II. Forderungen und sonstige Vermögensgegenstände	**B. Rückstellungen**
III. Wertpapiere	**C. Verbindlichkeiten**
IV. Kassenbestand, Bundesbankguthaben, Guthaben bei Kreditinstituten und Schecks	**D. Rechnungsabgrenzungsposten**
C. Rechnungsabgrenzungsposten	**E. Passive latente Steuern**
D. Aktive latente Steuern	
E. Aktiver Unterschiedsbetrag aus der Vermögensrechnung	

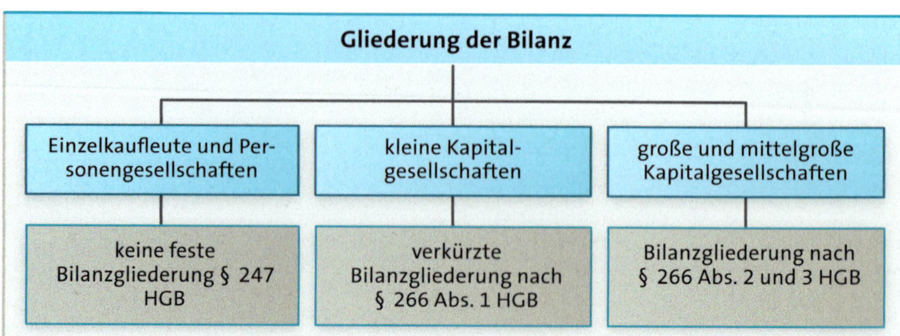

Das Gliederungsschema für Kapitalgesellschaften wird heute üblicherweise von allen Unternehmen – unabhängig von ihrer Rechtsform – übernommen.

Bilanzgliederung für große und mittelgroße Kapitalgesellschaften

Aktiva	Passiva
A. Anlagevermögen I. Immaterielle Vermögensgegenstände: 1. Selbst geschaffene gewerbliche Schutzrechte und ähnliche Rechte und Werte; 2. entgeltlich erworbene Konzessionen, gewerbliche Schutzrechte und ähnliche Rechte und Werte sowie Lizenzen an solchen Rechten und Werten; 3. Geschäfts- oder Firmenwert 4. geleistete Anzahlungen II. Sachanlagen: 1. Grundstücke, grundstücksgleiche Rechte und Bauten einschließlich der Bauten auf fremden Grundstücken 2. technische Anlagen und Maschinen 3. andere Anlagen, Betriebs- und Geschäftsausstattung 4. geleistete Anzahlungen und Anlagen im Bau III. Finanzanlagen: 1. Anteile an verbundenen Unternehmen 2. Ausleihungen an verbundene Unternehmen 3. Beteiligungen 4. Ausleihungen an Unternehmen, mit denen ein Beteiligungsverhältnis besteht 5. Wertpapiere des Anlagevermögens 6. sonstige Ausleihungen **B. Umlaufvermögen** I. Vorräte: 1. Roh-, Hilfs- und Betriebsstoffe 2. unfertige Erzeugnisse, unfertige Leistungen 3. fertige Erzeugnisse und Waren 4. geleistete Anzahlungen II. Forderungen und sonstige Vermögensgegenstände: 1. Forderungen aus Lieferungen und Leistungen 2. Forderungen gegen verbundene Unternehmen 3. Forderungen gegen Unternehmen, mit denen ein Beteiligungsverhältnis besteht 4. sonstige Vermögensgegenstände III. Wertpapiere: 1. Anteile an verbundenen Unternehmen 2. sonstige Wertpapiere IV. Kassenbestand, Bundesbankguthaben, Guthaben bei Kreditinstituten und Schecks **C. Rechnungsabgrenzungsposten** **D. Aktive latente Steuern** **E. Aktiver Unterschiedsbetrag aus Vermögensrechnung**	**A. Eigenkapital** I. Gezeichnetes Kapital II. Kapitalrücklage III. Gewinnrücklagen: 1. gesetzliche Rücklage 2. Rücklage für Anteile an einem herrschenden oder mehrheitlich beteiligten Unternehmen; 3. satzungsmäßige Rücklagen 4. andere Gewinnrücklagen IV. Gewinnvortrag/Verlustvortrag V. Jahresüberschuss/Jahresfehlbetrag **B. Rückstellungen** 1. Rückstellungen für Pensionen und ähnliche Verpflichtungen 2. Steuerrückstellungen 3. sonstige Rückstellungen **C. Verbindlichkeiten** 1. Anleihen, davon konvertibel 2. Verbindlichkeiten gegenüber Kreditinstituten 3. erhaltene Anzahlungen auf Bestellungen 4. Verbindlichkeiten aus Lieferungen und Leistungen 5. Verbindlichkeiten aus der Annahme gezogener Wechsel und der Ausstellung eigener Wechsel 6. Verbindlichkeiten gegenüber verbundenen Unternehmen 7. Verbindlichkeiten gegenüber Unternehmen, mit denen ein Beteiligungsverhältnis besteht 8. sonstige Verbindlichkeiten, davon aus Steuern, davon im Rahmen der sozialen Sicherheit **D. Rechnungsabgrenzungsposten** **E. Passive latente Steuern**

Bilanzgliederung nach § 266 HGB

3.2.2 Ausweis des Eigenkapitals in der Bilanz

Rechtsformen von Unternehmen
▶ LF 1, Kap. 6

Einzelunternehmen, die ja nur einen Inhaber haben, weisen das Eigenkapital in einer Position aus. **Personengesellschaften**, die mehrere Inhaber haben, weisen für jeden Inhaber eine eigenständige Eigenkapitalposition aus (Eigenkapital Gesellschafter A, Eigenkapital Gesellschafter B usw.). Bei voll haftenden Gesellschaftern kann sich das Eigenkapital im Zeitablauf ändern. Es steigt durch nicht ausgezahlte Gewinne oder Privateinlagen; es sinkt durch verrechnete Verluste oder Privatentnahmen.

Eigenkapitalausweis in der Bilanz § 268 Abs. 1 HGB

Für **Kapitalgesellschaften** gelten besondere Ausweispflichten gemäß HGB. Dabei kann das Eigenkapital **vor, nach teilweiser oder nach vollständiger Ergebnisverwendung** (z. B. Gewinnverteilung) ausgewiesen werden. Für externe Bilanzempfänger ist es zumeist wichtig zu wissen, wie viel Kapital tatsächlich im Unternehmen verbleibt, da Kapitalausschüttungen an die Anteilseigner natürlich dem Unternehmen für das Erreichen seiner wirtschaftlichen Ziele nicht mehr zur Verfügung stehen. Das ist aber nicht in jedem Fall garantiert.

Fall 1: Eigenkapitalausweis vor der Ergebnisverwendung
Hier erkennt der Bilanzempfänger nur, dass noch keinerlei Entscheidungen über die Ergebnisverwendung getroffen worden sind. Über die Bildung von Gewinnrücklagen oder Gewinnausschüttungen muss erst noch entschieden werden.

Eigenkapitalausweis nach § 266 HGB

A. Eigenkapital	Erläuterungen (Beispiele)
I. Gezeichnetes Kapital	Kapital, auf das die Haftung der Gesellschafter für die Verbindlichkeiten der Kapitalgesellschaft gegenüber den Gläubigern beschränkt ist (Grund- oder Stammkapital)
II. Kapitalrücklage	Betrag, der bei der Ausgabe von Anteilen über dem Nennwert der Anteile liegt Beispiel: Bei einer Kapitalerhöhung durch Ausgabe von Aktien beträgt der Nennwert 1,00 €, der Ausgabewert 3,00 € pro Aktie. Die Kapitalrücklage je Aktie beträgt dann 2,00 €.
III. Gewinnrücklagen	Beträge, die im Geschäftsjahr oder einem früheren Geschäftsjahr aus dem Ergebnis (Gewinn) für die Kapitalgesellschaft einbehalten worden sind.
IV. Gewinnvortrag[1)]	unverteilter Gewinnrest aus dem Vorjahr
V. Jahresüberschuss[2)]	Gewinn des abgelaufenen Geschäftsjahres

1) gegebenenfalls auch Verlustvortrag aus dem Vorjahr
2) gegebenenfalls auch Jahresfehlbetrag, wenn ein Verlust ausgewiesen werden muss

Fall 2: Eigenkapitalausweis nach teilweiser Ergebnisverwendung
Hier erkennt der „Bilanzempfänger", dass über die Verwendung eines Restgewinnes (Bilanzgewinn) durch die Anteilseigner noch entschieden werden muss. Die Gliederungspunkte I. bis III. bleiben unverändert. Betragsmäßig wird aus einem Gewinnvortrag (IV.) und dem Jahresüberschuss (V.) nach Bildung von Gewinnrücklagen die neue Position IV. Bilanzgewinn.

IV. Bilanzgewinn	Wird ein Bilanzgewinn ausgewiesen, so sind bereits Gewinnrücklagen, für die kein Beschluss der Anteilseigner nötig ist, gebildet worden. Nur der Bilanzgewinn steht noch für eine weitere Erhöhung der Gewinnrücklagen und/oder für Ausschüttungen an die Anteilseigner zur Verfügung.

Fall 3: Eigenkapitalausweis nach vollständiger Ergebnisverwendung
Hier erkennt der Bilanzempfänger, dass die Anteilseigner abschließend über die Ergebnisverwendung entschieden haben. Erst jetzt wird ersichtlich, wie viel Kapital tatsächlich im Unternehmen verbleibt und nicht ausgeschüttet wird. Die Gliederungspunkte I. bis III. bleiben unverändert. Betragsmäßig wird aus dem Bilanzgewinn ggf. nach einer weiteren Bildung von Gewinnrücklagen und/oder Gewinnausschüttung die neue Position IV. Gewinnvortrag für das Folgejahr.

IV. Gewinnvortrag	Wird ein neuer Gewinnvortrag ausgewiesen, so ist das Ergebnis bereits vollständig (Bildung von Gewinnrücklagen und/oder Ausschüttungen) verteilt worden.

Beispiel

Um die Betriebserweiterung finanzieren zu können, hat die BPK GmbH in jüngster Zeit Gewinnrücklagen gebildet. Darüber hinaus ist ein neuer Gesellschafter aufgenommen worden. Dieser hat zusätzlich zu seiner Einlage 100.000,00 € auf das Bankkonto der BPK eingezahlt, die jetzt als Kapitalrücklage ausgewiesen werden.
Laut Gesellschaftsvertrag ist eine jährliche Aufstockung der Gewinnrücklagen in Höhe von 5.000,00 € vereinbart. In der Gesellschafterversammlung wird eine Gewinnauszahlung in Höhe von 120.000,00 € an die Gesellschafter beschlossen. Die Gewinnanteile der Gesellschafter sind noch nicht ausgezahlt.

Eigenkapitalausweis in der Bilanz der BPK GmbH

	In Abhängigkeit von der Ergebnisverwendung (in €)		
A. Eigenkapital	vor Ergebnisverwendung	nach teilweiser Ergebnisverwendung	nach vollständiger Ergebnisverwendung
I. Gezeichnetes Kapital	300.000,00	300.000,00	300.000,00
II. Kapitalrücklage	100.000,00	100.000,00	100.000,00
III. Gewinnrücklagen	50.000,00	55.000,00	55.000,00
IV. Gewinnvortrag (Vorjahr)	750,00	–	–
V. Jahresüberschuss	127.850,00	–	–
IV. Bilanzgewinn	–	123.600,00	–
IV. Gewinnvortrag (Berichtsjahr)	–	–	3.600,00
Summe Eigenkapital	578.600,00	578.600,00	458.600,00
Verbindlichkeiten gegenüber Gesellschaftern	–	–	120.000,00
Summe	**578.600,00**	**578.600,00**	**578.600,00**

Berechnungen zur Ergebnisverwendung

Ausgangsbasis: Eigenkapitalteile vor der Ergebnisverwendung	
Gewinnvortrag	750,00 €
+ Jahresüberschuss	127.850,00 €
= zu verteilender Gewinn	128.600,00 €
– Einstellung in die Gewinnrücklage	5.000,00 €
= Bilanzgewinn	123.600,00 €
– Gewinnanteile der Gesellschafter (noch nicht ausgezahlt)	120.000,00 €
= Gewinnvortrag für das Folgejahr	3.600,00 €

Neben den in der Bilanz offen ausgewiesenen Kapital- und Gewinnrücklagen sind in jedem Unternehmen stille Rücklagen (stille Reserven) vorhanden, die in der Bilanz nicht ausgewiesen werden.

▶ LF 8, Kap. 2.6

3.3 Gewinn- und Verlustrechnung

§ 275 Abs. 2 HGB

Im Unterschied zur Finanzbuchhaltung müssen Kapitalgesellschaften ihre Gewinn- und Verlustrechnung gemäß HGB **in Staffelform** aufstellen. Nur mittelgroße und große Kapitalgesellschaften müssen diese Gewinn- und Verlustrechnung veröffentlichen. Kleine und mittelgroße Kapitalgesellschaften dürfen die Positionen 1 bis 5 zu einer Position „Rohergebnis" zusammenfassen. Bei der Aufstellung der GuV-Rechnung sind nach HGB (teilweise mit weiteren Untergliederungen) folgende Posten auszuweisen:

Aufbau der GuV-Rechnung nach § 275 HGB

GuV-Positionen nach HGB	Erläuterungen/Beispiele für ein Großhandelsunternehmen		
1. Umsatzerlöse	Warenverkauf	Rohergebnis: Positionen 1. bis 5.	Betriebsergebnis: Positionen 1. bis 8.
2. Erhöhung oder Verminderung des Bestands an fertigen und unfertigen Erzeugnissen	für Großhandelsunternehmen ohne Bedeutung		
3. andere aktivierte Eigenleistungen			
4. sonstige betriebliche Erträge	weitere sonstige Erträge (auch außerordentliche), soweit nicht in 1. bis 3. enthalten (ohne Finanzerträge und Zinsen)		
5. Materialaufwand	Wareneingang (Aufwendungen für Waren)		
6. Personalaufwand	Löhne, Gehälter, vermögenswirksame Leistungen des Arbeitgebers, soziale Abgaben, Aufwendungen für Altersvorsorge		
7. Abschreibungen	im Anlagevermögen (ohne Finanzanlagen) und Umlaufvermögen, soweit diese die in der Kapitalgesellschaft üblichen Abschreibungen überschreiten		
8. sonstige betriebliche Aufwendungen	weitere sonstige Aufwendungen (auch außerordentliche), soweit nicht in 5. bis 7. enthalten (ohne Finanzaufwendungen und Zinsen)		
9. Erträge aus Beteiligungen	Erträge und Aufwendungen aus dem Finanzbereich einschließlich Zinsen	Finanzergebnis: Positionen 9. bis 13.	
10. Erträge aus anderen Wertpapieren und Ausleihungen des Finanzanlagevermögens			
11. sonstige Zinsen und ähnliche Erträge			
12. Abschreibungen auf Finanzanlagen und auf Wertpapiere des Umlaufvermögens			
13. Zinsen und ähnliche Aufwendungen			
14. Steuern vom Einkommen und Ertrag	Körperschaft- und Gewerbeertragsteuer		
15. Ergebnis nach Steuern			
16. sonstige Steuern	weitere Steuern, z. B. Grundsteuer oder Kfz-Steuer, soweit nicht in Position 4. enthalten		
17. Jahresüberschuss/Jahresfehlbetrag			

Mit dem 2016 in Kraft getretenen Bilanzrichtlinien-Umsetzungsgesetz (BilRUG) ist im Gliederungsschema der GuV-Rechnung nach HGB das früher notwendige betriebsgewöhnliche Ergebnis (Ergebnis der gewöhnlichen Geschäftstätigkeit) vollständig entfallen, da es auch das außerordentliche Ergebnis nicht mehr gibt. Außerordentliche Erträge oder Aufwendungen sind jetzt im Anhang je GuV-Position anzugeben.

§ 285 HGB Sonstige Pflichtangaben

Ferner sind im Anhang anzugeben:
[...]
31. jeweils der Betrag und die Art der einzelnen Erträge und Aufwendung von außergewöhnlicher Größenordnung oder außergewöhnlicher Bedeutung, soweit die Beträge nicht von untergeordneter Bedeutung sind;
[...]

Ergebnisstruktur nach HGB

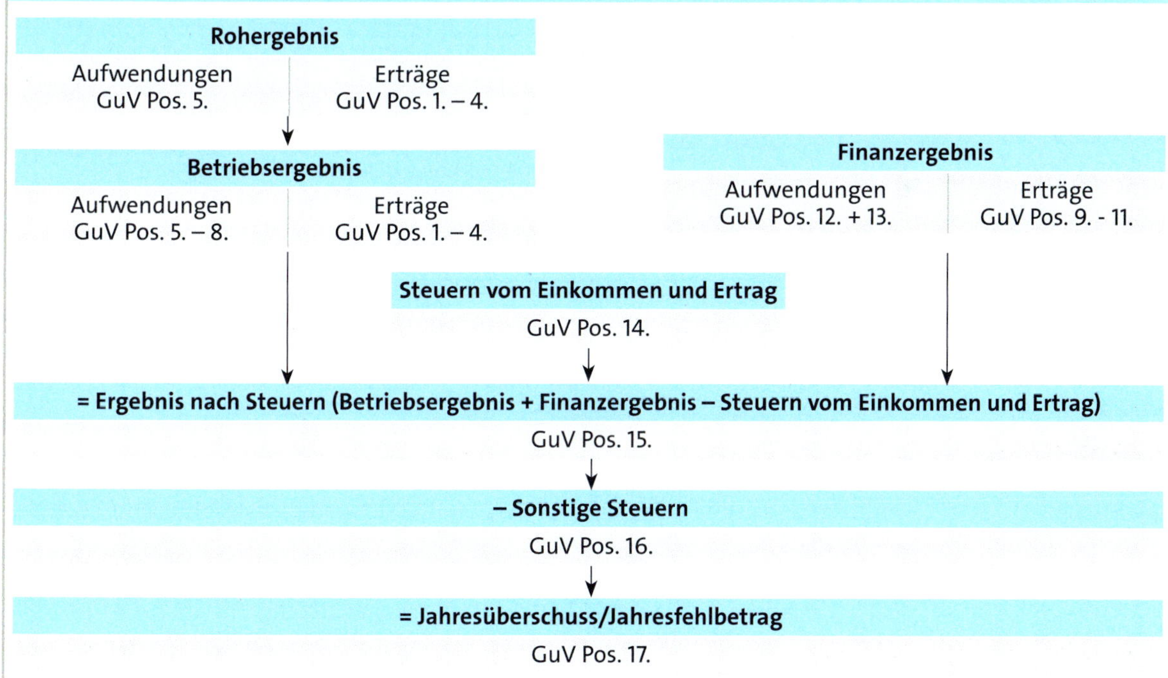

3.4 Anhang und Lagebericht

Zum Jahresabschluss selbst gehören Erläuterungen zur Bilanz und zur Gewinn- und Verlustrechung der Kapitalgesellschaft, die in einem Anhang aufzunehmen sind. Einen Katalog von Pflichtangaben enthalten die § § 284 und 285 HGB. Kleine und mittlere Kapitalgesellschaften müssen nicht alle Angaben veröffentlichen.

Inhalte des Anhangs nach § § 284 f. HGB

Mögliche Inhalte des Anhangs	Beispiele
allgemeine Grundsätze der Bilanzierung, Bewertung und der Währungsumrechnung	• Darstellung und Erläuterung von angewandten Bilanzierungs- und Bewertungsmethoden mit Angaben hinsichtlich Änderungen zu Vorjahren und deren Einfluss auf die Vermögens-, Finanz- und Ertragslage • Umrechnungskurse für Forderungen und Verbindlichkeiten in Fremdwährungen
erläuternde, ergänzende und korrigierende Informationen zur Bilanz und zur Gewinn- und Verlustrechnung	• Ausweis eines Anlagespiegels, der den Wert und die Entwicklung der einzelnen Anlagegüter erläutert (soweit nicht in der Bilanz selbst dargestellt) • angewandte Abschreibungsmethoden • Verbindlichkeiten mit einer Restlaufzeit von mehr als 5 Jahren • Aufgliederung der Umsatzerlöse nach Tätigkeitsbereichen oder regionalen Märkten • durch Pfandrechte gesicherte Verbindlichkeiten • sonstige (auch zukünftige) finanzielle Verpflichtungen, die nicht in der Bilanz erscheinen • einmalige, außergewöhnliche Ergebnisse • Abweichungen der Handelsbilanz von der Steuerbilanz
sonstige Angaben	• Namen aller Mitglieder der Geschäftsführung und des Aufsichtsrates; Angaben über deren gesamte Bezüge vom Unternehmen • Anzahl der beschäftigten Arbeitnehmer

Lagebericht

§ 289 Abs. 2 HGB

Mittlere und große Kapitalgesellschaften müssen neben dem Jahresabschluss mit Bilanz, Gewinn- und Verlustrechnung und Anhang zusätzlich einen Lagebericht veröffentlichen. Dieser Bericht soll die derzeitige und zukünftige Situation des Unternehmens hinsichtlich seiner Chancen und Risiken darstellen. Es muss darin ein den „tatsächlichen Verhältnissen entsprechendes Bild" vermittelt werden. Der Lagebericht soll das Bild aus Bilanz und GuV für die Gläubiger abrunden.

Dabei soll auch
- auf bedeutsame Vorgänge, die nach Abschluss des Geschäftsjahres eingetreten sind (z. B. konjunkturelle und saisonale Tendenzen in der Branche, Ergebnisanalysen),
- auf die voraussichtliche Entwicklung (z. B. Marktenwicklung, Konsumverhalten) und
- auf den Bereich Forschung und Entwicklung (z. B. neue Produkte)

eingegangen werden.

Alles klar?

1 Nennen Sie die Bestandteile eines Jahresabschlusses einer Kapitalgesellschaft.

2 Welchen Informationsgehalt des Jahresabschlusses soll der Anhang verbessern?

3 Zählen Sie fünf mögliche Empfänger mit Interesse am Jahresabschluss eines Unternehmens auf.

4 Eine Kapitalgesellschaft hat folgende Werte in zwei aufeinander folgenden Geschäftsjahren erreicht:

	20XX	20XY
Bilanzsumme	7 Mio. €	9 Mio. €
Umsatzerlöse	12 Mio. €	16 Mio. €
Ø Arbeitnehmerzahl (AN)	240 AN	260 AN

a) Welcher Größenklasse ist diese Kapitalgesellschaft zuzuordnen?

b) Welche der nachfolgenden Aussagen gilt für diese Kapitalgesellschaft **nicht**?
   1) Die Bilanz muss in vollständiger Form erstellt werden.
   2) Die GuV kann in verkürzter Form veröffentlicht werden.
   3) Der Anhang und der Lagebericht müssen nicht erstellt werden.
   4) Die Veröffentlichung (Einreichungsfrist) beträgt vier Monate nach dem Jahresabschlussdatum, wenn es sich um eine börsennotierte Aktiengesellschaft handelt.

5 Welche drei der folgenden Bilanzposten gehören zu den Aktiva?

a) Gewinnvortrag/Verlustvortrag
b) Rückstellungen
c) Vorräte
d) Jahresüberschuss
e) Sachanlagen
f) Wertpapiere

6 Eine Kapitalgesellschaft weist folgende Posten unter der Bilanzposition A Eigenkapital aus:

I Gezeichnetes Kapital	500.000,00 €
II Kapitalrücklage	200.000,00 €
III Gewinnrücklagen	40.000,00 €
IV Bilanzgewinn	120.000,00 €

Welche Aussage stimmt zu diesem Eigenkapitalausweis **nicht**?

a) In diesem Geschäftsjahr ist kein Jahresüberschuss erzielt worden.
b) Über die Verwendung des Bilanzgewinns entscheiden die Anteilseigner.
c) Der Bilanzgewinn kann zu einer (weiteren) Erhöhung der Gewinnrücklagen und/oder zur Auszahlung an die Anteilseigner verwendet werden.
d) Wird der Bilanzgewinn nicht vollständig verwendet, entsteht ein Gewinnvortrag für das Folgejahr.

7 Welche zwei Aussagen zur GuV-Rechnung nach § 275 HGB stimmen **nicht**?

a) Die GuV-Rechnung muss in Kontoform aufgestellt werden.
b) Die GuV-Rechnung beginnt mit den Umsatzerlösen und endet mit dem Jahresüberschuss/Jahresfehlbetrag.
c) Kleine und mittelgroße Kapitalgesellschaften dürfen die GuV-Positionen 1 bis 5 zu einer Position „Rohergebnis" zusammenfassen.
d) Das Finanzergebnis ergibt sich aus dem Saldo der Positionen 9 bis 13.
e) Das Betriebsergebnis entspricht der Position 15 Ergebnis nach Steuern.

8 Welche drei der folgenden Inhalte müssen im Anhang angegeben werden?

a) gezeichnetes Kapital
b) Bilanzierungs- und Bewertungsmethoden
c) Finanzergebnis
d) angewandte Abschreibungsmethoden
e) bedeutende Vorgänge nach Abschluss des Geschäftsjahres
f) Namen aller Mitglieder der Geschäftsführung und des Aufsichtsrates
g) voraussichtliche Marktentwicklung

AB ▶ LS 86

4 Analyse des Jahresabschlusses

Alle internen und externen Informationsempfänger von Jahresabschlüssen können anhand der Vermögens-, Finanz-, und Ertragslage eines Unternehmens überprüfen, ob die individuellen Zielsetzungen, die sie mit dieser Unternehmung verbinden, realisiert werden konnten.

Empfänger von Jahresabschlüssen

Empfänger	**Mögliche Zielsetzungen**
Gesellschafter (Anteilseigner)	dauerhafte (hohe) Gewinnausschüttungen, Unternehmenswachstum
Gläubiger	Sicherheit für Zins- und Tilgungszahlungen
Kunden	dauerhafte Lieferbereitschaft
Lieferer	dauerhafte Kauf- und Zahlungsfähigkeit
Mitarbeiter	sicherer Arbeitsplatz

Die Datenbasis der Informationsempfänger ist dabei unterschiedlich umfangreich.

Datenbasis für Analysen der Unternehmensergebnisse

Externe Analyse	**Interne Analyse**
• Jahresabschluss nach HGB mit Bilanz, GuV-Rechnung, ggf. Anhang und Lagebericht (Offenlegungspflichten beachten) • weitere Veröffentlichungen des Unternehmens • Presseberichte über das Unternehmen	• Jahresabschluss nach HGB mit Bilanz, GuV-Rechnung, ggf. Anhang und Lagebericht • Steuerbilanz • interne Bilanzen nach alternativen internen Rechnungslegungsprinzipien • Daten der Kosten- und Leistungsrechnung • weitere Planungs- und Ergebnisrechnungen aller Art, Unternehmensziele
beschränkte Informationsbasis	je nach internem Empfänger (in Abhängigkeit von Hierarchiestufen und der internen Informationspolitik) mehr oder weniger vollständige Informationsbasis

Alle Analysen sind je nach Informationslage unterschiedlich zu beurteilen.

Auswertungen der Unternehmensergebnisse

Zeitvergleich	**Betriebsvergleich/ Branchenvergleich**	**Soll-Ist-Vergleich**
Vergleich der Ergebnisse vorangegangener Abrechnungsperioden mit den Ergebnissen der aktuellen Abrechnungsperiode	Vergleich der Unternehmensergebnisse und deren Entwicklung mit denen anderer Unternehmen (gleiche Branche, vergleichbare Größe und Zielsetzungen) oder den Durchschnittswerten der Branche	Vergleich geplanter Ergebnisse mit tatsächlich realisierten Ergebnissen; zumeist nur als interne Analyse möglich, da für Unternehmensexterne Planungsdaten i. d. R. nicht oder nur beschränkt zur Verfügung stehen

Basis für alle Auswertungen sind die Bilanz und die Gewinn- und Verlustrechnung eines Unternehmens.

4.1 Auswertung der Bilanz

Beispiel

Um die Betriebserweiterung finanzieren zu können, hat die BPK GmbH im Jahr 20X2 erstmals Gewinnrücklagen in Höhe von 50.000,00 € gebildet. Darüber hinaus wurde zu Beginn des Jahres 20X3 ein neuer Gesellschafter, Herr Roskamp, aufgenommen, der Ehemann der bisherigen Gesellschafterin Renate Roskamp. Damit bleibt die BPK GmbH weiterhin ein Familienunternehmen. Herr Roskamp hat einen Kapitalanteil in Höhe von 100.000,00 € gezeichnet. Für die Beteiligung an der GmbH mit ihrer langjährigen Firmentradition hat Herr Roskamp ein **Agio** in gleicher Höhe gezahlt, das als Kapitalrücklage in der Bilanz ausgewiesen wird.

Agio (Aufgeld)
Zahlungen an die GmbH, die über den Anteil am gezeichneten Kapital hinausgehen

Aktiva — Bilanz der BPK GmbH, Wuppertal zum 31.12.20X3 — Passiva

Aktiva	Vorjahr	Berichtsjahr	Passiva	Vorjahr	Berichtsjahr
A. Anlagevermögen			**A. Eigenkapital**		
I. Immaterielle Vermögensgegenstände	–	–	I. Gezeichnetes Kapital	300.000,00	400.000,00
II. Sachanlagen	406.250,00	642.600,00	II. Kapitalrücklage	–	100.000,00
III. Finanzanlagen	–	–	III. Gewinnrücklagen	50.000,00	50.000,00
B. Umlaufvermögen			IV. Gewinnvortrag	250,00	750,00
I. Vorräte	262.600,00	378.200,00	V. Jahresüberschuss	72.600,00	127.850,00
II. Forderungen und sonstige Vermögensgegenstände	243.720,00	296.200,00	**B. Rückstellungen**	2.300,00	54.000,00
III. Wertpapiere	–	–	**C. Verbindlichkeiten**	550.000,00	703.100,00
IV. Kassenbestand, Bundesbankguthaben, Guthaben bei Kreditinstituten und Schecks	61.705,00	116.800,00	**D. Rechnungsabgrenzungsposten**	2.250,00	4.300,00
C. Rechnungsabgrenzungsposten	3.125,00	6.200,00			
	977.400,00	1.440.000,00		977.400,00	1.440.000,00

Damit haben sich alle Bilanzwerte verändert. Im **Zeitvergleich** zum Vorjahr sind alle Bilanzposten im Wert gestiegen.

Gliederung der Bilanz nach HGB
▶ LF 8, Kap. 3.2.1

Aktiva — Werteveränderungen der Bilanzposten in Prozent — Passiva

Aktiva	%	Passiva	%
A. Anlagevermögen		**A. Eigenkapital**	
I. Immaterielle Vermögensgegenstände		I. Gezeichnetes Kapital	33,33
II. Sachanlagen	58,18	II. Kapitalrücklage	
III. Finanzanlagen		III. Gewinnrücklagen	0,00
B. Umlaufvermögen		IV. Gewinnvortrag	200,00
I. Vorräte	44,02	V. Jahresüberschuss	76,10
II. Forderungen und sonstige Vermögensgegenstände	21,53	**B. Rückstellungen**	2.247,83
III. Wertpapiere		**C. Verbindlichkeiten**	27,84
IV. Kassenbestand, Bundesbankguthaben, Guthaben bei Kreditinstituten und Schecks	89,29	**D. Rechungsabgrenzungsposten**	91,11
C. Rechnungsabgrenzungsposten	**98,40**		
Bilanzsumme	**47,33**	**Bilanzsumme**	**47,33**

Latente Steuern und ein aktiver Unterschiedsbetrag aus der Vermögensverrechnung sind für die BPK GmbH ohne Bedeutung. Die Posten werden deshalb nicht ausgewiesen.
§ § 265 Abs. 8 HGB

Dabei führt auf der Aktiva-Seite der Bilanz die Betriebserweiterung im Wesentlichen zu einer Wertsteigerung bei den Sachanlagen sowie bei den Vorräten. Das zusätzliche Eigenkapital in Form von „frischem" Geld sowie die Aufnahme und Auszahlung eines langfristigen Darlehens zeigen sich nicht nur auf der Passiva-Seite der Bilanz. Die BPK GmbH verfügt zurzeit über zusätzliche flüssige Mittel (Buchgeld) auf den Konten.

Fremdkapital

In der Bilanz lt. HGB umfasst das Fremdkapital die Positionen
B. Rückstellungen,
C. Verbindlichkeiten und
D. Passive Rechnungsabgrenzungsposten

Wie erfolgreich diese Veränderungen für die BPK sind, muss allerdings erst genauer analysiert werden. Dafür wird die Bilanz aufbereitet, d. h., die Bilanzposten werden zu Anlage- bzw. Umlaufvermögen oder zu Eigen- bzw. **Fremdkapital** zusammengefasst. Forderungen und Verbindlichkeiten werden in lang- und kurzfristig aufgeteilt. Im Umlaufvermögen müssen zusätzlich die Flüssigen Mittel (bei der BPK GmbH die Bilanzposition IV.) separat ausgewiesen werden.

Aktiva — Strukturbilanz der BPK GmbH für die Auswertung — Passiva

	Vorjahr	Berichtsjahr		Vorjahr	Berichtsjahr
Anlagevermögen	406.250,00	642.600,00	Eigenkapital	422.850,00	678.600,00
Umlaufvermögen	571.150,00	797.400,00	Fremdkapital	554.550,00	761.400,00
davon:			davon:		
Forderungen[1,3]	246.845,00	302.400,00	langfristig	440.000,00	625.759,00
Flüssige Mittel	61.705,00	116.800,00	kurzfristig[2]	114.550,00	135.641,00
Gesamtvermögen	977.400,00	1.440.000,00	Gesamtkapital	977.400,00	1.440.000,00

1) Einschließlich aktive Rechnungsabgrenzungzungsposten
2) Einschließlich passive Rechnungsabgrenzungsposten
3) Alle Forderungen der BPK sind kurzfristig.

Die Strukturbilanz dient als Basis für die Bilanzanalyse. Dabei werden mithilfe verschiedener Kennzahlen die Unternehmensergebnisse verdeutlicht und vergleichbar gemacht. Bei der **vertikalen Bilanzanalyse** werden jeweils nur die Werte der Aktiva- oder der Passivaseite der Bilanz zueinander in Beziehung gesetzt (Vermögens- und Kapitalstruktur). Die **horizontale Bilanzanalyse** setzt Aktiva- und Passivaposten der Bilanz miteinander in Beziehung (Liquidität und Anlagendeckung).

Aufbau und Bestandteile der Bilanzanalyse

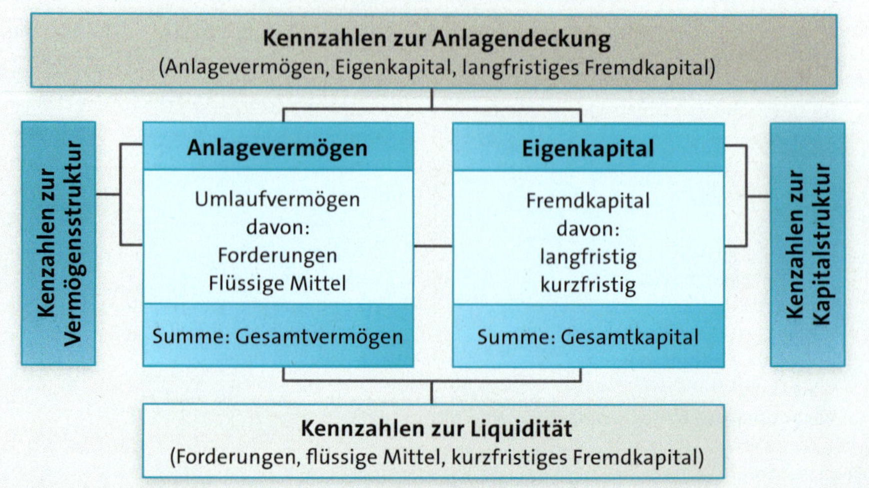

4.1.1 Vermögensstruktur

Die Vermögensstruktur zeigt den prozentualen Anteil des Anlage- und des Umlaufvermögens am Gesamtvermögen des Unternehmens an.

Kennziffern zur Vermögensstruktur

Anlagenintensität (Anlagenquote): $\frac{\text{Anlagevermögen}}{\text{Gesamtvermögen}}$

Umlaufintensität (Quote des Umlaufvermögens): $\frac{\text{Umlaufvermögen}}{\text{Gesamtvermögen}}$

Da sich das Gesamtvermögen aus der Summe von Anlage- und Umlaufvermögen ergibt und sich beide Kennziffern auf das Gesamtvermögen als Grundwert beziehen, addieren sich die Quoten immer zu 100 %.

Beispiel

Vermögensstruktur der BPK GmbH:

	Vorjahr:	Berichtsjahr:
Anlagenintensität:	$\frac{406.250,00}{977.400,00}$ = 0,4156 = **41,56 %**	$\frac{642.600,00}{1.440.000,00}$ = 0,44625 = **44,63 %**
Umlaufintensität:	$\frac{571.150,00}{977.400,00}$ = 0,58435 = **58,44 %**	$\frac{797.400,00}{1.440.000,00}$ = 0,55375 = **55,38 %**

Für ein Großhandelsunternehmen ist eine Anlagenquote (hier Sachanlagen) von über 40 % relativ hoch. Das Sachanlagevermögen verursacht zwangsläufig hohe fixe Kosten (z. B. Abschreibungen, Zinsen oder Versicherungsprämien). Durch die Erweiterungsinvestitionen ist diese Quote weiter gestiegen. Von Vorteil ist, dass die BPK GmbH mit eigenen Grundstücken und Gebäuden einschließlich Lagerhallen unabhängig von (evtl. befristeten) Miet- oder Pachtverträgen langfristig planen kann; unerwartet hohe Miet- oder Pachtanpassungen oder Vertragskündigungen sind ausgeschlossen. Gewinnträger ist allerdings immer das Umlaufvermögen, bei Großhandlungen insbesondere das Vorratsvermögen, welches im Berichtsjahr wertmäßig stark gestiegen ist. Der Verkauf dieser zusätzlichen Warenbestände macht den zukünftigen Gewinn des Unternehmens aus.

4.1.2 Kapitalstruktur

Die Kapitalstruktur zeigt den prozentualen Anteil des Eigen- und des Fremdkapitals am Gesamtkapital des Unternehmens an.

Kennziffern zur Kapitalstruktur

Eigenkapitalintensität (Eigenkapitalquote) : $\frac{\text{Eigenkapital}}{\text{Gesamtkapital}}$

Fremdkapitalintensität (Fremdkapitalquote): $\frac{\text{Fremdkapital}}{\text{Gesamtkapital}}$

Auch die Summe dieser beiden Quoten ist stets gleich 100 %.

Beispiel

Kapitalstruktur der BPK GmbH:

	Vorjahr:	Berichtsjahr:
Eigenkapitalintensität:	$\frac{422.850,00}{977.400,00}$ = 0,43262 = **43,26 %**	$\frac{678.600,00}{1.440.000,00}$ = 0,47125 = **47,13 %**
Fremdkapitalintensität:	$\frac{554.550,00}{977.400,00}$ = 0,56737 = **56,74 %**	$\frac{761.400,00}{1.440.000,00}$ = 0,52875 = **52,88 %**

Eine **Eigenkapitalquote** von über 40 % ist für Großhandelsunternehmen positiv zu bewerten. Insbesondere durch die Bildung von Gewinnrücklagen und die Aufnahme eines neuen Gesellschafters hat sich die Eigenkapitalbasis der BPK GmbH noch verbessert, obwohl für die Betriebserweiterung auch ein zusätzliches langfristiges Darlehen aufgenommen wurde.

Ein hohes Eigenkapital – in Verbindung mit einem angemessenen Gewinn – wirkt sich positiv auf die Kreditwürdigkeit eines Unternehmens bei Banken und auch Lieferanten aus. Alternativ kann aber bei hohem Eigenkapitalanteil unter Umständen auch auf die Ausschöpfung von zins- und tilgungspflichtigen Kreditlinien ganz verzichtet werden – das erhöht zusätzlich den Gewinn.

4.1.3 Verschuldungsgrad

Der Verschuldungsgrad stellt das Fremdkapital ins Verhältnis zum Eigenkapital. Diese Kennziffer ist insbesondere bei Kreditaufnahmen eine wichtige Größe. Kreditgebende Banken verbinden damit ihre Entscheidungskriterien zur Beurteilung der Finanzierung. Diese sind:

- Unabhängigkeit
- Kreditwürdigkeit
- Krisenfestigkeit

Neben einer möglichst hohen Eigenkapitalquote, die als Maßstab für die Unabhängigkeit eines Unternehmens von Fremdkapitalgebern betrachtet wird, galt ein Verhältnis von Fremdkapital zu Eigenkapital von 1:1 lange Zeit als optimal für die Beurteilung der Kreditwürdigkeit. Dies erreicht heutzutage aber kaum noch ein Unternehmen. Auch deshalb wird jetzt ein Verhältnis von bis zu 2:1 (Fremdkapital zu Eigenkapital) aus Bankensicht noch positiv gesehen.

Verfügt ein Unternehmen über ein großes Eigenkapital und eine gute Ertragslage, so wird es ohne Mühe weiteres Fremdkapital aufnehmen können. Zinsen auf Fremdkapital müssen unabhängig von der Ertragslage gezahlt werden. Das bedeutet, dass Fremdkapitalgeber auch in Krisenzeiten (schlechte Ertragslage) nicht auf die Zahlung von Zinsen und Tilgung verzichten werden. Hier gilt dann das Eigenkapital als Sicherheit.

Verschuldungsgrad

Verschuldungsgrad: $\frac{\text{Fremdkapital}}{\text{Eigenkapital}}$

Beispiel

Verschuldungsgrad der BPK GmbH:

Vorjahr:

$$\frac{554.550{,}00}{422.850{,}00} = 1{,}3115 = \mathbf{131{,}15\,\%}$$

Berichtsjahr:

$$\frac{761.400{,}00}{678.600{,}00} = 1{,}1220 = \mathbf{112{,}20\,\%}$$

Auch die BPK GmbH erreicht nicht den früher von Fremdkapitalgebern bevorzugten Verschuldungsgrad von 100 %. Dieser liegt aber noch weit unter der zweiten Grenze von 200 %. Darüber hinaus hat sich der Verschuldungsgrad im Vergleich zum Vorjahr noch verbessert.

4.1.4 Anlagendeckung

Die Anlagendeckungsgrade zeigen, in welchem Umfang das langfristig im Unternehmen gebundene Anlagevermögen durch langfristiges Kapital (Eigenkapital und langfristiges Fremdkapital) gedeckt wird.

Anlagendeckungsgrade

Anlagendeckung I (Deckungsgrad I oder A): $\frac{\text{Eigenkapital}}{\text{Anlagevermögen}}$

Anlagendeckung II (Deckungsgrad II oder B): $\frac{\text{(Eigenkapital + langfristiges Fremdkapital)}}{\text{Anlagevermögen}}$

Beispiel

Anlagendeckungsgrade der BPK GmbH:

	Vorjahr:	Berichtsjahr:
Anlagendeckung I:	$\frac{422.850{,}00}{406.250{,}00} = 1{,}04086 = \mathbf{104{,}09\,\%}$	$\frac{678.600{,}00}{642.600{,}00} = 1{,}05602 = \mathbf{105{,}60\,\%}$
Anlagendeckung II:	$\frac{862.850{,}00}{406.250{,}00} = 2{,}12393 = \mathbf{212{,}39\,\%}$	$\frac{1.304.359{,}00}{642.600{,}00} = 2{,}02981 = \mathbf{202{,}98\,\%}$

Als ausreichend wird ein Anlagendeckungsgrad bezeichnet, wenn mit dem langfristigen Kapital das gesamte Anlagevermögen, das ja die Voraussetzung für die Leistungserstellung des Unternehmens ist, gedeckt wird (Deckungsgrad > 1). Das „schafft" die BPK GmbH schon mit dem **Deckungsgrad I**, d.h., dieses Unternehmen finanziert das gesamte Anlagevermögen mit Eigenkapital. Das Anlagevermögen ist also für das Unternehmen „sicher". Eventuell notwendige Fremdkapitalrückzahlungen gefährden die Betriebsbereitschaft nicht.

4.1.5 Liquidität

Liquiditätskennziffern zeigen zum Bilanzstichtag das Verhältnis von bestimmten Vermögenswerten und den kurzfristigen Verbindlichkeiten in Prozent.

Liquiditätskennziffern

Liquidität I (Liquidität 1. Grades): $\frac{\text{Flüssige Mittel}}{\text{kurzfristiges Fremdkapital}}$

Liquidität II (Liquidität 2. Grades): $\frac{\text{(Flüssige Mittel + Forderungen)}}{\text{kurzfristiges Fremdkapital}}$

Liquidität III (Liquidität 3. Grades): $\frac{\text{Umlaufvermögen}}{\text{kurzfristiges Fremdkapital}}$

Beispiel

Liquiditätskennziffern der BPK GmbH:

	Vorjahr:	Berichtsjahr:
Liquidität I:	$\frac{61.705,00}{114.550,00}$ = 0,53867 = **53,87 %**	$\frac{116.800,00}{135.641,00}$ = 0,86109 = **86,11 %**
Liquidität II:	$\frac{308.550,00}{114.550,00}$ = 2,69358 = **269,36 %**	$\frac{419.200,00}{135.641,00}$ = 3,09051 = **309,05 %**
Liquidität III:	$\frac{571.150,00}{114.550,00}$ = 4,98603 = **498,60 %**	$\frac{797.400,00}{135.641,00}$ =5,87875 = **587,88 %**

Die Liquidität als die Fähigkeit, jederzeit allen finanziellen Verpflichtungen termingerecht nachkommen zu können, ist aus einer Bilanz kaum nachhaltig abzuleiten. Bilanzdaten gelten nur für den Aufstellungstag und die Liquidität kann sich „täglich" und erheblich ändern. Aus hohen Liquiditätskennziffern der Vergangenheit (Bilanzdatum) wird aber immer wieder – häufig mangels aktueller Informationen im Laufe eines Geschäftsjahres – auf die zukünftige Zahlungsfähigkeit geschlossen.

Im Falle der BPK GmbH sind die Liquiditätskennziffern „auf den ersten Blick" sehr gut. Das Problem ist jedoch: Eine überhöhte Liquidität (Sicherheit) geht immer zu Lasten der Rentabilität (Gewinn im Verhältnis zu Kapitalwerten).

Eine **Liquidität II** in Höhe von um die 100 % wird allgemein als durchaus ausreichend angesehen. Die BPK GmbH sollte daher ihre überschüssige Liquidität, falls kurzfristig keine konkreten Investitionsprojekte geplant sind, möglichst renditestark anlegen, zumindest bis die Gewinnanteile an die Gesellschafter ausgezahlt werden müssen. Nach der Auszahlung sähe das „Bilanzbild zur Liquidität" bei der BPK GmbH dann auch wieder völlig anders aus.

4.2 Analyse der Gewinn- und Verlustrechnung

Für die BPK ist es besonders interessant, ob sich die Erweiterungsinvestitionen schon im ersten Geschäftsjahr gelohnt haben. Auskunft darüber gibt die Gewinn- und Verlustrechnung.

Aufbau der GuV-Rechnung
▶ LF 8, Kap. 3.3

bpk Bergisches Papierkontor GmbH

GuV-Rechung der BPK-GmbH zum 31.12.20X3

	Vorjahr	Berichtsjahr	Veränderung
1. Umsatzerlöse	6.675.200,00	7.933.795,60	18,85 %
2. Erhöhung oder Verminderung des Bestandes an fertigen oder unfertigen Erzeugnissen	–	–	–
3. andere aktivierte Eigenleistungen	–	–	–
4. sonstige betriebliche Erträge	43.700,00	46.790,00	7,07 %
5. Materialaufwand	3.874.059,00	4.855.482,91	25,33 %
Rohergebnis	2.844.841,00	3.125.102,69	9,85 %
6. Personalaufwand	1.503.000,00	1.609.900,00	7,11 %
7. Abschreibungen	73.125,00	118.881,00	62,57 %
8. sonstige betriebliche Aufwendungen	1.048.600,00	1.112.300,00	6,07 %
Betriebsergebnis	220.116,00	284.021,69	29,03 %
9. Erträge aus Beteiligungen	–	–	–
10. Erträge aus anderen Wertpapieren und Ausleihungen des Finanzanlagevermögens	–	–	–
11. sonstige Zinsen und ähnliche Erträge	2.160,00	2.619,00	21,25 %
12. Abschreibungen auf Finanzanlagen und auf Wertpapiere des Umlaufvermögens	–	–	–
13. Zinsen und ähnliche Aufwendungen	28.600,00	40.674,00	42,22 %
Finanzergebnis	– 26.440,00	– 38.055,00	43,93 %
14. Steuern vom Einkommen und Ertrag	55.001,00	85.003,00	54,55 %
15. Ergebnis nach Steuern	138.675,00	160.963,69	18,41 %
16. sonstige Steuern	66.075,00	33.113,69	– 49,88 %
17. Jahresüberschuss	72.600,00	127.850,00	76,10 %

Hier kann man feststellen, dass der Jahresüberschuss erheblich gestiegen ist. Die Steigerung der Umsatzerlöse hat trotz steigender Aufwendungen (**Material**- und Personalaufwand, Abschreibungen usw.) zu einer Gewinnerhöhung geführt; das Betriebsergebnis ist um 29,3 % gestiegen. Noch deutlicher ist der Gesamtgewinn nach Steuern gestiegen (Jahresüberschuss +76,10 %). Langfristig ist die Entwicklung des Betriebsergebnisses von entscheidender Bedeutung.

Materialaufwand
Wareneinsatz der BPK GmbH

4.2.1 Intensitätskennziffern

Wie bei der Bilanzanalyse können auch für die GuV-Rechnung sogenannte Intensitätskennziffern ermittelt werden. Hier wird der prozentuale Anteil bestimmter Aufwands- oder Ertragsarten an der Gesamtsumme der betrieblichen Aufwendungen bzw. der betrieblichen Erträge ermittelt.

Intensitätskennziffern (Beispiele)

Wareneinsatzintensität: $\frac{\text{Wareneinsatz}}{\text{betriebliche Aufwendungen}}$

Personalaufwendungsintensität: $\frac{\text{Personalaufwendungen}}{\text{betriebliche Aufwendungen}}$

Abschreibungsintensität: $\frac{\text{Abschreibungen}}{\text{betriebliche Aufwendungen}}$

Umsatzintensität: $\frac{\text{Umsatzerlöse}}{\text{betriebliche Erträge}}$

Beispiel

Intensitätskennziffern der BPK GmbH (GuV-Rechnung):

	Vorjahr:	Berichtsjahr:
Wareneinsatzintensität:	$\frac{3.874.059,00}{6.498.784,00}$ = 0,59612 = **59,61 %**	$\frac{4.855.482,91}{7.696.563,91}$ = 0,63086 = **63,09 %**
Personalaufwendungsintensität:	$\frac{1.503.000,00}{6.498.784,00}$ = 0,23127 = **23,13 %**	$\frac{1.609.900,00}{7.696.563,91}$ = 0,20917 = **20,92 %**
Abschreibungsintensität:	$\frac{73.125,00}{6.498.784,00}$ = 0,01125 = **1,13 %**	$\frac{118.881,00}{7.696.563,91}$ = 0,01544 = **1,54 %**
Umsatzintensität:	$\frac{6.675.200,00}{6.718.900,00}$ = 0,99349 = **99,35 %**	$\frac{7.933.795,60}{7.980.585,60}$ = 0,99413 = **99,41 %**

Für die BPK GmbH zeigt sich hier, dass im Zeitvergleich der Anteil der **Personalaufwendungen** an den gesamten betrieblichen Aufwendungen sinkt, was durchaus positiv zu bewerten ist. Die Geschäftserweiterung ist mit relativ geringen Personalaufwandssteigerungen realisiert worden. Nicht unproblematisch ist allerdings die Steigerung der **Wareneinsatzintensität**. Die Bezugspreise der verkauften Waren haben für die BPK GmbH eine zunehmende Bedeutung im Rahmen der betrieblichen Gesamtaufwendungen. Härtere Preisverhandlungen auf den Beschaffungsmärkten erscheinen notwendig. Die **Abschreibungsintensität** ist zwangsläufig aufgrund der Erweiterungsinvestition (neue Abschreibungsobjekte) gestiegen. Für die BPK GmbH spielen die **Umsatzerlöse** im Rahmen der gesamten betrieblichen Erträge die absolute Hauptrolle.

4.2.2 Rentabilitätskennziffern

Personengesellschaften
▶ LF 1, Kap. 6.2

Rentabilitätskennziffern setzen den Gewinn in ein Verhältnis zum Kapitaleinsatz oder zum erzielten Umsatz. Bei Einzelunternehmen oder Personengesellschaften enthält der Gewinn auch das Entgelt für die Arbeitsleistung der voll haftenden Gesellschafter. Dieser **Unternehmerlohn** muss vor Ermittlung der Rentabilitätskennziffern vom Gewinn abgezogen werden, damit die Kennzahlen mit denen von Kapitalgesellschaften wie der BPK GmbH vergleichbar werden. Bei Kapitalgesellschaften sind ja bereits die Arbeitsentgelte für die Geschäftsführung in den Personalaufwendungen gewinnmindernd enthalten.

Kapitalgesellschaften
▶ LF 1, Kap. 6.3

Rentabilitätskennziffern

Eigenkapitalrentabilität (Unternehmerrentabilität): $\frac{\text{Gewinn}}{\text{Eigenkapital}}$

Gesamtkapitalrentabilität (Unternehmensrentabilität): $\frac{(\text{Gewinn + Fremdkapitalzinsen})}{\text{Gesamtkapital}}$

Umsatzrentabilität: $\frac{\text{Gewinn}}{\text{Umsatzerlöse}}$

Beispiel

Intensitätskennziffern der BPK GmbH (GuV-Rechnung):

	Vorjahr:	Berichtsjahr:
Eigenkapitalrentabilität:	$\frac{72.600{,}00}{350.250{,}00}$ = 0,20728 = **20,73 %**	$\frac{127.850{,}00}{550.750{,}00}$ = 0,23213 = **23,21 %**
Gesamtkapitalrentabilität:	$\frac{101.200{,}00}{904.800{,}00}$ = 0,11184 = **11,18 %**	$\frac{168.524{,}00}{1.312.150{,}00}$ = 0,12843 = **12,84 %**
Umsatzrentabilität:	$\frac{72.600{,}00}{6.675.200{,}00}$ = 0,01087 = **1,09 %**	$\frac{127.850{,}00}{7.933.795{,}60}$ = 0,01611 = **1,61 %**

Das Eigenkapital entspricht den Bilanzwerten der BPK GmbH zum Geschäftsjahresbeginn (Summe der Positionen I. bis IV. = eingesetztes Eigenkapital ohne den erst im Geschäftsjahr erwirtschafteten Jahresüberschuss). Das Fremdkapital der BPK GmbH schwankt im Jahresverlauf nur gering. Für die Ermittlung der Kennziffer „Gesamtkapitalrentabilität" wurde deshalb der Wert des Fremdkapitals zum Ende des Geschäftsjahres angesetzt. Alternativ könnten bei starken Kapitalveränderungen im Laufe des Jahres auch Jahresdurchschnittswerte (Anfangsbestand + Endbestand)/2 angesetzt werden.

Bilanz der BPK GmbH
▶ LF 8, Kap. 4.1

Eine **Eigenkapitalrentabilität** von über 20 %, die im Berichtsjahr weiter gestiegen ist, kann als überdurchschnittlich gut angesehen werden. Für die Gesellschafter muss sich das Risiko lohnen, in das Unternehmen zu investieren. Die Verzinsung des Eigenkapitals muss deshalb über dem Zinssatz liegen, der auf dem Kapitalmarkt für eine sichere, langfristige Geldanlage (z. B. in Bundesschatzbriefen) erzielt werden kann. Beträgt der Kapitalmarktzinssatz z. B. 5 % und die Eigenkapitalrentabilität der BPK GmbH im Berichtsjahr 23,21 %, dann wird das unternehmerische Risiko der BPK-Gesellschafter mit 18,21 % (23,21 % – 5 %) „belohnt".

Wenn auch die **Gesamtkapitalrentabilität** noch erheblich über dem Kapitalmarktzinssatz liegt, dürfte auch die Kreditwürdigkeit des Unternehmens positiv bewertet werden. Die Aufnahme weiterer Kredite ist dann immer möglich. Die **Umsatzrentabilität** erscheint gering, ist aber für Großhandelsunternehmen nicht ungewöhnlich – eine große Absatzmenge muss hier die niedrigen Gewinne je verkaufter Einheit ausgleichen. Steigerungen werden natürlich immer positiv bewertet.

AB ▶ LS 87

Unternehmensziele
▶ LF 1, Kap. 4.2

4.3 Zielvorgaben (Planwerte)

Unternehmensziele sind vielfältig. Ökonomische, ökologische und soziale Ziele können auch gleichzeitig verfolgt werden. Bezogen auf den Jahresabschluss eines Unternehmens im Wettbewerb sind insbesondere Formalziele von Bedeutung, die den Erfolg (Gewinn) bewerten. Erfolgsrelevante Planwerte (Zielwerte) werden für Monate vorgegeben und zu Quartals- und Jahreswerten zusammengefasst:

- die geplanten Umsätze (Anzahl je Artikel, Verkaufspreis je Artikel)
- die geplanten sonstigen Erträge (Mieterträge, Provisionserträge usw.)
- der geplante Materialaufwand (Menge, Einstandspreis je Artikel)
- der geplante Personalaufwand (Anzahl der Mitarbeiter, Personalaufwand je Mitarbeiter)
- die geplante Anlagennutzung (Abschreibung je Anlagegut)
- die geplanten sonstigen betrieblichen Aufwendungen (weitere Kostenarten)

Das geplante Betriebsergebnis ergibt sich aus der Differenz geplanter betrieblicher Erträge abzüglich geplanter betrieblicher Aufwendungen.

4.3.1 Vorgabe von Planwerten

Alle Ertrags- und Aufwandsbudgets werden mit ihren Planwerten zu Erfolgswerten der Gewinn- und Verlustrechnung zusammengefasst und ergeben das Plan-Betriebsergebnis, aus dem unter anderem die angestrebte Wirtschaftlichkeit ermittelt werden kann.

bpk Bergisches Papierkontor GmbH

Plan-Betriebsergebnis der BPK GmbH nach HGB-Gliederungsschema

Ertrags- und Aufwandsarten	Planwerte	Ertrags- und Aufwandsarten	Planwerte
1. Umsatzerlöse	8.000.000,00	4. Personalaufwand	1.650.000,00
2. sonstige betriebliche Erträge	45.000,00	5. Abschreibungen	120.000,00
3. Materialaufwand	4.850.000,00	6. sonstige betriebliche Aufwendungen	1.100.000,00
Rohergebnis	3.195.000,00	Betriebsergebnis	325.000,00

Zusammenhang zwischen Wirtschaftlichkeit und Betriebsergebnis

Wirtschaftlichkeit = 1 → Betriebsergebnis = 0,00 €
Wirtschaftlichkeit > 1 → positives Betriebsergebnis (Betriebsgewinn)
Wirtschaftlichkeit < 1 → negatives Betriebsergebnis (Betriebsverlust)

Wirtschaftlichkeit (Planwerte)

$$\textbf{geplante Wirtschaftlichkeit:} \quad \frac{\text{betriebliche Erträge}}{\text{betriebliche Aufwendungen}} \quad \frac{8.045.000,00}{7.720.000,00} = 1,0421$$

4.3.2 Soll-Ist-Vergleich

Der Soll-Ist-Vergleich stellt monatlich den **Planwerten** die Ist-Werte gegenüber.

Planwerte = Soll-Werte

bpk Bergisches Papierkontor GmbH

Soll-/Ist-Vergleich Betriebsergebnis der BPK-GmbH zum 31.12.20X3

Ertrags- und Aufwandsarten	Planwerte	Ist-Werte (Berichtsjahr)	Veränderung in €	Veränderung in %
1. Umsatzerlöse	8.000.000,00	7.933.795,60	– 66.204,40	– 0,83 %
2. sonstige betriebliche Erträge	45.000,00	46.790,00	1.790,00	3,98 %
3. Materialaufwand	4.850.000,00	4.855.482,91	5.482,91	0,11 %
Rohergebnis	3.195.000,00	3.125.102,69	– 69.897,31	– 2,19 %
4. Personalaufwand	1.650.000,00	1.609.900,00	– 40.100,00	– 2,43 %
5. Abschreibungen	120.000,00	118.881,00	– 1.119,00	– 0,93 %
6. sonstige betriebliche Aufwendungen	1.100.000,00	1.112.300,00	12.300,00	1,12 %
Betriebsergebnis	325.000,00	284.021,69	– 40.978,31	– 12,61 %

Abweichungen im Berichtsjahr der BPK GmbH aufaddiert auf 12 Monate.

Wirtschaftlichkeit (Ist-Werte)

realisierte Wirtschaftlichkeit: $\frac{\text{betriebliche Erträge}}{\text{betriebliche Aufwendungen}} = \frac{7.980.585,60}{7.696.563,91} = 1,0369$

4.3.3 Abweichungsanalyse

Die Abweichungsanalyse vergleicht die Abweichungen (in € und %) je Ertrags- und Aufwandsart und erforscht die Ursachen für diese Abweichungen. Die Unterschreitung des geplanten Betriebsergebnisses um 40.987,31 € (–12,61 %) basiert bei der BPK GmbH vor allem auf dem Nichterreichen der geplanten Umsatzerlöse (–66.204,40 € = –0,83 %). Hinzu kommen Aufwandsüberschreitungen beim Materialaufwand (+5.482,91 € = +0,11 %) und bei den sonstigen betrieblichen Aufwendungen (+12.300,00 € = +1,12 %). Geplante, nicht erzielte Umsatzerlöse können auf mengenmäßige Minderverkäufe oder auf nicht vollständig realisierbare Verkaufspreise zurückzuführen sein. Neben konjunkturellen Einflüssen kommen eine nicht marktgerechte Sortimentspolitik, unzureichende Werbemaßnahmen oder die Konkurrenzsituation (z. B. Niedrigpreisanbieter) auf den Absatzmärkten als Ursache infrage.

Erfüllungs- bzw. Zielerreichungsgrade
▶ LF 4, Kap. 12

Abweichungsursachen bei den Aufwandsarten	
Preisabweichungen	unerwartete Preiserhöhungen beim Wareneinkauf (Wareneinstandspreise) oder bei anderen Kostenarten (Mieten, Energiekosten, Tarifentgelte usw.)
Verbrauchs-abweichungen	ungeplante Mehrverbräuche in den Kostenstellen (erhöhter Energieverbrauch, zusätzliche Aushilfskräfte, Notwendigkeit von zusätzlichen Fremdlagerungen, unerwartete zusätzliche Reparaturen usw.)
Beschäftigungs-abweichungen	ungeplante Minderung (oder nicht erreichte Mehrung) der Absatzmengen bei konstanten oder steigenden fixen Kosten

AB ▶ LS 88

4.4 Statistische Auswertungen

Unternehmensergebnisse werden intern (z. B. der Geschäftsleitung) und extern (z. B. den Gesellschaftern oder Aktionären) auf Papier und auch personell, z. B. bei der jährlichen Gesellschafter- oder Hauptversammlung, präsentiert.

Je nach Empfänger der Informationen werden nicht nur die Zahlen und Ergebnisse des Jahresabschlusses, sondern auch interne Zahlen der Kosten- und Leistungsrechnung oder Planungsrechnungen aller Art präsentiert. Dabei sollten lange Zahlenreihen möglichst vermieden werden. Aussagefähiger sind z. B. Diagramme. Basis zur Erstellung dieser Diagramme sind Verhältniszahlen, Indexzahlen oder Auswertungszahlen aus Tabellen.

Verhältniszahlen
Schwerpunkt statistischer Auswertungen sind Verhältniszahlen. Mehrere Zahlenwerte werden hier miteinander in Beziehung gesetzt. Zumeist wird ein prozentuales Verhältnis angegeben.

Verhältniszahlen

	Gliederungszahlen	Messzahlen	Beziehungszahlen
Erläuterung	Anteil eines Einzelwertes an einem Gesamtwert in Prozent	Verhältnis von zwei Werten im Vergleich in Prozent	Verhältnis unterschiedlicher Zahlen zueinander
Beispiel	**Eigenkapitalintensität** der BPK GmbH im Berichtsjahr 20X3 **Berechnung:** $\frac{\text{Eigenkapital}}{\text{Gesamtkapital}}$ $\frac{422.850,00}{977.500,00} = 0,43258 = 43,26\,\%$	**Jahresumsätze** der BPK GmbH im Berichtsjahr 20X3 im Vergleich zum Vorjahr **Berechnung:** $\frac{\text{Jahresumsatz 20X3}}{\text{Jahresumsatz 20X2}}$ $\frac{7.933.795,60}{6.675.200,00} = 1,1885 = 118,85\,\%$	**Umsatz der BPK je Mitarbeiter** im Jahr 20X3 **Berechnung:** $\frac{\text{Jahresumsatz}}{\text{Anzahl der Mitarbeiter}}$ $\frac{7.933.795,60}{26} = 305.145,98\,€$
Aussage	Der Eigenkapitalanteil am Gesamtkapital 20X3 beträgt 43,26 %.	Der Jahresumsatz von 20X3 beträgt 118,85 % des Vorjahres.	Im Jahr 20X3 hat die BPK GmbH 305.145,98 € je Mitarbeiter umgesetzt.

Eigenkapitalintensität
▶ LF 8, Kap. 4.1.2

Nachdem die notwendigen statistischen Werte ermittelt und ausgewertet wurden, können diese zu Kennziffern verdichtet werden. Die Kennziffern – hier zum Beispiel die Eigenkapitalintensität der BPK GmbH 20X3 – lassen sich dann wiederum grafisch aufbereiten und z. B. in einem Kreisdiagramm visualisieren.

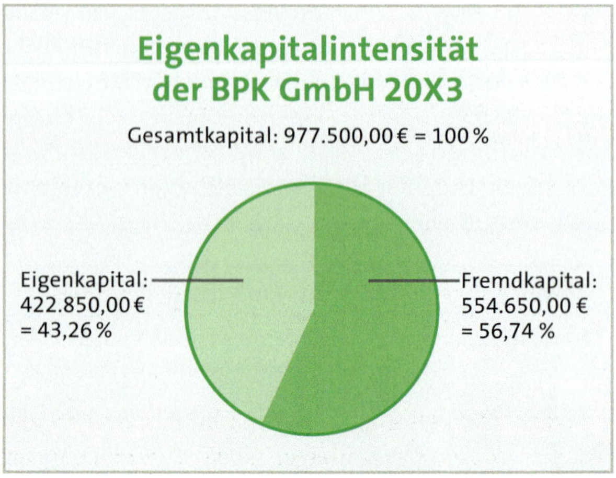

Visualisierung von Verhältniszahlen (Beispiel)

Indexzahlen
Ausgangsbasis ist ein Wert, der als 100 % festgesetzt wird (Basiszahl). Die Folgewerte werden in Prozent dieser Basiszahl angegeben.

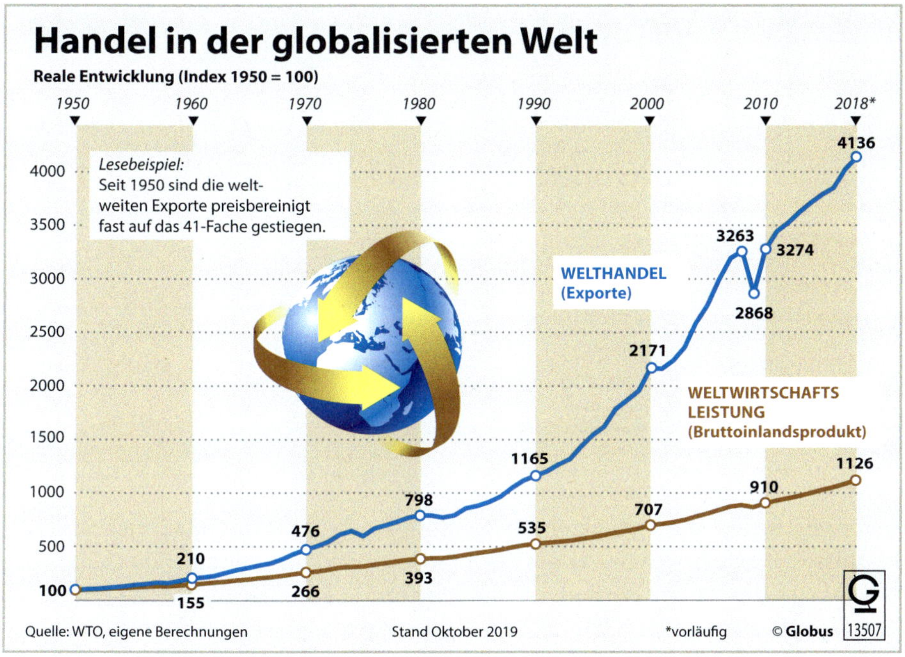

In obiger Grafik werden die Weltwirtschaftsleistung und der Welthandel (Exportvolumen) für das Jahr 1950 mit jeweils 100 % angegeben. Die Steigerung auf diese Basiswerte wird in Prozent angegeben.

Das Exportvolumen entspricht im Jahr 2018 einer Indexzahl von 4 136 im Vergleich zum Basisjahr 1950. Im Vergleich zum Basisjahr 1950 ist er damit um 4 036 Prozent gestiegen. Prozentuale Steigerungen lassen sich allerdings auch von jedem anderen angegebenen Jahr auf spätere Jahre ermitteln.

Beispiel

Steigerung des Exportvolumens zwischen 2010 und 2018
Im Jahr 2010 entspricht das Exportvolumen 3 274 Indexpunkten, im Jahr 2018 sind es 4 136 Indexpunkte. Die Steigerung zwischen 2010 und 2018 beträgt damit 862 Indexpunkte. Die Basiszahl (100 %) beträgt 3 274.

Berechnung:

$$\frac{862}{3\,274} = 0{,}2633 \approx 26{,}33\,\%$$

Von 2010 bis 2018 wuchs das Exportvolumen um 26,33 %, seit dem Jahr 2000 sogar um über 90 %. Die Weltwirtschaftsleistung nahm im gleichen Zeitraum dagegen nur um 23,7 % bzw. um 59,3 % zu.

Indexzahlen spielen bei vielen ökonomischen Anwendungen der Statistik eine große Rolle. Eine der bekanntesten ist der Verbraucherpreisindex für die Lebenshaltung als Maß für die allgemeine Teuerung (Kaufkraft des Geldes).

Tabellenauswertung

Werden Tabellen ausgewertet, sind zumeist Maximalwerte, Minimalwerte und Durchschnittswerte zu ermitteln.

Bestände/Einkäufe	Menge in Stück	Anschaffungskosten je Stück (€)	Anschaffungskosten gesamt (€)
Anfangsbestand am 01.01.20XX	520	20,16	10.483,20
Einkauf 02.02.20XX	1900	21,10	40.090,00
Einkauf 16.05.20XX	1750	20,70	36.225,00
Einkauf 01.08.20XX	2000	21,10	42.200,00
Einkauf 30.11.20XX	1500	21,80	32.700,00
Summe	7670		161.698,20
höchste Anschaffungskosten	Maximalwert	21,80	Die Mengen und Einkaufspreise für die „Classic“-Briefkassetten sind dem Beispiel auf S. 227 entnommen.
geringste Anschaffungskosten	Minimalwert	20,16	
durchschnittliche Anschaffungskosten (ungewichtet)	Mittelwert (Durchschnittswert)	20,97	
durchschnittliche Anschaffungskosten (gewichtet)	Gewogener Durchschnitt	21,08	

Die höchsten und die geringsten Anschaffungskosten je Stück (**Maximal- und Minimalwerte**) lassen sich direkt aus der Tabelle ersehen, da nur eine überschaubare Anzahl von Werten zur Verfügung steht. In großen Tabellen, die mit einem Tabellenkalkulationsprogramm erstellt wurden, helfen entsprechende Suchfunktionen.

Bei der Ermittlung der **ungewichteten Anschaffungskosten** werden die Anschaffungsmengen nicht berücksichtigt. Der ungewichtete oder einfache Durchschnittswert ergibt sich aus nachfolgender Berechnung:

Berechnung:

ungewichteter (einfacher) Durchschnittswert: $\frac{\text{Summe aller betrachteten Werte (in €)}}{\text{Anzahl dieser Werte}}$

Bei der Ermittlung der **gewichteten Anschaffungskosten** werden die unterschiedlichen Mengen zur Gewichtung berücksichtigt, d.h., die jeweiligen Anschaffungskosten werden mit der dazugehörigen Anschaffungsmenge multipliziert.

Berechnung:

gewichteter (gewogener) Durchschnittswert: $\frac{\text{Summe aller gewichteten Werte (in €)}}{\text{Summe der Mengen (in Stück)}}$

Beispiel

Durchschnittliche Anschaffungskosten der „Classic“-Briefkassetten:

einfacher Durchschnitt: $\frac{20{,}16 + 21{,}10 + 20{,}70 + 21{,}10 + 21{,}80}{5} = \mathbf{20{,}97\,€}$

gewogener Durchschnitt: $\frac{161.698{,}20}{7\,670} = \mathbf{21{,}08\,€}$

Alles klar?

1 Welche Auswertungsarten von Unternehmensergebnissen werden unterschieden?

2 Welche Bilanzpositionen müssen für die Auswertung dem Fremdkapital hinzugerechnet werden?

3 Unterscheiden Sie die vertikale und die horizontale Bilanzanalyse.

4 Aus welchen Kennziffern wird abgeleitet, ob das Unternehmen seine Zahlungsverpflichtungen zukünftig erfüllen kann?

5 Welche zwei Aussagen zur Jahresabschlussanalyse mithilfe von Kennziffern können **nicht** richtig sein?
a) Bereits ein Deckungsgrad II (oder B) in Höhe von 50 % sichert das Anlagevermögen eines Unternehmens dauerhaft.
b) Je höher die Anlagenquote desto unabhängiger ist das Unternehmen von Marktveränderungen auf dem Absatzmarkt.
c) Mit der Höhe der Eigenkapitalquote steigt die Kreditwürdigkeit eines Unternehmens.
d) Eine überhöhte Liquidität führt oft zu einer geringeren Rentabilität.

6 Welche zwei Aussagen zur Rentabilität sind richtig?
a) Für die Ermittlung aller Rentabilitätskennziffern wird die aktuelle Höhe des Eigenkapitals benötigt.
b) Der Gewinn im Verhältnis zum Eigenkapital ergibt die Unternehmerrentabilität.
c) Für die Ermittlung der Gesamtkapitalrentabilität werden die Summe aus Gewinn und Fremdkapitalzinsen zum Gesamtkapital ins Verhältnis gesetzt.
d) Der Umsatz spielt bei der Ermittlung von Rentabilitätskennziffern keine Rolle.

7 In der Hauptversammlung einer Aktiengesellschaft wird den Aktionären eine Verbesserung der Wirtschaftlichkeit des Unternehmens auf Basis des Betriebsergebnisses als Unternehmensziel verkündet. Welche zwei der nachfolgenden Maßnahmen könnten diese Zielsetzung im Erfolgsfall unterstützen?
a) Die Umsätze sollen um 10 % gesteigert werden.
b) Der Import von Waren aus China soll stark vermindert werden und durch Einkäufe aus der Europäischen Union ersetzt werden.
c) Für alle Mitarbeiter wird für zwei Jahre auf betriebsbedingte Kündigungen verzichtet.
d) Zurzeit ungenutzte Lager- und Bürokapazitäten sollen an andere Unternehmen vermietet werden.

8 Für statistische Auswertungen werden oft Durchschnittswerte ermittelt. Unterscheiden Sie die Berechnung von einfachen und gewogenen Durchschnittswerten.

9 Welcher Wert wird üblicherweise **nicht** in einer Tabellenauswertung ermittelt?
a) Maximalwert
b) Minimalwert
c) Indexwert
d) Mittelwert

10 In einer Abweichungsanalyse wird festgestellt, dass durch die ungeplante Einstellung von zusätzlichem Verkaufspersonal der Gewinn gesunken ist. Stellen Sie fest, ob es sich hierbei um eine ...
a) Preisabweichung,
b) Verbrauchsabweichung oder eine
c) Beschäftigungsabweichung handelt.

AB ▶ LS 89

5 Maßnahmen zur Optimierung der wirtschaftlichen Situation

Laufen die Geschäfte eines Unternehmens schlecht, gibt es in allen Unternehmensbereichen Möglichkeiten, die wirtschaftliche Situation zu optimieren. Grundsätzlich haben diese Maßnahmen entweder das Ziel, die Kosten zu reduzieren oder die Ertragslage zu verbessern. Dazu können z. B. Geschäftsprozesse optimiert, das Absatzprogramm aktualisiert, die Digitalisierung vorangetrieben, in neue Anlagen investiert, nicht betriebsnotwendige Vermögenswerte verkauft, neue Eigenkapitalquellen (z. B. neue Gesellschafter) gesucht oder die Mitarbeiterzahl angepasst werden.

Die Maßnahmen müssen der Unternehmensproblematik entsprechen, die zuerst analysiert werden muss. Wird die wirtschaftliche Situation durch konjunkturelle oder strukturelle Branchenprobleme negativ beeinflusst? Gibt es davon unabhängig ein betriebsindividuelles Erfolgsproblem (zu niedrigere Gewinne), oder hat das Unternehmen ein Liquiditätsproblem (unzureichende finanzielle Mittel)?

Sind existenzgefährdende Unternehmensdaten (noch) nicht in Betracht zu ziehen, geht es häufig auch um das „Aufhübschen" von unternehmensindividuellen Kennzahlen. Dabei sollen die Jahresabschlusswerte, die für die Kennzahlenanalyse benötigt werden, legal beeinflusst werden. Sowohl das Leasing als auch das Factoring können hier Lösungsmöglichkeiten sein.

5.1 Leasing

Grundlagen des Leasings
▶ LF 2, Kap. 5.5

Die Frage „Mieten statt kaufen?" kann für viele Investitionsgüter gestellt werden. Für Unternehmen ist die Überlassung von Investitionsgütern auf Zeit besonders relevant, wenn die Investitionsgüter nicht im Anlagevermögen ausgewiesen werden müssen. Das gilt insbesondere für bereits vorhandene Vermögensgegenstände.

5.1.1 Sonderformen des Leasings

Eine Sonderform des Leasings ist das sogenannte **Sale-and-Lease-Back**. Dabei wird das Leasingobjekt, z.B. eine Immobilie, vom Leasingnehmer an den Leasinggeber verkauft und anschließend zur eigenen Nutzung wieder geleast.

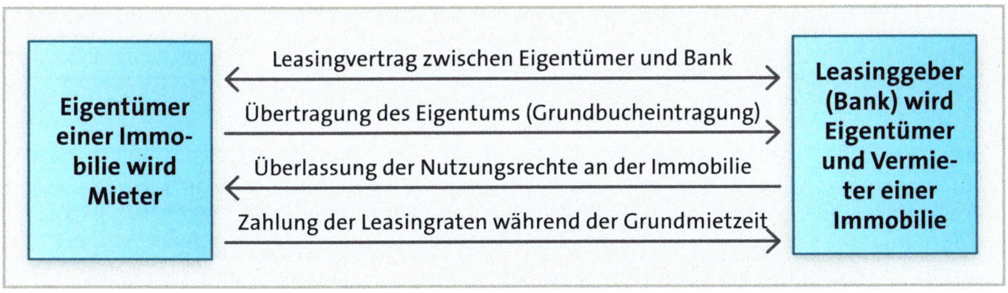

Je nach Leasingvertrag gibt es hier nach Ablauf der Grundmietzeit die folgenden Alternativen:
- Verlängerung des Leasingvertrags zu verminderten Leasingraten oder
- Rückübertragung des Eigentums zu einem vereinbarten Kaufpreis oder
- Beendigung des Leasingvertrags durch Auszug des Mieters.

Eine weitere Sonderform des Leasings ist das sogenannte **Sale-and-Mietkauf-Back**. Das Eigentum fällt nach Ablauf der Mietdauer immer an den Leasingnehmer zurück, da mit dem Verkauf an den Leasinggeber zugleich der Rückkauf vereinbart wird.

Gerade bei diesen Sonderformen sind **bilanzierungsrelevante Regelungen** zu beachten. Während beim kurzfristigen Operate-Leasing der Leasinggegenstand immer beim Leasinggeber bilanziert wird, so ist beim Financial Leasing grundsätzlich zu unterscheiden zwischen **Vollamortisationsverträgen**, bei denen die Anschaffungskosten des Leasinggegenstandes innerhalb der festgelegten Grundmietzeit vollständig zurückbezahlt werden, und **Teilamortisationsverträgen**, bei denen dies nicht erfolgt.

Bei der Vollamortisation muss der **Leasingnehmer** unter folgenden Voraussetzungen bilanzieren:
1. Die Grundmietzeit liegt unter 40 % bzw. über 90 % der betriebsgewöhnlichen Nutzungsdauer.
2. Die Grundmietzeit liegt zwischen 40 % und 90 % der betriebsgewöhnlichen Nutzungsdauer,
   - und es besteht eine Kaufoption nach Ablauf der Grundmietzeit, wobei der Kaufpreis niedriger ist als der Restbuchwert bei linearer Abschreibung,
   - oder es besteht eine Mietverlängerungsoption und die vereinbarte Anschlussmiete ist so zu berechnen, dass sie den Buchwert abzüglich der linearen Abschreibung nicht übersteigt.
3. Es wird Spezialleasing angenommen, d.h., das Leasingobjekt ist speziell für den Leasingnehmer angefertigt worden und deshalb ausschließlich von diesem Unternehmen nutzbar.

Rechtlicher Eigentümer bleibt in diesen Fällen der Leasinggeber, er muss das Leasingobjekt aber nicht selbst bilanzieren.

5.1.2 Auswirkungen auf den Jahresabschluss

Beispiel

Eine GmbH benötigt dringend einen Lkw für Warenauslieferungen, da das vorhandene Modell einen Totalschaden ohne Versicherungsleistungen erlitten hat. Eigene finanzielle Mittel sind zurzeit nicht verfügbar. Eine Kreditwürdigkeit für Darlehen oder Leasing ist aber nach wie vor gegeben. Die Anschaffungskosten für einen neuen Lkw betragen 243.000,00 €. Die Nutzungsdauer lt. Afa-Tabelle beträgt 9 Jahre.

Finanzierungsalternativen

Kreditkauf mit einer 100 %-Finanzierung über eine Darlehensaufnahme, Zinssatz 6 % p. a.	Leasing über 36 Monate ohne Sonderzahlung mit einer monatlichen Leasingrate von 4.000,00 € ohne Kauf- oder Mietverlängerungsoption.
Das Anlagevermögen steigt um 243.000,00 €. Die langfristigen Bankverbindlichkeiten steigen um 243.000,00 €.	Da der Lkw beim Leasinggeber bilanziert wird, bleibt die Anschaffung bilanzneutral, d. h. die Neuanschaffung verändert weder das Vermögen noch das Fremdkapital.
Die Abschreibungen in der GuV-Rechnung steigen um 27.000,00 € (volles Nutzungsjahr, lineare Abschreibung). Die Fremdkapitalzinsen betragen für das erste volle Nutzungsjahr um 14.580,00 €.	Die Leasingkosten betragen für das erste volle Nutzungsjahr 48.000,00 €.

Vor- und Nachteile für die GmbH bei Annahme des Leasingangebotes

Vorteile	Nachteile
Die Aufnahme von zusätzlichem Fremdkapital für die Lkw-Anschaffung entfällt und steht evtl. für alternative Finanzierungen noch zur Verfügung.	Die Leasingkosten im ersten Nutzungsjahr übersteigen die Abschreibungen und Finanzierungskosten beim Kreditkauf um 6.420,00 €.
Keine Bilanzkennziffer wird durch die Lkw-Anschaffung verschlechtert.	Gewinnabhängige Kennziffern werden durch höhere Leasingkosten tendenziell verschlechtert.
Nach Ablauf der Grundmietzeit von 36 Monaten kann über die Investition neu entschieden werden.	Eine alternative Verwendung des Lkw während der Grundmietzeit (z. B. Weiterverkauf) ist nicht möglich.

Beispiel

Eine GmbH benötigt für die Anschaffung von neuen Logistikkapazitäten erhebliche finanzielle Mittel, die nicht mit zusätzlichem Fremdkapital aufgebracht werden sollen. Das Unternehmen besitzt ein noch relativ modernes Bürohaus mit Grundstück, das sich vollständig in seinem Eigentum befindet (keine Grundbucheintragungen für Grundschulden oder Hypotheken). Das Bürogebäude mit Grundstück und einem Buchwert von 1.200.000,00 € (Anschaffungskosten von Grundstück und Gebäude abzüglich planmäßiger Abschreibungen) besitzt einen Zeitwert in Höhe von 2.000.000 €, da die Immobilienpreise seit der Anschaffung stark gestiegen sind.

In diesem Fall kann das **Sale-and-Lease-Back-Verfahren** eine sinnvolle Finanzierungsalternative sein. Beim Verkauf an eine Leasinggesellschaft für den Zeitwert bei gleichzeitigem Abschluss eines Mietvertrages über 20 Jahre und einer monatlichen Miete von 10.500,00 € steigen die Aufwendungen des Unternehmens nicht unerheblich. Die Erhöhung der eigenen finanziellen Mittel um 2.000,000,00 € ermöglichen aber erfolgserhöhende Investitionen, die ohne dieses Leasingangebot kaum möglich gewesen wären.

5.2 Factoring

Beim Factoring lagert der Gläubiger das Risiko von Zahlungsausfällen bei kurzfristigen Forderungen aus, indem er die Forderungen vor Fälligkeit an einen sogenannten **Factor** verkauft. Factor kann entweder eine Factoring-Gesellschaft oder eine Bank sein.

Factoring

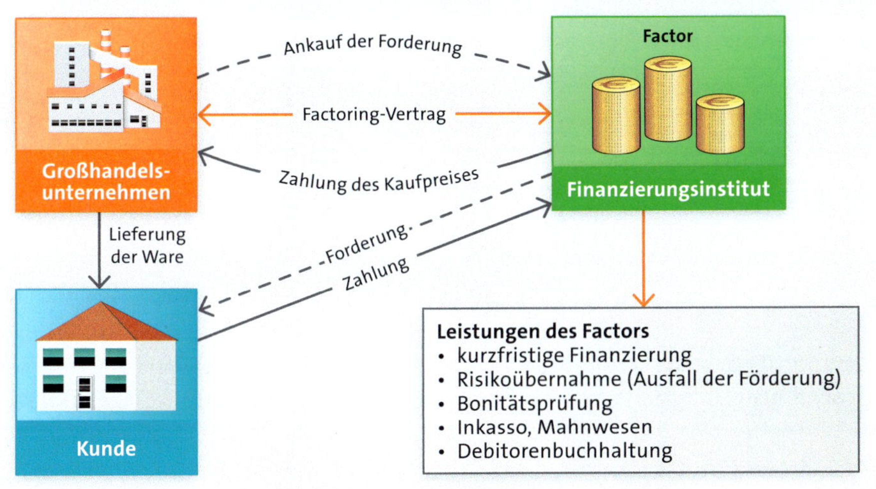

Die Vorteile für den Gläubiger liegen auf der Hand: Zum einen kann er durch den Verkauf sichergehen, dass seine Forderungen bezahlt werden. Er muss sich auch nicht mit dem Mahnverfahren beschäftigen, da dies im Bedarfsfall vom Factor übernommen wird. Da der Gläubiger, auch wenn er seinem Kunden ein Zahlungsziel eingeräumt hat, sein Geld vom Factor in der Regel sofort nach Verkauf der Forderung erhält, ergibt sich zum anderen ein Liquiditätseffekt.

Da der Factor also eine Dienstleistung (Eintreiben der Forderungen, sofern notwendig), eine Finanzierungshilfe (sofortige Überweisung noch nicht fälliger Forderungen) und eine Risikoübernahme bei zweifelhaften Forderungen anbietet, kauft er die Forderungen nicht zum vollen Preis, sondern überweist den Betrag nach Abzug einer **angemessenen Gebühr.**

Es lassen sich verschiedene Arten des Factorings unterscheiden. Zum einen existiert das **offene Factoring**, wobei dem Kunden transparent gemacht wird, dass seine Forderung an einen Factor verkauft wurde. Da manche Kunden möglicherweise verärgert darauf reagieren könnten, gibt es als Alternative das **stille Factoring**, wo das Unternehmen dem Kunden gegenüber der Gläubiger bleibt, dessen Zahlung entgegennimmt und an den Factor weiterleitet.

Full-Service-Factoring

In Deutschland ist das „Full-Service-Factoring“ üblich. Der Factor übernimmt neben der Vorfinanzierung der Rechnungsbeträge auch die (laufende) Bonitätsprüfung der Kunden einschließlich des Debitorenmanagements und das Mahnwesen, ggf. einschließlich Inkasso (bei offenem Factoring).

Funktionen des Factors beim Full-Service-Factoring

Finanzierungsfunktion	Delkrederefunktion	Servicefunktion
Auszahlung von unter 80 % bis 90 % des Rechnungsbetrages abzüglich der Factoring-Gebühr vor Fälligkeit, in der Regel 2 Werktage nach Rechnungseingang (Kopie, Datenübertragung) beim Factor	Übernahme des Verzugs- und Forderungs-ausfallrisikos	Übernahme des Debitoren-managements einschließlich Mahnwesen und ggf. Inkasso

Zuerst erfolgt der Abschluss eines Factoring-Vertrages zwischen dem Forderungsverkäufer (Factoring-Kunde) und der Factoringgesellschaft. Neben allgemeinen Angaben zum Unternehmen müssen dem Factor auch Bonitätsunterlagen (Jahresabschlüsse, betriebswirtschaftliche Analysen usw.) sowie Lieferanten- und Kundendaten überlassen werden. Ist ein Factoring-Vertrag abgeschlossen, kann der Factoring-Kunde seine Ausgangsrechnungen an vom Factor zugelassene Kunden im Rahmen vereinbarter Limits an den Factor „weiterreichen“.

Je nach Vertrag und dem aktuellen Zinsniveau überweist der Factor dann sofort (in der Regel innerhalb von zwei Werktagen) eine **Teilauszahlung** von etwa 80 % bis 90 % des Kaufpreises – abzüglich der Factoring-Gebühr – an den Factoring-Kunden. Der Einbehalt in Höhe von 10 % bis zu 20 % des Rechnungsbetrages soll ggf. in Anspruch genommene Skonti sowie nachträgliche Rabatte oder Preisnachlässe aufgrund von Qualitätsmängeln decken. Der **Restbetrag** abzüglich der Zinsen für die Vorfälligkeitsauszahlung und eventuell einer zusätzlichen Prüfgebühr wird an den Factoring-Kunden überwiesen, nachdem der Käufer (Schuldner) die Forderung beglichen hat und die Zahlung beim Factor eingegangen ist.

Die **Kosten des Factorings** bestehen üblicherweise aus drei Bestandteilen:

Kostenbestandteile des Factorings

Zinsen	Factoring-Gebühr	Kunden- oder jährliche Limitprüfgebühr
zahlbar für die Zeit der Vorfinanzierung (Forderungsverkauf bis zum Ende des Zahlungsziels bzw. bis zum Zahlungseingang)	Die Factoring-Gebühr deckt das Bonitäts-risiko des Factoring-Kunden und seiner Abnehmer sowie den Arbeitsaufwand des Factors für z. B. das Debitoren-management.	Oft nicht in der normalen Factoring-Gebühr enthalten sind die Bonitätsprüfung von Neukunden und die laufende (mindestens jährliche) Überprüfung der Ankauflimits von Forderungen gegenüber „Altkunden“.

Vor- und Nachteile des Full-Service-Factorings für den Factoring-Kunden	
Vorteile	**Nachteile**
Liquiditätsverbesserung	Verschlechterung der Kundenkontakte
Schutz vor Verzugsschäden und Zahlungsausfällen	nicht alle Forderungen sind factoringfähig
Einsparung von Verwaltungskosten	Kosten durch Factoring-Gebühren

Beispiel

Eine GmbH hat zum Geschäftsjahresende ein Problem mit den kurzfristigen Forderungen und den kurzfristigen Verbindlichkeiten und damit mit ihrer Liquidität. Einige Verbindlichkeiten sind sehr kurzfristig zu begleichen – die Barmittel und der freie Kontokorrentkredit der Hausbank reichen dafür nicht aus. Um zusätzliche Bankverbindlichkeiten zu vermeiden, sollen deshalb Forderungen an einen Factor verkauft werden. Das geht bei bereits vorhandenen Geschäftsbeziehungen mit einem Factor schnell, wenn man factoringfähige Forderungen gegenüber bekanntermaßen zahlungsfähigen Kunden besitzt.

Der Verkauf einer Forderung in Höhe 59.500,00 € inklusive 19 % Umsatzsteuer, die die Ankaufvoraussetzungen und die Limitgrenze des Factors erfüllt, kann das Problem einfach und schnell lösen:

Forderungssumme (Bruttorechnungsbetrag)	59.500,00 €
Bevorschussungsbetrag 80 %	47.600,00 €
– Factoring-Gebühr 2,5 % (zzgl. 19 % USt) vom Bruttorechnungsbetrag	1.770,13 €
= Auszahlungsbetrag I	**45.829,87 €**

Den ersten Auszahlungsbetrag kann der Factoring-Kunde zumeist schon nach zwei bis drei Werktagen auf seinem Konto verbuchen, um Verbindlichkeiten – ggf. noch unter Skontoabzug – zu begleichen, oder um im Jahresabschluss die Liquidität I zu optimieren.

Der Restbetrag (Forderungssumme abzüglich Bevorschussungsbetrag abzüglich Zinsen) wird allerdings erst nach Zahlungseingang beim Factor ausgezahlt.

Berechnung der Zinsen und des Restauszahlungsbetrags

$$\frac{\text{Bevorschussungsbetrag} \cdot \text{Zinssatz des Factors} \cdot \text{Bevorschussungszeitraum in Tagen}}{100\,\% \cdot 360}$$

$$\frac{47.600{,}00\,€ \cdot 5\,\% \cdot 30\text{ Tage}}{100\,\% \cdot 360} = 198{,}33\,€ = \text{Zinsen}$$

Auszahlungsbetrag II = 59.500,00 € · 20 % – 198,33 € = 11.701,67 €

Damit ist Factoring keine „billige“ Finanzierungsform. Dadurch ermöglichte Skontoerträge müssen allerdings gegengerechnet werden. Eine positiv gewertete Liquidität z. B. im Jahresabschluss ist darüber hinaus immer wichtig.

Alles klar?

1 Nennen Sie drei Möglichkeiten, um die wirtschaftliche Situation eines Unternehmens zu optimieren.

2 Nennen Sie drei Probleme, die die wirtschaftliche Situation eines Unternehmens negativ beeinflussen können.

3 Nennen Sie die drei meist geleasten Objekte in Deutschland.

4 Wer least am häufigsten?
a) Baugewerbe
b) Industrie
c) Staat
d) Dienstleister
e) private Haushalte

5 Welche Alternative nach Ablauf eines Leasingvertrages (Grundmietzeit) gibt es **nicht**?
a) Zu günstigeren Konditionen die Leasingdauer verlängern.
b) Mittels Kaufoption den Leasinggegenstand übernehmen.
c) Beendigung des Leasingvertrages mit Rückgabe des Leasinggegenstandes.
d) Den Leasinggegenstand kostenlos weiternutzen.

6 Was versteht man unter einem Vollamortisationsvertrag im Rahmen von Financial Leasing?

7 Was ist bei der Bilanzierung von speziellen Anlagen eines Leasingnehmers zu beachten, wenn diese Anlagen nur von ihm verwendbar sind?

8 Welche Aussage ist richtig, wenn im Rahmen eines Leasingvertrages das Leasingobjekt beim Leasinggeber bilanziert wird?
a) Es fallen geringere Leasingkosten beim Leasingnehmer an.
b) Eine alternative Verwendung des Leasingobjektes (z. B. Weiterverkauf) ist jederzeit möglich.
c) Das Leasingobjekt kann jederzeit zurückgegeben werden.
d) Die Anschaffung des Leasingobjektes verändert weder die Vermögens- noch die Kapitalwerte des Leasingnehmers.

9 Welche Aufgabe übernimmt der Factor beim „Full-Service-Factoring“ **nicht**?
a) Vorfinanzierung des vollständigen Forderungsbetrages (Bruttorechnungsbetrag)
b) Debitorenmanagement
c) Bonitätsprüfung des Schuldners
d) Mahnwesen

10 Die Übernahme des Verzugs- und Forderungsausfallrisikos nennt man ...
a) Servicefunktion.
b) Finanzierungsfunktion.
c) Delkrederefunktion.

11 Welcher Kostenbestandteil des Factorings ist **nicht** umsatzsteuerpflichtig?
a) Zinsen für die Zeit der Vorfinanzierung
b) Kunden- und Limitprüfgebühr
c) Factoring-Gebühr

12 Bei welcher Aussage handelt es sich um einen Nachteil des „Full-Service-Factorings“?
a) Liquiditätsverbesserung
b) Einsparung von Verwaltungskosten
c) Verschlechterung von Kundenkontakten
d) Schutz vor Verzugsschäden und Zahlungsausfällen

LERNFELD 9

Geschäftsprozesse mit digitalen Werkzeugen unterstützen

AB ▶ LS 90

1 Wertschöpfungskette und Digitalisierung

Künstliche Intelligenz ist der Versuch, Strukturen und Fähigkeiten des menschlichen Gehirns auf den Computer zu übertragen, um ein ähnliches Verhalten (z. B. Erkennen von Bildern, Sprache, Treffen von Entscheidungen) herbeizuführen.

Machine Learning (maschinelles Lernen) ist die Basis für künstliche Intelligenz: Der Computer lernt aus den gemachten Erfahrungen (z. B. Trefferquote beim Erkennen von Bildern) und verbessert dadurch seine Entscheidungsprozesse.

Der Prozess der Güter- und Leistungserstellung hat seit Beginn der Mechanisierung eine rasante Entwicklung erlebt. Man spricht mittlerweile von der vierten industriellen Revolution, auch Industrie 4.0 genannt. Begriffe wie künstliche Intelligenz (KI) oder Machine Learning (ML) spielen hierbei eine bedeutende Rolle.

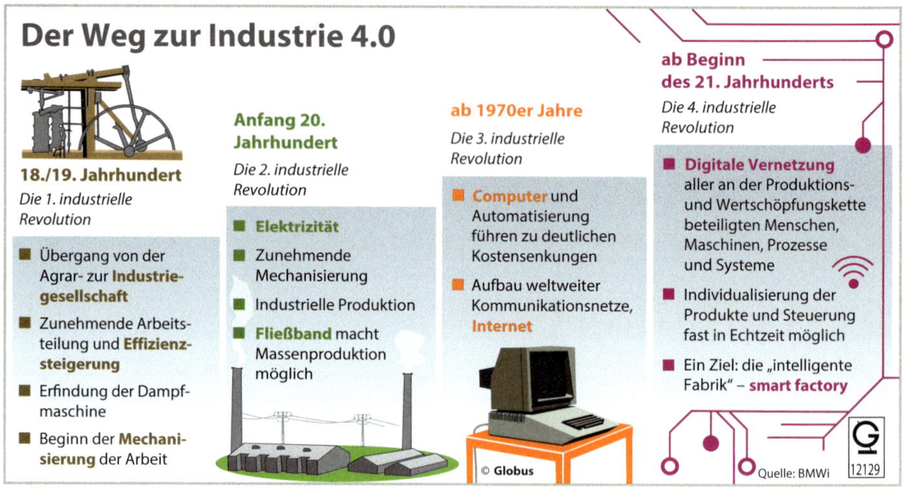

Unternehmen stehen damit einer permanenten Veränderung gegenüber und müssen sich, um wettbewerbsfähig und interessant für (potenzielle) Kunden zu bleiben, kontinuierlich an die neuen Entwicklungen anpassen.

Die Digitalisierung etabliert sich seit vielen Jahren als fester Bestandteil in unterschiedlichen Geschäftsprozessen. In der einfachsten Form zeigt sie sich z. B. in der Erreichbarkeit per E-Mail oder per Kontaktformular auf der Website. In der Autoindustrie übernehmen Roboter körperlich anspruchsvolle und gleichzeitig präzise auszuführende Aufgaben, z. B. in der Montage. In großen Lagerhallen verwalten und optimieren Computersysteme die verfügbare Lagerfläche.

1.1 Die Wertschöpfungskette

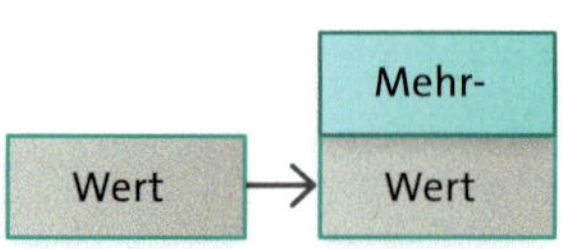

Wertschöpfungskette
Dieses Konzept geht auf Michael E. Porter (1985) zurück. Er betrachtete die einzelnen Teilprozesse als ganzheitliches Managementkonzept.

Von der Idee bis zum fertigen Produkt bzw. zur Dienstleistung werden im Regelfall mehrere Stufen der Erzeugung durchlaufen. Auf jeder dieser Stufen entsteht durch die entsprechenden Aktivitäten (z. B. Konzeption, Zusammenbau) ein **Mehrwert** der Leistung (Produkt oder Dienstleistung), der sich in Geld ausdrücken lässt. Dies ist die sogenannte **Wertschöpfung**. Werden alle Stufen hintereinander angeordnet, so erhält man eine **Wertschöpfungskette** (Value Chain), deren Darstellung als Wertschöpfungskettendiagramm bezeichnet wird. Dieses zeigt alle notwendigen Prozessschritte, wobei zwischen primären und sekundären (unterstützenden) Aktivitäten unterschieden wird.

Beispiel

Primäre Aktivitäten

Eingangslogistik (Beschaffung) → Produktion → Ausgangslogistik → Marketing und Vertrieb → Kundenservice

Die verschiedenen Primäraktivitäten leisten einen direkten Beitrag zur Wertschöpfung und damit zur Entstehung des Produkts oder der Dienstleistung.

Beispiel

Unterstützungsaktivitäten

Unternehmens- und Infrastruktur — Human Resource Management — Technologieentwicklung — Beschaffung

Die Sekundär- bzw. Unterstützungsaktivitäten bilden den Rahmen des unternehmerischen Handelns und unterstützen die Primäraktivitäten. So stellt z. B. die Personalabteilung geeignete Mitarbeiter ein, die sich um Marketing und Vertrieb der Produkte kümmern.

Personalabteilung
Human Resource Management

Betrachtet man nun die Wertschöpfungskette, um Ansatzpunkte für Digitalisierung zu finden, sollten auch vor- und nachgelagerte Prozesse bei Lieferanten und Kunden berücksichtigt werden. Denn Möglichkeiten für digitale Geschäftsprozesse ergeben sich nicht nur betriebsintern, sondern auch an den Schnittstellen zu Geschäftspartnern.

Wenn für die Eingangslogistik digitale Medien (z. B. das Internet) genutzt werden, wird von **E-Procurement** gesprochen. Wenn Marketing und Vertrieb übers Internet erfolgen, wird von **E-Commerce** gesprochen.

Digitalisierung der Wertschöpfungskette

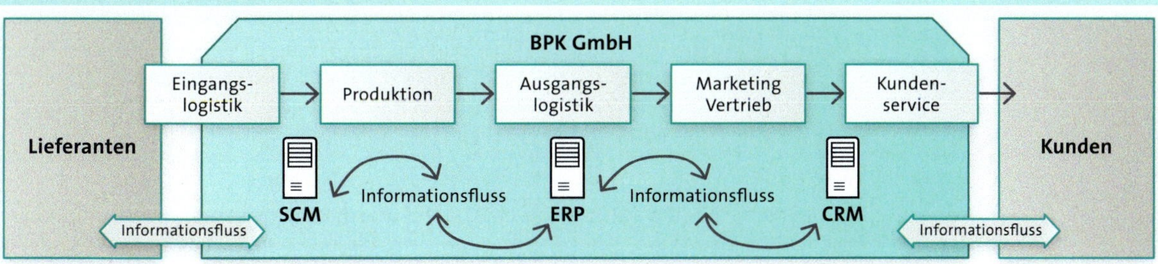

Eine solche Schnittstelle ist das **Supply Chain Management (SCM)**. Dieses ist im Kern die Steuerung und Optimierung von logistischen Beziehungen zwischen Lieferanten und Abnehmern. Von der reinen Logistik unterscheidet sich SCM dadurch, dass es auch die Auftrags- und Zahlungsabwicklung beinhaltet. Die Digitalisierung der Supply Chain bietet u. a. folgende Vorteile:

- Der Informationsaustausch zwischen den Beteiligten wird beschleunigt.
- Informationen sind jederzeit und überall verfügbar.
- Liefer- und Beschaffungsvorgänge können digital gesteuert und abgestimmt werden.
- Lagerkapazitäten können besser ausgenutzt und damit Lagerkosten gespart werden.

ERP
Enterprise Resource Planning
▶ LF 9, Kap. 1.2

CRM
Customer Relationship Management
▶ LF 9, Kap. 3.1

Voraussetzung für die digitale Signierung ist die Echtheit der Person (Sender), die durch ein Zertifikat eines zertifizierten Anbieters (z. B. GlobalSign, IdentTrust) nachgewiesen wird.

Ein weiterer Schritt in Richtung t besteht seit einiger Zeit in der **digitalen Signierung** von Verträgen und anderen Dokumenten, die bislang eine handschriftliche Unterschrift erforderten. Auch Dateien und E-Mails können digital signiert werden. So wird gegenüber dem Empfänger das Vertrauen geschaffen, dass keine Inhalte verfälscht wurden und das Dokument oder die Datei auch tatsächlich vom Sender stammt.

Digitale Signatur

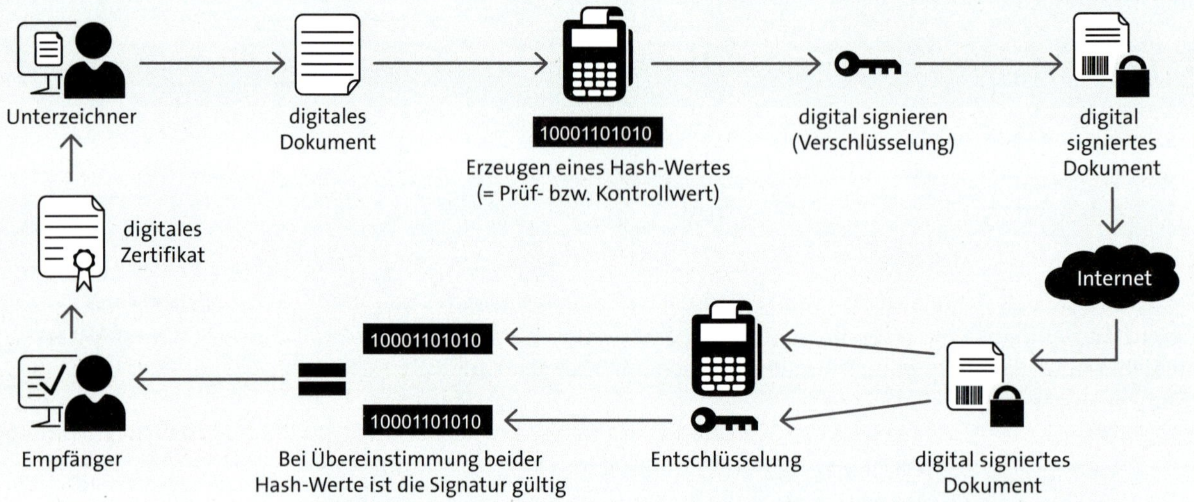

Beispiel

Über eine digitale Schnittstelle bestellt eine Druckerei mehrere Packungen von hochwertigem Feinpapier bei der BPK GmbH. Das System prüft, ob die gewünschte Menge bei der BPK GmbH auf Lager ist und reserviert diese dann für den Kunden.
Automatisch oder nach Freigabe durch einen Sachbearbeiter im Verkauf wird der Absatzvorgang dann weiter automatisiert bearbeitet, d. h., die Lieferung wird angestoßen und fakturiert. Im Anschluss wird der Absatz im ERP-System und dem Finanzbuchhaltungsmodul erfasst, die Rechnung verschickt und der Zahlungseingang überwacht.

Man kann sich heute kaum noch vorstellen, wie die Abstimmung und Steuerung der verschiedenen Aktivitäten in Zeiten ohne Computer verliefen. In diesen Zeiten blieben nur der persönliche bzw. telefonische Kontakt und der schriftliche Austausch (z.B. mit Papierformularen). Zu den vielen Bereichen, in denen die Digitalisierung längst Einzug gehalten hat, gehören z.B.:

- die elektronische Abfrage von Lagerbeständen,
- die automatisierte Bestellung beim Lieferanten bei Erreichen des Meldebestandes,
- die Freigabe von Kundenaufträgen im EDV-System,
- die automatische Fakturierung von Aufträgen und der Versand von Rechnungen in Papier- oder elektronischer Form,
- die Vernetzung aller Wertschöpfungsstufen (insbesondere der innerbetrieblichen Abteilungen), sodass der Informationsaustausch zügiger erfolgt und schneller darauf reagiert werden kann.

Eine konsequent verfolgte Strategie zur Einführung der Digitalisierung in der Arbeitswelt dient dem Erreichen folgender **Ziele**:

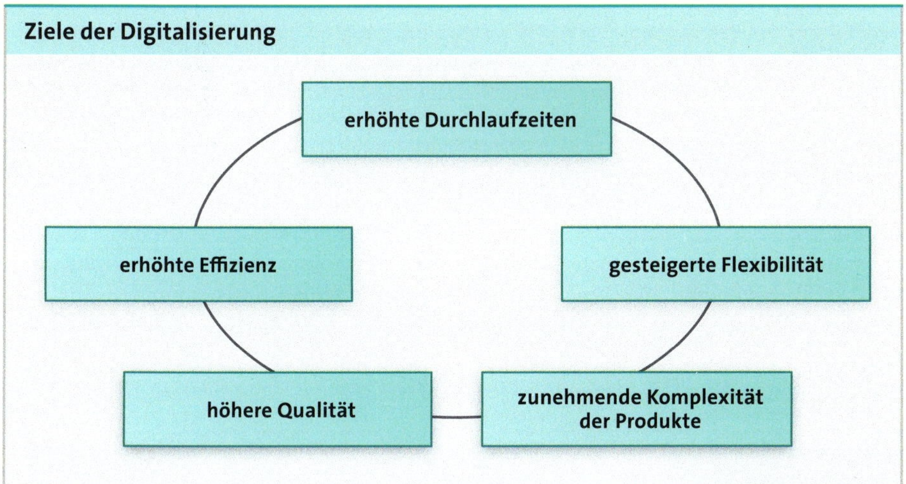

Aus technologischer Sicht führt Digitalisierung zu einer Verschmelzung zwischen Shop-Floor (Vertriebsbereich) und Office-Floor (Bereich der Auftragsabwicklung).

Eine mehr oder weniger starke Digitalisierung in den einzelnen Wertschöpfungsstufen bringt für Unternehmen u. a. die folgenden **Vorteile** mit sich:

- Es können Kosten reduziert werden, z. B. können mit Just-in-time-Lieferungen Lagerkosten eingespart werden.
- Die Prozesse der Wertschöpfungskette werden übersichtlicher und transparenter. Dadurch lassen sie sich leichter analysieren.
- Betriebliche Daten können, wenn sie digital vorliegen, jederzeit („live") abgerufen und für Auswertungen und Entscheidungen herangezogen werden.
- Es kann Zeit eingespart werden, beispielsweise die Zeit, die traditionell für die digitale Erfassung manueller Daten (wie z. B. Liefermengen) nötig war.

Die Digitalisierung macht es möglich, dass Lagerzu- und -abgänge per Barcode direkt im System erfasst und damit Anschlussprozesse (z. B. eine Bestellung) automatisch ausgelöst werden.

1.2 Unternehmenssoftware

Heutzutage ist der Einsatz einer Unternehmenssoftware aus vielen unternehmerischen Bereichen nicht mehr wegzudenken. Sie unterstützt die Mitarbeiter in den einzelnen Abteilungen und stellt hierfür spezielle Anwendungsprogramme bereit.

Eine solche Unternehmenssoftware bezeichnet man als **Enterprise Resource Planning System** (kurz: ERP-System). Sie bietet nicht nur Möglichkeiten der Dokumentation, Planung und einfachen Auswertung, sondern hilft dabei, umfangreiche und komplexe Anforderungen bei der Realisierung von Geschäftsprozessen zu erfüllen. Hierfür wird eine enorme Datenbasis benötigt, die durch die Integration aller Prozesse entlang der Wertschöpfungskette gewonnen wird.

ERP-Systeme werden auch als „E-Business-Systeme zur Ressourcenplanung" bezeichnet. Als Vorläufer gilt das Material Requirements Planning (MRP) aus den 1960er Jahren. Dieses diente zur Unterstützung der Materialbedarfsplanung. Laufende Ergänzungen erweiterten das System schließlich zum ERP, mit einem Supply-Chain- und Customer-Relationship-Management.

Funktionen eines ERP-Systems

Bereich	Warenwirtschaft + Logistik	Produktion	Finanzwesen	Personalwesen
Beispiele	▪ Stammdatenverwaltung ▪ Einkauf ▪ Materialwirtschaft ▪ Lagerhaltung ▪ ...	▪ Planung und Steuerung ▪ Steuerung der Kapazitätsauslastung ▪ Erfassung von Betriebsdaten ▪ ...	▪ Finanzbuchhaltung ▪ Jahresabschluss (Bilanz, GuV) ▪ Forderungsmanagement ▪ Controlling ▪ ...	▪ Personalverwaltung ▪ Entgeltabrechnung ▪ Personalbeschaffung ▪ Entwicklung der Mitarbeiter ▪ ...

Ein ERP-System bietet eine Vielzahl von Funktionen auf administrativer, dispositiver und kontrollierender Ebene, mit denen verschiedene Zielsetzungen verfolgt werden.

Zielsetzungen eines ERP-Systems

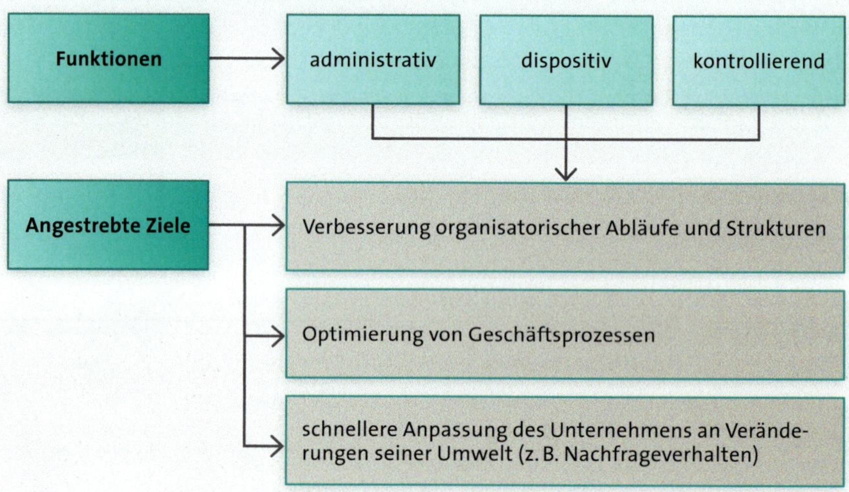

Für kleinere und mittlere Unternehmen bieten u. a. Infor, Sage, IBM, IFS passende Lösungen an.

On-Premise-Software
wird lokal beim Unternehmen installiert.

Software-as-a-Service
wird vom Hersteller über das Internet zur Verfügung gestellt.

Moderne ERP-Systeme werden u. a. von SAP, Oracle oder Microsoft angeboten und können speziell auf die Bedürfnisse des Unternehmens zugeschnitten werden. Welcher Anbieter und damit welche ERP-Software eingesetzt werden soll, muss im Einzelfall anhand verschiedener Kriterien geprüft werden:

- technische Voraussetzungen, z. B. Betriebssystem, On-Premise-Software, Software-as-a-Service, Schnittstellen zu anderen Anwendungen,
- Funktionsumfang,
- Flexibilität der Anpassung an künftige Veränderungen,
- Benutzerfreundlichkeit,
- Zeit- und Kostenaufwand für die Einarbeitung in die ERP-Software,
- Preis-Leistungsverhältnis,
- Zuverlässigkeit und Langlebigkeit (Frage, ob die Software auch in fünf oder zehn Jahren noch zur Verfügung steht bzw. der Anbieter so lange existiert),
- Folgekosten,
- Sicherheit der Daten,
- ...

Der Einsatz von ERP-Systemen bringt im Regelfall die folgenden **Vorteile** mit sich:

- Die zentrale Datenbasis erhöht die Qualität der Daten und verringert Redundanzen und Inkonsistenzen.
- Die Daten sind überall verfügbar und geben so einen Überblick über Lage und Entwicklung des Unternehmens.
- Integrative Systeme fördern das Prozessdenken der Mitarbeiter.
- Die Zusammenarbeit über Abteilungen hinweg wird begünstigt und vereinfacht.
- Der Daten- und Informationsfluss im Unternehmen wird verbessert und beschleunigt
- Durch ERP-Systeme können Prozesse weiter automatisiert werden. Dies spart Zeit (z.B. auch Durchlaufzeiten) und Kosten.

Zu den **Nachteilen** von ERP-Systemen zählen u.a.:

- Der Umstieg und die Einführung können zeitintensiv sein. So sind z.B. Installation, Schulung der Mitarbeiter, Datenmigration usw. mit einem hohen Zeitaufwand verbunden.
- Die Datenmigration kann fehleranfällig, komplex oder undurchführbar sein, z.B. wenn das Altsystem keine Exportfunktion für Daten anbietet.
- Mit der Einführung eines ERP-Systems ist man vom jeweiligen Hersteller abhängig, insbesondere wenn es um Modifikationen des Systems geht.
- Ungewohnte Benutzeroberflächen oder veränderte Bearbeitungsabläufe können Mitarbeiter abschrecken oder demotivieren.
- Die Anpassung an die betrieblichen Erfordernisse („Customization") kann zeit- und kostenintensiv sein.
- Ein Datenaustausch zwischen dem ERP-System und anderen Programmen ist nur möglich, wenn eine Schnittstelle vorhanden ist.

Immer mehr Hersteller bieten ihre Software browserbasiert über das Internet an. Dabei handelt es sich um **Software-as-a-Service** (kurz: SaaS), also Cloud-Anwendungen, die nicht mehr lokal auf einem Computer oder Server vor Ort installiert werden müssen. Die Daten werden zentral auf einem Server des Herstellers gespeichert und bei jeder Nutzung oder Speicherung über das Internet verschickt. Vor diesem Hintergrund muss zu jeder Zeit die Einhaltung des Datenschutzes und der Datensicherheit gewährleistet sein. Ein weiteres Erfordernis ist das Vorhandensein einer ständig nutzbaren Internetverbindung, die für die Datenübertragung entsprechend verschlüsselt sein muss.

Bei **On-Premise-Software** hingegen betreibt das Unternehmen die Software auf eigenen oder angemieteten Servern und kümmert sich selbst um die Installation, Wartung, Datensicherung usw. Auf diese Weise ist das Unternehmen unabhängig vom Internet und kann dadurch gewisse digitale Gefahren (z.B. Hacking) reduzieren.

Redundanz

liegt vor, wenn Daten mehrfach vorhanden sind, z. B. wenn ein Kunde doppelt mit unterschiedlicher Kundennummer erfasst ist.

Inkonsistenz

liegt vor, wenn Daten widersprüchlich sind, z. B. wenn Adressdaten nicht übereinstimmen.

Durchlaufzeit

ist die Zeit zwischen dem ersten und letzten Arbeitsschritt, bestehend aus Bearbeitungs-, Transport- und Wartezeiten.

Datenmigration

ist die Übertragung von Daten aus einem Alt- in ein Neusystem.

Schnittstelle

ermöglicht den Austausch von Daten zwischen unterschiedlichen Programmen, z. B. zwischen Lagerwirtschaft und dem Online-Shop.

Anbieter für SaaS sind u. a. weclapp, myfactory, actindo.

Datenschutz und Datensicherheit

▶ LF 9, Kap. 2.2 und 2.3

Unterschiede zwischen On-Premise-Software und Software-as-a-Service

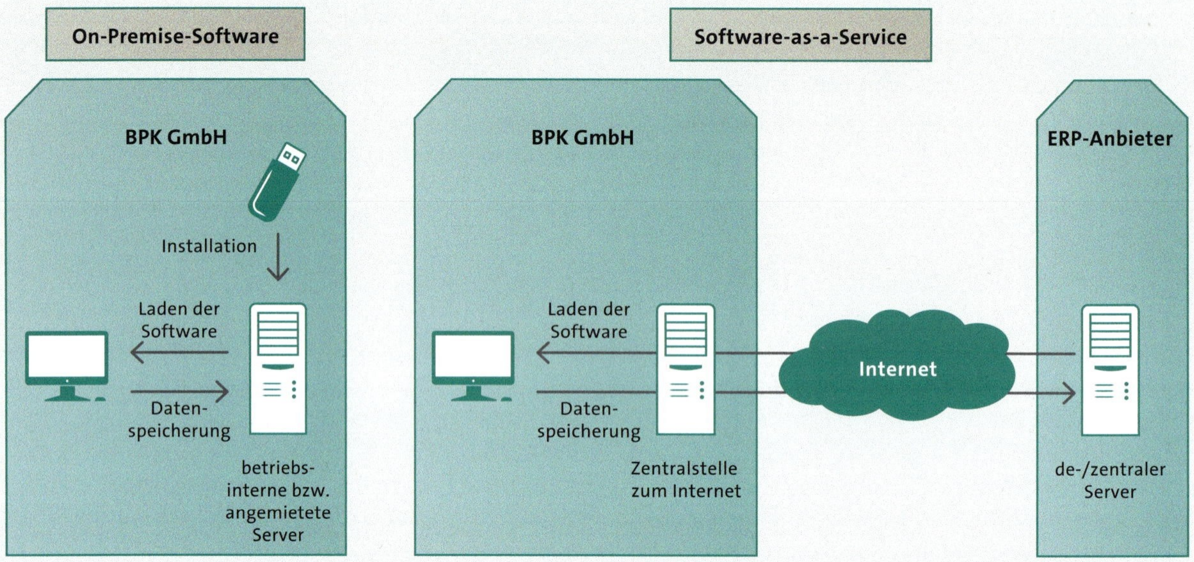

Neben diesen professionellen und kostenpflichtigen Angeboten entstehen auch immer mehr sogenannte **Open-Source-Anwendungen**. Diese Lösungen sind grundsätzlich kosten- und lizenzfrei und verursachen daher nur Kosten für den laufenden Betrieb. Sie lassen sich meist einfacher an die individuellen betrieblichen Gegebenheiten anpassen, sofern Mitarbeiter mit entsprechenden Kenntnissen vorhanden sind; wahlweise kann die Anpassung auch über einen externen Programmierer erfolgen. Bei Open Source-Anwendungen ist der Service jedoch eingeschränkt. Ebenso ist eine Weiterentwicklung oder -pflege durch die Entwickler nicht garantiert, sodass die Software nach einigen Jahren auf einem veralteten Stand sein oder gänzlich vom Markt verschwinden kann.

Alles klar?

1 Betrachten Sie die Abbildung „Der Weg zur Industrie 4.0" auf S. 280. Erläutern Sie die vierte industrielle Revolution und gehen Sie dabei auf wesentliche Unterschiede zu den Revolutionen der Vergangenheit ein.

2 Wie könnte die nächste Revolution aussehen? Lassen Sie Ihrer Fantasie freien Lauf und skizzieren Sie Ihre Ideen.

3 Verdeutlichen Sie den Begriff Wertschöpfung an einem Beispiel.

4 Beschreiben Sie Wertschöpfungsaktivitäten aus Ihrem Ausbildungsbetrieb.

5 Welche Chancen eröffnet die Digitalisierung, wenn sie entlang der Wertschöpfungskette realisiert wird?

6 Unterscheiden Sie primäre und sekundäre Wertschöpfungsaktivitäten und nennen Sie verschiedene Ansatzpunkte für Digitalisierung.

7 Beschreiben Sie, in welchen Bereichen Ihres Ausbildungsunternehmens die Digitalisierung bereits Einzug gehalten hat und welche Auswirkungen dies auf Ihre tägliche Arbeit hat.

8 Erläutern Sie verschiedene Gründe, die für die Einführung eines ERP-Systems sprechen.

9 Nennen Sie einige Funktionen bzw. Module, die ein ERP-System mit sich bringen sollte.

10 Diskutieren Sie die Vor- und Nachteile eines ERP-Systems mit Ihrem Sitznachbarn.

11 Sie beraten verschiedene Unternehmen bei der Einführung eines ERP-Systems. Welche Überlegungen beeinflussen Ihre Empfehlung bei den folgenden Unternehmen?
a) Friseursalon
b) Büromöbelhersteller mit Absatzgebiet im süddeutschen Raum
c) Großhändler mit deutschlandweitem Absatzgebiet

12 Unterscheiden Sie On-Premise-Software von Software-as-a-Service anhand von Beispielen.

13 Open-Source-Anwendungen sind heute aus der privaten und betrieblichen Realität nicht mehr wegzudenken.
a) Welche Open-Source-Anwendungen nutzen Sie selbst in Ihrem privaten Umfeld?
b) Gehen Sie in Ihrem Ausbildungsbetrieb auf Entdeckungstour und finden Sie heraus, welche Open-Source-Anwendungen dort eingesetzt werden.
c) Was könnten aus Ihrer Sicht die Gründe sein, warum Open-Source-Anwendungen so beliebt sind?

AB ▶ LS 91

2 Daten, Datenschutz und Datensicherheit

2.1 Daten

Daten existieren zu unterschiedlichsten Objekten der Realität, z. B. zu Artikeln, Produktionsaufträgen, Gebäuden, Fahrzeugen, Abteilungen, Vorräten usw.

Werden Buchstaben, Ziffern oder Zeichen aneinandergereiht, spricht man von **Daten** (Singular: Datum). Daten beziehen sich auf objektiv feststellbare Fakten oder Eigenschaften eines Objekts in der Realität. Befinden sich Daten in einem Sachzusammenhang (Kontext), werden sie zu **Informationen**.

Beispiel

Datum	Sachzusammenhang	Information
Müller	Es handelt sich um einen Kunden.	Müller = Name des Kunden
25	Bestellung eines Artikels, Nr. 39X83	25 = Bestellmenge

Unternehmen arbeiten mit einer Vielzahl von Daten über ihre Kunden (z. B. Adressdaten, Historie der Bestellungen usw.) und Lieferanten (z. B. Bezugskonditionen, Zahlungsinformationen, bestellte Artikel usw.). Über die eigenen Mitarbeiter werden Daten z. B. zur Stellenbesetzung, Entlohnung, über Urlaubs- und Krankheitstage usw. gespeichert.

Einen Großteil der Daten erhalten Unternehmen aus den Geschäftsbeziehungen zu ihren Kunden und Lieferanten, z. B. aus Anfragen, Bestellungen (telefonisch, Online-Shop), Rückmeldungen von Kunden, Internet (Social Media, Branchenverzeichnisse). Zusätzlich können insbesondere Kundendaten auch käuflich von entsprechenden Anbietern erworben werden. Vor einem Kauf sollte man sich aber bewusst machen, dass die Quelle dieser Daten unter Umständen unklar ist und/oder die betroffenen Personen in die Verwendung ihrer Daten überhaupt nicht eingewilligt haben.

Einige Daten verändern sich über einen längeren Zeitraum hinweg nur kaum und bleiben damit relativ statisch. Man bezeichnet sie als **Stammdaten**. Sie werden langfristig gespeichert und stellen die Grundlage für alle geschäftlichen Beziehungen des Unternehmens dar. Stammdaten bilden die Basis eines jeden ERP-Systems.

Beispiel

Stammdaten zum Debitor Bürobedarf August GmbH:
- Firmenname
- Straßenname und Hausnummer
- Postleitzahl und Ort
- Telefon- und Faxnummer
- Bankverbindung bestehend aus: Name des Kreditinstituts, BIC-Code und IBAN
- Ansprechpartner

Bewegungsdaten entstehen durch Geschäftsaktivitäten (z. B. Kauf, Verkauf, Marketingaktionen) und verändern sich laufend und in kürzeren Zeitabständen. Sie werden kurz- bis mittelfristig gespeichert.

Außerdem gibt es noch **Bestandsdaten**, die Mengen und Werte erfassen, z. B. Lagerbestände.

Beispiel

Eine Kundenbestellung führt u. a. zu folgenden Bewegungsdaten:
- Artikelmenge und -art
- Sonderpreise oder Rabatt
- Zahlungsart
- abweichende Lieferadresse

Bei den hinterlegten Zahlungsdaten (IBAN usw.) und der Alternativadresse handelt es sich um Stammdaten. Die Auswahl und Verwendung bei einer Kundenbestellung sind jedoch veränderlich.

Daten und Informationen sind immer zweckgebunden und bilden damit die Grundlage für unternehmerische Entscheidungen, beispielsweise wird bei Erreichen des Meldebestandes eine neue Bestellung ausgelöst. Bei ihrer Beschaffung, Verarbeitung und etwaigen Weitergabe im Rahmen von Geschäftsprozessen muss aber die Einhaltung des Datenschutzes berücksichtigt werden.

2.2 Datenschutz

Beispiel

Dem Auszubildenden Thomas Wolfen fällt seit Längerem auf, dass auf jeder Website immer diese Einwilligungserklärung zur Datenspeicherung aufpoppt. Aber so genau hat er sich diese noch nie durchgelesen, er klickt immer „Akzeptieren" an …

Heutzutage werden sowohl im Privatleben als auch im betrieblichen Umfeld ständig und überall Daten erhoben, z. B. beim Bezahlen mit der Bankkarte, bei einer persönlichen Terminvereinbarung oder dem Einkauf in einem Online-Shop. Da sich diese Daten in den meisten Fällen auf natürliche Personen beziehen, müssen Unternehmen bei der **Erhebung**, **Verarbeitung**, **Speicherung** und **Verwendung** den Datenschutz berücksichtigen.

Die Schufa (Schutzgemeinschaft für allgemeine Kreditsicherung) speichert über 800 Mio. Einzeldaten zu etwa 67 Mio. Personen in Deutschland.

Durch diese Vielzahl an Daten wird der Mensch zum **gläsernen Menschen** bzw. **Kunden**.

Der Datenschutz überlappt sich teilweise mit weiteren Persönlichkeitsrechten wie z. B. dem Recht am eigenen Bild, das wiederum Teil des **Rechtes auf informationelle Selbstbestimmung** ist. Beides geht auf eine Auslegung von Art. 1 und 2 GG zurück.

Die rechtlichen Grundlagen zum Datenschutz finden sich sowohl auf EU-Ebene als auch im nationalen Recht. Dies sind z. B. die EU-Datenschutzrichtlinie (RL 95/46/EG), die Datenschutzgrundverordnung (DSGVO) und das neu gefasste Bundesdatenschutzgesetz (BSDG-neu).

§ Art. 1 DSGVO – Gegenstand und Ziele

(1) Diese Verordnung enthält Vorschriften zum Schutz natürlicher Personen bei der Verarbeitung personenbezogener Daten und zum freien Verkehr solcher Daten.
(2) Diese Verordnung schützt die Grundrechte und Grundfreiheiten natürlicher Personen und insbesondere deren Recht auf Schutz personenbezogener Daten.
(3) Der freie Verkehr personenbezogener Daten in der Union darf aus Gründen des Schutzes natürlicher Personen bei der Verarbeitung personenbezogener Daten weder eingeschränkt noch verboten werden.
[...]

Unter **Verarbeitung** versteht der Gesetzgeber (Art. 4 Abs. 2 DSGVO) u. a.: Erheben und Erfassen, Organisieren und Ordnen, Speichern, Anpassen und Verändern, Auslesen und Abfragen, Verwenden, Offenlegen (d. h. Übermitteln, Verbreiten oder sonstige Formen der Bereitstellung), Löschen usw.

§ Art. 6 DSGVO – Rechtmäßigkeit der Verarbeitung

(1) Die Verarbeitung ist nur rechtmäßig, wenn mindestens eine der nachstehenden Bedingungen erfüllt ist:
(a) Die betroffene Person hat ihre Einwilligung zu der Verarbeitung der sie betreffenden personenbezogenen Daten für einen oder mehrere bestimmte Zwecke gegeben; [...].

Kernelemente des Datenschutzes

personenbezogene Daten | natürliche Person | Verarbeitung und Weitergabe von Daten

↓

Einwilligung des Betroffenen

Bei **personenbezogenen Daten** handelt es sich um alle Informationen, mit deren Hilfe Rückschlüsse auf eine konkrete Person getroffen werden können; der Gesetzgeber spricht hier von einer identifizierten oder identifizierbaren natürlichen Person (Art. 4 Abs. 1 DSGVO). Was ist darunter konkret zu verstehen?

Eine natürliche Person kann durch einzelne Merkmale (z. B. Name) oder durch eine Kombination von Merkmalen (z. B. Nachname, postalische Angaben) letztlich eindeutig und zweifelsfrei identifiziert werden. Es genügt aber schon, wenn die theoretische Möglichkeit dazu besteht.

Es gibt eine Vielzahl von personenbezogenen Daten unterschiedlicher Art, wie u.a. Name, Alter, Geburtsdatum, Geschlecht, physiologische, physische, genetische oder psychische Eigenschaften, kulturelle und soziale Herkunft, Nummer des Personalausweises oder der Sozialversicherung, postalische Daten, Telefonnummer, Arbeitszeiten, Arbeitswege, IP-Adressen, E-Mail-Adresse, Kreditkarte, Bankdaten, Einkommen, Schulden bzw. Kredite und Kaufverhalten.

Art. 9 Abs. 1 DSGVO

Manche personenbezogenen Daten sind besonders sensibel und unterliegen daher einem besonderen Schutz. Solche Daten gewähren einen tiefen oder umfassenden Einblick in die private Lebensführung und damit in einen höchstpersönlichen Schutzbereich. Daher ist ihre Verarbeitung, sofern keine Einwilligung oder gesetzliche Grundlage vorliegt, grundsätzlich verboten. Zu diesen Daten zählen u.a.:

- Herkunft (Ethnie),
- religiöse oder weltanschauliche Einstellungen,
- Gesundheit,
- genetische und biometrische Daten,
- Sexualleben und sexuelle Orientierung,
- politische Einstellung,
- Zugehörigkeit zu Verbänden (z.B. Gewerkschaft),
- ...

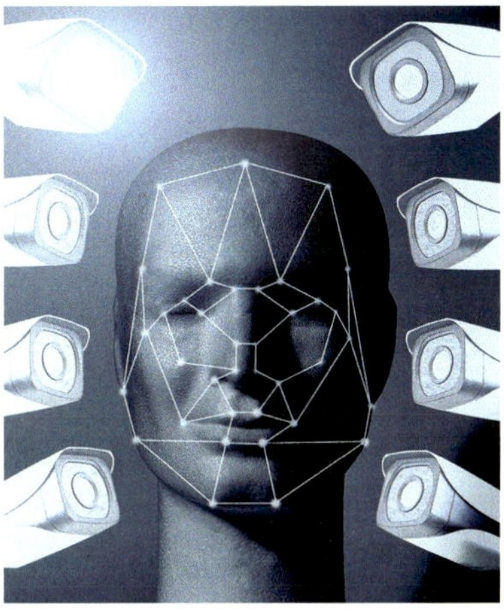

Biometrische Daten gehören zu den besonders sensiblen personenbezogenen Daten.

Ein Verarbeitungsverbot gilt auch für Daten, aus denen Rückschlüsse auf sensible personenbezogene Daten gezogen werden können. So lassen sich z.B. aus einer Kaufübersicht zu Medikamenten Informationen über die Gesundheit ableiten.

Zum Schutz dieser höchstsensiblen Daten müssen Unternehmen bestimmte Regelungen bei der Datenerhebung, -verarbeitung und -weitergabe beachten:

Regelungen zur Datenverarbeitung

Im Vorfeld sind ein Hinweis auf die Datenverarbeitung und die **ausdrückliche Zustimmung** der betroffenen Person nötig.	Die Einwilligung muss **freiwillig** und ohne negative Konsequenzen bei Verweigerung erfolgen.
Der Betroffene kann ein **Widerrufsrecht** geltend machen.	Der Betroffene hat einen Anspruch auf **Löschung** der zu seiner Person gespeicherten Daten.

Die Einwilligung kann **nicht** durch schlüssiges (konkludentes) Handeln ersetzt werden.

Negative Konsequenzen bei Verweigerung könnten in einem Abhängigkeitsverhältnis (z.B. Arbeitsvertrag) durchaus der Fall sein.

Art. 17 Abs. 1 DSGVO

Unter **Löschung** versteht der Gesetzgeber, dass durch Anwendung technischer Verfahren die jeweiligen Daten nicht wiederhergestellt oder ausgelesen werden können. Daten müssen **unverzüglich**, d.h. ohne schuldhaftes Verzögern, gelöscht werden, wenn der Betroffene dies wünscht oder einer der folgenden Gründe vorliegt:

- Der Zweck der Datenverarbeitung entfällt.
- Der Betroffene widerruft seine Einwilligung und keine andere rechtliche Grundlage rechtfertigt eine weitere Datenverarbeitung.
- Die Daten wurden ursprünglich unrechtmäßig erhoben.

Für den Umgang mit personenbezogenen Daten enthält die DSGVO verschiedene **Grundsätze** (Art. 5 Abs. 1 DSGVO). Die Einhaltung muss im Unternehmen von einem bestellten **Datenschutzbeauftragten** überwacht werden (Art. 5 Abs. 2 DSGVO).

Art. 5 Abs. 1 a–f DSGVO

Grundsätze der Datenverarbeitung	
Rechtmäßigkeit	Daten dürfen nur verarbeitet werden, wenn eine Einwilligung des Betroffenen oder eine entsprechende rechtliche Grundlage vorliegt.
Verarbeitung nach Treu und Glauben	Die Daten sollen direkt beim Betroffenen statt bei einer dritten Stelle erhoben werden und die Notwendigkeit ist im jeweiligen Einzelfall zu beurteilen.
Transparenz	Zur Ausübung seiner Rechte soll der Betroffene über Umfang und Menge der erhobenen Daten Bescheid wissen.
Zweckbindung	Die Datenerhebung und -verarbeitung müssen zweckgebunden oder durch gesetzliche Vorschriften gedeckt sein. So kann es z. B. sein, dass Daten aufgrund gesetzlicher Aufbewahrungspflichten archiviert werden müssen.
Datenminimierung	Die Datenerhebung soll auf den jeweiligen Zweck mengenmäßig beschränkt bleiben. Eine pauschale Massendatenerhebung ist nicht zulässig.
Richtigkeit	Die verwendeten Daten müssen aktuell und richtig sein. Bei unrichtigen Daten kann der Betroffene seine Rechte auf Berichtigung und Löschung geltend machen.
Speicherbegrenzung	Daten dürfen nur für die Dauer der zweckgebundenen Verarbeitung gespeichert werden. Danach sind sie zu löschen – sofern dem keine gesetzlichen Vorschriften entgegenstehen.
Integrität und Vertraulichkeit	Die Daten müssen vor unberechtigtem und unrechtmäßigem Gebrauch, Verlust, Veränderung oder Vernichtung geschützt werden.

Art. 15 ff. DSGVO

Personen, über die Daten gespeichert wurden, haben folgende Rechte gegenüber dem Unternehmen:
- Auskunftsrecht über gespeicherte Daten,
- Recht auf Berichtigung nicht korrekter Daten,
- Recht auf Löschung,
- Recht auf Einschränkung der Datenverarbeitung,
- Widerspruchsrecht.

Verstoßen Unternehmen gegen Vorschriften des Datenschutzes, haben die betroffenen Personen unter Umständen Anspruch auf Schadenersatz, falls ihnen ein materieller oder immaterieller Schaden entstanden ist. Zusätzlich können Bußgelder in Abhängigkeit von der Schwere der Verstöße verhängt werden.

2.3 Datensicherheit

Unter **Datensicherheit** versteht man alle technischen und organisatorischen Maßnahmen, um den betrieblichen Datenbestand vor unberechtigtem Zugriff, Veränderung oder Löschung zu schützen. Hierdurch werden die Vertraulichkeit, Integrität und Verfügbarkeit der Daten gewährleistet. Zu den wichtigsten Maßnahmen gehören eine **Zutritts-** und **Zugangskontrolle**:

- Sicherheitspersonal,
- Alarmanlage und Videoüberwachung,
- Sicherheitsschlösser,
- Passwörter und Benutzerrechte,
- Sperrung von USB-Anschlüssen,
- Vermeidung von unsicheren oder nicht zertifizierten Verfahren zum Datenaustausch,
- laufende Kontrollen der EDV auf Auffälligkeiten (z. B. Logfiles, Monitoring),
- Vier-Augen-Prinzip bei Datenveränderungen,
- genaue Arbeitsanweisungen zum Umgang mit Daten,
- gesicherte und verschlüsselte Datenverbindungen, insbesondere bei Einbindung des Internets,
- ...

Zutrittskontrolle

Der Zutritt zu Gebäuden, Räumen usw. wird kontrolliert.

Zugangskontrolle

Über die Vergabe von Benutzerrechten können der Zugriff und Umfang der verfügbaren Daten genau festgelegt werden. So darf z. B. ein Mitarbeiter im Einkauf nur Daten von Lieferanten abrufen, nicht aber Informationen über das Entgelt eines Kollegen.

Weitere Vorschriften finden sich in § 64 BDSG.

Bei den personellen Sicherheitsmaßnahmen kommt es insbesondere auf die richtige Auswahl neuer Mitarbeiter an, z. B. durch Überprüfung des Führungszeugnisses. Außerdem ist eine regelmäßige Schulung und Unterweisung der Mitarbeiter zur Datensicherheit sinnvoll und notwendig. Beim Umgang mit sensiblen Daten empfiehlt sich das Vier-Augen-Prinzip, das auf gegenseitiger Kontrolle basiert.

In regelmäßigen Abständen müssen Teile oder der gesamte Datenbestand durch ein **Backup** (Sicherungskopie) gesichert werden. Diese Sicherung kann auf einer Festplatte, einem Datenträger oder in der Cloud des Unternehmens abgelegt werden. Bei Verlust oder Beeinträchtigung können so die Daten aus der Sicherung wiederhergestellt und in das EDV- bzw. ERP-System eingespielt werden.

Backup-Arten

Voll-/Komplett-Backup	Differenzielles Backup	Inkrementelles Backup
Alle Daten werden gesichert.	Neue oder geänderte Daten seit dem letzten Backup werden gesichert.	Neue oder geänderte Teile einer Datei seit dem letzten Backup werden gesichert.

Hat es jemand auf einen Datenangriff abgesehen, wird er versuchen, Lücken in der Programmierung von Software oder dem technischen Konzept der Datensicherheit (z. B. Firewall) auszunutzen. Vor diesem Hintergrund sind aktuelle Versionen einer Firewall und eines Antivirenprogramms unerlässlich. Auch sollte sich die eingesetzte Unternehmenssoftware immer auf dem technisch neuesten Stand befinden. Vorhandene Sicherheitslücken stellen andernfalls ein Einfallstor für Schadsoftware und Datenmissbrauch bzw. -verlust dar.

Schadsoftware

▶ LF 9, Kap. 5.2

Alles klar?

1 Unterscheiden Sie Daten und Informationen anhand von Beispielen.

2 Grenzen Sie Stamm- und Bewegungsdaten voneinander ab.

3 Welche der folgenden Daten werden bei der BPK GmbH nicht als Stammdaten im ERP-System gespeichert?
- **a)** Kundennummer des Druckzentrums Bielefeld
- **b)** Adressdaten des Kunden Tönnes Druckerei
- **c)** Abweichende Lieferadresse der BESKA GmbH
- **d)** Bankverbindung des Kreditors Ozean Papier AG
- **e)** Lieferung an die abweichende Adresse der Klammer & Co Bürobedarf OHG

4 Nennen Sie für die folgenden Vorgänge jeweils drei Bewegungsdaten, die die BPK GmbH dazu speichert.
- **a)** Ausgangsrechnung
- **b)** Eingangsrechnung
- **c)** Gehaltsabrechnung

5 Was versteht das Gesetz unter „Verarbeitung von Daten"? Beschreiben Sie fünf Formen der Verarbeitung anhand eines konkreten Beispiels.

6 Nennen Sie verschiedene personenbezogene Daten. Erstellen Sie eine Übersicht darüber, wo und wie Sie in der letzten Woche diese Daten im täglichen Leben verwendet oder weitergegeben haben.

7 Die BPK GmbH möchte zur Erhöhung der Datensicherheit auf Türöffner mit biometrischen Fingerabdruckdaten umstellen. Nehmen Sie aus Sicht des Datenschutzes hierzu Stellung.

8 Die DSGVO schreibt die Löschung von Daten in bestimmten Fällen vor. In welcher der folgenden Situationen ist aus Sicht des Datenschutzes eine Löschung vorzunehmen?
- **a)** Auf der Website akzeptierte Kemal Cem die Speicherung der Cookies, obwohl er dies eigentlich nicht möchte.
- **b)** Ein Stammkunde teilt eine Adressänderung mit, bestellt in den darauffolgenden Monaten aber nicht bei der BPK GmbH.
- **c)** Die Kundin Sina Kemschke ist so verärgert, dass sie von der BPK GmbH verlangt, alle zu ihrer Person gespeicherten Daten und damit auch die archivierten Buchungsbelege rückwirkend zu löschen.
- **d)** Der Kreditor Harald Dubb KG teilt die Änderung seiner Bankdaten mit.
- **e)** Die BPK GmbH erhält eine Anfrage von einem potenziellen Neukunden, der dann doch nicht bestellt.

9 Erläutern Sie, warum die Verwendung von Google Analytics und ähnlichen Tools auf Websites aus Sicht des Datenschutzes problematisch ist.

10 Nennen Sie jeweils eine technische, organisatorische und personelle Maßnahme, um die Datensicherheit zu gewährleisten.

11 Nennen Sie verschiedene Möglichkeiten, um Mitarbeiter für das Thema Datensicherheit zu sensibilisieren.

3 Kundengewinnung und -betreuung mit digitalen Werkzeugen

AB ▶ LS 92

Der Prozess der Gewinnung von Kunden (**Kundenakquise**) zählt seit jeher zu den wichtigsten Bereichen eines Unternehmens. Traditionell wird dabei auf Printwerbung, Telefon und den persönlichen Kontakt durch Außendienstmitarbeiter gesetzt. Die Kundengewinnung endet keinesfalls mit dem Erhalt der gewünschten Kundendaten und/oder dem ersten Absatzgeschäft. Aus Neukunden müssen zunächst Wiederkäufer und dann loyale Stammkunden werden, die immer wieder beim Unternehmen einkaufen. Für eine solche **Kundenbindung** gibt es verschiedene Auslöser (Ursachen):

Sind Kunden zufrieden, wirkt eine weitere Art der Akquise: die **Mundpropaganda**. Dabei berichten Kunden über ihre Erfahrungen und empfehlen die Produkte im Bekannten- und Freundeskreis weiter.

Ursachen der Kundenbindung

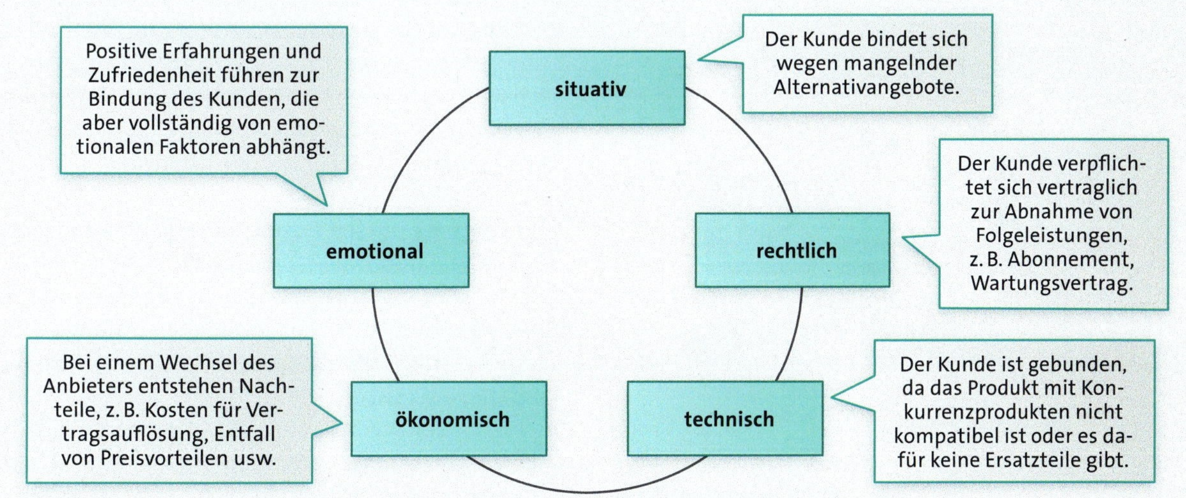

3.1 Elektronische Instrumente im Kundenmanagement

Im Bereich des Kundenmanagements gibt es gegenwärtig eine Vielfalt an elektronischen Möglichkeiten, die zur Gewinnung und Bindung von Kunden eingesetzt werden können. Unter diesen muss das Unternehmen eine sinnvolle Auswahl treffen.

Um Aktivitäten des Kundenmanagements nicht zufällig, sondern aufeinander abgestimmt durchzuführen und gleichzeitig die Bedürfnisse des Kunden im Blick zu behalten, bietet sich der Einsatz eines **Customer-Relationship-Managements (CRM)** an.

Für die Kommunikation und Erreichbarkeit sind heute Telefon, E-Mail, Fax und eine **Unternehmenswebsite** selbstverständlich. Neben den klassischen Vertriebswegen wie z.B. Einzelhandel und Direktvertrieb bieten viele Unternehmen auch einen eigenen **Online-Shop** an oder sind auf **Handelsplattformen** präsent.

3.1.1 Customer-Relationship-Management

Die Gewinnung von Kunden und die Pflege der daraus entstehenden Kundenbeziehung gehören zu den wichtigsten Aufgaben im Unternehmen. Damit dieser Prozess planvoll und strategisch erfolgt, bedarf es eines Customer-Relationship-Managements (CRM).

Customer-Relationship-Management

Unter **Customer-Relationship-Management** versteht man eine unternehmerische Strategie, um die Beziehungen und Interaktionen mit Kunden zu dokumentieren, zu verwalten und zu systematisieren sowie bei allen sonstigen Geschäftsprozessen zu berücksichtigen.

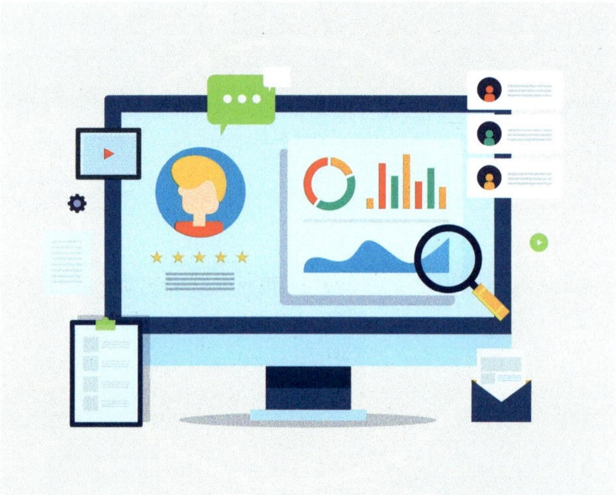

Zur Unterstützung ihrer CRM-Strategie setzen Unternehmen eine entsprechende Software ein. Mit einem solchen **CRM-System** kann eine Vielzahl unterschiedlicher Kundendaten strukturiert erfasst werden. Je nach Software lassen sich damit auch kundenspezifische Dokumente speichern, Aufgaben unter Mitarbeitern verteilen und Termine verwalten.

CRM-Systeme nutzen Datenbanken zur Verwaltung der Kundendaten. Dabei sollte das CRM-System an das unternehmensinterne ERP-System angebunden oder darin integriert sein. So lässt sich die Datenqualität deutlich verbessern, da redundante (mehrfach vorhandene) oder inkonsistente (widersprüchliche) Daten vermieden werden. Viele CRM-Systeme bieten die folgenden Bausteine an:

- **Analytischer Baustein**: Vorhandene Daten werden aufbereitet und analysiert, um z.B. weitere Verkaufspotenziale zu erkennen, Kunden zu segmentieren (ABC-Analyse) oder Ansätze für Cross-Selling festzustellen.
- **Operativer Baustein**: Beim direkten Kundenkontakt dient das CRM-System zur Verbesserung der Prozesse in den Bereichen Marketing, Vertrieb und Services, indem es automatisierte Prozesse (z.B. Nachfassen im Vertrieb durch E-Mail, Newsletter usw.) zur Verfügung stellt.
- **Kommunikativer Baustein:** Dieser bündelt verschiedene Kanäle zur direkten Kundenkommunikation, z.B. Telefon, E-Mail, Brief usw. und ermöglicht damit eine gezielte Steuerung, Unterstützung und Synchronisation dieser Kanäle (Multi-Channel-Management).
- **Kollaborativer Baustein**: Das CRM-System kann und soll auch im Außendienst des Unternehmens zum Einsatz kommen.

ABC-Analyse

▶ LF 9, Kap. 4.2.1

Im Zusammenhang mit der Datenanalyse wird oftmals von **Data-Mining** gesprochen. Damit ist das Herausfinden empirischer Zusammenhänge gemeint, z. B. typische Warenkörbe der Kunden, Einflussfaktoren für Käufe usw.

In diesen Bereich fällt auch **OLAP** (Online Analytical Processing), mit dem verschiedene Daten und Kennzahlen aus dem Vertrieb weiter verdichtet (aggregiert) werden, um zusätzliche Informationen zu gewinnen.

Weiterführende Arten von CRM

ECRM	SCRM	CEM	PCRM
(Electronic CRM) ist auf die digitale Kundenbindung ausgerichtet.	(Social CRM) ist auf CRM in den sozialen Medien ausgerichtet.	(Customer Experience Management) richtet den Fokus auf Kundenerfahrungen und -erlebnisse.	(Programmatic CRM) dient der gezielten Ausrichtung von Werbung auf den Kunden.

Beim Einsatz eines CRM-Systems verfolgen Unternehmen u.a. die folgenden **Ziele**:

- systematische Kundenorientierung bei allen Unternehmensprozessen, d.h. von der Neugewinnung, Bindung bis hin zu einer Wiedergewinnung verlorener Kunden,
- Aufbau einer langfristigen Kundenbeziehung,
- Fokus auf die wirtschaftlich interessanten (gewinnbringenden) Kunden,
- Individualisierung der Kundenbeziehungen durch differenzierte Produkte und Dienstleistungen,
- Zusammenfassung aller kundenbezogenen Informationen und umfassende Abbildung der Kundenbeziehung,
- Unterstützung bei täglich anfallenden administrativen Aufgaben, Steigerung der Effizienz und Effektivität.

3.1.2 Unternehmenswebsite

Heutzutage betreibt nahezu jedes Unternehmen eine Website im Internet, auf der es sich präsentiert und sein Sortiment vorstellt. Websites lassen sich heute nach dem sogenannten Baukasten-Prinzip leicht und schnell „zusammenklicken". Für einen professionellen Auftritt, der zudem einen wichtigen Beitrag zur Kundengewinnung und -bindung leisten soll, müssen im Vorfeld aber bestimmte Überlegungen angestellt werden.

Baukasten-Prinzip
Die Webserver-Betreiber stellen vorgefertigte Templates (Schablonen, Vorlagen) zur Verfügung, aus denen eine Website zusammengebaut werden kann.

Der Besucher einer Website möchte ohne langes Suchen und Herumklicken schnell („mit nur wenigen Klicks") zu den gewünschten Inhalten gelangen. Daher sollten Webseiten bestimmte Bestandteile aufweisen:

- **Seitentitel** als Orientierung, zu welchem Unternehmen die Seite gehört,
- **Überschrift**, meist genutzt für Unternehmensname und -logo,
- **Navigation**, damit der Nutzer schnell zu anderen Inhalten der Website gelangt und sich orientieren kann,
- **Inhalt** mit einer übersichtlichen und ansprechenden Präsentation der vom Besucher gewünschten Informationen,
- **Fußzeile** mit Angaben zum Impressum, Kontaktmöglichkeiten usw.

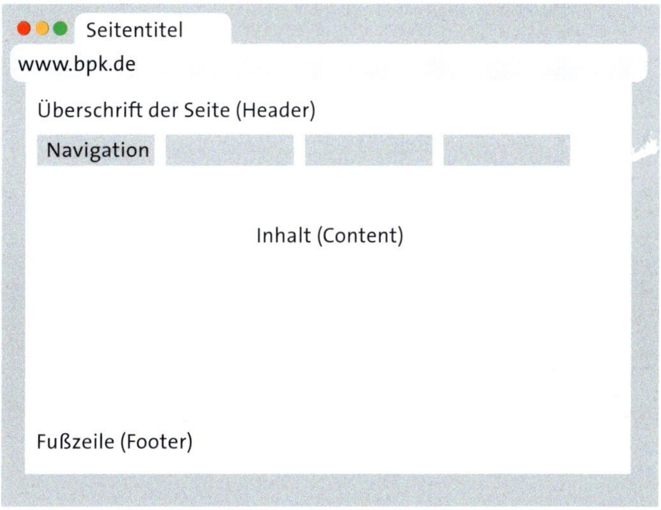

Eine Website wird über die **URL** (Uniform Resource Locator) im Browser aufgerufen und sollte zum jeweiligen Unternehmen namentlich passen. Die **Domain** kann das Absatzgebiet (z. B. „.de", „.com") oder den Gegenstand des Unternehmens repräsentieren (z. B. „.design", „.software", „.schule").

Mit Aufruf der URL wird die **Startseite** geladen. Hierbei gilt: Der erste Eindruck entscheidet übers Bleiben oder Verlassen der Website. Daher sollte das Layout an die jeweilige Zielgruppe angepasst sein und zum Wohlfühlen verleiten. Dem Besucher sollte ein positives Surferlebnis geboten werden.

Suchmaschinenoptimierung
▶ LF 6, Kap. 8.6.1

Damit die Website auch über Suchmaschinen gefunden werden kann, müssen passende Keywords (Schlüsselwörter) vergeben werden. Nur so wird eine gute Ausgangsbasis für die **Suchmaschinenoptimierung** (SEO) geschaffen.

Responsives Design
Design, dass sich an das jeweilige Endgerät (Laptop, Smartphone usw.) anpasst, indem die Inhalte bestmöglich angeordnet und dimensioniert werden

Kriterien für eine gute Website	
Benutzerfreundlichkeit (Usability)	Kurze Ladezeiten, responsives Design, sinnvoll gesetzte Hyperlinks, guter Kontrast zwischen Text und Hintergrund usw.
Navigation	Schnell auffindbare und zielführende Verlinkungen
Inhalt (Content)	Hochwertiger Inhalt mit Mehrwert für Nutzer, z. B. Artikel, Blogbeiträge, Produktpräsentationen usw.
Erscheinungsbild (Design)	Corporate Identity, Firmenlogo, Wiedererkennungsfaktor
Rechtliches	Impressum mit Angaben zu Rechtsform, Vertretungsberechtigungen, Kontakt, Datenschutz usw.
Erreichbarkeit	Website, die auf verschiedenen Endgeräten funktioniert (Desktop, Laptop, mobile Endgeräte usw.)

Bei Fragen oder Problemen möchten Nutzer schnell und einfach mit dem Unternehmen in Kontakt treten. Hierfür bieten sich **Kontaktformulare** an, in denen der Nutzer nur noch die eigenen Kontaktdaten und das Anliegen ergänzen muss.

Name*

E-Mail*

Nachricht*

* Pflichtfelder

captcha 246

Geben Sie die Zeichen ein:

Senden

Immer häufiger bieten Unternehmen eine **Chatmöglichkeit** an, sodass Nutzer direkt Kontakt mit dem Unternehmen aufnehmen können. Ob am anderen Ende der Verbindung wirklich ein Mitarbeiter sitzt, ist aber nicht garantiert. Unternehmen testen immer häufiger den Einsatz künstlicher Intelligenz (kurz: KI; auch: Artificial Intelligence, AI), die über das Erkennen bestimmter Sprachmuster das Anliegen des Nutzers herausfindet und entsprechend agiert.

Im privaten Bereich kommunizieren Menschen mit künstlicher Intelligenz, wenn sie Sprachassistenten wie z. B. Alexa, Siri, Google Assistant usw. nutzen.

Durch die strengen Vorschriften der **Datenschutzgesetze** insbesondere in Bezug auf die Speicherung personenbezogener Daten starten besonders seit 2020 Websites mit einer Einwilligungserklärung zur Speicherung solcher Daten. Typischerweise wird die Zustimmung zu folgenden Daten eingeholt:

- technisch notwendige Daten zur Aufrechterhaltung der Seitenfunktionalität, z. B. Spracheinstellungen, Warenkorbinhalte usw.,
- Daten zur statistischen Auswertung der Seitenbesuche, z. B. Browsertyp, Verweildauer und Klickreihenfolge auf einzelnen Seiten usw.,
- Daten zu Marketingzwecken.

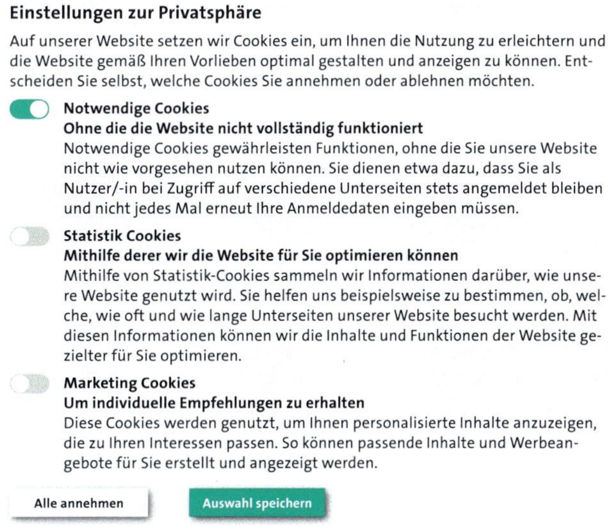
Einstellungen zur Privatsphäre

Auf unserer Website setzen wir Cookies ein, um Ihnen die Nutzung zu erleichtern und die Website gemäß Ihren Vorlieben optimal gestalten und anzeigen zu können. Entscheiden Sie selbst, welche Cookies Sie annehmen oder ablehnen möchten.

Notwendige Cookies
Ohne die die Website nicht vollständig funktioniert
Notwendige Cookies gewährleisten Funktionen, ohne die Sie unsere Website nicht wie vorgesehen nutzen können. Sie dienen etwa dazu, dass Sie als Nutzer/-in bei Zugriff auf verschiedene Unterseiten stets angemeldet bleiben und nicht jedes Mal erneut Ihre Anmeldedaten eingeben müssen.

Statistik Cookies
Mithilfe derer wir die Website für Sie optimieren können
Mithilfe von Statistik-Cookies sammeln wir Informationen darüber, wie unsere Website genutzt wird. Sie helfen uns beispielsweise zu bestimmen, ob, welche, wie oft und wie lange Unterseiten unserer Website besucht werden. Mit diesen Informationen können wir die Inhalte und Funktionen der Website gezielter für Sie optimieren.

Marketing Cookies
Um individuelle Empfehlungen zu erhalten
Diese Cookies werden genutzt, um Ihnen personalisierte Inhalte anzuzeigen, die zu Ihren Interessen passen. So können passende Inhalte und Werbeangebote für Sie erstellt und angezeigt werden.

Alle annehmen | Auswahl speichern

3.1.3 Digitale Vertriebskanäle

Zur Erweiterung der klassischen Distributionswege haben Unternehmen schon seit Jahren das Internet erschlossen. Beim Internethandel (elektronischer Handel, E-Commerce) verläuft der gesamte Vertriebsprozess von der Präsentation und Darstellung der Produkte und Dienstleistungen bis hin zum Abschluss des Kaufvertrages online. Auch die Kommunikation erfolgt im besten Fall vollständig über das Internet.

Arten digitaler Vertriebskanäle

Online-Shops	Handelsplattformen (Auktionen)

Im **Online-Shop** werden die unternehmenseigenen Produkte und Dienstleistungen angeboten und der Verkaufsprozess kann vollständig über diesen Kanal abgewickelt werden. Zudem lassen sich After-Sales-Services wie z. B. Installations-, Update- oder Beratungsleistungen direkt mit anbieten.

Online-Shop
▶ LF 6, Kap. 6.3.2

Bei **Handelsplattformen** handelt es sich um Marktplätze, wo Anbieter und Nachfrager zusammenkommen und per Auktion, individueller Preisverhandlung oder Preisvorgabe zum Abschluss von Kaufverträgen gelangen. Der Plattformbetreiber stellt dabei die technischen Rahmenbedingungen (z. B. Abwicklung) zur Verfügung.

Handelsplattformen
Im C2C-Bereich (unter Privatleuten) zählen zu den bekannten Marktplätzen Amazon, ebay und Alibaba.
▶ LF 6, Kap. 6.3.1

Die Nutzung digitaler Vertriebskanäle bringt für die Unternehmen sowohl Vor- als auch Nachteile mit sich.

Eine spezielle Art von Handelsplattform sind sogenannte **Ausschreibungsplattformen**: Wenn Unternehmen Aufträge zu vergeben haben, können sie solche Plattformen nutzen, um ihren Bedarf mit bestimmten Ausführungsmerkmalen auszuschreiben. Bieter können entsprechende Angebote abgeben und erhalten den Zuschlag, sofern sie die notwendigen Voraussetzungen erfüllen.

Bewertung digitaler Vertriebskanäle

Vorteile	Nachteile
• Der Kanal reicht bis ins Zuhause des Kunden. • Das Sortiment ist jederzeit zugänglich, unabhängig von Ladenöffnungszeiten. • Werbung und Angebote können kundenspezifisch bereitgestellt werden. • Die digitale Reichweite vergrößert den bisherigen Marktbereich. • Produktdaten für den Online-Shop können an das Warenwirtschaftssystem angebunden werden. • ...	• Die Inhalte müssen laufend aktualisiert und gepflegt werden. • Das Betreiben eines Online-Shops verursacht Kosten. • An Handelsplattformen müssen Gebühren entrichtet werden. • Der Aufbau von Vertrauen im Internet kann schwierig und zeitintensiv sein. • ...

Auf digitalen Vertriebskanälen können Unternehmen Vertrauen aufbauen, indem sie ihre Seiten mit einem zertifizierten **Gütesiegel** versehen.

Die verschiedenen Gütesiegel basieren auf einem gemeinsamen Kriterienkatalog, der von der Initiative D21 (Netzwerk für digitale Gesellschaft) herausgegeben wurde. Dieses Netzwerk ist eine gemeinsame Initiative von Wirtschaft, Politik und Verbraucherschützern.

Verstößt ein Unternehmen gegen Kriterien des jeweiligen Siegels, muss es mit dem sofortigen Entzug des Gütesiegels rechnen.

Beispiele für Gütesiegel

Gütesiegel	Erläuterung
	Trusted Shops • Zertifizierung für Reisebüros, Händler und andere Online-Dienste • jährliche Verleihung nach ausführlicher technischer, finanzieller und organisatorischer Überprüfung der Online-Shops • enges Kontrollsystem zur Wahrung von Kundenrechten, z. B. Testkäufe und Besuche vor Ort • Käuferschutz mit Geld-zurück-Garantie • Bewertungsportal
	Geprüfter Online-Shop des EHI Retail Institute • Zertifizierung für Online-Händler und -Dienstleister • obligatorische jährliche Neuüberprüfung (Rezertifizierung) aller zertifizierten Shops • Fokus auf verbraucherrechtlicher Gestaltung, gesetzlichen Informationspflichten, Datenschutz, Testkauf, Erreichbarkeit • Bewertungssystem für Käufer in den zertifizierten Shops • Beschwerdeservice für Verbraucher und für das Monitoring der zertifizierten Shops
	Internet Privacy Standards der Datenschutz Cert GmbH • Zertifizierung von Online-Dienstleistungen, Gesundheitsanwendungen und Online-Shops unterschiedlicher Art • Gültigkeit des Siegels für zwei Jahre mit jährlicher Nachprüfung • Fokus auf Datenschutz und Verbraucherrecht • Kontrolle durch Besuche vor Ort

Sehr bekannt ist auch das Gütesiegel „S@fer Shopping“ des TÜV Süd, eine Zertifizierung für Händler, Touristikunternehmen und Versicherer. Die jährlichen Überprüfungen erfolgen u. a. in Form von Online- sowie Sicherheitschecks, Besuchen vor Ort und Testkäufen.

Unternehmen müssen Gütesiegel eigenständig beantragen. Kleinere Unternehmen scheitern dann oft an den zu zahlenden Gebühren. Daher deutet das Fehlen eines solchen Siegels nicht unbedingt auf einen schlechten Online-Shop hin.

Manche Händler sind kreativ und erfinden eigene Siegel. Jedoch sind damit keinerlei Garantien o. Ä. verbunden.

Viele Online-Shops nutzen auch **Kundenrezensionen**, d.h. Rückmeldungen von Kunden über ein Produkt. Sofern diese authentisch und korrekt sind, können sie eine positive Wirkung für das Unternehmen haben. Allerdings hat sich mittlerweile ein Markt für die professionelle Erstellung von Kundenrezensionen gebildet. Dort werden gefälschte Rezensionen gegen Bezahlung erstellt.

Beim Einkauf über digitale Kanäle achten Käufer häufig auf **Zahlungsformen mit Käuferschutz**, wie z. B. PayPal. Bei Problemen mit der Warenlieferung ist eine bereits erfolgte Zahlung dann vor Verlust geschützt.

Der gesamte **Datenverkehr** zwischen Kunde und Unternehmen muss **verschlüsselt** sein, sodass keine Daten von Dritten abgegriffen und missbraucht werden können. Eine verschlüsselte Datenübertragung erkennt man daran, dass die URL mit „https://" beginnt. In den meisten Browsern wird zusätzlich ein Vorhängeschloss angezeigt.

Aus rechtlicher Sicht müssen auch auf den digitalen Vertriebskanälen Angaben zum Unternehmen in einem **Impressum** verfügbar sein. Beim Abschluss von Kaufverträgen muss der Kunde den **AGB** und der **Datenschutzerklärung** des Unternehmens zustimmen, meist indem er ein sogenanntes Kontrollkästchen (Checkbox) anklickt.

3.2 Digitale Instrumente pflegen und weiterentwickeln

Für Kunden oder Website-Besucher müssen Anreize gesetzt werden, damit sie die digitalen Angebote immer wieder besuchen und nutzen. Auf Websites müssen die Inhalte daher stets aktualisiert und um neue erweitert werden. Dies kann bei großen Websites schnell sehr aufwendig werden. Hier bietet sich der Einsatz eines **Content-Management-Systems (CMS)** an. Durch die Vergabe von Berechtigungen kann der Aktualisierungsaufwand auf verschiedene Personen aufgeteilt werden. Beispielsweise übernimmt die Marketing-Abteilung die Werbung, der Kundenservice verfasst Artikel mit aktuellen Informationen usw. Über den Versand von Newslettern können Kunden auf Neuerungen hingewiesen werden.

Durch eine Verbindung von CMS- und CRM-System kann die Unternehmenswebsite **kundenspezifisch personalisiert** werden, z. B. indem der Kunde namentlich angesprochen wird oder Angebote unterbreitet bekommt, die speziell auf ihn zugeschnitten sind. Dies kann zu einer weiteren Stärkung der Kundenbindung beitragen.

Damit eine Website immer wieder besucht wird, bieten Unternehmen vielfältige, teils kostenlose Inhalte an, z. B. Checklisten, Infografiken, Erklärvideos, Podcasts, Fachartikel usw. Auf diese Weise können sie viele verschiedene Daten über ihre Besucher sammeln und dadurch noch gezielter Werbung und Produktangebote unterbreiten.

Bei Online-Shops oder anderen Handelsplattformen bietet sich eine Anbindung an das interne Warenwirtschaftssystem (WWS) an. So können Daten über die einzelnen Produkte entweder direkt in den Shop eingespeist oder zumindest über eine Export- und Importschnittstelle komfortabel übertragen werden.

Multi-Channel-Marketing
▶ LF 6, Kap. 6.2

Unternehmen haben längst auch die **sozialen Medien** (YouTube, Twitter, Instagram usw.) erobert und verknüpfen die dortigen Angebote mit ihren digitalen Vertriebskanälen. Kunden erwarten heutzutage, dass Unternehmen auf allen gängigen Kanälen präsent und erreichbar sind (Cross-Channel- oder Multi-Channel-Marketing). Über Influencer, in sozialen Medien bekannte Personen mit einem ausgeprägten Ansehen, lassen Unternehmen eigene Produkte testen und vorstellen.

Bevor Apps populär wurden, waren **Kundenkarten** im Handel weit verbreitet. Mit ihnen konnten Kunden beim Einkauf Punkte sammeln, Vorzugskonditionen nutzen oder an Gewinnspielen teilnehmen. Diese Elemente der Kundenbindung sind in die unternehmenseigenen Apps integriert und deutlich erweitert worden.

Seitdem das Smartphone zu den ständigen Begleitern im täglichen Leben zählt, bieten immer mehr Unternehmen eigene **Apps** an. Diese Apps ermöglichen es, dass der Nutzer jederzeit und an jedem Ort auf die vorhandenen digitalen Angebote zugreifen kann. Apps können zudem noch stärker personalisiert werden und so Angebote unterbreiten, die noch genauer auf den Nutzer zugeschnitten sind.

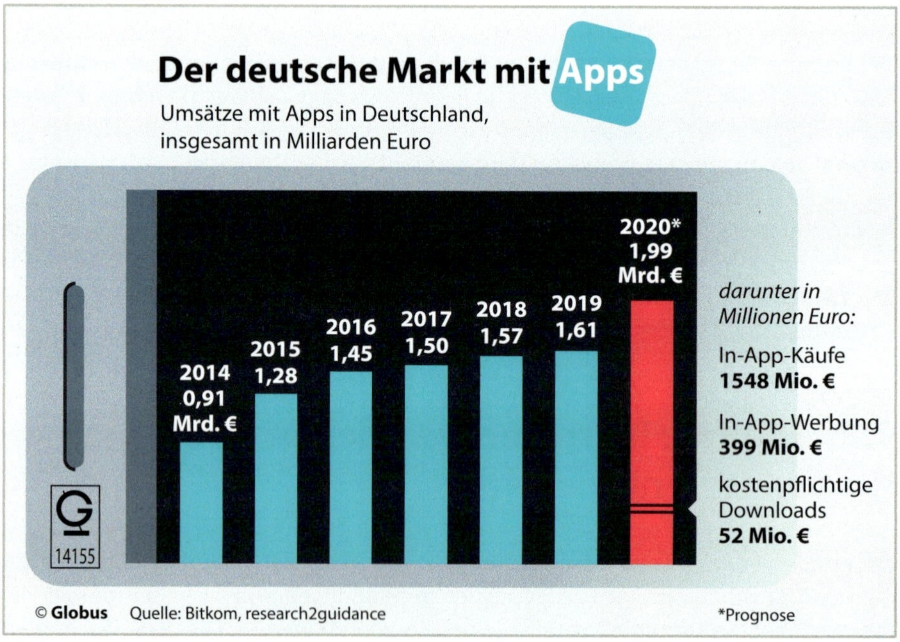

Ein weiterer beobachtbarer Trend ist die **Gamification**. Dabei werden typische Elemente aus (Video-)Spielen in neue Kontexte übertragen, z. B. das Sammeln von Gegenständen in einer App, das Entdecken des Unternehmenslogos in einem Wimmelbild usw. Hierfür gibt es meist Punkte, die gegen Prämien oder andere Spielelemente eingelöst werden können. Auf diese Weise werden ganz bestimmte Zielgruppen angesprochen und über das Spiel sowie die damit verbundene Belohnung an das Unternehmen gebunden.

Wimmelbild
ein Bild, das viele Personen und Handlungen darstellt, auf dem also viel zu entdecken ist

3.3 Erfolgskontrolle

Mit dem Einsatz digitaler Vertriebskanäle wollen Unternehmen einerseits neue Kunden gewinnen und andererseits ihren Absatz steigern. Inwieweit die einzelnen Medien dazu beitragen, lässt sich über verschiedene Kennzahlen feststellen.

Kennzahlen zur Erfolgskontrolle	
Harte (quantitative) Faktoren	**Weiche (qualitative) Faktoren**
• Besucherzahlen • Verweildauer auf einzelnen (Produkt-) Seiten • Umsatzzahlen • Reklamationsmenge • Kundenbewertungen anhand eines Sterne- oder Punktesystems • ...	• Kundenzufriedenheit, feststellbar über z. B. – Kommentare – Rezensionen • Kundentreue • Weiterempfehlung (Mundpropaganda) • ...

Um all diese Daten zu erheben, setzen Unternehmen **Trackingtools** (auch: Web Analytics, Clickstream-Analyse, Webtracking usw.) ein, die den Datenverkehr auf einer Website oder im Online-Shop dokumentieren und analysieren. Zu den führenden Tools in diesem Bereich gehören Google Analytics, Matomo, Adobe Analytics und eTracker Analytics. Solche Tools sammeln eine sehr große Menge an verschiedenen Daten, weshalb sie aus Sicht des Datenschutzes problematisch sind. Vor diesem Hintergrund muss von Besuchern einer Website im Vorfeld eine Zustimmung zur Datensammlung eingeholt werden.

Zustimmung zur Datensammlung
▶ LF 9, Kap. 3.1.2

Beispiel

Von Google Analytics werden u. a. folgende Daten erhoben und ausgewertet:
- Kampagnentracking, d. h. Analyse der Herkunft des Nutzers (z. B. Suche, Link in einer E-Mail usw.),
- Verweildauer auf der Website,
- Interaktionen, z. B. Erstellen eines Benutzerkontos, Kaufaktivitäten, Ansehen von Bewertungen, Speichern der Seite als Favorit, Teilen auf sozialen Medien usw.,
- Absprungrate, d. h. Verlassen der Seite ohne weitere Interaktion.

Alles klar?

1 Erläutern Sie, warum Unternehmen ein Customer-Relationship-Management brauchen.

2 Zur Unterstützung ihrer CRM-Strategie setzen viele Unternehmen eine entsprechende Software ein.
- **a)** Beschreiben Sie die Einsatzmöglichkeiten eines CRM-Systems.
- **b)** Welche Vorteile hat die Verwendung eines CRM-Systems?

3 Beschreiben Sie aus Kundensicht eine gute Unternehmenswebsite.

4 In den letzten Wochen haben Sie vermutlich eine Vielzahl von Websites besucht. Sammeln Sie mögliche Kritikpunkte bzw. Aspekte, die Sie an den jeweiligen Seiten gestört haben.

5 Nennen Sie einige Vor- und Nachteile einer Unternehmenswebsite.

6 Neben den klassischen Distributionswegen nutzen viele Unternehmen auch digitale Vertriebskanäle wie Online-Shops und Handelsplattformen.
- **a)** Grenzen Sie Online-Shops und Handelsplattformen anhand von Beispielen voneinander ab.
- **b)** Erläutern Sie, in welchen Situationen Unternehmen eher Online-Shops oder Handelsplattformen einsetzen sollten.
- **c)** Welche Erwartungen verbinden Unternehmen und Kunden mit diesen digitalen Vertriebskanälen?

7 Der Onlinehandel verzeichnet jährlich steigende Wachstumsraten.
- **a)** Was sind die Gründe für das Wachstum des Onlinehandels? Gehen Sie in Ihrer Antwort auf die untenstehende Grafik ein.
- **b)** Wie ist diese Entwicklung aus Unternehmenssicht zu beurteilen?

8 Die Inhalte digitaler Vertriebskanäle müssen laufend aktualisiert und weiterentwickelt werden. Welche Erfahrungen haben Sie in diesem Bereich in letzter Zeit gemacht?

9 Influencer sind mittlerweile ein fester Bestandteil im Bereich der Produktwerbung von Unternehmen. Nehmen Sie hierzu kritisch Stellung.

10 Recherchieren Sie Informationen zu den in Kapitel 3.3 genannten Trackingtools. Finden Sie heraus, welche Daten jeweils erhoben werden und welche Unterschiede zwischen den Anbietern es gibt.

4 Datenmanagement

AB ▶ LS 93

In einem ERP-System lässt sich eine Menge von Daten speichern und wieder bereitstellen. Ohne ein funktionierendes Datenmanagement wird das Unternehmen daraus aber keinen Mehrwert generieren können. Es müssen Regelungen für eine laufende Qualitätskontrolle der Daten, für Verantwortlichkeiten und Verfahren bei der Bearbeitung von Daten festgelegt sowie Analysen und Auswertungen des Datenbestandes vorgenommen werden. Werden Daten im Team bearbeitet, bedarf es geeigneter Tools und klarer Vorgaben für die Zusammenarbeit.

ERP-System
▶ LF 9, Kap. 1.2

4.1 Daten prüfen und bearbeiten

Die Aussagekraft von Auswertungen und daraus abgeleiteten Entscheidungen kann nur so gut sein wie die Qualität der zugrunde liegenden Daten. Man sagt, Daten müssen „fit for use“, d.h. für den jeweiligen Zweck geeignet sein. Daher ist eine laufende Überprüfung der **Datenqualität** unerlässlich. Hierbei werden folgende Kriterien zugrunde gelegt:

Die **Folgen fehlerhafter Daten** sind z. B.: verärgerte Kunden, zusätzliche Kosten, Fehlentscheidungen, negativer Einfluss auf den Geschäftserfolg usw.

Kriterium	Erläuterung
Vollständigkeit	Der Datensatz muss alle für das Unternehmen notwendigen Einzeldaten enthalten.
Eindeutigkeit	Jeder Datensatz muss zweifelsfrei und unmissverständlich sein.
Korrektheit	Die Daten müssen mit der Realität übereinstimmen.
Aktualität	Die Daten müssen den aktuellen Zustand des Bezugsobjekts widerspiegeln.
Genauigkeit	Die Daten müssen für den jeweiligen Verwendungszweck hinreichend exakt sein, z. B. Euro-Beträge mit zwei Nachkommastellen.
Konsistenz	Der Datensatz muss im Verhältnis zu anderen Datensätzen widerspruchsfrei sein.
Redundanzfreiheit	Datensätze müssen einmalig sein und dürfen nicht mehrfach vorkommen.
Relevanz	Der Datensatz muss den gewünschten Informationsgehalt aufweisen.
Einheitlichkeit	Gleiche Daten müssen einheitlich strukturiert (formatiert) sein, z. B. Datumswerte im Format TT/MM/JJJJ.
Zuverlässigkeit	Die Entstehung der Daten muss nachvollziehbar sein.
Verständlichkeit	Die Daten müssen für den Anwender verständlich sein, z. B. muss der Inhalt eines Datenfeldes klar sein.

TT/MM/JJJJ
T = Tag, zweistellig,
M = Monat, zweistellig,
J = Jahr, vierstellig

Fehlerhafte Daten entstehen häufig bei der Neuerfassung oder bei der Migration von einem Alt- in ein neues Datenverarbeitungssystem. Zur Vermeidung von Fehlern müssen Mindestanforderungen an die Daten selbst und klare Vorgaben für ihre Erfassung festgelegt werden. Außerdem sollten Zuständigkeiten und Verantwortlichkeiten für das Datenmanagement klar definiert werden. Wichtig ist auch, ein Bewusstsein für die Notwendigkeit qualitativ einwandfreier Daten zu schaffen.

Kleine oder wenige Fehler können im Rahmen einer **Einzelbearbeitung** direkt durch einen Mitarbeiter bereinigt werden. Steigt allerdings die Menge der Korrekturen oder deren Komplexität, so erhöht sich auch der Zeitbedarf. Hinzu kommt die Gefahr, dass im Korrekturprozess Daten unabsichtlich erneut verfälscht oder gelöscht werden.

Bulk
(engl.) Masse

In solchen Fällen bietet es sich an, größere Mengen von Daten nach einem vorgegebenen Muster automatisch und ohne jegliche Nutzerinteraktion bearbeiten zu lassen. Diese sogenannte **Bulk-Bearbeitung** erlaubt das Bearbeiten, Hinzufügen oder auch Löschen mehrerer Datensätze nach bestimmten, vorher definierten Kriterien.

In der Datenverarbeitung gibt es auch die **Stapel-** bzw. **Batchverarbeitung**, bei der einzelne Befehle der Reihe nach abgearbeitet werden.

Im Gegensatz dazu wird bei der **Dialogverarbeitung** jeweils nur ein Vorgang verarbeitet. Die Software wartet danach auf weitere Eingaben des Nutzers, z. B. beim Verbuchen eines einzelnen Belegs.

Die einfachste Form einer Bulk-Bearbeitung bieten bereits die am Markt vorhandenen Office-Programme: Hier können über eine „Suchen und Ersetzen"-Funktion viele dieser Vorgänge automatisch und in einem Durchgang erledigt werden.

Im betrieblichen Kontext bieten sich Bulk-Verarbeitungsprozesse beispielsweise in folgenden Situationen an:

- Erfassen von Zahlungseingängen und Ermittlung der neuen Forderungsbestände,
- Erstellen von Mahnschreiben auf Basis offener Forderungsbestände,
- Umstellung von Kundennummern auf ein neues Format,
- Selektion von umsatzstarken Kunden und Auslösen gezielter Werbemaßnahmen,
- ...

4.2 Daten auswerten und Ergebnisse darstellen

Für eine Auswertung der riesigen Datenmengen im Unternehmen muss man sich zunächst über die Zielsetzung im Klaren sein. Ist diese geklärt, können unterschiedliche softwaregestützte Verfahren zum Einsatz kommen.

Prädiktive Datenauswertung
Durch Einsatz künstlicher Intelligenz können aus komplexen Daten mögliche Trendentwicklungen abgeleitet werden.

Zielsetzungen der Datenauswertung

deskriptiv	explorativ	prädiktiv
Vergangenheitsorientierte Daten werden durch Kennzahlen, Tabellen oder Diagramme beschrieben.	Zusammenhänge zwischen Daten werden festgestellt.	Auf Basis der deskriptiven und explorativen Analyse werden Vorhersagen für die Zukunft getroffen.

4.2.1 ABC-Analyse

Lernvideo
Die ABC-Analyse

Die ABC-Analyse (auch: Programmstrukturanalyse) zählt zu den klassischen betriebswirtschaftlichen Analyseverfahren. Dabei werden Ressourcen (z. B. Vorräte, Kunden) in drei Kategorien eingeteilt.

Die ABC-Analyse wurde erstmals im Jahr 1951 von H. Ford Dickie (Manager bei General Electric) beschrieben.

Einteilung am Beispiel von Kunden

A-Kunde	Diese Kundengruppe entspricht nur einem kleinen Teil des gesamten Kundenstamms, generiert aber einen großen Teil des Umsatzes.	
	Menge: gering	Wert: hoch
B-Kunde	Diese Kunden haben einen mittleren Anteil am Kundenstamm und leisten einen durchschnittlichen Beitrag zum Umsatz.	
	Menge: mittel	Wert: mittel
C-Kunde	Diese Kunden machen einen großen Teil des Kundenstamms aus, leisten aber nur einen geringen Beitrag zum Umsatz.	
	Menge: hoch	Wert: gering

Aus unternehmerischer Sicht sind A-Kunden sehr wichtig. Daher stehen sie im Fokus intensiver und attraktiver Maßnahmen der Kundenbindung. Das bedeutet aber nicht, dass B- oder C-Kunden vernachlässigt werden dürfen. Grundsätzlich können sich auch diese Kunden weiterentwickeln und in eine höhere Kategorie aufsteigen. Daher muss das Unternehmen das jeweils vorhandene Potenzial frühzeitig feststellen.

Die Grenzen für die ABC-Einteilung muss das Unternehmen selbst festlegen. Viele Unternehmen orientieren sich hierbei am sogenannten Pareto-Prinzip (auch: 80-20-Regel): Zur A-Kategorie zählen etwa 20 % der Kunden, die für etwa 80 % des Umsatzes verantwortlich sind. B- und C-Kunden teilen sich dann die übrigen Anteile.

Für B-Kunden legt man meist einen Mengenanteil von bis zu 40 % und einen Wertanteil von bis zu 20 % fest. Der Rest verbleibt dann für die C-Kunden.

Grafische Darstellung einer ABC-Analyse im Kundenbereich

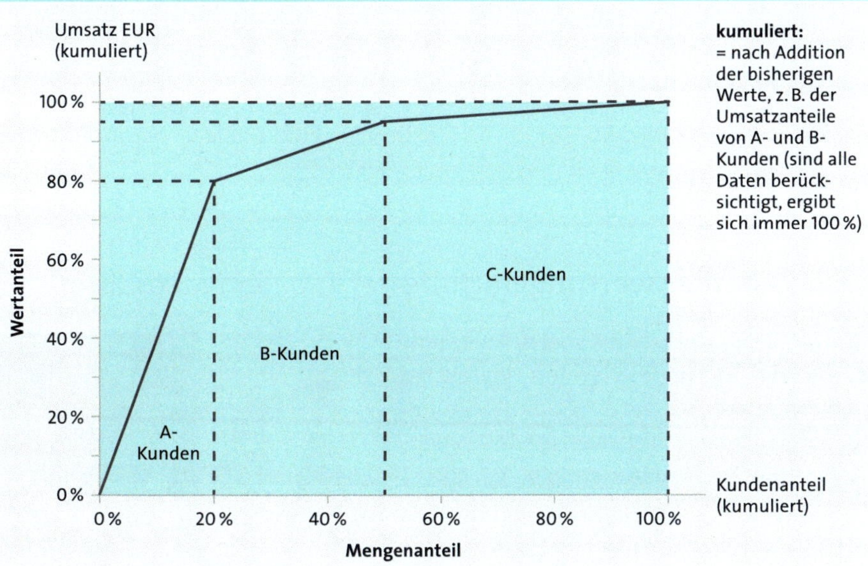

kumuliert:
= nach Addition der bisherigen Werte, z. B. der Umsatzanteile von A- und B-Kunden (sind alle Daten berücksichtigt, ergibt sich immer 100 %)

Beispiel

Bei der BPK GmbH gehören die Kunden Tönnes Druckerei in Köln, Druck und Copy GmbH in Paderborn, Verlagshaus Bücher OHG in Hamm und das Druckzentrum Bielefeld zu den A-Kunden. Dies entspricht einem Kundenanteil von etwa 27 % und einem Umsatzanteil im letzten Geschäftsjahr von knapp 80 %.

	A	B	C	D	E	F	G	H	I	J
1			Umsatz	Umsatzanteil						
2		Kunde	EUR	%	kumuliert	Kategorie				
3		Tönnes Druckerei	158.650,00	21,78 %	21,78 %	A		Kriterien		
4		Druck und Copy GmbH	147.560,00	20,25 %	42,03 %	A		Kategorie	Menge	Wert
5		Verlagshaus Bücher OHG	143.980,00	19,76 %	61,79 %	A		A	<= 30 %	> 75 %
6		Druckzentrum Bielefeld	125.295,00	17,20 %	78,99 %	A		B	<= 20 %	> 15 %
7		Tagesanzeiger Druck und Verlag	45.219,00	6,21 %	85,20 %	B		C	Rest	Rest
8		Drogerie AG	38.250,00	5,25 %	90,45 %	B				
9		COPY SHOP	25.831,00	3,55 %	93,99 %	B				
10		Stadt Essen	13.959,00	1,92 %	95,91 %	C		Kategorie	Kunden	Anteil
11		Klammer & Co Bürobedarf OHG	11.087,00	1,52 %	97,43 %	C		A	4	26,67 %
12		Hard- und Software GmbH	4.583,00	0,63 %	98,06 %	C		B	3	20,00 %
13		Bürobedarf August GmbH	4.398,00	0,60 %	98,66 %	C		C	8	53,33 %
14		BESKA GmbH	3.134,00	0,43 %	99,10 %	C			15	100,00 %
15		Bestprint Ltd.	2.349,00	0,32 %	99,42 %	C				
16		Goed Reclame BV	2.295,00	0,32 %	99,73 %	C				
17		Fun & celebration Ltd.	1.948,00	0,27 %	100,00 %	C				
18		gesamt	728.538,00							

Vorgehensweise:
1. Datensätze nach Umsatz absteigend sortieren
2. Umsatzanteil in % berechnen
3. Kumulierten Umsatzanteil ermitteln
4. Kategorien nach festgelegten Kriterien einteilen

Eine ABC-Analyse bietet sich immer dann an, wenn Daten nach der Wichtigkeit in unterschiedliche Kategorien unterteilt werden sollen, z. B. in der Beschaffungsplanung (Lagerhaltung oder Just-in-Time-Lieferung), bei Make-or-buy-Entscheidungen oder der Priorisierung von Aufgaben.

Make-or-buy-Entscheidung
Entscheidung, ob man bestimmte Teile des Produktionsprozesses auslagert und die Teilprodukte dann als Vorprodukte zukauft (Outsourcing)

Bewertung der ABC-Analyse

Vorteile	Nachteile
• einfaches Verfahren zur Gruppierung und Bildung von Rangordnungen • übersichtliche Darstellung der Ergebnisse • Fokussierung auf das Wesentliche • geringer Analyseaufwand	• Problematik, dass nicht ein Kriterium allein (z. B. Umsatz) für Entscheidungen verwendet werden sollte • Momentaufnahme ohne Berücksichtigung künftiger Entwicklungen • keine Berücksichtigung von qualitativen Faktoren

4.2.2 Datenauswertung mithilfe der Tabellenkalkulation

Moderne Programme zur Tabellenkalkulation stellen umfangreiche und vielfältige Funktionen zur Auswertung von Daten bereit. Damit lassen sich grundlegende Auswertungen zumeist schnell erstellen.

Beispiele für Tabellenkalkulationsprogramme:
- MS Excel
- OpenOffice Calc
- LibreOffice Calc
- Google Tabellen

Auswertungsziel	MS Excel-Funktionen
Summenbildung mit/ohne Auswahlkriterium	=SUMME() =SUMMEWENN()
Häufigkeit bestimmter Datenwerte (Zahlen, nicht leere Felder) mit/ohne Auswahlkriterium	=ANZAHL() bzw. =ANZAHL2() =ZÄHLENWENN()
Statistische Informationen über den Datenbestand	=MAX() =MIN() =MITTELWERT() =HÄUFIGKEIT()
Datenfelder auf bestimmte Inhalte (z. B. Zahlen, Text) prüfen	=ISTZAHL() =ISTTEXT() =ISTLEER()
Daten unter Anwendung boolescher Werte weiterverarbeiten	=WENN() =ODER() =UND()
Auswahl von Daten aus anderen Tabellen unter Angabe bestimmter Kriterien	=WVERWEIS() =SVERWEIS()

Im Regelfall stimmen die Funktionsnamen zwischen den Programmen verschiedener Anbieter überein. Sollte dies nicht der Fall sein, lohnt sich ein Blick in die Hilfefunktion des Programms.

4.2.3 Daten mithilfe von Diagrammen visualisieren

Mit einem Diagramm können Daten anschaulich aufbereitet werden. Dadurch lässt sich oftmals die Komplexität der Daten reduzieren und Zusammenhänge können sichtbar gemacht werden. Für die Verständlichkeit der dargestellten Daten benötigt das Diagramm eine aussagekräftige Beschriftung. Diagramme werden für unterschiedliche Fragestellungen verwendet, z. B.:

- Entwicklung der Kosten in einzelnen Unternehmensbereichen,
- Entwicklung der Mitarbeiter- oder Kundenzahlen,
- Entwicklung der Umsatz- und/oder Absatzzahlen,
- Entwicklung der Gewinn- und Verlustsituation über mehrere Jahre,
- Verteilung von Umsätzen auf einzelne Absatzgebiete, Kundengruppen, Vertriebsmitarbeiter,
- Verteilung von Zahlungsausfällen auf einzelne Kundengruppen,
- Umsatzanteil einzelner Produkte.

Mindestbestandteile eines Diagramms

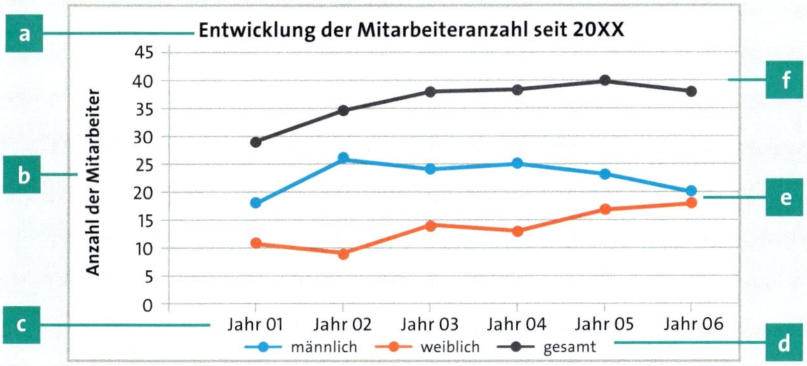

a	Diagrammtitel
b	Zweckgebundene Skalierung und Achsentitel der Y-Achse
c	Zweckgebundene Skalierung und evtl. Achsentitel der X-Achse
d	Legende
e	Sinnvoller Diagrammtyp zur Darstellung der Daten
f	Hintergrundlinien zur leichteren Orientierung

Bei der Erstellung eines Diagramms sind einige Vorentscheidungen zu treffen, die sich auf folgende Fragestellungen beziehen:

- Haben die Daten in relativer oder absoluter Form eine höhere Aussagekraft?
- Wie viele Dimensionen (Achsen) werden zur Darstellung benötigt?
- Welche Aussage (z.B. Zusammenhang, Vergleich, Entwicklung usw.) soll mit dem Diagramm vermittelt werden?
- Welcher Diagrammtyp ist für diese Aussage besonders geeignet?

Die folgende Tabelle zeigt einige der bekanntesten Diagrammtypen:

Klassische Diagrammtypen

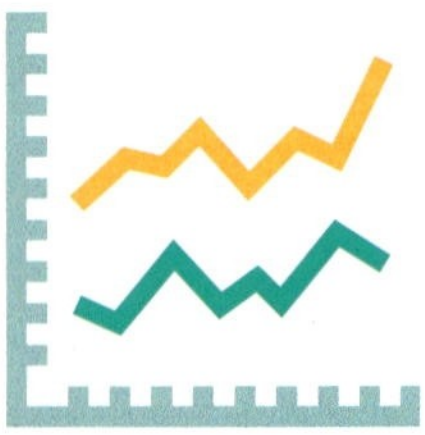				
Liniendiagramm	**Säulendiagramm**	**Balkendiagramm**	**Kreisdiagramm (Tortendiagramm)**	**Punktediagramm (Streudiagramm)**
• Zeitreihe • Häufigkeit	• Struktur der Daten • Zeitreihe • Häufigkeit • Korrelation	• Struktur der Daten • Rangfolge • Häufigkeit • Korrelation	• Struktur der Daten • Häufigkeit	• Korrelation

Einsatzgebiete
- Zeitreihe: z.B. Umsatz- und Kostenentwicklung, Reklamationsrate usw.
- Häufigkeit: z.B. Altersstruktur der Mitarbeiter, Ausfälle von Maschinen, Websitebesucher nach Tageszeit usw.
- Struktur der Daten: z.B. Marktanteile, Bestandteile einer Kostengröße, Geschlechterverteilung bei Kunden usw.
- Rangfolge: z.B. Umsätze einzelner Produktgruppen, Kunden usw.
- Korrelation: z.B. Vergleich des Mitarbeitergeschlechts je nach Abteilung, Zusammenhang zwischen Absatz und Preis für ein Produkt usw.

Ein neuerer Diagrammtyp ist das **Kacheldiagramm**. Hier wird die Gesamtheit (z.B. Gesamtumsatz) in einzelne Rechtecke (Kacheln) unterteilt, deren Größe dem jeweiligen Datenwert entspricht. Die Anordnung der Kacheln erfolgt von links nach rechts in hierarchischer Ordnung. Dadurch lassen sich gut Vergleiche anstellen oder Trends erkennen.

Beispiel

Für die Präsentation der Umsatzwerte bei der BPK GmbH für das letzte Geschäftsjahr wurde ein Kacheldiagramm verwendet.

Um die Aussagekraft der Darstellung weiter zu erhöhen, lassen sich auch zwei Diagramme zu einem sogenannten **Verbunddiagramm** kombinieren. In diesem Fall zeigt die linke Y-Achse die Werte des einen Diagramms und eine weitere, rechts angeordnete Y-Achse zeigt die Werte des zweiten Diagramms.

Häufige Kombinationen sind:
- Säulen- und Liniendiagramm
- doppeltes Liniendiagramm
- doppeltes Säulendiagramm

Daten stehen allerdings nicht immer als Zahlenmaterial zur Verfügung (z. B. Feedback, Antworten auf offene Fragen). In solchen Fällen können sogenannte **Wortwolken** zur Visualisierung genutzt werden. Wortwolken stellen die Häufigkeit der Nennung bestimmter Wörter oder Wortgruppen durch Schriftgröße und Position innerhalb der Wolke dar.

Beispiel

Kürzlich wurde bei der BPK GmbH eine Umfrage zum Thema Digitalisierung durchgeführt. In den Antworten wurden folgende Begriffe besonders häufig genannt:

4.2.4 Pivot-Tabellen

Bei einer sehr großen Datenmenge erfordern die bisher dargestellten Methoden oft eine vorherige Bearbeitung oder Transformation (Umwandlung) der Daten, bevor sie entsprechend der Fragestellung dargestellt werden können.

Entsprechende Vorarbeiten könnten z. B. sein:
- Summen oder Häufigkeiten berechnen,
- Datensätze nach bestimmten Kriterien auswählen,
- Zwischenwerte ermitteln,
- Daten in andere Werte umwandeln
- usw.

Auf derartige Vorarbeiten kann beim Einsatz von Pivot-Tabellen verzichtet werden. Pivot-Tabellen basieren auf der Grundidee der **Aggregation von Daten**. D. h., die benötigten Daten werden im Hintergrund zusammengefasst, ohne dass der ursprüngliche Datenbestand oder die Tabelle verändert wird. So bleiben die Rohdaten unverändert erhalten und es lassen sich dennoch ganz unterschiedliche Fragestellungen auswerten. Zusätzlich können die Daten nach bestimmten Kriterien oder mithilfe von Formeln gefiltert werden. Mit Pivot-Diagrammen lassen sich die Auswertungen auch grafisch darstellen.

Der Begriff der Pivot-Tabelle tauchte erstmals 1991 beim Produkt DataPivot des US-amerikanischen Unternehmens Biro Technology auf.

Beispiel

Dem Geschäftsführer der BPK GmbH liegt eine Übersicht über Kunden, Umsätze und die jeweiligen Kundenbetreuer vor. Diese soll nach verschiedenen Kriterien ausgewertet werden ...

	A	B	C	D	E
1		**Umsatzzahlen 20XX**			
2		**Kunde**	**Gebiet**	**Umsatz**	**Kundenbetreuer**
3		Kd01	Bayern	50.500,00	B01
4		Kd02	Sachsen	52.950,00	B01
5		Kd03	Berlin	28.500,00	B03
6		Kd04	Saarland	22.800,00	B02
7		Kd05	Bayern	75.350,00	B01
8		Kd06	Bayern	14.750,00	B01
9		Kd07	Nordrhein-W.	43.900,00	B04
10		Kd08	Saarland	20.650,00	B05
11		Kd09	Thüringen	58.250,00	B04
12		Kd10	Sachsen	31.050,00	B01
13				398.700,00	

	A	B
1	**Auswertung nach dem Gebiet (Bundesland)**	
2	**Zeilenbeschriftungen**	**Summe von Umsatz**
3	Bayern	140.600,00
4	Berlin	28.500,00
5	Nordrhein-W.	43.900,00
6	Saarland	43.450,00
7	Sachsen	84.000,00
8	Thüringen	58.250,00
9	**Gesamtergebnis**	**398.700,00**
10		
11	**Auswertung nach dem Kundenbetreuer**	
12	**Umsatz**	**(Mehrere Elemente)**
13	Auswahl Umsatz >= 20.000,00 EUR	
14	**Zeilenbeschriftungen**	**Summe von Umsatz**
15	B01	209.850,00
16	B02	22.800,00
17	B03	28.500,00
18	B04	102.150,00
19	**Gesamtergebnis**	**363.300,00**

Bei der Erstellung einer Pivot-Tabelle müssen die vorhandenen Datenspalten (Kunde, Gebiet, Umsatz, Kundenbetreuer) folgenden Pivot-Bereichen zugeordnet werden:

Erstellung einer Pivot-Tabelle

Zeilen
Angabe der Datenspalte, nach der alle Daten zeilenweise ausgewertet werden sollen (z. B. Kundenbetreuer)

Filter
Aussortieren von Datensätzen, die bestimmte Merkmale nicht erfüllen (z. B. unterhalb einer bestimmten Umsatzgrenze liegen)

Zeilen	Werte
: Kundenbetreuer	: Summe von Umsatz
Filter	**Spalten**
: Umsatz	

Werte
Angabe der Datenspalte (z. B. Umsatz), die auf Basis des zeilenweisen Kriteriums (z. B. Kundenbetreuer) aggregiert werden soll

Spalten
Weitere Untergliederung der aggregierten Daten (z. B. nach Bundesländern)

Der Einsatz von Pivot-Tabellen bringt verschiedene **Vorteile** mit sich:

- Die Daten lassen sich übersichtlich und strukturiert darstellen.
- Die Daten lassen sich einfach und schnell auswerten.
- Zur Auswertung werden keine komplexen oder verschachtelten Funktionen benötigt.
- Die Daten lassen sich ohne Veränderung (z. B. Kopieren, Zwischenberechnungen usw.) analysieren.
- Die Auswertung der Daten lässt sich flexibel an verschiedene Auswertungsanforderungen anpassen.
- Die Daten können mithilfe von Pivot-Diagrammen grafisch dargestellt werden.

4.3 Daten weitergeben

Beispiel

Gerade erhielt Michael Schneider, Leiter des Verkaufs, eine Datei mit den letzten Verkaufsdaten einer Außendienstmitarbeiterin. Doch beim Öffnen bekommt er plötzlich den folgenden Fehlerhinweis:

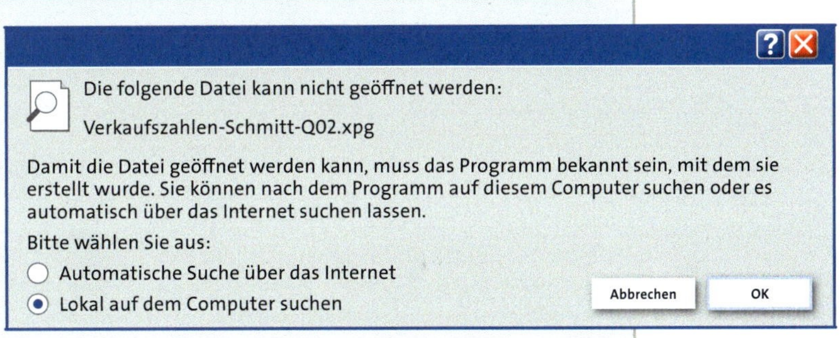

Beim Austausch von Daten zwischen Mitarbeitern oder mit externen Personen (z. B. mit einem Steuerberater) muss sichergestellt sein, dass der Empfänger die Daten auch verarbeiten kann und über das hierfür notwendige Softwareprogramm verfügt.

Viele Anwendungsprogramme speichern ihre Daten in einem eigenen Dateiformat, das unter Umständen von anderen Programmen nicht gelesen und interpretiert werden kann. Außerdem kann nicht bei jeder Software davon ausgegangen werden, dass sie auch noch in zehn bis zwanzig Jahren am Markt erhältlich ist. Vor diesem Hintergrund ist es ratsam, beim Datenaustausch ein Dateiformat zu wählen, das langlebig ist und von mehreren Anwendungen genutzt werden kann.

In der Praxis hat sich eine Reihe von Dateiformaten etabliert, die von offiziellen Gremien oder Unternehmen gepflegt und weiterentwickelt werden und so für eine vielseitige Verwendung einsetzbar sind. So lassen sich Daten standardisiert speichern und weitergeben.

Dateiformate für eine standardisierte Datenspeicherung

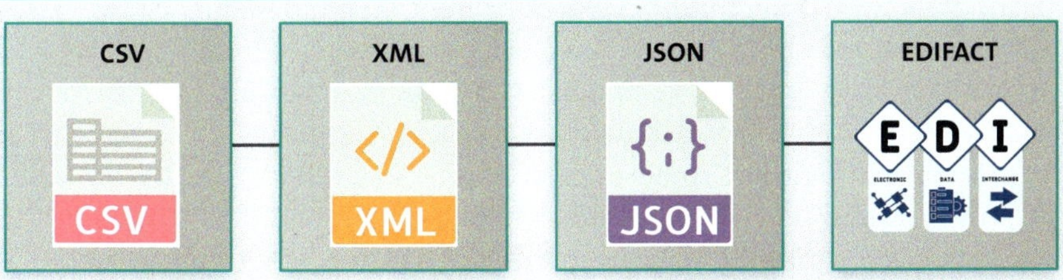

Dateiformate beschreiben grundsätzlich nur die Art und Weise, wie Daten gespeichert werden: z. B. in lesbarer Klarschrift oder als Binärcode. Damit ist aber die Art der Übertragung der Daten noch nicht geregelt. Die beteiligten Personen müssen vorab vereinbaren, ob die Daten auf einem Datenträger, per E-Mail oder anderweitig übertragen werden.

Klarschrift
Die Daten werden mit den Schrift- und Ziffernzeichen z. B. des lateinischen Alphabets gespeichert.

Binärcode
Die Daten werden in Bit („binary digit"; also 0 oder 1) und Byte (meist 8 Bit) gespeichert.

4.3.1 CSV

Bei CSV-Dateien (Comma Separated Values) handelt es sich um ein sehr altes und einfaches Dateiformat. Die einzelnen Datensätze werden in Klarschrift in einer Textdatei mit der Endung „.csv“ gespeichert. Daher können die Daten nach dem Öffnen jederzeit vom Menschen gelesen werden.

Kopfzeile
auch: Kopfdatensatz

Zeilenumbruch
Auf Windows-Systemen entspricht dies \r\n; auf den meisten sonstigen Systemen wird nur \n verwendet

Die Zeichen \r und \n gehen auf mechanische Schreibmaschinen zurück, bei denen die Papierstellung für einen Zeilenumbruch manuell verändert werden musste.

Papierverschiebung bei
\r = carriage return (Wagenrücklauf): nach links,
\n = line feed (Zeilenvorschub): nach oben.

Die Datensätze in einer CSV-Datei werden strukturiert und zeilenweise gespeichert. So beginnt eine CSV-Datei immer mit einer Kopfzeile (a), die die Namen der einzelnen Datenfelder (c – f) spaltenweise enthält. Jede weitere Zeile bildet einen zusammenhängenden Datensatz (b). Die einzelnen Datensätze werden durch ein vorab festgelegtes Zeichen voneinander getrennt. In den meisten Fällen ist dies ein Zeilenumbruch.

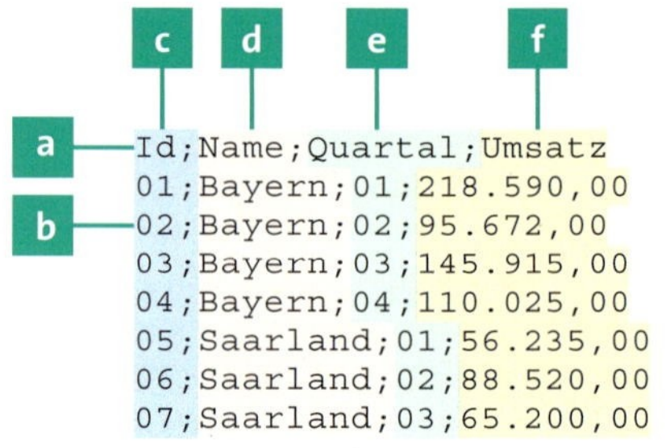

Die einzelnen Datenfelder werden im Regelfall durch ein Komma (,), ein Semikolon (;) oder den Tabulator voneinander getrennt. Im letztgenannten Fall spricht man auch von einer TSV-Datei (Tab Separated Values) mit der Endung „.tsv“. Die Werte der Datenfelder können in einfache oder doppelte Anführungszeichen (‘...‘ bzw. “...“) eingeschlossen werden. Dies ist besonders dann notwendig, wenn der Inhalt beim Auslesen zu Fehlern führen könnte, da z. B. die Grenzen des Datenfeldes unklar oder in einem Wert selbst Anführungszeichen enthalten sind.

Zeichenkodierung
Eine häufige Kodierung ist UTF-8 oder UTF-16. Eine fehlende Information zur Kodierung kann vor allem bei Sonderzeichen zu Problemen führen.
▶ LF 9, Kap. 4.3.6

Beim Einsatz von CSV-Dateien sollte man sich folgender **Probleme** bewusst sein:
- Das Dateiformat schreibt keine spezielle Zeichenkodierung vor. Diese muss bei Weitergabe bekannt sein, damit die Daten fehlerfrei gelesen werden können.
- Es gibt keine Vorgaben zur Speicherung von Datum und Zeit, sodass diese je nach Land unterschiedlich interpretiert werden können. Beispielsweise kann der Wert 07/03/20XX wie im deutschsprachigen Raum als 7. März 20XX oder wie z. B. in den USA als 3. Juli 20XX interpretiert werden.
- Dient das Komma sowohl zur Begrenzung der Datenfelder als auch zur Trennung der Dezimalstellen bei Zahlen, kann es beim Auslesen der Datenwerte zu Fehlern kommen. In diesem Fall müssen die Zahlen in Anführungszeichen gesetzt werden.
- Bei einer nachträglichen Änderung der Datenfelder oder deren Struktur muss unter Umständen die gesamte Datei neu erstellt werden.
- Die Daten sind durch die Speicherung in Klarschrift für jedermann lesbar.

Die Verwendung von CSV-Dateien bietet folgende **Vorteile**:
- Die Datei lässt sich in einem einfachen Texteditor öffnen und bearbeiten.
- Die Daten sind auch ohne spezielle Software mit einem einfachen Texteditor für den Menschen lesbar.
- Durch Vermeidung zusätzlicher, programmspezifischer Informationen in der Datei ist die Dateigröße oftmals sehr gering.
- Eine CSV-Datei kann von vielen Anwendungsprogrammen (z. B. MS Excel) importiert und weiterverarbeitet werden.

4.3.2 XML

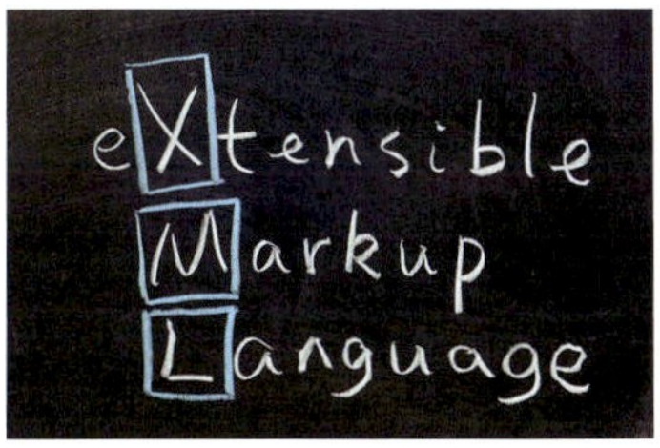

XML wird auch als Auszeichnungssprache bezeichnet, da die Daten durch die Art der Speicherung genau beschrieben werden

Das XML-Format (Extensible Markup Language) wurde in den Anfängen des Internets entwickelt, um Daten unabhängig von der jeweiligen Plattform (Windows, Mac usw.) austauschen zu können. Die Daten werden in einer Textdatei mit der Endung „.xml“ oder einer anwendungsspezifischen Dateiendung gespeichert. Bei Webseiten, deren Aufbau mit der Sprache XML verwandt ist, sind dies die Endungen „.htm“ oder „.html“, die von einem Browser gelesen werden können.

Eine XML-Standarddatei besteht aus einer XML-Deklaration und einem sogenannten Wurzelelement, wie im Beispiel <backup> (a). In jedem XML-Dokument darf nur ein Wurzelelement vorhanden sein Das Wurzelelement und alle weiteren Elemente werden von spitzen Klammern umschlossen und als XML-Elemente bezeichnet.

```
<?xml version="1.0" encoding="UTF-8"?>        a
  <backup>
    <db-fields>
      <field>Id</field>
      <field>Name</field>                      b
      <field>Quartal</field>
      <field>Umsatz</field>
    </db-fields>
    <data-list>
      <data>
       <d>01</d>
        <d>Bayern</d>
        <d>01</d>
        <d>218.590,00</d>
      </data>                                  c
      <data>
       <d>02</d>
        <d>Bayern</d>
        <d>02</d>
        <d>95.672,00</d>
      </data>
    </data-list>
  </backup>
```

Für jedes XML-Element (engl.: Tag) kann die Bezeichnung frei gewählt werden, sie sollte aber den nachfolgenden Inhalt sinnvoll beschreiben. Ein Element besteht immer aus einem Start-Tag (<backup>) und einem End-Tag (</backup>), sodass Anfang und Ende eines zusammengehörenden Datenblocks eindeutig erkennbar sind.

Jedes Element kann untergeordnete Elemente umfassen, sogenannte Child-Elemente, <field> ist z. B. <db-fields> untergeordnet (b). Auf diese Weise lässt sich eine Hierarchie abbilden, die sich auf die zugrunde liegende Datenstruktur beziehen sollte. Vor der Erstellung einer XML-Datei sollte man sich also über die Struktur, Hierarchie und den Verwendungszweck Gedanken machen.

Im abgebildeten Muster werden die einzelnen Datensätze (c) mit dem <data>-Element ausgezeichnet und zu einer Gesamtliste an Datensätzen zusammengefasst (<data-list>).

Für weitere Informationen können den einzelnen Elementen sogenannte Attribute hinzugefügt werden. So lassen sich zusätzlich z. B. Datenfeldtypen oder andere Informationen speichern.

```
<data>
  <d>01</d>
  <d>Bayern</d>
  <d>01</d>
  <d currency="EUR">218.590,00</d>
</data>
```

In einer DTD (Document Type Definition) werden die erlaubten Elemente und Attribute aufgelistet und ihr Typ (z. B. Zahl, Text usw.) genau beschrieben. Die DTD legt damit die Grammatik der XML-Sprache fest. Eine DTD kann separat in einer eigenen Datei oder in der XML-Datei selbst abgespeichert werden.

XML-Dateien zur Datenspeicherung bieten verschiedene **Vorteile**:

- Die Element- und Attributnamen können frei gewählt werden, sodass sie die enthaltenen Daten exakt beschreiben.
- Die Daten können sowohl von Programmen als auch von Menschen gelesen werden.
- Die Datensätze lassen sich im Vergleich zum CSV-Format auch nachträglich leichter ergänzen und verändern.
- Die Standardkodierung der Zeichen ist UTF-8. Diese wird in der Datei mit angegeben.
- Durch die Hierarchisierung (Verschachtelung) von Elementen kann der Informationsgrad (z. B. Abhängigkeiten zwischen Daten) erhöht werden, ohne dass zusätzliche Daten gespeichert werden müssen.

Parser-Programme, meist Bestandteil einer Anwendung, lesen eine XML-Datei und stellen die Datenwerte der Anwendung dann zur Verfügung.

Im Laufe der Zeit wurden verschiedene Varianten der XML-Sprache entwickelt, die unterschiedliche Erfordernisse abdecken:

Sprache	Verwendungszweck
XHTML	Extensible Hypertext Markup Language: Strukturierung von Websites
MathML	Mathematical Markup Language: Strukturierung mathematischer Ausdrücke für Websites, Printmedien usw.
SVG	Scalable Vector Graphics: Beschreibung von skalierbaren Vektorgrafiken für den Web- und Printbereich
TEI	Text Encoding Initiative: Strukturelemente für Texte, bibliographische Angaben usw.
RSS	Rich Site Summary: Format für Nachrichten aus Blogs, Webseiten usw.
GPSX	GPS Exchange Format (auch: GPX): Datenformat zur Speicherung von Geodaten und damit insbesondere GPS-Daten

Um Beeinträchtigungen der Lesbarkeit oder gar einen Datenverlust zu vermeiden, müssen XML-Dateien gemäß der zugrunde liegenden Grammatik (DTD) erstellt sein. Dabei ist insbesondere auf die **Wohlgeformtheit** zu achten. So muss z. B. die Abfolge von Start- und End-Tags korrekt sein. Die Elemente dürfen nicht mehrere namensgleiche Attribute enthalten. Außerdem müssen Element- und Attributnamen zeichentreu sein, d. h. eine identische Schreibweise insbesondere von Groß- und Kleinbuchstaben aufweisen.

Beispiel

Hier wurde gegen den Grundsatz der Wohlgeformtheit verstoßen:

Die beiden End-Tags sind falsch platziert.

```
<?xml version="1.0"?>
<root>
  <element01>
    <element02>
  </element01>
  </element02>
</root>
```

4.3.3 JSON

Ähnlich wie die bereits beschriebenen Datenformate speichert auch das JSON-Format (Javascript Object Notation) die Daten in lesbarer und strukturierter Form. Die Dateiendung lautet „.json“. Ihren Ursprung haben JSON-Dateien bei Webanwendungen und mobilen Apps, die Daten mit dem Server austauschen.

Im JSON-Format werden die Daten grundsätzlich als eine Einheit, ein sogenanntes Objekt, betrachtet. Ein Objekt wird von einer öffnenden und schließenden Klammer ({...}) umschlossen (a) und besteht aus Paaren von Schlüsseln und dazugehörigen Werten (b). Sowohl Schlüssel als auch Werte werden grundsätzlich in doppelte Anführungszeichen gesetzt.

```
{
  "db-fields": ["Id", "Name", "Quartal", "Umsatz"],
  "data-list": [
       ["01", "Bayern", "01", 218590.00],
       ["02", "Bayern", "02", 95672.00]
  ]
}
```

a
b

```
"Schlüsselname": "Wert",
```

Die Schlüssel-Werte-Paare werden durch Kommata voneinander getrennt. Der Schlüsselname kann frei gewählt werden. Für den Wert existieren vordefinierte Typen.

Datentyp des Wertes	**Erläuterung**	**Beispiel** `"Schlüssel":"Wert"`
Zeichenkette, Zahl, Ziffer	Buchstaben und andere Zeichen, Ziffern	`"Bundesland":"Bayern"` `"Quartal":1`
Boolescher Wert	Wahrheitswert	`"Stammkunde":true`
Nullwert	Kein Wert vorhanden	`"Zweitadresse":null`
Array	Liste von mehreren gleichartigen Daten	`"db-fields":["Id", "Name"]`

Objekt	Zusammengehörende Daten bestehend aus mehreren Schlüssel-Werte-Paaren	`"Kunde":{`
		`"KdNr":"240482",`
		`"Umsätze":[5000, 6500]`
		`}`

Die Speicherung von Daten im JSON-Format bringt folgende **Vorteile** mit sich:
- Die Schlüsselnamen können frei gewählt und damit auf die Daten (beschreibend) abgestimmt werden.
- Die Daten sind sowohl von Programmen als auch vom Menschen lesbar.
- Die Datensätze lassen sich nachträglich ergänzen und verändern.
- Abhängigkeiten zwischen Daten lassen sich durch Verschachtelung und Anwendung entsprechender Typen (z. B. Array, Objekt) abbilden.
- ...

Verfügt die Anwendung über eine Javascript-Schnittstelle, stehen die JSON-Daten automatisch bereit und müssen nicht wie z. B. XML-Daten zuvor geparst und interpretiert werden.

Ähnlich wie bei CSV-Dateien wird keine Standard-Kodierung innerhalb der Datei festgelegt oder mitgespeichert. Diese muss daher bei der Speicherung festgelegt und bei der Weitergabe oder Verarbeitung der Daten berücksichtigt werden.

Zeichenkodierung
▶ LF 9, Kap. 4.3.6

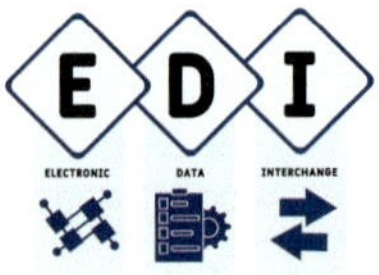

Neben EDIFACT gibt es diverse weitere Standards dieser Art, z. B. SWIFT für den Bankenzahlungsverkehr, XBRL für die Finanzberichterstattung usw. Diese Standards werden unter dem Begriff EDI-Standards zusammengefasst.

4.3.4 EDIFACT

Im Vergleich zu den bisher dargestellten Formaten ist EDIFACT (Electronic Data Interchange for Administration, Commerce and Transport) eine sehr stark standardisierte und verbindliche Form der Datenformatierung für bestimmte Anwendungsbereiche. Verantwortlich für die Standardisierung und Weiterentwicklung ist die UN/CEFACT (United Nations Centre for Trade Facilitation and Electronic Business), eine Einrichtung der Vereinten Nationen.

EDIFACT wird beim branchenübergreifenden und internationalen Austausch von Daten in elektronischer Form verwendet, z. B. für Bestellungen, Rechnungen, die Avisierung von Inkassi und Akkreditiven usw. Für einzelne Branchen wurden angepasste Formen entwickelt, wie z. B. EANCOM (Konsumgüterindustrie), EDIFOR (Speditionsbranche), EDIPAP (Papierhersteller und -großhandel).

Da die EDI-Formate weit verbreitet sind, stellen viele ERP-Anwendungen einen komfortablen Weg zum Datenexport in diesen Formaten oder zumindest in einem Zwischenformat (z. B. XML) bereit, das dann mithilfe von Drittprogrammen in das gewünschte Zielformat (z. B. EDIFOR) umgewandelt werden kann. Auf diese Weise entfällt das manuelle Erfassen der Daten für den Austausch.

Beispiel für eine Bestellung im EDIFACT-Format

```
UNA:+.?*'
UNB+UNOC:4+SENDERID:ZZ+RECEIVERID:ZZ+20210401:1624+12911++++++1'
UNH+1+ORDERS:D:01B:UN:EAN010'
BGM+220+L8266355+9'
DTM+137:20210415:102'
NAD+BY+CUSTOMERID'
NAD+SU+SUPPLIERID'
RFF+YC1:VENDORCODE'
NAD+DP+SHIPTO'
RFF+YC1:1234567'
LIN+1++EAN1234567890:EN'
PIA+5+CUSTCODE678:IN'
QTY:21:108:PCE'
UNS+S'
UNT+12+1'
UNZ+1+12911'
```

Exemplarische Erläuterung einiger Angaben:
UNA = Listet Trennzeichen der Datenfelder auf (: + . ? *)
UNB = enthält sogenannte Kopfdaten wie Sender- und Empfängerkennung, Datum
UNH = Beginn einer einzelnen Meldung, hier: Bestellung (= Order)
UNT = Ende der einzelnen Nachricht
UNZ = Ende der gesamten Übertragung

EAN10 = internationale 10-stellige Artikelnummer
DTM = Datumsangabe
NAD = Name des Bestellers
RFF = Referenznummer der Bestellung
PIA = Artikelnummer

Der Einsatz von EDIFACT oder einem der anderen EDI-Formate bringt für das Unternehmen verschiedene **Vorteile** mit sich:
- Durch die erhöhte Übertragungsgeschwindigkeit kann Zeit eingespart werden.
- Es können Fehler vermieden werden, da die Übertragungsdaten automatisch aus dem ERP-System erzeugt werden können.
- Es gibt ein einheitliches Verständnis der Daten, da sie nach einem Standard erstellt wurden.
- Die fortschreitende Digitalisierung zwischen Geschäftspartnern wird vereinfacht.
- Die Vielzahl von EDI-Formaten deckt ein breites Anwendungsspektrum ab.
- ...

4.3.5 Office-Formate von Microsoft oder Open-Source-Anwendungen

Die Standard-Büroanwendungen für Textverarbeitung, Tabellenkalkulation oder Datenbankverwaltung speichern ihre Daten in eigenen, im Regelfall sehr komplizierten Dateiformaten. Zudem werden diese Dateien nicht in lesbarer Form, sondern als Binärdateien gespeichert. D.h., sie lassen sich grundsätzlich nur mit der ursprünglichen Anwendung wieder öffnen und sinnvoll lesen. Es gibt zwar eine Reihe kleinerer Programme, mit denen solche Binärdateien auch geöffnet werden können. Dabei geht jedoch meist die Struktur der Daten verloren.

In einem Texteditor geöffnete Microsoft-Word-Datei

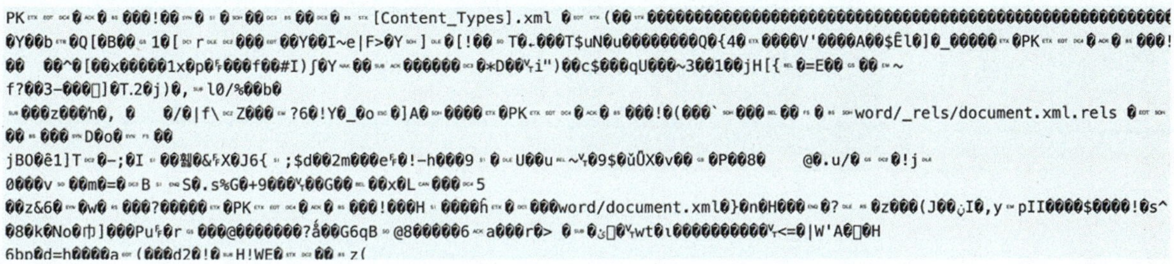

Office-Formate und Dateiendungen

Anwendung	Microsoft Office		Andere Office-Programme
Textverarbeitung	.doc	.docx	.odt
Tabellenkalkulation	.xls	.xlsx	.ods
Präsentation	.ppt	.pptx	.odg

Anwendungen aus dem Open-Source-Bereich setzen vermehrt auf das Dateiformat Open Document. Dessen Dateierweiterungen beginnen immer mit „.od“. Auch hierbei handelt es sich um einen internationalen Standard für Dateiformate im Bürobereich, die technisch auf dem XML-Format aufbauen.

Sowohl die MS- als auch die Open Source-Anwendungen wie z.B. LibreOffice stellen entsprechende Importfunktionen für die jeweils anderen Dateiformate bereit.

4.3.6 Zeichenkodierung

Neben der Wahl des passenden Datenformats muss auch immer die Frage der passenden bzw. sinnvollen Zeichenkodierung (engl.: Character Encoding) geklärt werden. Ist diese unklar oder unbekannt, können die Daten unter Umständen zwar gelesen werden, enthalten aber nicht sofort erkennbare oder nicht lösbare Fehler.

Alle Zeichen außerhalb von a – z und 0 – 9 unterliegen der Gefahr einer falschen Interpretation und damit auch der Fehldarstellung. Ist eine Datei als UTF-8 kodiert, werden ö und ß wie gewohnt dargestellt. Versucht ein Programm nun diese Datei mit der Kodierung ISO 8859-1 (auch: Latin-1, ein lateinischer Zeichensatz) zu lesen, erscheint die Buchstabenkombination „öß“ als „Ã¶ÃŸ“.

AB ▶ LS 94

4.4 Im Unternehmen digital zusammenarbeiten

Lange sind die Zeiten vorbei, in denen Papierakten von einem Schreibtisch zum nächsten gereicht wurden. Durch mobile Arbeitsplätze, Homeoffice und eine zunehmende Digitalisierung in vielen Bereichen, hat sich die Zusammenarbeit (auch: Kollaboration) in den Unternehmen längst gewandelt. Zu den prägenden Merkmalen heutiger Formen der Zusammenarbeit gehören eine räumliche und/oder zeitliche Trennung der Mitarbeiter unter Nutzung von Computern, Laptops usw.

Der Begriff **E-Collaboration** (engl.) bringt zusätzlich den Einsatz elektronischer Mittel zum Ausdruck.

Werden die Kollaborations-Tools webbasiert zur Verfügung gestellt, spricht man auch von **Software-as-a-Service (SaaS).**

▶ LF 9, Kap. 1.2

Erscheinungsformen der digitalen Zusammenarbeit	
nach der Zeit	synchron – asynchron
nach der Kommunikationsform	Messaging – Sharing – Conferencing – virtual Workspace
nach der Anzahl der Teilnehmer	1:1 – 1:viele – viele:1 – viele:viele

Eine gemeinsame Kollaborations-Software bildet die Basis für digitale Zusammenarbeit und muss daher bestimmte Mindestfunktionen bereitstellen.

Funktionen von Kollaborationstools

Termine organisieren	Aufgaben organisieren	Kommunikation ermöglichen	Daten austauschen	Gemeinsam Dokumente bearbeiten

Die Grundlage für die gemeinsame Bewältigung von Aufgaben ist das Vereinbaren, Verwalten, Pflegen und Überwachen von **Terminen**. Erst dann können **Aufgaben** sinnvoll verteilt und koordiniert werden. Die Mitarbeiter, die an einer Gesamtaufgabe beteiligt sind, können sich über den Bearbeitungsstand anderer Teilaufgaben informieren und diesen für die eigene Tätigkeit berücksichtigen. Zur **Kommunikation** zwischen den Mitgliedern einer Arbeitsgruppe bieten sich E-Mail, Chat, Telefon- oder Videokonferenzen an, die im Idealfall vom verwendeten Kollaborations-Tool bereitgestellt werden. Zum **Austausch** von Daten sollten immer gesicherte Netzwerke oder Cloud-Speicher unter Beachtung des Datenschutzes genutzt werden. Um Daten oder Dateien trotz räumlicher Distanz in Echtzeit **gemeinsam bearbeiten** zu können, braucht man ein Kollaborations-Tool, das einen zeitgleichen Zugriff unterstützt und steuert sowie eine Versionierung anbietet.

Versionierung
Einzelne Bearbeitungsstadien und Änderungen können über eine eindeutige Version des Dokuments jederzeit nachvollzogen oder auch wieder rückgängig gemacht werden.

Mit den folgenden Tools kann man u. a.:
- Termine organisieren: Doodle, Asana usw.,
- Aufgaben organisieren: Asana, Monday.com, Jira, Wunderlist usw.,
- Kommunikation ermöglichen: Slack, Discord, Workplace (Facebook), Jitsi, MS Teams, Big Blue Button, WebEx usw.,
- Daten austauschen und Dokumente gemeinsam erarbeiten: MS Teams, WebEx, Trello usw.

Der Einsatz **digitaler Kollaborationstools** bringt u. a. die folgenden **Vorteile** mit sich:
- Die Tools ermöglichen eine klare und übersichtliche Zuweisung von Aufgaben durch Vorgesetzte.
- Größere Aufgaben können in kleinere Einheiten unterteilt werden.
- Die Mitarbeiter sehen ihre eigene Zuständigkeit.
- Der aktuelle Bearbeitungsstand der (Teil-)Aufgaben ist für alle sichtbar.
- Durch den besseren Überblick können die Mitarbeiter die eigene Arbeit besser organisieren.
- Kosten und Zeitaufwand lassen sich besser im Blick behalten.

Generell bringt die digitale Zusammenarbeit viele Vorteile mit sich, ist aber auch mit einigen Schwierigkeiten und Gefahren verbunden.

Bewertung der digitalen Zusammenarbeit

Vorteile	Nachteile
• Die Arbeit ist ortsunabhängig. • Es lassen sich Fachgruppen zu einem bestimmten Thema für einen kurzen Zeitraum bilden. • Die Kollaborationstools ermöglichen eine bessere gegenseitige Erreichbarkeit der Beteiligten und damit eine höhere Flexibilität. • Missverständnisse organisatorischer oder inhaltlicher Art (z. B. über die Frage, welcher Mitarbeiter für welche Aufgabe zuständig ist, welchen Umfang jede Aufgabe hat) können vermieden werden. • ...	• Der Aufbau von Blogs und Wissensdatenbanken zum Austausch ist zeitintensiv und erfordert die Bereitschaft der jeweiligen Mitarbeiter. • Neu eingesetzte Tools müssen erlernt und im Einsatz zu einer Routine werden. • Durch die distanzierte Kommunikation fehlen unter Umständen Informationen, die sonst in informellen Gesprächen ausgetauscht wurden. Diese müssen nun über eine gezielte Koordination übermittelt werden. • ...

Alles klar?

1 Begründen Sie, weshalb die Datenqualität einen so hohen Stellenwert bei digitalen Geschäftsprozessen hat.

2 Nennen Sie vier verschiedene Kriterien zur Überprüfung der Datenqualität und beschreiben Sie, wie die Prüfung durchgeführt werden könnte.

3 Beschreiben Sie verschiedene Einsatzgebiete für eine Bulk-Bearbeitung.

4 Welche Aussage zur ABC-Analyse bei Lagervorräten ist richtig?
- a) Die ABC-Analyse lässt sich nur in Industrieunternehmen anwenden.
- b) Da die Vorräte der Kategorie A nicht weiter optimiert werden können, sollte sich das Unternehmen besonders den Vorräten der Kategorie B widmen.
- c) Die ABC-Analyse macht nur bei Vorräten unterschiedlicher Lieferanten einen Sinn, da sich dann eine Optimierung der Beschaffungsvorgänge lohnt.
- d) Die Analyse unterstützt die These, dass kapitalintensive Vorräte nur einen geringen Mengenanteil am gesamten Lager ausmachen.
- e) Die ABC-Analyse liefert nur dann verlässliche Ergebnisse, wenn die monatlichen Beschaffungspreise nicht zu stark schwanken.

5 Erläutern Sie den Zusammenhang zwischen der ABC-Analyse und dem Pareto-Prinzip.

6 Nennen Sie verschiedene Einsatzgebiete, in denen die Datenauswertung mithilfe einer Tabellenkalkulation durchgeführt werden kann.

7 Welche Aussage über Diagramme ist nicht richtig?
- a) Ein Säulen- oder Balkendiagramm hat gegenüber dem Kreisdiagramm den Vorteil, dass die dargestellten Werte kein Ganzes (100 %) ergeben müssen.
- b) Ein Liniendiagramm eignet sich für die Darstellung einer Zeitreihe besonders dann, wenn deren Entwicklung verdeutlicht werden soll.
- c) Ein Kachel- und ein Kreisdiagramm können im Kern die gleichen Inhalte darstellen.
- d) Eine Reihenfolge lässt sich mit einem Balkendiagramm sinnvoll darstellen.
- e) In einem Punktediagramm lassen sich die einzelnen Datenwerte gut visualisieren, da keine störenden Linien eingezeichnet werden.

8 Begründen Sie, worin der große Vorteil von Pivot-Tabellen gegenüber den klassischen Auswertungsfunktionen der Tabellenkalkulation liegt.

9 Welche der folgenden Aussagen trifft nicht zu?
- a) JSON-Dateien werden hauptsächlich von Webanwendungen verwendet, die in der Programmiersprache Javascript arbeiten.
- b) Bei einer CSV-Datei werden die Daten in Spalten und Zeilen nach einer festen Struktur angeordnet.
- c) EDIFACT ist ein standardisiertes Format zum Austausch von Daten verschiedener Geschäftsprozesse.
- d) Sowohl CSV- als auch XML-Dateien lassen sich mit einem Texteditor bearbeiten, solange beim Öffnen und Speichern die richtige Zeichenkodierung angegeben wird.
- e) JSON-Dateien benötigen deutlich weniger Speicherplatz als CSV-Dateien.

10 Erläutern Sie die besondere Bedeutung eines Kollaborationstools für das Gelingen digitaler Zusammenarbeit.

11 Schildern Sie Ihre persönlichen Erfahrungen mit digitaler Zusammenarbeit. Welche Vor- und Nachteile sehen Sie dabei für sich?

5 Chancen und Risiken der Digitalisierung

Wenn Chatbots mal nicht weiter wissen

Die Digitalisierung bringt für Unternehmen viele Erleichterungen und neue Möglichkeiten mit sich, wie z. B. eine schnellere Abwicklung von Prozessen, eine ganzheitliche Kundenbetreuung durch Auswertung vieler Daten usw. Doch gleichzeitig nehmen auch die Sicherheitsrisiken zu und das Unternehmen muss erhebliche Anstrengungen unternehmen, um die Datensicherheit aufrechtzuerhalten.

5.1 Sicherheitsrisiken erkennen und richtig einschätzen

Beispiel

Die Mitarbeiter der IT-Abteilung der BPK GmbH sind in letzter Zeit häufig damit beschäftigt, mit speziellen Programmen schadhafte und betrügerische E-Mails aus dem elektronischen Geschäftsverkehr herauszufiltern und zu löschen.

AB ► LS 95

Die in vielen Bereichen stark fortschreitende Digitalisierung eröffnet neue Formen der Beschaffung von Daten, aber auch ihres Missbrauchs. Dies beginnt mit manipulierten E-Mails, die heutzutage in ihrer Aufmachung täuschend echt erscheinen: Wenn Anhänge dieser Mails geöffnet oder darin enthaltene Links angeklickt werden, können Daten ausgespäht, schadhafte Software heruntergeladen oder ganze Datenbanken und Kommunikationsstrukturen lahmgelegt werden.

Solche Angriffe stellen grundlegende Sicherheitsrisiken für ein Unternehmen dar. Daher müssen sie frühzeitig als solche erkannt und gebannt werden. Hierbei kommen unterschiedliche Technologien und Methoden zum Einsatz. Dennoch bleibt bei jedem noch so ausgeklügelten Sicherheitssystem eine Schwachstelle bestehen: der Mensch.

Der Mensch wird oft durch Emotionen, ad-hoc-Entscheidungen oder andere Reize gesteuert und beeinflusst. So können sich z. B. auch Menschen, die unter normalen Umständen rational handeln, zum Anklicken einer als Spendenaufruf getarnten E-Mail verleiten lassen.

ad hoc
spontan

Angesichts dessen müssen Unternehmen nicht nur technische Vorkehrungen treffen, sondern auch ihre Mitarbeiter laufend zum Thema Sicherheit schulen. Zu den Zielsetzungen solcher Schulungen gehören u. a.:

- sicherer Umgang mit digitalen Dokumenten und E-Mails,
- sicherer und geschulter Umgang mit Anrufern am Telefon,
- Bewusstsein für die unternehmerischen Folgen beim Eintreten digitaler Risiken,
- sicherer Umgang mit Big Data.

Als **Big Data** wird heutzutage die riesige Datenmenge in Unternehmen und im Internet bezeichnet. Durch neuere Entwicklungen in der Technik und die fortschreitende Digitalisierung wächst diese Datenmenge immer schneller und stärker an. Damit wird sie zunehmend unüberschaubarer und letztlich aufwendiger zu verarbeiten.

Big Data entsteht überall, z. B. im Internet, Mobilfunk, in den sozialen Medien, beim Einsatz von Kredit- und Kundenkarten, Überwachungskameras usw. All diese Daten lassen sich miteinander kombinieren und können bei richtiger Analyse zu neuen Erkenntnissen führen, z. B. über das Kaufverhalten einzelner Personen.

Für Unternehmen ist Big Data insbesondere unter Wettbewerbsgesichtspunkten interessant. Können die Daten geschickt kombiniert und ausgewertet werden, lassen sich daraus Rückschlüsse über die eigenen Kunden ziehen und zu Marketingzwecken einsetzen. Dies hat sich dann gelohnt, wenn dadurch der Umsatz steigt.

Datenschutz
▶ LF 9, Kap. 2.2

In diesem Zusammenhang stellt sich aber die Frage, ob und wie die gewonnenen Daten rechtmäßig verwendet werden dürfen. Im europäischen Raum regeln Datenschutzvorschriften die Möglichkeiten zur Erhebung und Nutzung von Daten. Diese Vorschriften müssen Unternehmen vollständig umsetzen. Bei Verstößen sind nicht nur die Daten selbst nutzlos, da sie nicht verwendet werden dürfen, sondern das Unternehmen muss mit entsprechenden Strafen (z. B. Bußgeldern) rechnen.

5.2 Arten von Sicherheitsrisiken

Beispiel

In der Buchhaltung der BPK GmbH wurde vor Kurzem ein neues Finanzbuchhaltungsmodul für die ERP-Software freigeschaltet. Heute klingelt bei Jürgen Konrad, Sachbearbeiter im Rechnungswesen, das Telefon. Ein Techniker des ERP-Anbieters ist am Apparat und bittet um die Freigabe für eine Fernwartung: Es müssten noch bestimmte Tests im Live-Betrieb durchgeführt werden. Jürgen Konrad ist überrascht und skeptisch.

Nachdem sich der Sachbearbeiter an eine seiner letzten Schulungen zur Datensicherheit erinnert hat, verweigert er die Freigabe. Er möchte zunächst mit seinem Vorgesetzten darüber sprechen.

Problematisch ist hier, dass die Identität des Anrufers nicht überprüft werden kann, dieser aber Zugriff auf das innerbetriebliche EDV-System haben möchte. Handelt der Anrufer in betrügerischer Absicht, drohen Datenmissbrauch oder sogar -verlust.

Typische Sicherheitsrisiken im Zeitalter der Digitalisierung

Social Engineering — Identitätsdiebstahl — Schadsoftware

5.2.1 Social Engineering

Die vom Sachbearbeiter erlebte Situation wird als Social Engineering bezeichnet. Dieses ist durch zwei wesentliche Merkmale gekennzeichnet:

- Der Betroffene wird über die Identität des Gegenübers getäuscht, da der Täter sich als Bekannter, Verwandter oder Mitarbeiter eines (bekannten) Unternehmens ausgibt.
- Dem Betroffenen wird zunächst eine positive Absicht vorgetäuscht. Diese stellt sich im Nachhinein als schädlich heraus, da der Betroffene z.B. zur Übermittlung von Geld, zur Freischaltung dubioser Software oder Herausgabe von Daten verleitet wird.

Diese Erscheinung wurde von Karl Popper (Philosoph) bereits 1945 beschrieben und damals auch als soziale Manipulation bezeichnet.

IT-Experten sprechen auch von Human Hacking, da die Vernunft der betroffenen Personen sozusagen gehackt wird.

Das Vorgehen bei Social Engineering verläuft immer ähnlich. Durch geschicktes Verhalten und Argumentieren setzt der Täter den Betroffenen unter Zeitdruck und veranlasst ihn zu einer Entscheidung und insbesondere Handlung, zu der die betroffene Person unter normalen Umständen nicht bereit wäre. Typische Beispiele für die Zielsetzungen der Täter sind u.a.:

- das Ausspähen von persönlichen oder betrieblichen Daten und Informationen,
- die Aushändigung oder Zahlung (z.B. per PayPal) von Geld,
- die Installation oder Verbreitung von Schadsoftware.

Die Täter wählen die betroffenen Personen entweder gezielt aus (z.B. aus dem Telefonbuch, E-Mail-Verteiler) oder kontaktieren eine größere Gruppe von Menschen (z.B. durch gefälschte E-Mails) in der Hoffnung, dass ein kleinerer Teil darauf hereinfällt.

Ist eine Vertrauensbasis zwischen der betroffenen Person und dem Täter erst einmal vorhanden, öffnet Social Engineering viele Türen. Täter kommen so oft schneller an ihr Ziel, als wenn sie z.B. ein Unternehmensnetzwerk hacken würden.

Social Engineering ist heutzutage keine Seltenheit mehr und zählt zu den häufigeren Delikten. Eine Umfrage aus dem Jahr 2019 zeigt, wie viele Unternehmen von analogem und digitalem Social Engineering sowie anderen Delikten nachweislich bzw. vermutlich betroffen waren. Der dadurch verursachte Schaden geht in die Milliarden Euro.

Umfrage durchgeführt von Bitkom (Bundesverband Informationswirtschaft, Telekommunikation und neue Medien e. V.) unter 1 070 Unternehmen mit mindestens 10 Mitarbeitern.

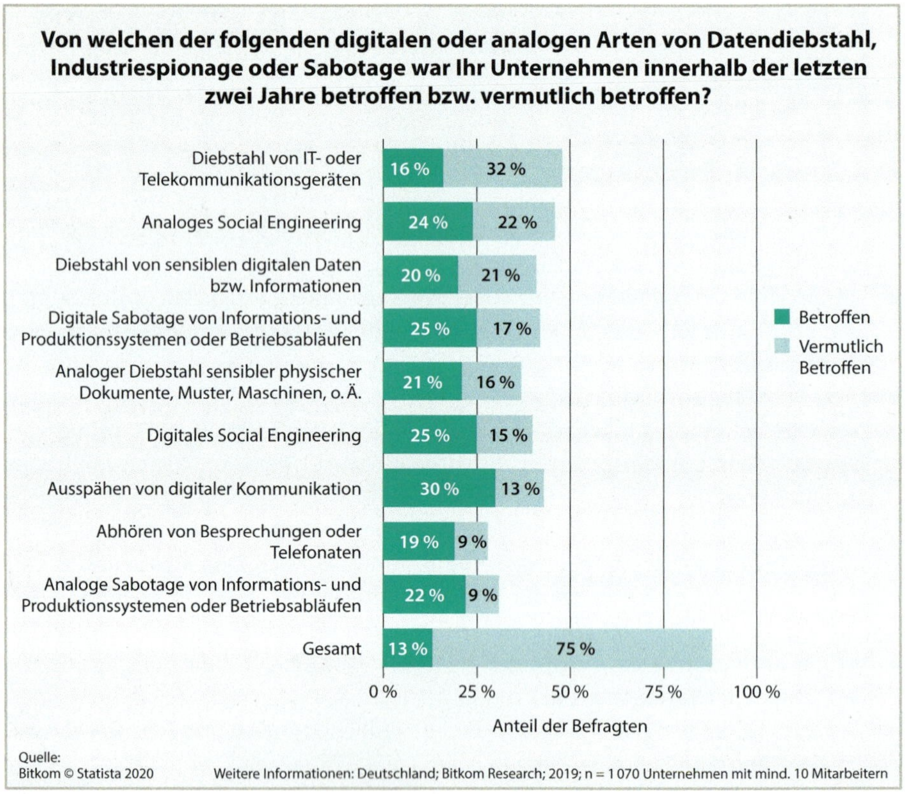

Wie erfolgreich Social Engineering funktioniert, hängt jeweils von der individuellen Ausprägung menschlicher Eigenschaften ab, wie z. B. Unerfahrenheit, Neugier, Neigung zu sozial erwünschtem Verhalten, Hilfsbereitschaft, Vertrauen, Respekt vor Autoritäten usw. Solche Eigenschaften lassen sich nicht per Knopfdruck ausschalten und können im Fall von Social Engineering zu ad-hoc-Entscheidungen und -Handlungen führen.

Der Mensch als Mitarbeiter gilt daher als riskantes Einfallstor für derartige Angriffe. Folglich muss das Unternehmen entsprechende Schutzvorkehrungen treffen:

- Aufklärung und laufende Schulung der Mitarbeiter, um ein entsprechendes Bewusstsein zu schaffen, z. B. kritischer Umgang mit sozialen Netzwerken, vorsichtiger Umgang mit Anrufen oder E-Mails unbekannter (angeblicher) Geschäftspartner usw.;
- Vereinbarung von Vorgehens- und Verhaltensweisen (z. B. Grundsatz, dass die Kontaktaufnahme immer beim ERP-Anbieter erfolgt; kein Öffnen von unbekannten E-Mails oder nicht angeforderten Anhängen; keine Weitergabe von Zugangsdaten usw.;
- Verwendung von Zugangsdaten, die nicht weitergegeben werden können, z. B. von Fingerabdrücken usw.

5.2.2 Identitätsdiebstahl

Beispiel

Steffi und Tüley, die beiden Praktikantinnen aus dem Einkauf der BPK GmbH, unterhalten sich während ihrer Vormittagspause. „Hey, Tüley“, sagt Steffi, „ein tolles Profil hast du beim Internetportal InterJob, gefällt mir gut!“ Tüley antwortet: „Welches Profil meinst du denn? Ich hab’ doch da gar keins!“

Die Identität einer Person ist durch deren wesentliche Eigenschaften (z. B. Name, Aussehen usw.) und einzigartige Persönlichkeit charakterisiert. Sie ist also untrennbar mit der jeweiligen Person verbunden und unterscheidet sie von anderen.

Werden identitätsstiftende Eigenschaften durch eine fremde Person genutzt, spricht man von einem Identitätsdiebstahl. In diesem Fall wird die Identität der betroffenen Person ohne deren Wissen für meist kriminelle Handlungen verwendet, z. B.:

- Eröffnung von Girokonten, um darüber illegale Geldzahlungen abzuwickeln,
- Beantragung von Zahlungs- oder Kreditkarten zum Abschluss von Verträgen,
- Schädigung des Ansehens einer Person (Ruf) oder eines Unternehmens (Image).

Für eine missbräuchliche Verwendung sind insbesondere die folgenden Identitätsmerkmale interessant: Name, Geburtsdatum, postalische Daten (Straße, Ort), Kreditkarten- oder Kontonummer, Führerschein- oder Sozialversicherungsnummer usw.

Mögliche Schäden bei einem Identitätsdiebstahl sind z. B. der Abschluss von kostenpflichtigen Abonnements oder Mobilfunkverträgen, das Einrichten von Benutzerkonten auf verschiedenen Websites, Warenbestellungen, Kauf von Software oder Streaming-Dienst-Angeboten usw.

Quelle: F-Secure 2020

In Unternehmen können interne Daten über Kunden und Geschäftspartner wie z. B. Lieferanten oder andere Betriebsgeheimnisse ausspioniert werden. Gerade Kundendaten sind oftmals ein beliebtes Ziel, da sie gewinnbringend weiterverkauft werden können.

Um einem Identitätsdiebstahl vorzubeugen, ist ein sorgsamer Umgang mit den eigenen persönlichen Daten nötig. Die Herausgabe von Daten sollte sparsam und nur bei Empfängern erfolgen, bei denen man über die beabsichtigte Datenverwendung Bescheid weiß. Wichtig sind auch ein vorsichtiger Umgang mit E-Mails und Dateianhängen sowie die Verwendung von sicheren, regelmäßig geänderten Passwörtern.

5.2.3 Schadsoftware

Beispiel

Glück im Unglück für Thea Trautmann aus der Personalabteilung, als sie den Anhang einer vermeintlichen E-Mail-Bewerbung öffnen will: Die installierte Antivirensoftware schlägt sofort Alarm und sperrt den mit einem Trojaner verseuchten Anhang.

Malware
von „malicious" (engl.) = schädlich

Viren und Trojaner werden als Schadsoftware (auch: Malware) bezeichnet. Dabei handelt es sich um Programme, die ohne Absicht und Zustimmung des Benutzers auf den Computer, das mobile Endgerät oder in ein Computer-Netzwerk eindringen und dort Schaden anrichten.

Die Systemleistung wird z. B. dann beeinträchtigt, wenn Schadsoftware im Hintergrund Spam-Mails verschickt oder andere Aktivitäten ausführt.

Der verursachte Schaden kann von einer spürbaren Beeinträchtigung der Systemleistung über plötzlich knapp werdenden Speicherplatz, eine längere Startdauer von Anwendungen, eine starke Zunahme der Internetkonnektivität, die Installation weiterer schadhafter Software bis hin zum Ausspähen und/oder Löschen sensibler Daten (z. B. Zugangsdaten zum Online-Banking) oder dem Ausfall des ganzen Systems reichen.

X Begriffe der Erläuterung zuordnen wichtig für KA

Backdoor
(engl.) Hintertür

Arten von Schadsoftware	
Viren	Wie biologische Viren gelangen sie über ein Transportmedium (meist eine ausführbare Datei bzw. Software, z. B. *.exe) auf einen Computer und verbreiten sich beim Start der Datei automatisch, indem sie andere Programme infizieren.
Würmer	Ähnlich wie Viren gelangen sie auf den Computer und verbreiten sich entsprechend weiter. Jedoch zerstören sie Dateien und Daten.
Trojaner	Ein Trojaner versteckt sich in harmlos erscheinenden Dateien oder Programmen und startet bei Aktivierung andere Schadsoftware, z. B. Backdoors, Spyware, Keylogger oder Adware.
Backdoors	Wird diese Schadsoftware aktiviert, ermöglicht sie dem Entwickler einen verdeckten Zugang zum Computer oder Netzwerk, wobei die üblichen Sicherheitsvorkehrungen (z. B. Passwort) umgangen werden können.
Spyware	Diese Schadsoftware spioniert Daten oder das Verhalten des Nutzers aus (z. B. Anmeldedaten, Surfgewohnheiten usw.). Diese Informationen werden dann an Dritte übermittelt.
Ransomware	Diese Schadsoftware verschlüsselt Dateien oder sperrt den Zugang zum Computer, woraufhin sie vom Betroffenen Lösegeld für die Freigabe fordert. Für mehr Nachdruck drohen Täter oftmals mit dem Löschen oder Unbrauchbarmachen der betroffenen Daten.
Keylogger	Dieses Programm protokolliert alle Tastaturanschläge und sendet diese an eine fremde Person. Von besonderem Interesse sind dabei Passwörter und andere Zugangsdaten.
Adware	Nach Aktivierung wird meist der Webbrowser und selten der Bildschirm des Nutzers mit Werbeanzeigen überschwemmt, die sich nur schwer wieder abstellen lassen.
Rootkits	Diese Programme schalten Zugriffsrechte als Administrator auf dem infizierten Computer oder Netzwerk frei, ohne dass der Nutzer oder das Betriebssystem davon etwas mitbekommen.

Das Eindringen von Schadsoftware kann verhindert werden, wenn man sich der Einfallstore („Infektionswege") bewusst ist. Wichtige Maßnahmen sind z.B.:

- vorsichtiger Umgang mit E-Mails, d.h. kein Öffnen unbekannter Anhänge, kein Aufrufen von dubios erscheinenden Webseiten, insbesondere wenn dort Zugangsdaten abgefragt werden;
- Verwendung sicherer Passwörter;
- Verschlüsselung von Daten, um sie vor Ausspähung zu schützen;
- Antivirensoftware, die sich auf dem aktuellen Stand befindet;
- Firewall;
- Sicherheitsupdates für das verwendete Betriebssystem;
- Anfertigen von Backups für den Notfall.

Soll das Bekanntwerden der eigenen E-Mail-Adresse vermieden werden, so ist der Einsatz von sogenannten **Wegwerf-Mails** sinnvoll. Nach der Erzeugung sind diese nur wenige Stunden aktiv und werden dann automatisch wieder gelöscht.

Gut zu wissen

So ärgerlich eine Infizierung mit einer Schadsoftware auch ist – entgegen häufigen Annahmen können Computer keine Explosionen, Brände oder ähnlich gefährliche Ereignisse verursachen.

Anders sieht dies beim Internet der Dinge (IdD, engl. Internet of Things, IoT) aus. Eine Manipulation durch Schadsoftware kann hier schwerwiegende Folgen haben, z.B., wenn sicherheitsrelevante Funktionen eines autonomen Fahrzeugs beeinflusst werden, ein Backofen zum Überhitzen gebracht wird usw.

5.3 Chancen und Risiken digitaler Technologien

Die Allgegenwart und ungeheure Vielfalt digitaler Technologien eröffnen für Unternehmen eine Reihe von Chancen, bringen aber auch Risiken mit sich.

Chancen und Risiken für Unternehmen

Chancen	Risiken
• Prozesse entlang der Wertschöpfungskette können miteinander verbunden werden. • Nahezu alle Prozesse können durch Digitalisierung beschleunigt werden. • Durch digitalisierte Prozesse können Kosten eingespart werden. • Die Produktivität wird gesteigert. • Durch mehr Daten lassen sich mehr Informationen über Kunden erlangen („gläserner Kunde"). • Der Zugewinn an Informationen ermöglicht den Ausbau der Kundenbindung. • …	• Die EDV-Systeme müssen auf eine größere Datenflut ausgerichtet sein. • Durch die große Datenmenge erhöhen sich die Anforderungen an die Datensicherheit. • Störungen in digitalisierten Prozessen können erhebliche negative Auswirkungen haben. • Digitalisierung kann zum Wegfall von Arbeitsplätzen und damit zu Konflikten führen. • Die Anpassung der Geschäftsmodelle an die Digitalisierung kann zeit- und kostenintensiv sein. • …

Beispiele für den Einsatz von Robotern sind z. B. der Transport von Waren oder Produktteilen innerhalb des Unternehmens, die Montage in der Automobilindustrie, der Kundenkontakt (Chats) auf Websites usw.

Roboter haben schon in vielen Bereichen Einzug gehalten und damit Arbeitskräfte ersetzt. Der nächste Schritt besteht darin, dass Arbeitsplätze und Computersysteme mit künstlicher Intelligenz ausgestattet werden. Wie fortgeschritten diese Entwicklung bereits ist, zeigt die folgende Grafik.

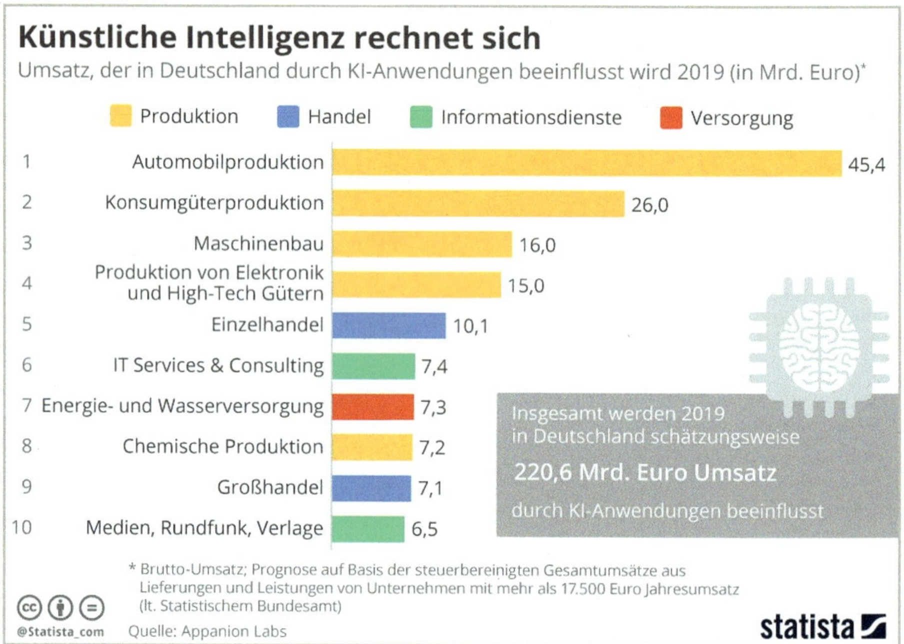

Die heutige Generation von Jugendlichen wächst in vielen Bereichen wie selbstverständlich mit digitalen Medien auf, während ältere Generationen den Umgang damit aktiv erlernen müssen. Doch ähnlich wie für Unternehmen geht diese Entwicklung auch für jeden einzelnen Menschen mit Chancen und Risiken einher.

Chancen und Risiken für Privatpersonen

Chancen	Risiken
• Personalisierte Angebote ersetzen lange Suchzeiten. • Informationen sind jederzeit und überall verfügbar. • Eine digitale Vernetzung mit anderen Menschen rund um die Welt ist möglich. • Digitale Präsenz eröffnet neue Berufs- und Karrierechancen. • ...	• Der hohe Energieverbrauch für Computersysteme belastet die Umwelt. • Durch die großen Datenbestände der Unternehmen wird der Mensch zum gläsernen Kunden. • Digitalisierung lässt im Arbeitsleben die Grenzen zwischen Beruflichem und Privatem verfließen. • Schadsoftware ist auch im Privatleben eine Bedrohung. • ...

Alles klar?

1 Erläutern Sie, weshalb oftmals der Mensch als das größte Sicherheitsrisiko gesehen wird.

2 Erläutern Sie, warum Big Data viele Unternehmen vor eine Herausforderung stellt.

3 Recherchieren Sie im Internet, wie sich Big Data jährlich verändert. Welche Rückschlüsse ziehen Sie aus dieser Veränderung?

4 Erläutern Sie, was Social Engineering ist, und finden Sie ein passendes Beispiel bei der BPK GmbH.

5 Beschreiben Sie einen möglichen Identitätsdiebstahl im Umfeld der BPK GmbH und machen Sie Vorschläge, wie man sich davor schützen kann.

6 Im privaten Bereich war lange Zeit der sogenannte Enkeltrick ein beliebtes Vorgehen krimineller Personen, um an Geld oder Wertgegenstände zu gelangen.
   a) Ordnen Sie diesen Trick dem Social Engineering bzw. dem Identitätsdiebstahl zu und begründen Sie Ihre Entscheidung.
   b) Obwohl der Trick schnell publik wurde, gab es viele Opfer. Wie erklären Sie sich diese Situation?

7 Beschreiben Sie die nachfolgenden Schadprogramme.
   a) Viren
   b) Trojaner
   c) Keylogger

8 Welche persönlichen Erfahrungen mit digitalen Sicherheitsrisiken haben Sie bereits gemacht?
   a) Beschreiben Sie, um welche Art von Risiko es ging und wie es dazu kam.
   b) Nennen Sie Maßnahmen, die Sie ergriffen haben.
   c) Beschreiben Sie die Auswirkungen des Sicherheitsrisikos.
   d) Wie beurteilen Sie Ihre Vorgehensweise zur Bekämpfung des Sicherheitsrisikos aus heutiger Sicht?
   e) Welche Konsequenzen ziehen Sie aus dieser Erfahrung?

9 Nennen Sie verschiedene Chancen und Risiken, die digitale Technologien für Sie als Privatperson und als Mitarbeiter in einem Unternehmen mit sich bringen

10 Wie schätzen Sie die Auswirkungen von künstlicher Intelligenz auf Ihren künftigen Arbeitsplatz ein? Berücksichtigen Sie dabei auch den untenstehenden Cartoon.

Stichwortverzeichnis

A

B

C

D

E

F

G

S

W

X

Z

Bildquellenverzeichnis

Cover.1: Shutterstock.com/Alba_alioth; **Cover.2:** Shutterstock.com/tsyhun; **S. 14:** stock.adobe.com/redaktion93; **S. 15:** Shutterstock.com/Halfpoint; **S. 16.1:** Shutterstock.com/bump23; **S. 16.2:** stock.adobe.com/dule964; **S. 20:** stock.adobe.com/simbos; **S. 21:** Shutterstock.com/vchal; **S. 22:** Shutterstock.com/EZ-Stock Studio; **S. 26:** Bundesverband Deutscher Inkasso-Unternehmen BDIU/PER Medien&Marketing GmbH; **S. 33:** stock.adobe.com/euthymia; **S. 43:** Europäische Zentralbank; **S. 44.1:** © Statista/PER Medien&Marketing GmbH; **S. 44.2:** relatio PR GmbH München/Berlin; **S. 46.1:** Handelsverband Deutschland_HDE e.V., Berlin; **S. 46.4:** stock.adobe.com/Peter Atkins; **S. 47:** PER Medien+Marketing GmbH; **S. 48:** dpa Picture-Alliance/dpa infografik GmbH; **S. 52.1:** giropay GmbH; **S. 52.2:** Shutterstock.com/nednapa; **S. 53.1+2:** paydirekt GmbH, Frankfurt/M.; **S. 54.1+3:** PayPal (Europe) S.à r.l. & Cie, S.C.A., Luxemburg/PayPal.Presse@edelmanergo.com; **S. 54.2:** Shutterstock.com/dny3d; **S. 55.1+2:** Klarna GmbH, Berlin/Klarna Sofort GmbH, München; **S. 56.1:** Mastercard Germany 2019; **S. 56.2:** © Visa 2019/Adel & Link Public Relations; **S. 56.3:** relatio PR GmbH, München/Berlin; **S. 56.4:** Shutterstock.com/panuwat phimpha; **S. 57.1:** Shutterstock.com/cosmic_pony; **S. 57.2:** © Statista/PER Medien&Marketing GmbH; **S. 61:** Shutterstock.com/iQoncept; **S. 63:** Shutterstock.com/dokurose; **S. 69:** Shutterstock.com/Flamingo Images; **S. 77.1-4:** Shutterstock.com/DeiMosz; **S. 79.1:** Shutterstock.com/margouillat photo; **S. 83:** stock.adobe.com/MQ-Illustrations; **S. 84:** Shutterstock.com/Yuri Shevtsov; **S. 87:** Shutterstock.com/ileezhun; **S. 89:** Shutterstock.com/DeiMosz; **S. 92:** Shutterstock.com/goodluz; **S. 95:** Shutterstock.com/MaximP; **S. 98:** Shutterstock.com/Ieromin; **S. 102:** stock.adobe.com/momius; **S. 107:** Shutterstock.com/worker; **S. 110:** Shutterstock.com/SOMKID THONGDEE; **S. 115:** Shutterstock.com/Lisa-S; **S. 119:** Shutterstock.com/Rawpixel.com; **S. 120:** Shutterstock.com/ASDF_MEDIA; **S. 125:** Shutterstock.com/Mc 243; **S. 130:** Shutterstock.com/Mila Supinskaya Glashchenko; **S. 132:** stock.adobe.com/GreenOptix; **S. 133:** Shutterstock.com/underverse; **S. 147:** dpa Picture-Alliance/dpa infografik GmbH; **S. 148:** dpa Picture-Alliance/dpa infografik GmbH; **S. 152:** Shutterstock.com/StreetonCamara; **S. 166:** Shutterstock.com/VolodymyrT; **S. 169:** Shutterstock.com/Equipoise; **S. 186.1:** Sofarobotnik GbR; **S. 186.2:** Shutterstock.com/EvGavrilov; **S. 220:** Shutterstock.com/Jinning Li; **S. 231:** © Statista/PER Medien & Marketing GmbH; **S. 234:** stock.adobe.com/studio v-zwoelf; **S. 243:** Shutterstock.com/UfaBizPhoto; **S. 246:** Shutterstock.com/create jobs 51; **S. 269:** dpa Picture-Alliance/dpa infografik GmbH; **S. 272:** dpa Picture-Alliance/dpa infografik GmbH; **S. 280:** dpa Picture-Alliance/dpa infografik GmbH; **S. 282:** PER Medien&Marketing GmbH; **S. 283.1:** stock.adobe.com/WavebreakmediaMicro; **S. 283.2:** stock.adobe.com/Blue Planet Studio; **S. 285:** stock.adobe.com/Anatoliy Karlyuk; **S. 286.1:** PER Medien&Marketing GmbH; **S. 286.2:** Shutterstock.com/Indypendenz; **S. 288:** © Stefan Roth, Attenweiler; **S. 289:** stock.adobe.com/DOC RABE Media; **S. 290.1:** stock.adobe.com/contrastwerkstatt; **S. 290.2:** stock.adobe.com/vanillya; **S. 291:** dpa Picture-Alliance/picturedesk.com/www.picturedesk.com/Hans Ringhofer; **S. 292:** stock.adobe.com/www.tanja-esser-auftragsatelier.de/Tanja Esser; **S. 296:** stock.adobe.com/Sammby; **S. 298:** stock.adobe.com/Iryna; **S. 299.1:** Shutterstock.com/Blue Planet Studio; **S. 299.2:** Shutterstock.com/Natee Photo; **S. 300.1:** Trusted Shops GmbH, Köln; **S. 300.2:** EHI Retail Institute e. V., Köln; **S. 300.3:** datenschutz cert GmbH, Bremen; **S. 301:** stock.adobe.com/vladwel; **S. 302.1:** dpa Picture-Alliance/dpa-infografik GmbH; **S. 302.2:** Shutterstock.com/TarikVision; **S. 303:** stock.adobe.com/ra2 studio; **S. 304:** dpa Picture-Alliance/dpa-infografik GmbH; **S. 305:** stock.adobe.com/Jirapong; **S. 306:** stock.adobe.com/fotomek; **S. 307:** stock.adobe.com/chase4concept; **S. 308:** Shutterstock.com/Andrey_Popov; **S. 310:** Shutterstock.com/NikWB; **S. 311:** Shutterstock.com/Rob Wilson; **S. 313.2-4:** Shutterstock.com/AM Vectors; **S. 313.5:** Shutterstock.com/kozhedub_nc; **S. 313.6:** stock.adobe.com/suebsiri srithanyarat/EyeEm; **S. 314.1:** Shutterstock.com/AM Vectors; **S. 315.1:** stock.adobe.com/raywoo; **S. 315.2:** Shutterstock.com/AM Vectors; **S. 317.1:** Shutterstock.com/AM Vectors; **S. 318.1:** Shutterstock.com/kozhedub_nc; **S. 320.1:** Shutterstock.com/GaudiLab; **S. 320.2:** stock.adobe.com/New Africa; **S. 321:** Shutterstock.com/fizkes; **S. 323.1:** mauritius images/dieKleinert; **S. 323.2:** stock.adobe.com/Rogatnev; **S. 324.1:** stock.adobe.com/Cifotart; **S. 324.2:** stock.adobe.com/Ralf Geithe; **S. 325:** stock.adobe.com/adragan; **S. 326:** © Statista/PER Medien&Marketing GmbH; **S. 327:** © F-Secure GmbH, München; **S. 329:** Shutterstock.com/Jozsef Bagota; **S. 330:** © Statista.com; **S. 331:** © Christian Möller, Cloud Science, Bonn